U0449804

Shifting Currents
A World History of Swimming

SHIFTING CURRENTS: A WORLD HISTORY OF SWIMMING
by Karen Eva Carr was first published
by Reaktion Books, London, UK, 2022.
Copyright © Karen Eva Carr 2022.

游泳游泳

凌潜于水的文化史

［美］凯伦·伊娃·卡尔 著
王者风 成子禾 译

生活·讀書·新知 三联书店

Simplified Chinese Copyright © 2025 by SDX Joint Publishing Company. All Rights Reserved.

本作品简体中文版权由生活·读书·新知三联书店所有。未经许可，不得翻印。

图书在版编目（CIP）数据

游泳游泳：凌潜于水的文化史 /（美）凯伦·伊娃·卡尔（Karen Eva Carr）著；王者风，成子禾译. 北京：生活·读书·新知三联书店，2025. 7. --（新知文库精选）. -- ISBN 978-7-108-08045-5

Ⅰ. G861.109.1

中国国家版本馆 CIP 数据核字第 20254CU816 号

责任编辑	陈富余
装帧设计	康　健
责任校对	陈　格
责任印制	卢　岳
出版发行	生活·讀書·新知 三联书店
	（北京市东城区美术馆东街 22 号 100010）
网　　址	www.sdxjpc.com
经　　销	新华书店
印　　刷	河北品睿印刷有限公司
版　　次	2025 年 7 月北京第 1 版
	2025 年 7 月北京第 1 次印刷
开　　本	889 毫米 × 1194 毫米　1/32　印张 17
字　　数	350 千字　图 100 幅
印　　数	0,001-4,000 册
定　　价	89.00 元

（印装查询：01064002715；邮购查询：01084010542）

目录
Contents

中文版序 …… i

导　言 …… 1

第一部分　学习游泳

第1章　往时世人皆泳流 …… 3
第2章　离开非洲 …… 21
第3章　北方的游泳场所 …… 46
第4章　危险，性，神圣，异类 …… 67
第5章　学习游泳 …… 82
第6章　古希腊和罗马 …… 108
第7章　士兵和潜水员 …… 125

第二部分　忘记游泳

第8章　中世纪的亚洲 …… 143
第9章　中世纪的欧洲 …… 156
第10章　中亚大国 …… 166
第11章　知名溺水事件 …… 188

第 12 章　小冰期 205

第三部分　继续游泳

第 13 章　非　洲 223
第 14 章　美　洲 236
第 15 章　中国和太平洋 255
第 16 章　漂浮测试 265
第 17 章　浸水椅 284

第四部分　改变游泳

第 18 章　前卫派 297
第 19 章　中产阶级 306
第 20 章　去旧迎新 336
第 21 章　游泳已不再流行 354
第 22 章　在水一方 378

后　记 396
游泳历史年表 400
延伸阅读 402
图片版权 405
参考文献 409

中文版序

得知 Shifting Currents: A World History of Swimming 中文版即将出版，我感到非常荣幸和激动，希望中国读者能够喜欢这部游泳史作品。

数千年来，游泳一直是一个重要的文化符号。种族、社会阶层以及政治倾向，在一定程度上都可以通过一个人是否会游泳来界定。每个时代的掌权者都曾利用游泳来控制他人。然而，从欧洲到中国，整个欧亚大陆北部地区，游泳作为一种风尚，其变迁往往存在着某种关联。游泳变得更受欢迎或者不再那么受欢迎的原因，在欧亚大陆南北两端往往是相同的：首先是气候变化，其次是中亚帝国的周期性兴衰，最后则是向科学和现代性的转变。

在现代人类演化之前，尼安德特人和丹尼索瓦人中的游泳者可能已将这一技能从非洲带到了欧洲、中国、朝鲜及日本。随后，在末次冰期，欧亚大陆北部地区逐渐变得寒冷干燥，原本补给湖泊河流的水源大多冻结成巨大冰川，湖泊也因此干涸。如此一来，适合游泳的水域越来越少，即便在夏季，也不具备游泳的条件。直到大约一万二千年前，冰期消退，大部分欧亚大陆北部的居民似乎已忘记了如何游泳。

从中国到欧洲，人们开始对水产生恐惧。这种心理倾向可能因约公元前3000年从中亚开始的一系列大规模人口迁移而加剧。生活在远离水域、气候寒冷地区的中亚人，对游泳活动最为焦虑。当中亚的颜那亚人向西迁徙至欧洲，继而在约公元前1200年南下进入伊朗和印度，向东抵达中国时，他们带去文化要素的同时，也带去了避免将身体浸入水中的文化倾向。在朝鲜和日本，与中亚一样，人们逐渐倾向于选择蒸汽浴而非水浴。从中国到叙利亚，人们对沐浴是否有害健康充满了担忧，甚至担心是否会违背神意。中国商周时期的故事和谚语尤其突出了游泳潜在的危险性。

这些北方人的恐惧与南方的情况形成了鲜明对比。在南方，气候更温暖，受中亚的影响更弱，那里的居民从未停止游泳。青铜时代的埃及诗歌描述了男孩游过水域去见心爱的女孩，绘画作品中也描绘了女孩在池塘里戏水；铁器时代的中国南部和东南亚人甚至会潜入深水击沉敌船。

当不会游泳的北方人开始频繁旅行，与仍保持着游泳习惯的南方人相遇时，他们既惊讶又担忧。从中国到欧洲的北方居民普遍认为游泳很危险，甚至有害健康。中国古代典籍《管子》和日本的《日本书纪》中均有龙和水怪的记载；罗马人则认为人在某些池塘里游泳会变成狼人；南方的游泳者据称是在模仿有鳞的水蛇和怪物。中国学者甚至将游泳与种族特征联系起来，认为吃太多鱼、摄入过多盐分会令血液"燃烧"起来，导致皮肤变黑。北方人则以保守为由，拒绝脱衣入水游泳。有一则中国的故事，说年轻人拒绝与自己的祖父一同沐浴；而在巴比伦也存在保守的问题。然而，当这些北方人看到别人在水中畅游时，他们也萌生出尝试入水的念头。

西亚人可能是最早尝试游泳的非游泳族群。他们显然早在青铜时代晚期便从非洲的埃及邻居那里学会了游泳。到公元前8世纪，游泳在亚述人中成为一种风尚，在欧洲的希腊人和罗马人中也开始流行起来。希腊人和罗马人可能也从埃及人或非洲的迦太基人那里学会了游泳。几个世纪后，汉朝时期，许多中国南方居民北迁，带去了羽毛扇、水稻等，还掀起了一股游泳热潮。到中世纪早期，日本已有一部分人开始参与游泳活动。

然而，大多数北方人并没有掌握游泳技能。特别是在欧洲，游泳常被视为精英阶层的运动。古希腊人将其与阅读等同，认为游泳是只有受过教育的人才有资格掌握。古罗马的统治者以自己会游泳为荣。有权势的政客会培养他们的后代学习游泳。叙利亚和伊拉克的亚述人把游泳视为一项特种部队的战术技能。大多数人并不入水，而是选择观看专业的游泳表演。中世纪早期叙利亚的剧院会将舞台注满水，呈现最受欢迎的人鱼表演。在中国唐宋时期，人们会在皇家池塘边观看游泳比赛、龙舟比赛、水秋千杂技表演等。每年受欢迎的"追鸭子"项目，则为不会游泳的人提供了戏水的机会。

不过，随着中世纪晚期中亚的第二次大规模扩张，人们对游泳的热情被迫戛然而止。中国元朝和清朝少数民族的统治者带来了对水的恐惧，他们取消了游泳比赛和相关表演，击剑、射箭、猎鹰、马球、滑冰和摔跤等运动取而代之。西藏地区和日本未受影响。日本甚至因未被不会游泳的中亚民族征服而开始重视游泳，如日本会定期举办游泳比赛，鼓励武士和忍者学习游泳。在日本的绘画作品中，经常可以见到男女在温泉边共浴的画面。此外，日本的海盗也会利用游泳技能攻击中国的船只。在西藏地区，游泳依旧被列入"男子九艺"之中。

就像在中国一样，中世纪晚期的欧洲人开始热衷于中亚的运动项目，如射箭、猎鹰、狩猎和摔跤等。在法国绘画作品中，我们可以看到贵族男女骑乘马儿、带着猎鹰的场景，而农民则在画作的背景中毫无顾忌地裸泳。在整个欧亚大陆北部，游泳逐渐失去了其贵族运动的地位，转而成为穷人的运动，尤其是肤色较深、生活贫困的南方人的运动。这些人在当时被认为是适合压迫和奴役的对象。

在中国，长江以南的民众肤色往往较深，尤其是海南岛上的居民。12世纪时，范成大描述了海南的疍民在船上的生活，幼儿会走路时也学会了游泳；还有采珠人经常在南方潜水。而在南宋都城临安，每年特定时间都会举行"弄潮"活动。欧洲人似乎也将游泳和肤色关联起来，认为西非黑人具备出色的游泳能力，称他们是"世界上最会游泳的人"。欧洲白人还将肤色和游泳能力的差异，作为其奴役数百万非洲黑人的理由。他们声称只有动物会游泳，因此擅长游泳的非洲人天生就应该被奴役。

欧洲人借助剥削非洲黑人变得更富有后，他们开始学习阅读希腊语和拉丁语，也了解到古希腊人和罗马人将游泳与精英文化和高雅联系在一起。因此，欧洲精英阶层对游泳的兴趣逐渐复苏。在16、17世纪，欧洲人会热衷于阅读介绍游泳技巧的书籍。尽管当时可能很少有欧洲人真正下水游泳，但他们渴望了解游泳，就像他们的祖先热衷于观看游泳表演，自己却不愿下水一样。

到了18世纪后期，欧洲最具冒险精神、思想前卫的精英阶层开始下水游泳。他们有通过游泳手册自学成才的，还有一些是通过向旅途中遇到的美洲原住民学会的。美国的本杰明·富兰克林和英国的拜伦勋爵就是最著名的例子。在19世纪，欧美中产阶级开始模仿富人去海滩度假并学习游泳。他们认为自己的游泳方式是科学且合理的，是符合自己受过教育的身份的，与原住民凭借本能的游泳方式截然不同。

和早期一样，许多新的游泳爱好者更喜欢在浅水区戏水，或观看专业游泳运动员的表演、比赛。在雅典举办的首届现代奥运会就设置了观众可以观看的游泳项目。技艺精湛的日本游泳运动员所向披靡，他们很快意识到，奥运会和其他高水平的国际体育赛事，是让欧洲人认同自己平等地位的一条有效途径。

20世纪初，年轻的欧亚革命者和未来的世界领袖，通过公开游泳的方式，表明他们对旧制度的摒弃。游泳成为一种革命的隐喻，被想象为一种冲刷过去、迎接未来的浪潮。

游泳在欧洲和中国的发展历史存在显著差异，这主要归因于各自独特的历史背景。冰期影响了整个欧亚大陆北部，令该地区居民对游泳活动望而却步。随着冰期结束以及与南方地区贸易往来的增加，欧亚北部地区的居民逐渐对游泳产生了兴趣。然而，中世纪中亚地区庞大帝国的崛起，又令从中国到英国的游泳活动再度遇冷。尽管欧洲学者常常忽视中亚帝国对欧洲文化的影响，但对比研究表明，中亚风尚同时对欧洲和中国的游泳文化产生过影响。当时，人们开始将游泳活动与种族、野蛮及南方贫困等观念联系起来。然而，在19世纪至20世纪初，欧洲古典教育的复兴与竞技体育的发展，重新将游泳定义为精英文明和现代性的象征。在亚洲，游泳之"现代性"也使其成为革命的象征。与此同时，从南非到新加坡、旧金山，海滩隔离制度日益严格，最终迫使大多数南方游泳者远离水域，进而对游泳产生恐惧。

如今，游泳活动在全球范围内呈现衰退趋势，溺水事故频发。尽管游泳运动受到广泛喜爱，众多家长也热衷于为子女报名参与游泳课程，但成年后仍坚持游泳的人寥寥无几。即便下水，也多停留在浅水区。理由五花八门：安全隐患，有失体面，阳光会晒黑甚至损伤皮肤，等等。这与一万年前冰期结束后人们的论调如出一辙。尽管人类历经数个世纪，试图克服对水的恐惧，但这些理由本质上反映了一个事实：欧亚大陆北部的居民已成功地将对水的恐惧传遍全球。

然而，我们可以期待，随着中国、欧洲、美国在东南亚、南美洲和非洲新的友好关系网络的构建，北方居民或许能够从全球南方居民那里体会到游泳的乐趣——不仅是竞技性游泳，也包括以娱乐为目的的社交性游泳。正如游泳在古代曾促进南北方之间的友谊，在一个世纪前象征着对未来的积极展望，现今，它或许能够再次承载起重要使命。

致以最美好的祝愿和诚挚的感谢，
凯伦·埃娃·卡尔
波特兰州立大学
2025年3月

导　言

如今，很多人都不会游泳。

为什么呢？每个身体条件允许的人都可以学习游泳。游泳花费并不高，而且大部分人，包括那些不会游泳的人，居住地距离海洋或河流都不过几公里。事实上，并非始终如此。曾经，世界上大部分地区的大多数人几乎每天都要游泳——是的，每天！——从蹒跚学步的孩童，到垂垂老矣的老者。他们就近在池塘、河流或海洋里游泳，并将游泳作为午餐后或夜晚放松身心的社交活动。孩子们在水中游戏，青年在水中调情，年轻的父母为婴儿沐浴，老人则通过将膝盖浸泡在水中来缓解关节炎症。而如今，即便是具备游泳技能的成年人也很少参与具有社交性质的游泳活动，并且，游泳能力在很大程度上也受到社会身份的影响，如种族、收入状况和受教育程度。社会身份越高，掌握游泳技能的可能性越大。

这种现象是如何形成的？游泳为什么变得非同寻常了？又怎么会同权力和财富关联起来？这就要追溯及人们观察到的游泳爱好者和非游泳者之间的差异，这个差异逐渐成为区分"我们"和"他们"的分界线。游泳作为一种较难掌握的技能——尤其是对成年人来说——是无法伪装的，因此堪称构建文化认同的理想工具,甚至是有效区分人类族群和阶级的理想手段。

并非所有人都希望站在游泳分界线的此端。历史上,有许多人都以自己"非游泳者"的身份为傲。这些"非游泳者"倾向于将游泳视为亵渎神明、触怒神灵,污染甚至干扰水域的行为。他们还认为游泳存在危险,不仅因为有溺水风险,还存在各种与游泳相关的健康问题(例如,饭后游泳可能导致肥胖),以及可能会遇到诸如鲨鱼、水灵、海妖、美人鱼和海怪等危险生物。也有人认为游泳可能会助长滥交,因为游泳时需要脱掉衣服;甚至有人视游泳为鱼类等动物的专属行为,而非人类所为。最重要的是,"非游泳者"会将游泳视为他者行为,与己无关。

在分界线的彼端,"游泳者"则以自己拥有的游泳技能为傲。在他们看来,游泳能力是良好教养的体现。游泳和阅读一样,是一种能普遍"识别"可同频交流之人的方式。游泳对于保障生命安全、预防溺水和促进健康来说,都很重要。在人类历史上的某些时代和地区,社交活动曾依赖于参与游泳游戏和水中嬉戏,这表明,游泳往往是进入先锋派系和上流阶层的通行证。更富雄心的游泳表现象征着勇气和毅力,常被视为良好品格的典范。分界线两端的人都认为自己判断正确,且拥有道德上的正当性。

在过去的几千年中,人类社会的游泳行为及态度经历了显著的变迁。游泳者变成了非游泳者;而非游泳者在某种程度上克服了偏见与恐惧,开始学习游泳。一些非游泳者族群在迁徙到新环境后,接触到了游泳技能更熟练且经济条件更好的族群,出于适应新环境和努力"靠近"新邻居的需要,逐渐转变为游泳者。另一些非游泳者族群与游泳者接触后,发现游泳者群体过着一种更自由、更自然的生活，便开始将游泳作为打破旧有社会束缚的手段。游泳不仅被视为一种脱贫的方式，也是与强势群体建立联系的桥梁，甚至可以视为革命的象征。

游泳者群体也有各种原因放弃游泳。他们可能因为一次广受关注的溺亡事件而对水产生恐惧心理，从而不敢下水；也可能遇到掌握权势的非游泳者，在政策的导向下，游泳沦为过时、陈旧的代名词，甚至（如果游泳者已被征服）谋逆的标志。游泳者还可能因为各种法律限制而被迫远离水域，如安全法规的增加，海滩、池塘的种族与性别隔离政策，等等。游泳者甚至可能被错误地告知，他们不具备生物学意义上的游泳能力。正如游泳可能意味着雄心壮志，拒绝游泳也可以成为与工人阶级团结一致的象征。尽管在某一时刻，分界线两端的身份和象征看似一成不变，但随着时间推移，它们会随着社会变迁而转变：我们被浪潮推动，永远无法在流变的水域里保持静止。

我热爱游泳，我的祖父母也是狂热的游泳爱好者，但追溯到我更古老的祖先，他们可能并不会游泳。正因如此，再加上我学术研究的领域主要是古地中海，所以，本书将以"非游泳者"为讨论重点。我是在约八年前开始撰写此书的，当时，我意识到学界（甚至世界范围内）还没有一本全面而系统的游泳史著作。经过这些年的深入研究，我逐渐认识到，游泳是一种令"白人身份"变得可见或陌生的方式，通过学习研究白人身份与白人文化，可以避免将其视为理所应当的中立存在。这是一个关于我们如何构建身份认同的故事。因此，尽管内容涉及所有人类居住的大陆，但它聚焦的是游泳者和非游泳者之间的界限。在早期，这一界限主要表现为地理上的分隔。近几个世纪以来，该界限逐渐变为奴役者和被奴役者、殖民者和被殖民者的分野。当然，关于原住民游泳史的完整和独立的历史仍有待进一步探索，抑或可留待各地原住民自己书写。

非裔美国历史学者已经着手开展这项研究。目前，已有大量关于终结泳池种族隔离的优秀作品，包括吉尔伯特·梅森和李·皮茨，以及白人历史学者杰夫·威尔茨和安德鲁·卡尔的著作。凯文·道森对早期现代非洲人和非裔美国人游泳历史的叙述，将我们的研究追溯至几个世纪以前。格伦·斯托特等人则记录了早期女权主义者为争取泳池使用权所做的斗争。

同时，诸多历史学者一直致力于游泳史的研究，却并未深入。加勒特·费根和斯蒂芬妮·霍斯对中世纪和古代浴场以及地中海周边的沐浴文化做了出色的研究，对近代的相关研究也很出色。不过沐浴与游泳完全不同：沐浴者通常停留在他们可以站立起身的浅水中，而游泳者则敢于进入更深的水域。本书讨论的重点是游泳。

学者们研究游泳史的另一个途径是研究通过水刑审判巫术的阴暗历史。在这方面，从20世纪80年代的罗素·兹古塔到近些年的彼得·忒斯和埃里克·该撒，都出版过很多优秀著作。他们的洞见对我在本书提出的观点起到了显著启发作用。不过，强制性的半溺水式水刑审判是本书讨论的次要部分，主动的游泳活动才是本书关注的重点。

从20世纪30年代的费尔南德·布罗代尔到2020年的艾米丽·尼伯恩，学者们一直在思考地中海人对海洋的态度。切特·范·杜泽和沃恩·斯克里布纳尔收集了古代与中世纪海怪和人鱼的传说。杜安·罗勒和史蒂夫·门茨分别探讨了关于大西洋的古代和现代早期的相关观点。莱昂内尔·卡森对古代航海的研究，詹姆斯·莫里森和乔赛亚·布莱克莫尔对沉船的研究，以及约翰·麦克马纳蒙对文艺复兴时期打捞潜水的研究，使得船舶和沉船问题获得了一定程度的关注。麦克马纳蒙对从古代到文艺复兴时期游泳演变的叙述，以及雅尼克·奥伯格对希腊人的游泳技巧熟练度的质疑，均对本书的叙述有所助益。克莱顿·伊文斯撰写了关于拯救生命历史的著作。某种意义上说，以上学者对人类与水的关系的研究共同塑造了本书的叙述框架。

在太平洋和东亚地区，矢田茂雄和上野健于1935年出版的《日本的游泳》一书，对解释东亚游泳历史的贡献远超其他任何著作。徐邦妮关于武士游泳的论述也颇具启发性。其他大多数的研究都集中在沐浴领域。爱德华·谢弗关于中国古代沐浴的研究距今虽已有几十年，依然具有重要价值。而在更早的时期，可供参考的资料相对匮乏。史前史学者乔吉·尼奥和维拉·保拉提供了关于尼安德特人捕鱼和潜水的研究，提供了创新和及时的视角（对我来说）。此外，阿什拉夫·阿卜杜勒·拉夫·拉贝有关于古埃及潜水的论述，吉娜·康斯坦托普洛斯撰有关于美索不达米亚海洋景观的探讨。

关于游泳史的现代研究，尼古拉斯·奥姆在1983年、埃里克·查林在2017年、霍华德·米恩在2020年出版的作品，很大程度上都把注意力集中在19世纪英国对游泳兴趣的辉煌复兴上。我对以上学者提供的这一时期的丰富资料致以感谢，并对阿兰·科尔宾、雷切尔·约翰逊等人对英国海滨度假胜地的专业研究，以及大卫·戴和玛格丽特·罗伯茨对早期游泳组织的研究表示感谢。

我们仍处于书写游泳史的初始阶段，本书并不期成为该领域某些论述的定论。除了关于原住民游泳的研究仍有待完善，还需要对地方河流和海滩进行大量的编目工作。在这些地方，危险的水流、水母、水生细菌和寄生虫、污水、污染以及捕食者等因素，对人们决定游泳的影响可能比我所能认识到的更大。不过，我相信，进一步的研究将验证本书所描述的故事的整体轮廓。

本书的叙述从史前最早的游泳者开始，甚至早于现代人类的诞生（实际上，人类游泳的第一个明确证据来自意大利的尼安德特人遗址）。随着人类从非洲向其他大陆扩散，故事也逐步展开，然而，在末次冰期的寒冷世纪中，只有少数人将游泳坚持了下来。而后，本书从冰期向后推进，到人类最早有文字记录的时代——青铜时代的埃及、美索不达米亚和中国。随后，是对游泳有更详尽记载的古希腊和罗马。随着地中海奴隶贸易加剧了游泳的种族化，以及蒙古帝国建立并席卷欧亚大陆，游泳在全球中世纪时期落入第二个低谷。

而在现代早期，日本出现了新一轮对游泳的热忱，欧洲殖民统治也使欧洲奴隶贩子和定居者接触到来自非洲、东南亚和美洲的游泳者。从这些游泳者那里获得的新知识，加上欧洲人对古地中海遗产的重视，在19世纪和20世纪初掀起了一股游泳热潮，这股热潮直到现在才开始消退。

从末次冰期至今，人类两次忘记了如何游泳，又两次学会。现在，许多人再一次忘记了。本书讲述了这一切是如何发生的，为什么会发生，以及我们如何才能再次重回水中。

第一部分

学习游泳

图1 埃及西部沙漠的苏拉山谷"游泳者洞穴",约公元前8000年

第 1 章
往时世人皆泳流

游泳作为地球生物参与的初始运动形式,其历史可以追溯到40亿年前。当时,地球上最早的生命体——单细胞生物出现了。这些由氨基酸组成的细胞在海洋中漂流,以寻找食物。起初,它们只是随波逐流,但经过5亿年的进化,部分细胞掌握了利用纤毛和鞭毛主动划水的技能,以追逐食物或躲避危险。当细胞生物意图采取主动行动时,它们会向纤毛发送信号,纤毛的弯曲动作将水流推向后方,从而实现向前行进。这就是游泳的底层逻辑——把水流推往后方,就能向前行进。

自单细胞生物开始游泳以来,地球经历了五个冰期。在某些时代,地球气候温暖,极地地区也不结冰;在另一些时代,地球气候寒冷,几乎整个星球都被冰层覆盖。约6亿年前,地球上出现了第一批多细胞生物,包括水母、线虫动物、鱼类,以及两栖动物。和单细胞生物一样,它们同样天生具备游泳技能。水母利用神经网络向身体发送电信号,控制伞状的身体扩张和收缩,推动水流实现行进。线虫动物长条形身体两侧有贯穿身体的长肌肉,通过肌肉的依次收缩,它能够弯曲身体,推动水流实现行进。鱼类会用下颚咀嚼食物，从食物中获取的能量更多，它们摆动鱼鳍产生的推动力会令它们以更快的速度前行。两栖动物如青蛙和蝾螈的祖先初从水中登陆时，也是会游泳的。至此，地球上几乎所有生命都自水中诞生，生来就会游泳。

然而，当地球生命进化至爬行动物和哺乳动物阶段时，第一个突变出现了——它们并不是天生会游泳。当时，地球上的陆地是一片连续完整的、巨型的"超大陆"，内陆雨云稀少，这就导致内陆形成了大片的沙漠干旱地。在沙漠中进化的哺乳动物，几乎没有游泳条件。[1]

"超大陆"分裂后，今天地球的大陆结构逐渐成形，随之而来的是气候的显著变化，空气变得更加潮湿、凉爽（尽管即便在今日，大陆的中心地区，如中亚、西亚、撒哈拉沙漠及大平原地区依然非常干旱，这对本书来说非常重要）。在新的湿润的大陆地区，哺乳动物的游泳能力得到了提高。如今，大部分动物都能在水中游上一段距离，它们只需要像平时在陆地上行走时一样划动四肢，就能游过池塘。老鼠、狗、猪、马、牛、羊等动物都会游泳；老虎是游泳高手；家猫在必要时也可以游泳——尽管它出了名地讨厌水；狗在第一次下水时可能会害怕，但很快就会适应；即便是生活在沙漠中的骆驼和沙漠边缘的长颈鹿，在必要时也能够游泳。罗马自然历史学家老普林尼（Pliny）认为"由于它们身躯巨大……它们不能游泳；这是它们最大的弱点"，但在他之前，希腊地理学家斯特拉博（Strabo）已经知道大象是会游泳的。[2]

在哺乳动物中，灵长类普遍不擅长游泳。尽管如此，部分猴类还是可以通过学习掌握游泳技能，少数猴类则会出于娱乐目的而游泳。如原产于东南亚婆罗洲岛的长鼻猴，游泳时会将头探出水面，通过手脚交替运动保持前行，与狗刨式泳姿很像，它们游过深流，只为爬上对岸的树。在印度和东南亚地区，恒河猴母亲会背着孩子从河岸的树枝上跳入河中，然后游到对岸，而恒河猴幼崽出生仅几天便会游泳了。但是，大多数猴类——大多数狒狒属、长尾猴属、疣猴属的猴类——完全不会游泳。而人类最亲近的灵长类亲属——类人猿和猩猩，包括非洲的现代大猩猩和黑猩猩——更不擅长游泳。这种不擅长，很可能源自天性上对水的排斥——类人猿普遍不喜欢下水，尽管黑猩猩有时会主动穿越宽阔的河流，但它们和大猩猩更倾向于蹚水，头部抬高，手脚并用地划水。

总之，大多数爬行动物和两栖动物都有极佳的游泳能力，但大多数哺乳动物则不然。在哺乳动物中，灵长类的游泳能力相对更弱。特别是类人猿，掌握游泳技能的困难更大，对这项运动缺乏热情。

人类学习游泳

相较于黑猩猩和大猩猩，人类更不擅长游泳。和类人猿一样，早期人类从大陆干旱的中心地带、非洲中部的森林和草原开始进化。但与类人猿不同的是，早期人类用双足直立的方式行走。尽管一些研究者提出早期人类可能是完全的水生生物的假说，就像海豚、水獭和海豹（即"水猿假说"），但是，这一观点缺乏证据支持。目前尚未发现可信的早期水生人类的骨骼化石，与之对照，鲸目进化的完整序列早已有详细记录。此外，人类在水中的不适也表明人类不太可能是水生生物的后裔。一个更为合理的假设是，早期人类直立行走并不只是为了追逐草原上的羚羊，而是为了涉水渡过河流和湖泊。在这些水域边缘，早期人类可以更方便地采集捕获贻贝、白莲、淡水虾等食物资源。[3]

如若早期人类真的长时间涉水，他们理应具备一定的游泳能力，但直立行走的姿势给游泳增加了困难。大多数动物——包括类人猿，通常都采用四肢着地的方式行动，跑步时的腿部动作和游泳时一致，因此，它们只要像平时一样操控四肢，自然就能在水中行动。但人类平时身体直立，四肢的自然运动并不会使他们保持漂浮。即便从未见过其他人爬行或步行，人类也能自然地习得这两种技能。但是，如果把一个人类幼童扔入深水，即便他很擅长走路和跑步，即便他见过很多人游泳，他依然可能溺亡。[4]即使是成年人，若没有学过游泳，同样会在深水中溺亡（这是如今年轻人溺水的主要原因，尤其是酒后，误以为自己一下水就会游泳）。人类进化到直立行走的阶段后，只能通过学习和练习，让身体适应一套与行走完全不同的动作模式，才能学会游泳。一个熟练的游泳者能够无须借助任何漂浮工具在深水区域长时间停留，并且保持良好的身体状态。

至于那些在溪流和湖泊中涉水采集贝类和水生植物为食的早期人类，是否掌握了游泳技能，目前尚无定论。早期人类临水而居，我们倾向于认为他们会游泳。但即便与湖泊和河流为伴，也有人不谙水性。滨海居民、船夫和渔民同样可能不会游泳。我们对早期南非捕鱼人的了解，在某种程度上可以证明这一点。

众所周知，约16.5万年前，一群早期人类抵达南非南部，并见到了那里的海洋。他们定居在南非南端布隆伯斯洞穴（Blombos Cave）附近的海滩上。这些中石器时代的人类后裔在洞穴里留下了堆成小山的蛤壳和约14万年前的鱼类遗骸，以及骨制鱼钩的痕迹。[5] 海洋为人类提供了丰富的营养和稳定的食物来源，包括鱼类、甲壳类动物、双壳动物、藻类，以及海草等。这些早期非洲海边的居民无疑对其他动物的游泳能力有所了解，除了鱼类，他们还可能在水中看到过陆地上的动物，如大象、瞪羚、鬣狗等。那么，布隆伯斯洞穴的早期人类是否会下水捉鱼？他们会不会把芦苇捆成筏子？抑或他们只是在海中垂钓？

最近来自意大利的考古发现表明，早期人类是具备游泳能力的。约10万年前，生活在意大利的尼安德特人就能够潜入地中海海湾3—4米深的水下打捞蛤壳，并像布隆伯斯洞穴的居民一样把贝壳制成工具。尼安德特人的耳骨化石显示有"游泳性耳病"的迹象，这是一种由耳朵进水引发的感染。[6] 当我们对其他早期考古遗址中发现的蛤壳和耳骨进行类似的再分析后，有充分证据显示，大多数早期人类——包括现代智人和尼安德特人——具备游泳能力。在本章，我们将讨论非洲、亚洲和美洲的早期游泳者，非游泳者我们留待下一章讨论。

非　洲

经过末次冰期结束，尼安德特人灭绝的漫长岁月后，描绘早期人类游泳的图画记录才最终出现。约公元前9000年，阿尔及利亚南部的撒哈拉沙漠塔西里阿杰尔地区的悬崖上，首次出现了描绘人类游泳活动的岩画。[7]撒哈拉，一个如今听上去与"戏水之地"无关的地区，在岩画所记录的那个时代，并不像现在这般干旱。当时，世界正从末次冰期走出，气候湿润的撒哈拉地区拥有草原、森林，溪流和池塘点缀其间。这是早期人类最理想的栖息地。塔西里阿杰尔岩画显示了人们狩猎、围坐和舞蹈的场景。岩画中，有人手臂伸展，身体与地面呈平行姿态。有学者推测，这些形象代表的可能是游泳。

约1000年后，在更靠东的地区，埃及西部苏拉山谷的"游泳者洞穴"中，一面墙上绘制有更多类似的形象（图1）。公元前8000年，居住在这个洞穴附近的居民已形成村落。他们种植小麦和大麦，放牧牛羊。[8]在他们的岩画中，红色小人手臂前伸，身体近乎水平地浮在岩石奶油色背景上，显然是在蛙泳或者"狗刨式"划水。他们双腿交叠，模拟蛙泳的蹬腿动作；头部仰起，露出水面。尽管这些形象象征的可能是飘浮在空中的精灵或沉睡在地面上的人，但解释成游泳似乎更为合理。

古埃及

经过5000年的演化，非洲人的游泳技术有了显著提高。这一时期，埃及人发明了象形文字，为我们留下了更明确的资料。考古学家发现了一枚公元前2900年的古埃及早王朝时期的印章，所刻的人物形象正在游泳（图2）。古埃及人使用印章的方式和

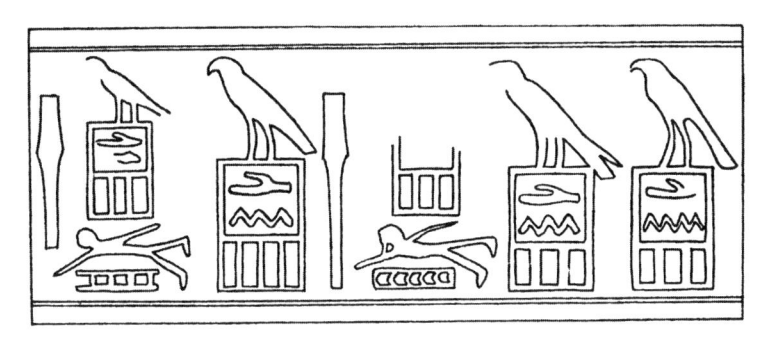

图 2　埃及象形文字中的游泳动作，约公元前 2900 年

现代人的签名一样。他们将一个刻有个人姓名或官方头衔的石制小圆柱体在软黏土上滚过，从而留下代表个人身份的标记。尽管这枚特定的印章展示有游泳者形象，铭文题词却与游泳无关。游泳者的形象实际上是一个象形文字，代表印章主人头衔中的一个音节，其发音类似于"neb"，在古埃及语中意为游泳。[9] 可以肯定的是，这个人并不是在飘浮抑或睡觉，而是在做游泳动作。象形文字显示，在这一时期（甚至可能更早），古埃及的游泳者就已经能够交替使用手臂并保持直腿扑打踢腿在水中前进了，以一种类似现代爬泳的姿势。

从现有证据来看，古埃及社会有大量会游泳的人。如凯提（Kheti），一个显赫的领地统领主，其墓室就刻有他童年时期和王室子女一起接受游泳训练的记录，他认为这是自己一生中值得记录的时刻。[10] 此事在一定程度上揭示了，接受正规的游泳训练是具备一定社会地位的人才能享有的特权。不过，古埃及的贫困阶层也具备游泳能力，他们游泳既为了乐趣，也为了生计。在一幅底比斯的墓葬画上，两名渔夫正竭力控制一个装满鱼的大型渔网，而第三名渔夫则冒着被潜伏在附近的鳄鱼袭击的危险，潜入水下去解开渔网。[11]（图3）在古埃及中王国时期的一封信中，一位父亲用潜水类比工作学习，鼓励儿子勤奋学习——"投身于埃及文化的研究，一如一头扎入水中"。这位忧心忡忡的父亲告诫孩子，如果缺乏良好的教育，工作将非常辛苦——"捕捉水禽的人，即便潜入尼罗河，也可能一无所获"。[12] 这一主题在古埃及文献中反复出现——游泳虽可作为娱乐活动，但同样可能成为一种具有剥削性质的劳动形式。

到500年后的新王国时期，随着更多文献的出土，我们观察到水中技能的运用范围显著扩大。跳水竞赛成为解决争端的一种方式。在一则故事中，埃及神赛斯和荷鲁斯化身成河马，比赛谁能在

图3 渔夫潜水解开渔网。古埃及底比斯第十一王朝贾尔墓的壁画，约公元前2000年

水下待更长时间。[13] 游泳也被视为证明勇气的活动，正如一首诗中所描述的，一个年轻人为寻找他的女朋友，游泳渡过一条鳄鱼横行且正在泛滥的河流（诗中以"姐姐"作为女友的委婉说法）：

> 姐姐的爱，在遥远的彼岸
> 这条河流横亘在我们中间
> 河水正在迅猛上涨
> 一条鳄鱼在浅滩伺机而动
> 我跃入河中，勇敢地劈开波浪
> 我心坚强
> 鳄鱼在我眼中，一如老鼠
> 我脚踩洪水，如履平地[14]

这则故事在世界范围内广泛流传，一对年轻的情侣被河水阻隔，他们必须游泳渡水才能相聚。在这首古埃及的诗歌中，游泳者展现出坚定的自信，坚信自己一定能够安全抵达爱人的怀抱。他的爱会支撑他渡过危险，抵达彼岸。这是人们讲述这类故事的方式，一如在古埃及，讲述者都是优秀的游泳者。如果人们对自己在水中的能力不够自信，他们讲述的故事往往会以悲剧收场。

这首诗创作1000年后，一则关于游泳的幽默逸事表明，游泳在古埃及文化中仍占有一席之地。正如希腊传记作家普鲁塔克（Plutarch）所言：

> （法老克利奥帕特拉［埃及艳后］的伴侣马克·安东

尼）和克利奥帕特拉一起垂钓，但运气不佳。于是，他命令水手潜入水中，偷偷把一些早前钓到的鱼挂在他的鱼钩上，于是，他钓到了两三条鱼。但克利奥帕特拉并没有被愚弄。她假装被骗了，然后她把这件事告诉了她的朋友们，并邀请朋友们第二天来看这出好戏。很多朋友乘渔船而来。当安东尼把自己的渔线放入水中，克利奥帕特拉命令她的手下赶紧游过去，把一条从黑海捕来的咸鱼挂在他的鱼钩上。安东尼再次信以为真，把鱼钩拉了上来，引发了哄堂大笑。[15]

目前尚无确凿证据表明克利奥帕特拉本人会游泳，但据史料，部分埃及女性掌握了这项技能。在艺术表现中，游泳行为往往被赋予色情化意味。如古埃及新王朝时期的一首诗中，便描绘了一位女性以游泳方式经历的一场性幻想：

> 和你同去池塘沐浴
> 盛开的荷花是我的满心欢喜
> 你会看到，我褪去贴身的皇家亚麻外衣
> 和湿身后的胴体
> ……
> 我潜入水中，重新浮起时
> 已在你怀里
> 指尖躺着一条红色的鱼[16]

古埃及同时期的陶片也许可以诠释这首诗：陶片的画面中，一名女性在水生植物间游泳，她正伸手去抓一只白鹭。[17]（图4）游泳与性之间的联系，以及游泳者和爱人的裸体形象，在古埃及艺术中早已是陈词滥调。"性"这一主题贯穿了游泳历史的始终。

然而，女性参与游泳活动实际上并不具有明显的性属性。女性游泳只是出于娱乐目的，正如公元3世纪时，在罗马统治下的埃及，一名被奴役的12岁女孩和她的朋友们一同前往尼罗河游泳。通过医生给出的证据，我们知道她因被水闸勾住不幸溺亡了。这位名叫奥勒利乌斯·费兰廷的医生显然很难接受这一悲剧，他形容女孩的尸体呈现出"扭曲且毫无生气"

图4 在水中试图捕捉白鹭的古埃及女性。埃及德尔·梅迪纳出土的陶片，公元前1300—前1000年

的状态。[18] 不过，这位埃及医生的检验证明显示，从青铜时代到后来的罗马帝国，埃及人一直都在参与游泳活动。

北　非

在埃及以外的地区，非洲大陆的居民也在游泳。特别是在北非和东非海岸，游泳是一种非常普遍的运动。老普林尼——就是那个声称大象不会游泳的人——在其著作中讲述了几个关于非洲的游泳逸事。其中一则故事发生在北非的河马湾（此地后来作为奥古斯丁的故乡而声名远扬，位于今天的阿尔及利亚境内），少年们在水中竞技。老普林尼的外甥小普林尼复述了这个故事。这些少年比赛谁能游到距离海岸更远的地方——这意味着他们都是游泳好手——他们不仅在水面上冲浪玩耍，还能潜入深水之中。一天，一只海豚接近了这群游泳的少年，不久之后，它开始经常和其中一个少年游泳。当少年和海豚共游的消息传开后，达官政要成群结队赶来观看这一奇观，不久之后，市议会下令将海豚处死，以驱散聚集的人群。[19]

在北非的罗马别墅中，马赛克地板上也有描绘游泳的图案。在锡尔塔（Cirta，今阿尔及利亚君士坦丁）庞皮亚努斯（Pompianus）别墅中的一幅4世纪的马赛克画上，两个人正朝对方游去，周围环绕着波浪的图案。（图5）这幅画中的人物姿势与古埃及象形文字中的游泳者相似，都是一只手臂前伸，另一只手臂置于身后。我们该如何解读这幅画呢？它所描绘的是现实中的场景，还是艺术家的想象？至少可以肯定的是，绘制这幅马赛

图 5　两名游泳者。阿尔及利亚的庞皮亚努斯罗马别墅浴场的马赛克地板，约 4 世纪

克地板原始草图的作者见过类似的游泳者。我们也许会习惯性地将画中黑色的人物形象看作白人的剪影，但我们不应将现代的白人肤色观念强行套到古代艺术作品上。[20] 我们应该承认，这些游泳者实际上就是非洲黑人。

一幅更早的出土于意大利南部庞贝（Pompeii）梅南德宫的罗马马赛克地板画，也展示了一个正在游泳的黑人形象（图 6）。梅南德宫曾拥有众多奴隶，这里出土的其他马赛克作品也展现了黑人形象。[21] 但画中这个拥有短卷发的男人似乎比其他人更像非洲人。他的大鼻子和下身的勃起，似乎是漫画式的故意夸大。游泳可能是罗马人对非洲人的刻板印象之一。尽管罗马艺术家在描绘非洲黑人时并不关注肤色，但也常常带有嘲讽意味，特别是性方面的嘲讽。[22] 目前并不确知艺术家绘制马赛克画的动机，但这幅庞贝马赛克作品可能是欧洲人将非洲人的游泳能力与其他贬损性的特征相联系的早期例证。

图6 非洲男子的游泳形象。意大利庞贝梅南德宫浴场的马赛克地板画,公元79年之前

东 非

老普林尼在他的著作中讲述了在罗马帝国疆界之外有关东非人游泳的故事。发生地越遥远,故事内容就越显荒诞。如果读者对上述少年与海豚共游的故事信以为真,那么老普林尼讲述的苏丹人像骑马一样骑坐在鳄鱼上,在尼罗河中猎杀鳄鱼的场景更像是无稽之谈。在他的讲述中,当鳄鱼抬起头并张开血盆大口时,苏丹人会用一根棍子横插在鳄鱼口中,双手握紧棍子的两端,将鳄鱼带回岸边。庞贝的一幅壁画和其他类似的绘画描绘了猎杀河马的情景。[23] 在老普林尼的另一则故事里,东非人捕捉巨型海龟,并把它们的壳制作成船只;猎人们趁海龟沉睡时游过去,偷

偷爬上它的背，迅速把它翻转过来，令它动弹不得，最后将其杀死猎取龟壳。[24] 显然，老普林尼和罗马时代的读者都认为东非人是游泳好手。直到3世纪，罗马作家依然在讨论东非人的游泳技能，他们和鳄鱼、河马的故事在罗马的绘画艺术中得到了广泛的表现。[25]

关于东非人早期游泳活动的另一线索来自埃及。考古出土的一把公元前1400年的埃及新王国时期的药勺上，绘有一个正在游泳的黑人女性形象。[26] 在东非的民间故事里，东非人都是游泳好手。例如，埃塞俄比亚流传着一则《两位嫉妒的妻子》的故事，故事中，嫉妒的妻子将另一妻子刚出生的双胞胎扔到了河里。在婴儿溺水之前，恰好有游泳者经过，救了他们。另一则故事里，一名即将步入婚姻的新郎必须通过游泳展示他的勇气——他需要游至一座附近的小岛，并独自住一晚，然后返回。和埃及东部的古老诗歌描述的一样，一名男子通过游泳赢取了爱人的芳心。[27] 这些故事都基于长期的口述传统，反映了游泳在古代东非的普及程度。

西 非

传统故事同样显示，西非人在游泳方面也颇为出色，他们兴趣浓厚，技能娴熟。如在马里中世纪史诗《桑介塔史诗》(*Epic of Sunjata*) 的一些版本中，英雄的对手乔洛芬·曼萨（Jolofin Mansa）跳进塞内加尔河，并游入一个洞穴，在那里，他变身为一条鳄鱼。随后，一名指挥官跳入河中，成功将他捉住。[28] 其他西非民间故事同样假设大部分西非人都是游泳好手，关键时刻他们还会向河神求助。在这些故事中，人们以在海中游泳为乐。如姑娘们戴着母亲的项链游泳，并不慎将项链遗失在河中。她们的后代被描绘为鱼宝宝，而情人则被描述成蛇。猎人们相信她们能游过湍急的河流。吝啬的女人会随意跃入水中，去追寻一颗掉落的豆子。痛苦的人常向江河祈祷，且通常能满足心愿。[29] 游泳在尼日尔河（Niger River）是很常见的现象，在乍得湖（Lake Chad）及其南部的非洲渔民中，肯定也十分常见。

中世纪的非洲人通常是出于娱乐目的游泳，并非缺乏其他的渡河手段。西非的传说故事里，人们在人流密集的河区设置渡船或建造桥梁。为了渡河，女人会提前支付黄金或白银作为船资。[30] 14世纪访问马里的旅行家伊本·白图泰（Ibn Battuta），就曾使用定期渡船服务轻松渡过西非的河流。[31] 因此，在西非，游泳更多地被当作消遣和娱乐，而非一项实用技能。

南　非

一张早期图片（图7）显示，南非人同样具备游泳能力。这块小鹅卵石上，清晰地刻有一个人和四只海豚共游的情景。这块鹅卵石发现于克拉西斯河口（Klasies River Mouth）地区，被发现时周边堆积着小山状的贝壳，大致能确定其雕刻年代为公元前400—前300年。[32] 这名南非游泳者使用的是手过肩直臂侧下屈的泳姿，和北非马赛克地板画描绘的姿势如出一辙。这一图像和老普林尼的故事也有着惊人的相似。且不论人与海豚共游是不是

图 7 　与海豚共游者。南非克拉西斯河口出土的鹅卵石石雕，约公元前 400—前 300 年

真实发生过，这类故事在古代非洲显然是极为普遍的。

追溯至 15 世纪，欧洲奴隶贸易尚未抵达非洲时，大部分非洲人——无论是其经济地位还是性别如何——均会游泳。如今，我们的认知和历史的现实仍有很大差距，对末次冰期以前的信息我们几乎一无所知，对西非和刚果河（Congo River）流域早期游泳的历史也是，而对南非游泳历史的了解也仅限于一块雕有图案的鹅卵石。

尽管如此，现存所有证据也都指向同一个方向。无论是早期非洲人自己的传说，还是罗马征服者有关非洲人的记述，均确凿证实了非洲人具备游泳能力这一事实。在非洲，有三则有关游泳故事的主题都是主角在游泳中证明自己的力量和勇气。非洲人并不只是在紧急情况下选择游泳，而是把游泳作为日常生活的一部分，如靠近行船、狩猎、工作，抑或和朋友共度午后时光。

第 2 章

离开非洲

在非洲之外的其他大陆，早期人类的游泳活动也颇为盛行。亚洲南部、澳大利亚和新西兰及周边岛屿，以及整个美洲的早期原住民都很喜欢游泳。这些人中，至少有一部分是 10 万年前自非洲迁徙而来的早期人类的后裔。这些迁徙者沿着海岸线缓慢移动，年复一年，经由阿拉伯半岛，或步行，或划着由芦苇编织而成的木筏或独木舟，陆续抵达印度、东南亚、澳大利亚。部分迁徙者沿着亚洲太平洋海岸向北，抵达中国、朝鲜和日本。最终，约在公元前 24000 年，部分迁徙者穿越阿拉斯加，其后代则划着独木舟穿过北美和南太平洋沿岸的主要河流网络，抵达加利福尼亚，进而扩散到墨西哥、秘鲁和阿根廷。至公元前 12000 年前后，他们的后代抵达巴西和加勒比海地区。考古发现、诗歌、绘画，以及传统故事等都揭示出，这些地区的居民对游泳活动抱有浓厚的兴趣。

阿拉伯半岛

迁徙者的第一站是波斯湾，这里是早期游泳活动的中心。考古证据显示，早在公元前 5000 年，巴林地区的主要经济活动就是珍珠采集。通过对阿布哈米斯（Abu Khamis）遗留的成堆贝壳的研究，我们可以推断出熟练的采珠工人曾在这里采集了大量的珍珠贝。珍珠贝并非美味佳肴，其价值仅在于内含的珍珠。珍珠加工是当地的主要产业，人们从贝壳中提取珍珠母，制成项链和耳环等商品，远销巴比伦和美索不达米亚的乌尔等地。[1] 这些采珠工未必是游泳好手。若要潜水采珠，他们通常在身上系一根一端连接采珠船的绳子，携一块石头和一个篮子，依靠石头的重力深入水底。当篮中装满珍珠牡蛎后，采珠工会丢下石头，拉动绳子，提醒船上的同伴将他们拉回水面。当然，掌握一定的游泳技巧对采珠工来说是必要的，至少要保证他们不害怕入水，且可以在水下自如活动。

5000 年后，波斯湾的采珠工（多为男性）仍在采集珍珠牡蛎。老普林尼提到巴林时称这里"以盛产珍珠而闻名"。普林尼之后 100 年，诺克拉提斯的阿忒那奥斯（Athenaeus of Naucratis）添加了更多的细节："这个岛屿周围有芦苇筏，他们从筏中跃入水中，潜至海底约 40 米的深处，捕回双壳牡蛎。"[2] 12 世纪的阿拉伯地理学家伊德里西（al-Idrisi）也对巴林地区技术纯熟的采珠工进行了详细描述，指出这些采珠工每年八九月受雇于船只的主人进行采珠工作。[3] 事实上，巴林地区盛产珍珠贝的河流都被有权势的家族所控制，大部分采珠工都是这些家族的雇员或奴隶。正如埃及古王国时期拉网捕鱼的渔夫一样，他们面临着被剥削和贫穷的境遇。直到伊斯兰帝国时期，这些水域的采珠活动仍在继续。

印　度

在东方，游泳活动也有其历史渊源。据推测，从石器时代开始，生活在印度的早期人类就已经会游泳了，但我们对此知之甚少。也许因为印度洋海平面的变化，导致部分早期海岸遗迹已被淹没，而另一些则在遥远的内陆地区。[4]印度青铜时代唯一留存的有关游泳的证据，是印度河流域摩亨佐·达罗（Mohenjo Daro）古城哈拉帕镇（Harappan，在今巴基斯坦境内）的一座浴室建筑遗址。这座建筑约建于公元前1500年，内设一池，即"大浴池"，用泥砖建造，并以焦油灌注砖缝来加固和密封，底部设有排水沟。"大浴池"设计有从地面延伸到池底的阶梯，便于人们进出水池，其规模大约是如今常规城市游泳池的四分之一（长12米，宽7米，深约2.5米）。在浴池水量充盈的状况下，人们是无法触及池底的，所以从理论上来说，必须通过游泳的方式才能穿越水池。然而，在缺乏其他信息的情况下，仅凭现有数据，我们无法确认青铜时代的印度人是否真的会游泳。但进入铁器时代后，书面文献资料让我们确信，当时的印度人是会游泳的。

公元前500年，耆那教在东印度地区兴起，该教祭司阶层收集了信众的生活规范、箴言和教规，并汇编成一本手册——《耆那经》。在该经文中，假定其大部分信众都掌握了游泳技能。如果你身处一艘正在航行的船上，碰巧听到船夫指示另一个船员把你扔下水，你应该怎么做？你应该解除衣物，准备游泳。

如果你在甲板上，听到船夫对一个船员说——"噢，天呐，这位沙门是这艘船上的一个沉重负担，快抓住他，把他扔到水里去！"你当时如果穿着衣服，应该迅速脱掉衣服并把它们紧系在头上。现在你可能会想：这些惯于暴力行为的恶棍可能抓住我，把我扔到水里。

《耆那经》还对耆那教徒提出了警示，严禁将水作为性侵的掩盖，并强调了个人安全。

一个出家人，在水中游泳，不应触碰其他任何人的手、脚和身体，不应触碰其他任何人，他们应警觉地游泳。
一个出家人，在水中游泳，不应潜水，以免水进入他们的耳朵、眼睛、鼻子或嘴巴，他们应警觉地游泳。
一个出家人，在水中游泳，应该克服自身的弱点，他们应该扔掉全部或部分衣物，而不是被衣物所牵绊。[5]

这里说的显然是游泳，而非涉水或沐浴。若仅涉及涉水或沐浴，衣物也不会对个体的安全构成威胁。（有关禁止鼻腔进水的禁令可能和耆那教"不杀生"的教义有关：水中有微小生物，人类游泳时可能会将它们吸入人体内，导致它们死亡。）《耆那经》

对出家人的行为提出了明确要求,严禁他们出于娱乐目的而游泳:"一个出家人,应以直线的方式涉过浅水,而不宜为了消遣或贪图清凉而潜入深水中;他们应小心翼翼地笔直涉过浅水区。"另一部成书于公元 2 世纪(老普林尼时代之后不久)的印度宗教经典《摩奴法典》(Laws of Manu),同样假定印度人具备游泳技能,且同样禁止门下苦行僧出于娱乐目的游泳。[6]

然而在中世纪早期的爱情诗中,已有描述印度人为了娱乐而游泳的情景。他们喜欢沿着浴场的阶梯走到河边,和友人一起戏水。公元 3 世纪时,来自印度南部泰米尔人的爱情诗同样把游泳和诱惑联系在一起。

> 看着我,祝你长寿!
> 亲爱的,我要对你说
> 我想和你在汹涌的水流中共浴
> 激起层层涟漪
> 直到镇上流言四起
> 我们一起走吧,为何还要回家?

下面这首诗将水和性联系在一起,并加入了波涛汹涌和花朵的意象:

> 那如蓝百合般柔软和美丽的眼眸
> 成为我亲密的爱人
> 当我们在激流中玩耍

当洪峰席卷而来

是水里开满了花朵[7]

泰米尔人对印度教湿婆神的赞美诗中同样提到了游泳和潜水活动。其中一首赞美诗是这么写的："渴望水上游戏的女人/浮潜戏水/以及洗涤她们的长发。"[8]很难说这些3世纪的情侣是在游泳还是仅仅在沐浴，但是伊本·白图泰证实，至少在中世纪时期，部分印度女性是游泳好手。14世纪，伊本·白图泰和两名印度女奴在印度洋上航行时，遭遇了船只触礁。白图泰不谙水性，其中一名印度女奴同样如此，船正在下沉，情况危急。伊本·白图泰回忆说，"船上有救生木筏"，但无法承受三个人的重量，所幸"另一个女奴"主动提出自己"水性好，可以扶着木筏的绳索游泳"。就这样，一名女奴在木筏上，另一名在水中。[9]次日，一艘路过的船救起了白图泰和女奴，三人成功获救。

斯里兰卡

在印度东南部与斯里兰卡毗邻的岛屿上，同样有人潜水采集珍珠，采珠人通常是男性。据成书于6世纪的斯里兰卡古代编年史《大史》（Mahavamsa）记载，公元前5世纪的铁器时代，斯里兰卡君主拥有的价值连城的珍珠堆积如山。[10]外国访客也普遍认为斯里兰卡人具备潜入水中采集珍珠的能力。公元前300年，希腊旅行家麦加斯梯尼（Megasthenes）作为塞琉古一世（Seleucus Ⅰ）

派往印度孔雀王朝的使节，曾记录当时印度掌权者旃陀罗笈多（Chandragupta Maurya，即月护王）治下的情况，说斯里兰卡人"任凭捉到的（牡蛎的）肉腐烂，他们认为腐肉上的小坑里是珠宝"。[11] 事实上，珍珠贝的食用价值并不高。公元50年左右，老普林尼就知道斯里兰卡是"大珍珠"的主要产地。[12]《大史》成书7个世纪后，斯里兰卡人仍在潜水采集珍珠；印度史书《诸王流派》（*Rājāvalī*）为公元2世纪初的一场海啸而悲叹，这场海啸摧毁了"生活着400个珍珠采集者的村庄"[13]。阿拉伯著名地理学家穆罕默德·伊德里西同样有记载称，斯里兰卡附近的潜水者"能够通过游泳攀上船只，即便是那些顺风快速航行的船"，只是为了将采集到的珍珠卖给船上的旅客。[14] 尽管采珠工作充满危险与困难，斯里兰卡的采珠人同巴林的采珠工一样，也无法从珍珠贸易中获得相应的经济收益。

东南亚

在东南亚法律文献中，至少从中古时期起，普遍认为大部分人已然掌握了游泳技能。在泰国，国王有时会安排法庭案件中的原告和被告进行渡河比赛，通过游泳速度来判定官司输赢。（如果原告或被告身体状况不允许，可以请游泳高手代替吗？）或者，让原告和被告比赛潜水，在水中待的时间更长的一方胜诉。[15] 泰国17世纪的长篇叙事诗《昆昌与昆平》（*Khun Chang Khun Paen*）中提到了一则在14世纪时发生在孟围地区的水审案例（半虚构），可作为后一情况的例证：

在审判日，原、被告双方当事人被同时带到河边。昆昌应在上游，因为他是原告，但因被告是孟围贵族，法官决定，让昆昌在下游。当双方的头刚被摁到水面下，昆昌就迅速抬起头来，声称"这个家伙有问题，他吹了什么东西到我身上。这咒语的力量让我难受得抓心挠肝，头发都竖了起来。正因为被告在上游，他才能向我施咒来影响我"。

国王咒骂昆昌是个"大嘴巴"，随即重新安排了审判，这次他让昆昌站回了他作为原告应该站的地方——河流上游。但这种改变并没有对昆昌产生任何有利影响，因为昆昌本就是诬告。这一次，他才一入水就感觉自己好像被蛇群包围，所以再次迅速把头抬起露出水面，并恐惧地摇着头。结果很明显，昆昌输掉了官司。[16] 至少在泰国，代表性的法律文书和长篇叙事诗里，都曾提及水审，并且通常假定原告和被告双方当事人具备游泳能力。

在中古时期，中国旅行者曾对柬埔寨人热衷的沐浴习惯进行记录。1296年，随使团出访真腊（今柬埔寨）的中国地理学家周达观在其《真腊风土记》中惊叹，"地苦炎热，每日非数次澡洗则不可过。入夜亦不免一二次，初无浴室盂桶之类，但每家须有一池，否则两三家合一池。不分男女，皆裸形入池……或三四日，或五六日，城中妇女，三三五五，咸至城外河中漾洗"，甚至"唐人暇日颇以此为游观之乐，闻亦有就水中偷期者"。[17]

如今，沐浴和游泳已经分离为两种活动。我们并不清楚柬埔寨家庭使用的浴池和女性沐浴所涉河流的深度，便也无从知晓他们是否只是泡在水里。周达观《真腊风土记》的记述也有故意夸

图8　入侵士兵落水。柬埔寨吴哥窟巴戎寺东翼南外廊的石浮雕，约12世纪

大之嫌。不过，中古时期的柬埔寨绘画似乎证实了柬埔寨人会游泳。柬埔寨建造于12世纪的著名庙宇吴哥窟（Angkor Thom），墙上雕有一幅海战壁画。身穿铠甲的外来入侵者坐在一艘艘小船上，有些已经中箭落水，濒临溺亡。（图8）

在同时期，柬埔寨抵抗者正在水中进行战斗，男人仅着缠腰布，下潜到敌船下方，水中的大鱼在他们周围游来游去。（图9）这些柬埔寨人也许只是军事工兵，他们受命潜到敌人船下，狠凿敌船船底，将其击沉。与此相似，越南有一个口口相传的发生在12世纪的民间故事，年轻的农民英雄叶库（Yê't Kiêu）跃入河中，在敌船船底凿出一个个洞。叶库"游泳速度极快，像水獭一样敏捷"。越南的其他民间故事也与游泳相关，诸如脱下翅膀在

图 9　试图击退入侵敌船的柬埔寨男子。柬埔寨吴哥窟巴戎寺南墙的石刻浮雕，约 12 世纪

水中享受游泳乐趣的仙女，以及跃入河中拯救爱人并抱着她游回岸边的英勇男人。[18]

对东帝汶的贫苦劳动者而言，无论是基于谋生还是作为生活方式，游泳都在他们生命中占据着至关重要的地位。据史料，印度尼西亚的海上游牧民族劳特人（Orang Laut）最晚在公元 1 世纪就以出色的游泳和潜水技术而闻名了，又被称为"海人"。其潜水活动并不只是为了采集珍珠，还包括对贝壳、珊瑚、可食用的海蛞蝓的收集。在中古时期，中国和阿拉伯的文献资料显示，劳特人的海上军事技能对室利佛逝国（Srivijayan Empire，中国宋代以后的史籍称其为"三佛齐")的兴盛起着决定性作用。据早期欧洲观察者的记录,劳特人"跃入海中,像鱼一样游来游去,他们能从人们的视线中消失半个小时,然后在距离入水处1000码(约915米)的地方浮出水面"。[19] 上述案例尽管都看似微不足道,且出处存疑,但从整体来看,无疑也能够说明东南亚早期定居者已具备游泳技能。

澳大利亚、新西兰和夏威夷

早期澳大利亚土著、新西兰毛利人和夏威夷人的游泳能力也不容忽视。据考古学证据,早期澳大利亚居民的栖息地多在水边,且主要以食鱼为生。在澳大利亚中部的蒙戈湖(Lake Mungo)遗址中,考古学家发现了古代人类丢弃的大量鱼骨和鱼钩。(公元前40000年,这里是一个比如今更湿润和滋润的环境,现在湖水已经干涸了。)尽管捕鱼活动不一定意味着需要游泳,但是早期澳大利亚土著的民间故事认为,大部分人都是会游泳的。比如,布尔帕伦加(Bulpallungga)的故事讲述了他是如何"一次又一次地去他母亲看到异象的池子里游泳"的。[20]

毛利人和夏威夷人的口头传说也提到了游泳。毛利人家喻户晓的一则故事,讲述了图塔内卡(Tutanekai)和希尼莫阿(Hinemoa)的爱情。在一次聚会中,他们一见钟情,但由于希尼莫阿的父亲对自己的女儿看管较严,这对恋人无法靠近,更不要说彼此交流。于是,每个夜晚,图塔内卡都只能在自己居住的罗托鲁阿湖(Lake Rotorua)中心的毛利圣岛(Mokoia Island)上伤心地吹奏笛子；而居住在湖中另一座小岛上的希尼莫阿夜夜倾听。终于有一天，希尼莫阿决定划一艘独木舟穿越罗托鲁阿湖去见她的心上人，但她怎么都找不到独木舟。最后，她是靠着用葫芦编成的漂浮物游泳前往的（约 1.5 千米）。当希尼莫阿历经艰辛与图塔内卡相见后，曾经强烈反对他们在一起的双方父母终于松口，这对爱侣最终过上了幸福快乐的生活。[21]

再往东的夏威夷，同样有很多提及游泳的民间传说。在一则传统故事中，鲨鱼之王目睹一个容貌惊艳的女子在海岸边游泳，遂变身成一个身披华丽羽毛斗篷的男子，并与她结为连理。最终，他又回到了大海，之后，他们的子嗣也返回大海。[22]

虽然这些故事最近才被记录下来，且故事的创作目的也各不相同，但它们无疑揭示了游泳是一项普遍的消遣休闲活动，既不特殊，也不危险。

中国南方

青铜器时代，甚至可能更早，游泳便在中国南方地区普遍流行了，我们之所以知道这一点，是因为这一时期中国古代已有文字。公元前 1200 年，有人在一块动物的肩胛骨上刻下了中国人游泳活动的第一个证据，这块肩胛骨是甲骨，上面的文字便是中国已知最古老的文字甲骨文。甲骨文多记载占卜情况，记载中国古代统治者有关祭祀、打猎、战争等的卜问。在此我们只需要留意一个文字符号，即表示"游泳"的那一个。这个符号可能表示一个正在水中游泳的人。[23] 文字中部，一条较长的笔画勾勒出的，是一个游泳者的形象，其双腿并拢，可能膝盖微屈，双臂则向身前伸展。围绕这个游泳者的短线条则代表动态的水流。正如刻在印章上的埃及象形文字一样，中国的甲骨文反映的可能是这个文字的发音而非游泳的概念，但它无疑可以表明生活在当时中国南方的居住者是掌握了游泳技能的。

在铁器时代，生活在中国南方地区的人仍然保持着游泳活动。一如越南和柬埔寨的士兵，中国南部地区的士兵同样会游到敌人的战船下，破坏敌船船体使其沉没。在出土于中国成都的一件青铜壶上，就刻有士兵游到敌船下企图将其击沉的纹样。（图10）画面中央，一名士兵正拽着敌兵的头发。游泳者的手臂显示他的泳姿是向前的爬泳。四川地区出土的许多青铜壶上，都刻有几乎相同的水战场景。这可能并不只是青铜壶上的常见主题，也是春秋战国时期纹样和壁画的共同主题。[24] 中国青铜壶

图10 中国南方的游泳者试图凿沉敌方船只。战国水陆攻战纹铜壶（现存于四川博物院），四川成都，约公元前6世纪

和柬埔寨吴哥窟有关水战的绘画显示，水战以及水战中的"水下游泳者"是东亚、东南亚绘画艺术中普遍且长期存在的表现主题，尽管我们已无从了解描绘这些战争的意图所在——也许只是巧合，又或只是因为铁器时代的水战确实涉及"水下工兵"的相关战术。

从上古时期到中古时期，中国南方居住者的游泳活动一直存在——后来的文字记录作为早期甲骨文的补充进一步证明了这一点。甚至有证据表明，有人将游泳作为一种谋生的手段。公元前139年，刘安在《淮南子》中有载："九嶷之南，陆事寡而水事众，于是民人被发文身，以像鳞虫；短绻不绔，以便涉游；短袂攘卷，以便刺舟，因之也。"[25] 南宋诗人、地理学家范成大在1000多年后描述了中国南部渔民家族即"蜑民"的船上生活，周去非的《岭外代答》中也有记载：

> 儿自能孩，其母以软帛束之背上，荡桨自如。儿能匍匐，则以长绳系其腰，于绳末系短木焉。儿忽堕水，则缘绳汲出之。[26]

范成大和周去非的记述，并没有明确孩子的母亲是否会游泳，但10世纪发生在福建的妈祖林默娘的故事，则暗示了她是善于游泳的。在其中一个版本中，林默娘15岁才开始学习游泳，并且很快成为游泳高手。当默娘的父亲在海上遇险失踪后，她孤身一人在茫茫大海中寻找，最终因筋疲力尽而溺亡。默娘死后，民间将她奉为"妈祖"——中国掌管海上航运并守护渔民和水手安全的"海神娘娘"。事实上，中国女性一直热衷于各类体育运动；中古时期的史料显示，精英阶层的中国女性会打马球、荡秋千、放风筝、踢蹴鞠、投球、射箭。[27] 至少在中国南方，女性是热衷游泳的。

在中国南方，早期游泳者同样从事潜水采集珍珠的活动。公元前1世纪，正值东汉时期，海南岛和今香港附近盛产珍珠牡蛎的海域都被权贵阶层控制，因此中国采珠人同样难以免于被剥削的命运。及至公元150年，无节制的滥采已经使得当地处于无珠可采的地步，太守孟尝不得不颁布禁令，控制非法捕捞，以图修复牡蛎的自然库存。公元3世纪，珍珠采集潜水依然受控于政府——有史料载，"巧盗者蹲水底，剖蚌得好珠，吞之而出"，以逃避政府的税收和限制。一个世纪之后，中国南方的故事出现了"鲛人"，即人鱼——他们哭泣时，泪水会凝结成珍珠。及至11世纪，南方的游泳者开始讲述类似的"鲛人"故事——"南海有鲛人之室，水居，如鱼，不废机织，其眼能泣，则出珠"。[28]（中国南方鲛人的故事和美国夏威夷的故事有关联；波利尼西亚人可能在公元400年左右离开了马克萨群岛前往夏威夷。）在中古时期，中国的采珠业需要动用十艘甚至更多的船只，围成圈并下锚停泊在原地，用绞盘把采珠人拉上水面。诗人贾岛在其诗作中描述了这种工业化采珠对潜水员造成的严重危害，会损害他们的健康，重者致残，同时他对那些忽视潜水员付出的高昂代价，为个人享受而购买并佩戴珍珠的人进行了谴责。[29]

鉴于这种剥削，我们也许就能理解为什么一些中国南方的游泳者转为海盗了。小说《水浒传》以宋朝为背景（12世纪），但两个世纪之后才初次出版。小说中有两个角色：游泳技术精湛的亡命之徒张横、张顺兄弟。据张横所述，张顺此人"浑身雪练也似一身白肉，没得四五十里水面，水底下伏得七日七夜，水里行一似一根白条，更兼一身好武艺"，他还讲述了一个自己假扮船夫和张顺配合骗钱的故事：

> 我弟兄两个，但赌输了时，我便先驾一只船，渡在江边静处做私渡。有那一等客人，贪省贯百钱的，又要快，便来下我船。等船里都坐满了，却教兄弟张顺也扮做单身客人，背着一个大包，也来趁船。我把船摇到半江里，歇了橹，抛了钉，插一把板刀，却讨船钱。本合五百足钱一个人，我便定要他三贯。却先问兄弟讨起，教他假意不肯还我，我便把他来起手，一手揪住他头，一手提定腰胯，扑同地撺下江里。排头儿定要三贯。一个个都惊得呆了，把出来不迭。都敛得足了，却送他到僻净处上岸。我那兄弟自从水底下走过对岸，等没了人，却与兄弟分钱去赌。那时我两个只靠这件道路过日。

至少在小说里，生活在中国南方的居民并不觉得把穿着整齐的人扔到水里，潜在水下躲避很长一段时间有什么逻辑问题。[30] 他们是小说中虚构的英雄，但他们出色的游泳技能在中国南方非常典型。

在中国南方冲浪

在中国南方地区，有一种被称为"弄潮"的水上活动——我们可以将之类比为现在的冲浪。每年农历八九月，成千上万的民众自南宋都城临安（今杭州）南下到钱塘江口，观赏弄潮盛况。当潮汐到来的水流和钱塘江下游的江水相遇时，就形成了潮汐波。潮汐波是高约9米、速度约40千米/小时的滔天巨浪。弄潮儿手持彩旗，以肉体凡躯在这危险的巨浪上滑行。（图11）著有《武林旧事》的南宋学者周密在约1250年对这种活动进行了详细记载：

> 浙江之潮，天下之伟观也……方其远出海门，仅如银线；既而渐近，则玉城雪岭际天而来，大声如雷霆，震撼激射，吞天沃日，势极雄豪。杨诚斋诗云"海涌银为郭，江横玉系腰"者是也。
>
> 每岁京尹出浙江亭教阅水军……
>
> 吴儿善泅者数百，皆披发文身，手持十幅大彩旗，争先鼓勇，溯迎而上，出没于鲸波万仞中，腾身百变，而旗尾略不沾湿，以此夸能。而豪民贵宦，争赏银彩。
>
> 江干上下十余里间，珠翠罗绮溢目，车马塞途，饮食百物皆倍穹常时，而僦赁看幕，虽席地不容间也。
>
> ……[31]

南宋史料显示，游泳活动在中国南方地区广泛流行，无论是

图 11　中国民众观钱塘潮。《海内奇观》（杨尔曾撰，陈一贯绘）木版画，1609 年

士兵还是密探，渔民还是采珠人，冲浪者、海盗、骗子还是街头卖艺者，都将游泳视为一种休闲娱乐方式。游泳俨然成为中国南方人诸多日常活动的组成部分，远在太平洋彼岸的美洲原住民也是如此。

美洲原住民

美洲原住民可能也是游泳好手。一幅绘于约公元 500 年、哥伦布抵达北美洲之前的有关游泳场景的图画流传至今。该画作来自墨西哥南部特奥蒂瓦坎（Teotihuacan）古城的一个富裕家庭的房屋。该房屋的一幅壁画上，描绘了"小河流经大山"的图景。画中数人在河中戏水，其中一个人无疑是在游泳（图39）。[32] 此人手臂向身前伸展，动作类似蛙泳，但是他的腿部动作则更像是自由泳的扑打腿。

有一则广为流传的口头传说，说美洲原住民会在北美洲不同的地区游泳。从加利福尼亚到加勒比海，众多美洲原住民的故事都以水为背景。通常，原住民都在河中游泳。他们在自然水域进行游泳比赛，还有逆流而上的能力，将游泳技术发挥得淋漓尽致。在阳光明媚的南加州，米诺克人（Miwok）讲述了图托克阿努拉（Tu-Tok-A-Nu'-La）的故事，有关"两个住在山谷里的小男孩到河里游泳"。在多雨的太平洋西北部，沃斯科（Wasco）有一个关于在摩特诺玛瀑布（Multnomah Falls）举行婚礼的传说，婚礼流程包括在河里举行游泳比赛。来自加拿大西部的海达人（Haida）有一个流传很久的故事——鲑鱼男孩"和其他孩子一起去河里游泳"。附近的斯夸米什人（Squamish）则讲述了"酋长命令四个年轻人——两个男性和两个女性，沿着小溪游到鲑鱼陷阱"的故事。[33]

即便是在极北地区，因纽特人也有涉及游泳的传说。在一则故事中，阿塔斯克（Âtârssuaq）教他刚出生的儿子游泳。

> 有一天，他打猎归来，发现自己的儿子出生了。于是，他带着儿子去到水边，把他直接放入水中，让水没过他小小的身体。直到儿子开始挣扎踢蹬，阿塔斯克才把他抱起来。

之后很长时间，他每天都会如此训练儿子一次。最后，这个男孩成了游泳高手。

阿塔斯克被敌人杀害后，他的儿子凭借自己极强的游泳能力，最终把杀父仇人的独木舟掀翻，将仇敌溺死，为父亲报了仇。[34]

由于气候寒冷、环境干燥、缺乏燃料和建筑材料，大平原上的美洲原住民越来越少。随后，随着欧洲人大量涌入，他们才再次回到大平原。大平原上沿着密苏里河、密西西比河和阿肯色河等河流的美洲原住民居住的城镇，被复杂的贸易网络联系在一起。人们同样会在这些河里游泳。例如，北部平原的黑脚人（Blackfoot）就流传有河狸药的故事——一个男人"跑到岸边，跳入河中，潜至水下，出现在河中央开始游向对岸"。[35]

生活在北美洲大西洋沿岸和加勒比海岛上的原住民也是游泳好手。在缅因州，帕萨马科迪人（Passamaquoddy）中有一个年轻人被敌人从独木舟上撞下来的故事，故事与因纽特人故事的主题相似。"年轻人大声呼救。一只乌鸦飞过来，说：'你能坚持游多久就坚持多久。我会给你提供帮助。'他漂浮了很长时间，最后兔子和狐狸救下了他。"在弗吉尼亚州，波瓦坦（Powhatan）的孩子们潜水寻找淡水贻贝。[36] 来自北美洲东南部乔克托族（Choctaw）的爱玛·皮萨图特马（Emma Pisatuntema）在1910年讲述了一则关于植物的故事——"这株植物生长在乔克托族人去沐浴或游泳的地方"。这种植物具有毒性，但它对乔克托族人情有独钟，不愿伤害他们——为此，它将自己的毒液转赠给了响尾蛇和蜘蛛。正如故事的结尾所说，河口的浅水对乔克托族而言成为可以游泳的安全之所。[37] 在加勒比海岛，海螺是一种重要的食物。考古学和口述历史均证实，潜水捕捉海螺是当地居民的日常活动。[38]

纵观整个北美洲的历史文献，所有的史料都显示当地原住民是游泳好手。一如非洲、亚洲和大洋洲，北美洲原住民也会举行游泳竞赛。他们不仅利用游泳攻击敌人，还能够在受到攻击时用以自保；同时，他们还可以逆流而上。孩子无须成年人的监护，便能成群结队地去游泳和潜水。在北美洲的口述传说中，游泳似乎是一项日常活动，既可以用来获取食物和旅行，也能作为人们日常锻炼和娱乐的手段。

中美洲和南美洲

我们浮光掠影的"环球观览"终于抵达中美洲和南美洲，这是最后一站。

毫不奇怪，生活在这里的人同样具备出色的游泳能力。通过图像资料、文字记载和考古实地发掘成果的结合，我们能够得到一幅更完整的有关人类游泳的历史图卷。中美洲地区最早的游泳形象可以追溯到公元前400—前100年，危地马拉玛雅灰泥浮雕横幅饰带边缘刻有一组游泳者的形象（图12）。该横幅是玛雅集水系统建筑的装饰，也许，这一设计的灵感来源就是游泳活动。游泳者的头部相对于他们的手臂和腿部的角度表明，他们可能在游泳时将头抬出了水面——当然，这些人也可能是在潜水。他们

图12　玛雅英雄乌纳普在游泳。埃尔米拉多集水系统建筑的灰泥装饰，危地马拉，公元前400—前100年

代表的很可能是"双子英雄"——乌纳普（Hunahpu）和伊克斯布兰卡（Xbalanque）。根据玛雅神话，在这对双子英雄出生前，死神把他们的父亲和叔叔召唤去了地狱，将其击败并献祭。这两兄弟生来就肩负着为他们的父亲和叔叔报仇的使命，浮雕展示的，正是他们游向地狱并最终战胜死神的场景。[39]

几百年后，这对双子英雄的形象在一个名为"游泳者之碗"的玛雅陶器上重现。（图13）这对游泳者分别位于碗的两边，手臂前伸，好像狗刨式或蛙泳式划水的动作，一如玛雅集水建筑上的浮雕般抬着头，膝盖弯曲，呈现出蛙泳式蹬腿的姿势。

并非只有玛雅神话的神祇会游泳。考古遗迹里成堆被遗弃的贝壳显示，玛雅人同样会潜水寻找食物。在伯利兹（Belize）城遗址中，考古学者发现了大量的海螺壳。公元1世纪，玛雅人就使用海螺壳作为吹奏乐器；自公元3世纪开始（甚至可能更早），

图13 玛雅英雄乌纳普在游泳。科帕多风格的碗,萨尔瓦多,600—900年

玛雅人就在珊瑚滩潜水采集海螺。[40]

在巴拿马,游泳同样是一项日常活动。诸多口述传说都提到了游泳竞赛。例如,在库拿人(Kuna)的一则故事中,英雄泰德·伊比(Tad Ibe)和伊圭亚那酋长(Iguana-Chief)"比赛谁能够在水下游得更远。尽管泰德·伊比(先出发)在游完后又悄悄走了几步以增加自己的距离,但伊圭亚那酋长仍然以更长的距离轻松胜出"。[41] 必须明确的是,游泳并非涉水步行,若非如此,泰德·伊比也无须偷摸走那几步。

再往南至南美洲,游泳在早期社会是一种重要的收集食物的手段。南美洲原住民可能早在公元前6000年就开始游泳了,当时生活在亚马孙河下游地区(今巴西)的居民以他们潜水捕到的贻贝、海龟和鱼类为生。[42] 成堆的贝壳显示，人们也在南美洲的大西洋海岸潜水采集贝类海生动物（可能同时作为食物和采珠材料）。考古学家对此处公元前4500年的人类耳骨的分析显示，早期秘鲁人同样潜水采集贻贝和其他海产——这足以导致他们耳骨异形生长，腿骨形态改变。[43]

几千年后，另一幅图显示了人们在距离秘鲁和厄瓜多尔海岸遥远的太平洋游泳的场景。考古学家在安第斯山脉中部发现了一件可以追溯到公元1000—1450年的耳饰，由金、银、铜锻造而成。在耳饰的图案中，一艘大帆船停在太平洋的海面上，四名潜水员正在水下采集海菊蛤。（图14）秘鲁宫殿的石头浮雕上也有类似的场景。[44] 一如亚洲的采珠人，厄瓜多尔的采珠业也具有高

图14　潜水寻贝。晚期奇穆文化耳饰，厄瓜多尔，1000—1450年

度剥削性，时常导致采珠人残疾甚至死亡。海菊蛤作为厄瓜多尔重要出口产品，通过河流网络被一路销售，北自玛雅，南至玻利维亚的的的喀喀湖（Titicaca），以换取丰厚的利润。

有资料显示，在中南美洲，人们会为了鱼类和贝类——特别是有经济价值的贝类，以及比赛而游泳。

从南非到巴西，环绕世界一周，世界上的大部分人——无论男女老幼，贫穷富有，尼安德特人抑或现代人类，在世界各地——无论非洲和阿拉伯半岛、东南亚、南太平洋、中国南方和日本，还是太平洋彼岸的美洲，甚至极寒的北地或遥远的内陆——都会进行游泳活动。不过，人们游泳的目的各不相同，或是为了收集贝类和鱼类，或是被迫参与战争，或是为了竞技，又或只是休闲娱乐。

几乎全世界的人类都会游泳，只有一个例外，下一章会提到。

第 3 章

北方的游泳场所

在上一章,我们了解到世界上大部分早期人类都具备游泳能力,本章将介绍一个例外。研究发现,生活在欧洲北部和亚洲北部的居民是不知道如何游泳的,并且对水十分恐惧。他们害怕溺水,认为游泳是危险的。在他们的想象中,水里遍布着巨大的螃蟹、龙和海怪等。他们深信,河流和小溪具有神奇的力量,能够洞察人们的不端,故而踏足水中是对神灵的不敬。他们对外国人的游泳活动持讽刺和嘲笑态度。此外,他们还认为游泳是不雅的,因为游泳时需要脱去衣物。

北方地区的居民为什么不会游泳?他们对水的恐惧是如何形成的?要知道,和其他地区的人类一样,他们的祖先也是游泳好手。显然,这并不是基因造成的差异。从身体构造上看,他们完全可以游泳。最合理的可能是,末次冰期极端寒冷的气候,导致他们丧失了游泳的文化传统。冰期结束之后,北方地区部分不擅长游泳的居民迁居南方,来到南欧和印度北方,对水的敬畏之心也随之迁移。这些移民中有颜那亚人(Yamnaya)和印欧人(Indo-Europeans),他们的后代包括希腊人和罗马人、斯基泰人和伊朗人。因此，到了青铜时代末期，不游泳的文化习惯，甚至出现在一些冰期的温暖地区。

在冰期之前，欧亚大陆北方的居民大概都已知晓如何游泳。如前文所述，尼安德特人在约10万年前就在意大利地区游泳。大部分现代人类在离开非洲时已懂得如何游泳，即便不会，在4.2万年前抵达北方时，也有机会向尼安德特人学习。[1]然而，大约3.3万年前，地球气候发生了改变，巨大的冰盖开始扩张，地球进入新的寒冷期。为了避免出现上一个冰期的困境，人类迁居到更温暖的南方。但这次情况有所不同。[2]在最近的冰期，早期人类为自己缝制了保暖的皮制裤装和兽皮大衣，建造了房屋，生起了火，坚持留在了北方。

末次冰期

寒冷的气候持续了数万年，久到足以让人类遗忘如何游泳。约2.3万年前，末次冰期达到气温最低点，当时，厚厚的冰川延展到今英格兰、德国北部、波兰和俄罗斯北部。然后，气温逐渐回暖。然而，即便在冰期的后期，欧亚大陆北部地区盛夏时分的气温可能也不会高于20摄氏度。[3]在夏季的大部分时候，天气依然寒冷，不会让任何人有入水游泳的念头；而即便在最温暖的日子，水温依旧不高。此外，大量的淡水被冰川封存，导致湖泊和河流的水量变少，适合游泳的水域也随之减少。尽管人类游泳的能力没有完全丧失，但无疑已经失去了游泳的习惯。在非洲，游泳者的形象曾被绘制在岩壁上，但是在冰期，阿尔塔米拉、拉斯科和欧洲其他洞穴遗址留下了成千上万的岩画，却未见一幅是描绘游泳者的。例如，在拉斯科洞穴，有许多幅约 1.7 万年前的牡鹿在河中游泳的图像，以及一些人类图像，但没有一个人是在游泳。[4] 约公元前 9700 年，末次冰期结束，在寒冷环境中生活了 2 万年——差不多 600 代人——的北方人似乎已经忘记了如何游泳。

约在末次冰期的末期，欧亚大陆北部的居民可能开始将浅色皮肤与游泳能力缺失联系在一起。当现代人类第一次抵达欧亚大陆北部时，他们和世界上其他地方的人类一样，拥有深色的皮肤。但是随着时间的推移，欧亚大陆居民的肤色越来越浅，这主要是因为他们需要吸收更多的阳光。人体通过一种与阳光有关的化学反应，在皮肤中合成维生素 D。在北方地区，太阳照射地球的入射角较低，阳光必须穿越更厚的地球大气层才能到达人体皮肤。大气层减弱了阳光强度，使其无法启动有效的化学反应。在阳光更弱的地区，人们的肤色更浅，如此他们就能合成足够的维生素 D 来保持健康。与游泳这一文化习惯的变迁不同，肤色变浅是自然选择，或说进化的结果。

浅肤色的基因进化过程相对缓慢。起初，很多北方人无须进化出更浅的肤色，因为他们大量食用富含维生素 D 的鱼类和动物红肉（尤其是动物肝脏）。这就是为什么因纽特人尽管生活在遥远的北方，依然保持着较深的肤色。他们通过食用鱼类和其他动物的肝脏来摄取维生素 D，皮肤中较多的黑色素沉淀，可以保护他们免受积雪反射刺眼阳光导致的晒伤。在冰期，一年中的大部分时候，地面都被积雪覆盖，但大部分北方人的皮肤依旧是深色的。但当人们开始种植食物时，他们对鱼类的摄入变少了。约

1.4万年前，西南亚的扎格罗斯山脉（今伊朗和伊拉克北部）的居民开始种植小麦；公元前8000年，中国北方的居民开始种植黍类。这一时期，农民开始进化出基因层面更浅的肤色，他们可以自己合成维生素D。[5]而且随着捕鱼停止，人类在水中的时间变少，耳骨的感染也减少了。[6]

大约公元前4000年，大批早期农民从西南亚迁居到欧洲，浅色皮肤也随之被带到南欧。一千年后，来自高加索地区浅色皮肤的颜那亚牧民跟随农民西迁到欧洲，而另一群牧民则东迁到中国。石器时代末期，许多欧亚大陆北方的非游泳者进化出更浅的肤色，这似乎是欧洲白色人种出现的关键点。所有这些证据表明，在石器时代末期，游泳和肤色之间开始有所关联。尽管肤色的变化是基因性的，而停止游泳只是一种文化习惯，但两者都发生在欧亚大陆北部。及至石器时代末期，世界上大部分白人都生活在欧亚大陆北部，并且这些白人大都不会游泳。

美索不达米亚：两河流域

在青铜时代早期，随着文字的发展以及绘画和雕刻作品数量的增多，人们更容易了解到，这些北方人在游泳能力上的欠缺。有关这方面最早的记载来自居住在今叙利亚、伊拉克和科威特地区的苏美尔人（Sumerians）。青铜时代，这里被称作"纳哈拉伊姆"（Naharaim），即"两河之间的土地"，后被希腊人译为美索不达米亚。正如其名字所指，苏美尔人生活在两河，即底格里斯河和幼发拉底河沿岸，自公元前3000年开始拥有文字记载的历史,一如埃及人。他们留下了大量关于水的文献。苏美尔诗人曾对危险的洪水、河上的驳船和木筏、河里的牛以及驴和鱼进行过生动描绘,表达了人类对赋予生命以活力的河流的崇敬之心——因为河流灌溉了他们的大麦田。但不同于埃及人,苏美尔人从不踏足河中。尽管河流对苏美尔人至关重要,但他们并不喜欢与水接触。

当讲到与水相关的比喻时,苏美尔人会倾向于使用溺水或呼吸等词,而非游泳。早期苏美尔英雄吉尔伽美什(Gilgamesh)将水和死亡联系在一起:"我在壁垒森森的城墙上抬起头,看见一具尸体漂浮在水上。我感到绝望,我的心脏被重击。生命的终结是不可避免的……"当吉尔伽美什在河中沐浴时,他忽视了不朽的植物,从而失去了永生的机会。这部史诗还讲述了"挪亚方舟"的早期版本:

> 南风猛烈地吹了一整天……
> 风速极快,把山淹没在水里,
> 攻城略地,压制了人类。
> 人们看不清彼此,
> 在激流中,认不出彼此。
> 连诸神,都被洪水的威力所震慑……
> 诸神像狗一样蜷缩着,蹲伏在外墙边。
> 伊什塔尔(Ishtar)像分娩的女人一样尖叫……
> "我刚生下我亲爱的子民,他们便像鱼一样填满了大海!"……

六天七夜。

暴风雨,将陆地上的一切夷为平地。

当第七天来临,狂风大作,

洪水仿佛一场战争——像产妇在阵痛中挣扎。

海水平静了下来,狂风和洪水渐渐停止。

我举目四望——世界恢复安静

所有的人,都变成了尘埃! [7]

在非洲,古埃及统治者会将游泳者的形象刻上签名印章,但在美索不达米亚出土的青铜时代和铁器时代的数以百计的印章上,并没有此类发现。此处的印章上有船和划船的人,就是没有游泳者。在这里,被刻上印章的"游泳者"只有鸭子和鱼类。梦境和传说故事总是把水与血、呕吐物、饥荒和暴力联系在一起。海洋是"需要克服的障碍抑或需要与之搏斗的敌手",又或是世界的边缘。只有神灵才能穿越海洋,因"渡途艰险,道阻且长"。愤怒的海洋卷起千堆浪,吞噬一切,"激发出极大的恐惧"。这是主神马杜克(Marduk)与海神提亚马特(Tiamat)的决斗。[8] 当苏美尔人憧憬与水进行更愉快的互动时,他们也不会想到游泳,即便有也不会有好结果。有一首关于女神南舍(Nanshe)的诗歌,描绘她"在大海的泡沫中欢笑、嬉戏,与海浪逐闹",却违背了母亲的劝告,最终导致她被恩利尔神(Enlil)强暴。此外,苏美尔人的谚语认为游泳是对时间的浪费,"当驴在河里游泳时,狗在忙着收集食物"。尽管苏美尔人还有另一句谚语"昂首者,可渡河",但苏美尔人并不擅长游泳。(这句谚语是在暗示,即便苏美尔人真的游泳,也不会把脸埋进水里。)[9]

美索不达米亚人认为水是可怖和超自然的存在,具有魔力,以至于法官常用水审来辨别女巫和术士。自青铜时代以来,针对巫术的水审在美索不达米亚的法律文书中屡见不鲜。[10] 在这些法律文书中,最著名的是阿卡德帝国统治者于公元前1700年左右撰写的《汉谟拉比法典》,其中第二条如下:

> 如果一个自由人指控另一个自由人使用巫术,但他无法证明自己的指控,被告应该自行跳入河中。如果河水吞噬了他(溺亡),那么原告可以拿走被告的土地;如果河水显示被告是无辜的,那么被告将安全地从河里脱身,如此,原告将被处死,被告将得到原告的土地。

如果你会巫术,你就会溺亡;如果你没有被淹死,你就不会巫术。在其他案例中,特别涉及女子的不检点行为时,也会使用水审进行裁量。例如,依照《汉谟拉比法典》,若妻子在丈夫不在家时与他人发生性关系,妻子将被扔入河中溺死。一首献给女河神奈伽尔(Nungal)的巴比伦赞美诗讲述了一个相同的故事:水审会区分正义和邪恶,无辜者会从河的彼岸"重生";有罪者将受到奈伽尔女神的惩罚,无法逃脱溺亡的命运。[11]

与拥有游泳文化的国家不同,美索不达米亚地区的水审只有被告接受入水考验。在泰国,原、被告双方都要入水,胜者将打赢官司。在美索不达米亚,重点只在于被告是否会溺亡。(这些制度与公平审判无关,但这是另一个问题了。)这一版本的水审影响持续了很久,以至于500年后,这一地区的法律仍然推崇水审。查尔斯·霍恩(Charles Horne)1915年的著作认为,巴比伦人和埃兰人(Elamites)中流行的水审表明,在古代美索不达米亚,"游泳这一技能并不为人所知"——该观点颇具说服力。[12]

地中海东部沿岸

在美索不达米亚以外,亚洲西南部的居民同样不擅长游泳。这一点在犹太律法《托拉》(Torah,《旧约》前五卷)中得到了体现。《托拉》可能成书于公元前600—前500年。在一次起义失败后,众多犹太起义领袖被迫举家搬往巴比伦,以便巴比伦国王监视。生活在城市中,这些人发展出了文学抱负。他们将自己民族最古老的故事与巴比伦大图书馆里记录的历史结合,撰写了《托拉》。《托拉》全篇弥漫着对游泳的不安,反映了作者对其出身的关切。

在《托拉》中,完全没有有关游泳的描述。其中最接近的,是先知以赛亚(Isaiah)的比喻——上帝"将在他们中间伸出手,就像游泳者伸出手去游泳一样"。之后,先知以西结(Ezekiel)描述了"一条无法渡过的河","因为水太深,必须游泳"。为何以西结无法渡河?因为先知不会游泳。以西结可以涉水渡河,但如若水深超过一定程度,他就无法前行。大卫王(King David)在《圣经·诗篇》69章也用类似的比喻表达了溺亡:"神啊,求你救我!因为众水要淹没我。我陷在深淤泥中,没有立脚之地;我到了深水中,大水漫过我身。"在大卫王无法站立的地方,他也无法游泳。就连埃及法老的女儿在尼罗河的篮中救出尚是婴儿的摩西时,《托拉》所用的表达也是"清洗",而非游泳或沐浴。

这是《旧约》中关于游泳的故事了——还有后来《出埃及记》中的著名章节,上帝淹没追赶逃跑希伯来人的埃及军队[13],希伯来人"勇敢地"离开了埃及。但是,当他们到达红海时,他们指责摩西:"难道在埃及没有坟地,你把我们带来死在旷野吗?你为什么这样待我们,将我们从埃及领出来呢?"摩西(由埃及人抚养长大,也许因此他会游泳)安抚了希伯来人,并告诉他们不要害怕。他向大海伸出手中的杖,上帝便为希伯来人劈开了红海,淹死了追赶的埃及军队。

> 摩西向海伸杖,耶和华便用大东风,使海水一夜退去,水便分开,海就成了干地。
>
> 以色列人下海中走干地,水在他们的左右作了墙垣。
>
> 埃及人追赶他们,法老一切的马匹,车辆,和马兵都跟着下到海中。
>
> 到了晨更的时候,耶和华从云火柱中向埃及的军兵观看,使埃及的军兵混乱了。
>
> 又使他们的车轮脱落,难以行走,以致埃及人说,我们从以色列人面前逃跑吧,因耶和华为他们攻击我们了。
>
> 耶和华对摩西说,你向海伸杖,叫水仍合在埃及人并他们的车辆,马兵身上。
>
> 摩西就向海伸杖,到了天一亮,海水仍旧复原。埃及人避水逃跑的时候,耶和华把他们推翻在海中。

水就回流，淹没了车辆和马兵。那些跟着以色列人下海法老的全军，连一个也没有剩下。

以色列人却在海中走干地，水在他们的左右作了墙垣。

当日，耶和华这样拯救以色列人脱离埃及人的手，以色列人看见埃及人的死尸都在海边了。

这可能与读者的预期相反，因为埃及人被认为是游泳好手，而希伯来人并不会游泳。当我们意识到希伯来人怕水，从不游泳且正被埃及的游泳好手追赶时，劈开红海就有了新的意义。

欧洲：希腊群岛

青铜时代晚期，欧洲人可能也已经忘记了如何游泳。居住在地中海沿岸的南欧人，直到石器时代可能仍在游泳。石器时代的渔民遗留下来的黏土制成的重型渔网，为考古学家提供了研究证据，而对其骨骼的化学分析显示，他们的食物中有鱼类，表明他们和水有密切的联系。[14] 石器时代，爱琴海人说的前希腊官方用语中包含了"kolumbao"一词，意即"潜水"，这可能因为他们同几千年前的尼安德特人一样，通过潜水捕捞海绵和蛤蜊。

但在青铜时代，非游泳者移民来到了欧洲，并说服了那里的游泳者远离水域。公元前3000年，即青铜时代早期，中亚浅色皮肤的颜那亚人迁徙到欧洲，同时，也带去了他们对水的恐惧和在游泳方面的无能。公元前2000年，由于严峻的地域性干旱，第二批颜那亚人向欧洲迁徙。[15] 我们将这些"旅行者"称为印欧人，因为他们同时到达了欧洲和印度。颜那亚人的故土介于黑海和世界上最大的咸水湖里海之间。他们利用盐保存肉类，因此在旅行时，他们将表达"盐"的词语"sal"（即英语中的"salt"）也一并带走并传播开来，并在盐矿附近定居。在欧洲，颜那亚人接管了位于今奥地利境内的哈尔斯塔特（Hallstatt）盐矿，该盐矿自古以来便以制作咸香肠和咸火腿而闻名。

尽管颜那亚人将"盐"这个词传遍了欧洲，其词库中却没有"游泳"。他们最接近游泳的词语是"swem"，意为"移动"。直到很久之后，德语使用者才赋予"swem"更具体的含义，从而形成英语单词"swim"（游泳）。希腊语和拉丁语中关于游泳的表达"vaw"和"nare"，都起源于另一个颜那亚词语"snā"，意即"洗"或"沐浴"。颜那亚词库中同样没有表达"海洋"的词语。当迁徙者第一次抵达地中海地区时，他们使用了当地人的"thalassa""okeanos""mare"来表达海洋。[16] 颜那亚人同样使用了当地关于"潜水"的表达。因此，当他们抵达希腊时，显然是不具备游泳能力的。

在青铜时代晚期的希腊绘画中，似乎能够找到希腊人不会游泳的证据。青铜时代的希腊人是狂热的水手，他们财富的主要来源可能正是海上掠夺——大部分希腊人都是海盗。然而，在古希腊艺术中，当希腊人的形象在水中出现时，呈现的往往不是游泳，而是溺水状态。最早的溺水者形象出现在圣托里尼岛（Santorini，即古老的锡拉岛）阿克罗蒂里（Akrotiri）的一幅壁画上。（图15）公元前1600年左右，一场剧烈的火山爆发埋葬了青铜时代的阿克罗蒂里小城，正如后来的维苏威火山爆发埋葬

图15 希腊防御战士攻击城镇时溺水。希腊锡拉岛阿克罗蒂里被火山灰埋没房间的壁画，约公元前1650年

了罗马的庞贝一样。其中一处被火山灰掩埋房屋的墙上，绘有一场海战的场景。海战是爱琴海青铜时代社会生活的常态，也是青铜时代希腊艺术的常见主题：战船驶近海岸，攻击和平的城镇，城镇的士兵誓死保卫。这一主题同样出现在文学作品中，一如《伊利亚特》——希腊战船攻击特洛伊，特洛伊王子赫克托耳保卫了它。在锡拉（Thera）壁画上，一些防御战士从船上掉落，赤身裸体地溺死在海里。他们的羽冠状发型表明他们是迈锡尼人，是颜那亚人的后裔；海中船体支离破碎，人们胡乱挣扎，身体倒悬，让人难以想象这些人能通过游泳来自救。[17]

事实证明，溺水者形象在希腊青铜时代的绘画中非常常见。有一个出土于迈锡尼墓地的米诺斯银质酒杯——古希腊角状杯，描绘了士兵攻击城镇的情形，尽管杯底已经残破，仍然能隐约看到海上有人漂浮。（图16）他们身体赤裸，双腿弯曲，至少有一个是头朝下的，也许是已经溺亡。[18] 在克里特岛米诺斯王朝的克诺索斯宫殿出土的一组陶板上，也有类似的沉船场景。在这些陶板上，米诺斯战士从战船上跌落，和锡拉岛壁画上的人物形象一样——不是在游泳，而是溺水。此外，还有一个所谓"游泳者匕首"的文物——尽管考古学家为它取了这样一个名字，但画中人并不是在游泳，而是溺水。相似的场景也出现在另一枚迈锡尼银质角状杯上，遭遇海难的水手挣扎着逃离一只狗头海怪。[19] 如上12件希腊艺术品，包括其他没有提及的类似碎片，均反映出溺水之常见，但无人游泳。如果将这些绘画与稍晚中国周朝的水战绘画进行比较，可以发现希腊的艺术品中完全没有潜伏在水下攻击敌船的士兵。

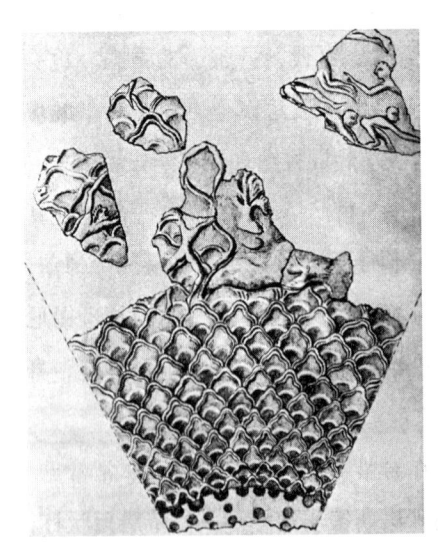

图16　更多迈锡尼人在类似的袭击中溺亡。希腊迈锡尼第四号竖井墓中发现的银杯残片，约公元前1550年，埃米尔·吉利隆（Émile Gilliéron）拍摄

即便生活在克里特岛上的米诺斯人（Minoan）精于航海，他们的游泳技术可能也并不比迈锡尼人好。考古学家在被火山灰掩埋的阿克罗蒂里和克里特岛上的米诺斯宫殿中发现了数千件米诺斯人的雕像，形象各异，行走、跳舞、向神献礼、跳过公牛（显然是一种游戏或比赛）、划船、捕鱼、弹奏七弦竖琴、拳击、摔跤，以及采摘花卉等。在他们色彩绚丽的壁画上，海豚和鱼在水中畅游；在他们的陶花瓶上，章鱼也在自由游动。没有任何描绘米诺斯人游泳的画作。因此，我们可以推断，尽管米诺斯人生活在一个气候温暖、沙滩环绕的岛上，但他们并不会游泳。

海上民族

在描绘希腊人时，埃及人注意并强调了这一差异。青铜时代末期，当希腊人和其他地中海民族——统称为"海上民族"（Sea Peoples）——攻击埃及时，埃及人明确地绘制出了入侵者不会游泳的状态。在埃及南部的哈布城（Medinet Habu），法老拉美西斯三世（Rameses Ⅲ）神庙外墙的宏伟浮雕上，刻着公元前1175年海上民族和埃及人的一场海战。（图17）这幅精心绘制的海战场景中，人物肖像与希腊艺术品中的表达极为相似：人们从船上掉落入水，头朝下，无助地下沉。船上的埃及人留着他们特有的内卷童花头；海上民族则梳着羽冠状的发型——和之前古锡拉岛壁画上的一样。而且，就像希腊绘画中表现的，海上民族在海战中有士兵溺水的麻烦。

图17 海上民族被埃及人击退后溺水。埃及拉美西斯三世神庙外墙的浮雕，约公元前1175年

印度和中国的颜那亚人

颜那亚迁徙者——印欧人——似乎也把他们对水的恐惧带到了南亚。许多颜那亚人从高加索慢慢向南迁徙，并在公元前1500年左右到达了今巴基斯坦地区。他们也可能是在寻找盐矿，因为他们最终定居的印度河流域，附近有一座巨大的喜马拉雅盐矿，盐呈粉红色，至今仍在开采。此外，同迁徙至欧洲的那一支颜那亚人一样，他们抵达印度时，也没有"游泳"一词。但与欧洲不同，有"洗"和"沐浴"之义的"snā"在印度和伊朗始终保留着它的原意。现代印地语中表示"游泳"之义的词"tairna"也许来自一个更古老的前印欧单词，一如希腊语中的"潜水"一样。[20] 这个更古老单词的存在支持了一种观点——印度人在颜那亚人抵达之前，就已经在游泳了。但是，不会游泳的北方颜那亚

人的到来似乎终止了当地人的游泳习惯——至少在印度北部是这样。

颜那亚人和当地印度人的互动（以及其他因素）催生了一部长篇宗教诗歌集，即印度教的核心文本《梨俱吠陀》（*Rig Veda*）。这部诗集可能创作于青铜时代末期，尽管它在一千年后才被记录下来。《梨俱吠陀》中的许多祷词和赞美诗都是关于水的，以泉水、融化的雪水、小溪和河流为主题，包括一系列对河神的赞美诗。男人、女人和神都在小溪中沐浴，但他们并不游泳。在诗中，水是神奇、超自然的，甚至是神圣的："（河神）一路向前……因祈祷而感动，河水让他疯狂。他在溪流中沐浴，以满足崇拜者。"游泳被视为是动物专属的，马、牛、天鹅都会游泳，但人类不会。只有一首赞美诗将水的深浅引向更深的含义：它说，有些友谊，是非常浅薄的，就像刚及你肩膀或下巴的池塘；另一些友谊则很深沉，就像你能在其中沐浴的池塘。在《梨俱吠陀》中，人只要踏入深水，特别是足以淹没他们的深水，因陀罗神（Indra）就必须拯救他们："他止住汹涌咆哮的洪水，带领不会游泳的人安全过河。"[21] 这些早期印度诗歌与美索不达米亚人认为水既神奇又危险的态度高度相似。

除了向西进入欧洲，向南进入印度，颜那亚人也向东来到中国北部。就算冰期没有结束，颜那亚人应该也会停止迁徙。他们在塔里木盆地的一个盐矿附近定居。盐矿周围的盐碱地为他们提供了保存尸体的良好条件，令其尸体在坟墓中得以木乃伊化。如今，这些遗体陈列在乌鲁木齐市博物馆，他们红色的头发和胡须、蓝色的眼睛以及浅色的皮肤依然栩栩如生。公元前1200年，也就是中国的商朝时期,颜那亚人也将他们对水的恐惧带到中国北方。在商朝,中国北方居民崇拜黄河之神,试图控制黄河水的泛滥。甲骨文曾记载有献给黄河的人祭。后来的历史学家也讲述过向漳河献祭妇女的故事。这些故事都基于一种情况,即那些被献祭的女子不会游泳。[22]

之后的中国北方人也都不擅长游泳。约公元前 800—前 600 年,周朝人依据"就其深矣,方之舟之;就其浅矣,游之泳之"创作了谚语。[23] 对于游泳好手而言,水深水浅应该无所谓,以此推断,中国当时的游泳者并不自信。《庄子》中的一个故事被代代相传,故事用游泳作喻,对比了儒家和道家,也再次强调了游泳的危险性:

> 孔子观于吕梁,悬水三十仞,流沫四十里,鼋鼍鱼鳖之所不能游也。见一丈夫游之,以为有苦而欲死者也。使弟子并流而拯之。数百步而出,被发行歌而游于塘下。
>
> 孔子从而问焉,曰:"吾以子为鬼,察子则人也。请问,蹈水有道乎?"
>
> 曰:"亡,吾无道。吾始乎故,长乎性,成乎命。与齐俱入,与汩偕出,从水之道而不为私焉。此吾所以蹈之也。"
>
> 孔子曰:"何谓始乎故,长乎性,成乎命也?"
>
> 曰:"吾生于陵而安于陵,故也;长于水而安于水,性也;不知吾所以然而然,命也。"[24]

中国古代文学家刘安和范成大均将南方人的游泳活动描述成一件陌生而新奇的事情，甚至着手进行医学化（并非基因化）的解释。到公元前1世纪，中国北方文人开始将游泳种族化，他们把南方人对海洋的喜爱与肤色直接关联："鱼盐之地，海之利也，滨水际也……其民食鱼而嗜咸。鱼发疮则热中之信，盐发渴则胜血之征，故其民皆黑色。"（《黄帝内经》）[25] 对北方人而言，南方人热衷的"弄潮"是鲁莽和危险的。在11世纪，中国宋朝统治者甚至试图完全禁止"弄潮"活动。

> 每遇年年八月十八，乃潮生日，倾城士庶，皆往江塘之上，玩潮快乐。亦有本土善识水性之人，手执十幅旗幡，出没水中，谓之弄潮，果是好看。至有不识水性深浅者，学弄潮，多有被泼了去，坏了性命。临安府尹得知，累次出榜禁谕，不能革其风俗。有东坡学士看潮一绝为证：
> 吴儿生长狎涛渊，冒利轻生不自怜。
> 东海若知明主意，应教破浪变桑田。[26]

尽管中国南方有非常多优秀的游泳者，北方却是欧亚大陆"游泳荒漠"的重要组成地区。同样，日本和朝鲜半岛的北方地区居民也大都不会游泳。

日　本

日本的游泳历史和其他北方地区非常相似。据考古发现，约公元前35000年，第一批现代人类抵达日本。当时中国和日本之间还是陆地，使得他们能够从中国步行前往。冲绳岛山下洞（Yamashita Cave）的考古挖掘揭示了早期冲绳岛民在海岸生活的痕迹，他们遗留了大量食用的贻贝和蛤蜊的壳。也许，正如那不勒斯湾的尼安德特人一样，他们也潜入海底捡拾贻贝。但和其他北方人一样，他们在末次冰期放弃了游泳。除了和地中海地区相似的商业潜水活动（如珍珠采集），几乎没有证据表明古代和中古时期的日本存在游泳活动的迹象。[27] 甚至，日本的大部分采珠活动都由少数民族阿伊努族（Ainu）的妇女完成。公元700年，日本女歌人中臣夫人（Lady Nakatomi）描述了阿伊努族采珠妇女的艰苦训练，作为学习爱的比喻：

> 不会有人潜入海底
> 像那样下潜
> 不会有人学习这样的技巧
> 毫不犹豫地去学
> 这必须是在爱的深处慢慢学会的技巧
> 我正在学习[28]

公元1000年，阿伊努族的采珠人再次出现在日本女作家清少纳言（Sei Shōnagon）的《枕草子》（*Pillow Book*）中。对于这些女性采珠人，清少纳言同情地写道：

> 想起海来既是那么的可怕，况且海女泅水下去，尤其是

辛苦的工作了。腰间系着的那根绳索，若是忽然的断了，那将怎么办呢？假如叫男子去干这事，那还有可说，如今是女子，那一定不是寻常的这种劳苦吧。男子坐在船上边，高兴的唱着船歌，将这楮绳浮在海面上，划了过去。他并不觉得这是很危险的，而感觉着急么？海女想要上来的时候，便拉这绳子〔作为信号〕。男子拿了起来，慌忙的往里拉，那样忙其实是应该的。〔女人上来〕扶着船沿，先吐一口大气，这种情形就是不相干的旁人看了，也要觉得可怜为她下泪，可是那个自己将女人放下海去，却在海上划着船周游的男人，真是叫人连看也不要看的那样的可憎了。[29]

在日本和朝鲜半岛，像游牧民族西徐亚人那样的公共蒸汽浴室（见第4章）在文化上很重要。蒸汽浴在日本历史悠久，其起源远早于浸浴[30]；而在朝鲜半岛，汗蒸（hanjeungmak）和传统桑拿浴在14世纪时的《朝鲜王朝实录》（*Annals of Sejong*）中已有记载。这种对蒸汽浴的兴趣也许能够将日本和朝鲜半岛与其他没有游泳文化的北方地区联系在一起。

由于冰期和随后的大迁徙，欧亚大陆北部的大部分人忘记了如何游泳。青铜时代，游泳在欧洲、西亚、中亚、印度、中国北方均未普及，日本也一样。但在中国南方、东南亚和印度尼西亚，仍有许多游泳好手，一如冰期之前。在世界其他地方，如非

洲、南太平洋和美洲，大部分人都是狂热的游泳好手。

　　生活在欧亚大陆北方的人群肤色开始变浅。在阳光较弱的北方，人们开始以早期农民种植的谷物为食，这也促使他们需要较浅的肤色来合成足够的维生素 D。同时，较弱的阳光也导致气温更低，使得人们远离水域，从而忘记如何游泳。尽管在生物学上，肤色和游泳之间并没有什么关联：浅色皮肤不会让游泳变得更难，游泳也并不会让肤色变深。但在冰期停止游泳的人群和早期农民之间，有着大量重叠。几个世纪后，这种肤色差异成为区分奴隶主和奴隶的重要标准。

第 4 章

危险，性，神圣，异类

青铜时代之后，欧亚大陆北部的居民就对水抱有怀疑态度。当他们向南部迁移，和更多游泳者产生联结后，他们也会自问——为什么自己不游泳，其他人却会？冰期过去太久，已经没有人记得发生过什么。于是，在铁器时代、罗马帝国时期、波斯的萨珊王朝（Sasanian）和中国的汉朝，非游泳者给出了一些简单可信的解释。这些解释至今仍与我们息息相关。

水具神性

首先，北方非游泳者声称，水是神灵赐予的神圣之物。如果人类踏入其中，其躯体就会污染水域。公元前700年，希腊诗人赫西奥德（Hesiod）就曾在作品中警告人们，不要玷污神圣的河流：

你得眼睛看着美好的河水做过祷告，又在此清澈可爱的水中把手洗净之后，才能跋涉这条常流不息的潺潺的流水。

无论是谁过河，倘若带着一双没有洗净邪恶的手，诸神都会对他生气，并在以后给他增添麻烦。

他还告诫读者："不要在河流入海处小便，也不要往喷泉里小便，要注意避免这种事情发生；也不要在这些地方大便，这样做是很不适宜的。"[1] 两个世纪后，希腊历史学家希罗多德称波斯人对污染水源更慎重。波斯人"对河是非常尊重的：他们绝不向河里小便、吐唾沫或是在河里洗手，也不容许任何别的人这样做"。希罗多德同时告诉我们，居住在北方（今隶属乌克兰地区）地区的波斯人——斯基泰人，会进行大麻籽蒸汽浴，"他们是从来不用水来洗身体的"。[2] 与希罗多德的观点一致，中亚琐罗亚斯德教教徒信奉的波斯古经，也非常关心水的纯洁度：河灵"对污染静水感到非常不满，不会流入这个世界"。主神阿胡拉·马兹达（Lord Ahuramazda）"会把六倍的圣水倒入，使它恢复健康；他异常小心谨慎"。先知以西结在《圣经》中重申了这种担忧，也再次将埃及人与游泳联系起来：

> 人子啊，你要为埃及王法老作哀歌，说，从前你在列国中，如同少壮狮子。现在你却像海中的大鱼。你冲出江河，用爪搅动诸水，使江河浑浊。
>
> 主耶和华如此说，我必用……你的血浇灌你所游泳之地……
>
> ……
>
> 我必从埃及多水旁除灭所有的走兽。人脚兽蹄必不再搅

浑这水。[3]

在波斯萨珊王朝和摩尼教徒的资料中，重复了对沐浴的限制——"在许多人光顾的温泉浴场，虔诚之人进去，出来时却变得邪恶"。他们严禁踏足河流和池塘，就像"那些邪恶之人，经常在安静的大型水域、泉水和小溪中清洗头、脸、手，以及四肢的污秽，困扰了大天使霍达德"。此外，还有一项特别的禁令，禁止经期女性游泳和接近水源。[4] 及至朝鲜半岛和日本，像西徐亚人那样的蒸汽浴也很常见。《礼记》中记述了中国古代的洗浴习惯，方式较为温和：每天早晨在水盆中洗手、洗脸，"三日具沐其间"。[5] 不过，《礼记》中还有不应过度清洗和沐浴的建议。尽管当时尚不知晓疾病的细菌理论，但古人对饮用水洁净的担忧无疑是可以理解的。当然，对饮用水洁净程度的担忧只是限制沐浴的部分原因，对水的恐惧才是主要因素。

游泳不雅

其次，非游泳者声称，他们不游泳是因为他们认为脱光衣服、赤身裸体是不得体的。游泳，或只是沐浴，都可能引发性侵犯。在青铜时代的美索不达米亚，神话英雄恩基仅仅因为到水边饮水，就导致了他性方面的道德堕落；而在铁器时代早期，海妖塞壬用她迷人的歌声引诱船上的奥德修斯[6]；《圣经》记载了拔示巴和苏撒纳的故事，她们都在沐浴时无意间勾起了男人的性欲。而在印度佛教的《本生经》中，一位国王看见几个年轻男孩朝一条蛇扔石头，便出手救了那条蛇，却不承想，那条蛇是娜迦蛇王。作为回报，蛇王送给国王一名娜迦女孩。国王将女孩带到花园，一起"在莲花池中玩闹"——并非游泳，只是在池中沐浴和消遣。[7] 可以肯定的是，娜迦女孩很快就抛弃了国王，恢复蛇形，和一条水蛇在一起了。

在中国，也有一则民间传说。一名孕妇告诉父亲，在她游泳时，有一只美丽的鸟儿飞过她的头顶，产下一枚蛋，她碰巧把蛋吃掉了。几天后，她发现自己怀了孕。另一个著名的故事发生在"女儿国"，故事中，一名长发飘飘、肤色白皙的女子因在一个黄色池子里沐浴而意外怀孕。男女共浴带有色情意味，并被认为是"属于未开化之人和乡野村夫的陋习"。中国北方人道德观念上很保守，即便是同性别共浴，理论上都不提倡裸体。在沐浴时，男性有时会着两片粗布（可能前后各一）。曾有这样一则故事，说保守的年轻男性拒绝和祖父一起在户外沐浴，认为在日光下暴露身体过于不雅。[8] 同样，在巴比伦，犹太人的习俗也禁止男性和其他男性近亲一起沐浴，以避免引起性方面的联想。[9]

欧洲文化同样会把游泳和性联系在一起。至少在文学作品中，罗马人对裸体混浴持抗拒态度，将其和放荡乱交联系在一起。罗马政治家西塞罗和历史学家普鲁塔克都有过类似的记载，即罗马人十分反感裸体混浴，尤其是成年男性和父亲共浴，格外不恰当。西塞罗甚至批评过克劳迪娅（Clodia）在自家花园看男人在台伯河里游泳这一行为。[10] 诗人奥维德（Ovid）反对女性游泳，他以半戏谑的口吻表示，游泳会让女性显得粗鲁，他实际上是在劝诫女性保守，并认为女性保守才更能吸引男性。此外，他还不止一次地表示游泳是强奸的诱因：

> 我原是住在阿开亚的一个女仙……我记得有一天打猎打累了，从斯丁法利亚树林回家，天气很热，一累就觉得加倍的热。我走到一条小溪边，溪水上一点漩涡都没有，流得一点声响也没有，清得见底，水底下的石子都历历可数，那水就像没有动似的，银色的杨树和柳树受到溪水的滋润，在斜岸边搭起了天然的凉棚。我走到水边，先用脚探探，又走到没住膝盖的地方。我还不满意，就把衣服脱了，挂在垂柳上，光着身体跳进水里，我正在打水，扑水，舞动双手，游来游去，玩着千百种花样的时候，我觉得水底下有人在低声说话，我吓得赶紧跳上了最近的河岸。阿尔弗斯在水里喊道："阿瑞图萨，你匆匆忙忙地要到哪儿去啊？为什么这么忙着跑啊？"……我衣服也来不及穿就跑了，原来我的衣服在对面岸上呢。他就更加追得紧了，心里充满了爱火，正因为我没穿衣服，我在他眼中诱惑力显得更大了……[11]

女神戴安娜将阿瑞图萨藏在一朵云后，救下了她。但奥维德将游泳表述为一场冒险，反映了不擅游泳者对游泳的恐惧具有一定的合理性。

在中亚地区，性侵犯的故事常被用来证明当地人避免下水的合理性。中古时期的众多手稿都讲述了这样一则故事：在女子裸泳时，马其顿的亚历山大大帝和他的护卫会躲在岩石后窥视。（图38）女子的裸露凸显了入侵者的好色，因此这里的游泳就有了羞耻和挑逗的意味。同样，在中古时期印度南部的故事中，牧女会在小溪中沐浴，衣物就留在岸边。[12] 克里希纳神（Krishna）会在女人洗澡时悄悄出现，并偷走她们的衣服（见图40，其实画中的女子是穿着衬裙的）。这些女子腼腆地待在水中，直到冷得瑟瑟发抖，然而克里希纳神并没有停止对她们的戏弄。最终，她们被迫从水中走出，裸身站在克里希纳神面前。神随即把衣物归还，并赞扬她们对神的虔诚超越了羞怯之心。在印度教的道德观中，人必须随时准备抛却对家庭的依恋乃至个人的荣誉，以与神合而为一。这一故事成为诸多印度画师青睐的表现主题并广为流行，很大程度上可能源于人们普遍认为游泳会带来麻烦。

游泳危险

非游泳者也认为游泳很危险。游泳会带来健康问题。中国早期经典《管子》最早记录了人们对沐浴会导致疾病的担忧："冬日之不滥，非爱冰也；夏日之不炀，非爱火也，为不适于身便于体也。"就像冬天在户外洗头会有感冒的风险。在古代，沐浴与其说是一种消遣，更像是一种医疗手段。根据不同的疾病，中医会选择热水浴或冷水浴进行干预。此外，在英国的温泉小镇——苏利斯之水（即今巴斯），几个世纪以来，沐浴都是一种医疗手段。据中世纪早期的《塔木德》记载，中暑者先食用韭菜，再站到齐肩颈的水中直到晕眩，而后游出去坐下休息，便能缓解症状。[13]

在欧亚大陆北部，作为医疗手段的沐浴与世界其他地区的日常沐浴（甚至一日多次）形成了强烈反差。早期的非游泳者对水的回避并非缺乏理性：罗马浴场及其他类似场所经常成为传播疾病——例如痢疾、寄生虫（如鞭毛虫、跳蚤、虱子等）的媒介。[14]然而，世界上的大部分地区，人们每天会使用淡水或盐水沐浴，非长时间浸泡。非游泳者对沐浴的抗拒，在某种程度上体现着他们对水的普遍态度。

欧亚大陆非游泳者对水的恐惧也在文学和艺术作品中得到体现，经常被表达为对溺亡的恐惧，被螃蟹、乌龟攻击的恐惧，以及被大型鱼类或鲸鱼吞食的恐惧。公元前700年，《奥德赛》中"斯库拉和卡律布狄斯"的故事便是早期的例证，描绘了海洋中存在的会生吞活剥人类的可怕怪物。

> 她有十二只腿脚，全部垂悬空中。
> 长着六条极长的脖子，各自耸顶着
> 一颗可怕的脑袋，长着牙齿，三层，
> 密密麻麻，填溢着黝黑的死亡
> ……
> 水手们从来不敢吹喊，他们的海船躲过了她的抓捕，
> 没有损失船员——她的每个脑袋各逮
> 一个凡人，抢出头面乌黑的海船。
> ……
> 二者相去不远，只隔一箭之地，上面
> 长着棵巨大的无花果树，枝叶繁茂，
> 树下栖居着卡鲁伯底丝（即卡律布狄斯），吞吸黑水的神怪。

> 一日之中,她吐出三次,呼呼隆隆地吸吞
> 三次。但愿你不在那边,当她吸水之时,
> 须知遇难后,即便是裂地之神也难能帮援。

在与荷马史诗《奥德赛》同时期的亚述浮雕上,同样体现着美索不达米亚人民对水的恐惧(图18、图19)。这些浮雕来自豪尔萨巴德古城中萨尔贡二世的宫殿,以及尼尼微古城中西拿基立国王和阿苏巴尼拔国王的宫殿。河流是可怕的,充斥着各种危险的动物:巨型鱼类、螃蟹、鳗鱼,以及鳄鱼。这些宫殿的门口,

图18 乌莱河战役中,埃兰士兵在亚述人的攻击下溺亡于河中。伊拉克尼尼微亚述统治者阿苏巴尼拔宫殿的浮雕,约公元前650年

第4章 危险，性，神圣，异类

图 19 船只在满是鱼类、螃蟹、龟类的海洋中航行。亚述统治者辛那赫里布在伊拉克尼尼微古城宫殿的浮雕（已遗失），约公元前 700 年

雕刻有半人半鱼的男性护卫浮雕。在地中海东部沿岸，受到崇拜的是美人鱼阿塔伽提斯，她是将大海的危险和游泳可能激发的欲望结合在一起的形象；她与埃及人倾慕的尼罗河女神伊希斯形成了鲜明对比。与此同时，《创世记》的作者正在重新讲述古巴比伦挪亚洪水的故事：

> 洪水在大地泛滥，淹没了世间所有的高山；水蔓延过群山，比山峰高出 15 腕尺。凡在大地上活动的血肉之躯，都死了——飞鸟、家禽、野生走兽、成群的昆虫，以及所有的人类，都死了；大地上凡是有鼻息的，都死了。[15]

《约伯记》及其他文献中提到的可怕的海怪形象，揭示了地中海东部居民对古苏美尔神话中马尔杜克和迪亚马特、巴力和罗腾之间挣扎的共鸣，这是古代神祇与海洋力量对抗的反映。[16]

再往西，古希腊几何风格的花瓶上绘有海难场景，船只倾覆，巨型鱼类正在吞噬溺水的船员。（图 20）后来，古希腊警句诗人塔伦图姆的莱昂尼达斯（Leonidas of Tarentum）创作了两首相关主题的警句诗。老普林尼在《自然史》中记载了名为特赖登的海怪的故事，"它在黑夜爬上船只，它坐着的那边被压得一直向下沉，如果它待在那里太久的话，那条船就要沉到水里去了"。也许，老普林尼是从印度河怪与那拉玛卡拉（naramakara）那里得到的启发，那拉玛卡拉是一种有着男性躯干和分叉鱼尾的水怪，大约在同一时间，印度教神祇克里希纳神的朝圣城市马图拉（Mathura）的石刻上也有类似的形象。罗马帝国时期，地理

第4章 危险，性，神圣，异类

图 20 倾覆的船只旁满是鱼类和溺水的人（表现的可能是奥德修斯的沉船事件）。雅典花瓶，约公元前 725 年

学家、旅行家帕萨尼亚斯（Pausanias）提到了巨型海龟的存在，而诗人欧庇安（Oppian）则描述了"在波塞冬的海床上繁殖的巨型海怪"，并想象有一条巨大的鲸鱼与船上的人搏斗。[17] 在以色列罗德（Lod）古城的一幅罗马马赛克地砖画上，画满了海洋中的巨型鱼类和鲸，其中一些体型甚至超过了船只。（图 21）在以色列胡科克（Huqoq）古城犹太教堂遗址的马赛克画上，绘有埃及士兵试图穿越红海追捕摩西和逃亡的以色列人时被大鱼吞掉的情景（图 41）；另一幅胡科克古城的马赛克画则展示了先知约拿和大鱼的故事——约拿被一条鱼吃掉，随后一条更大的鱼又吞下了这一条鱼，如此叠加循环，最终，一条巨型鱼吃掉了所有（图 42）。在亚洲，《管子》中描述了蛟龙和"其形若蛇，长八尺"的水之精，而日本中古时期的《日本纪》（Nihongi）中也记载了一

图21 可怕的海洋生物。以色列罗德出土的罗马马赛克地砖，约300年

种会攻击旅行者的蛇形水怪。[18]古罗马学者瓦罗（Varro）讲述过一个水可以将人变成怪物的故事，之后，老普林尼、奥古斯丁和伊西多尔（Isidore）都曾复述，提到阿卡迪亚人会抽签决定一个人渡过某条河，然后变成狼。[19]最后，中世纪早期梅洛维奇（Merovech）的母亲出海游泳时被海怪强奸的故事，反映了海怪与性犯罪两重危险的结合。[20]

即便排除海怪因素，非游泳者也会将游泳与溺水联系在一起。一则公元前300年的印度寓言讲述了一只山羊的故事——它的准岳母希望它游到恒河中的一座岛上，取一株生长在那里的青草作为彩礼。山羊坚决地拒绝了，理由是它还不想死，并提醒准岳母，世界上并不是只有它女儿一只母羊。[21]这与埃塞俄比亚的民间故事形成了鲜明对比——年轻男子为了赢得心爱的女孩，迫切地想要游到小岛上！

古希腊悲剧《希罗与利安德》（*Hero and Leander*）也是一个体现游泳危险性的故事。在这个故事中，利安德爱上了一位名叫希罗的女祭司。作为阿芙洛狄忒的女祭司,希罗不能结婚,被囚禁在赫勒斯滂海峡(今达达尼尔海峡)对面的一座塔楼里,与利安德隔海相望。但每天晚上,希罗忠实的爱人都会游来和她相会,她也会在窗户上放一盏油灯,为利安德指路。一天晚上,暴风雨肆虐,但利安德还是坚持游泳前往。可风吹灭了希罗的灯,利安德迷失了方向,溺水身亡。希罗得知消息后,也从塔上跳下殉了情。[22]

我们可以将这个古希腊悲剧与新西兰图塔内卡和希尼莫阿的故事(见第1章)进行比较。古希腊故事颠倒了性别,是男人游向他的爱人。新西兰版故事的最后,图塔内卡和希尼莫阿走进婚姻殿堂,过上了幸福的生活,而古希腊版却以死亡的悲剧告终。当伊朗诗人菲尔多西(Firdawsi)在他于中世纪(10世纪与11世纪之交)创作的伊朗民族英雄史诗《列王纪》(*Shahnameh*)中重新演绎这一故事时,完全删去了游泳情节。尽管菲尔多西仍然称女主角为鲁达巴或"河水女孩",但她从不靠近水。和希罗一样,鲁达巴被囚禁在一座塔里,但她的情人扎尔不是通过游泳,而是顺着鲁达巴从窗边垂下的长发,爬至塔顶与她相会。这一故事还有个广为人知的名字,长发公主。[23]

在欧亚北部的故事中,溺水事件一再出现。[24]曾有一则广为流传的希腊故事,一个名叫赫米亚斯的男孩与一只海豚交了朋友,他俩每天在水中嬉戏。有一天,暴风雨袭来,男孩溺水身故,海豚将男孩的尸体带回海滩,并一直守在那里,直到因悲伤和羞愧而死去。[25]几个世纪后,古代叙利亚末期,挪亚洪水的故事也生动地描绘了溺水的恐怖。(图43)公元7世纪,塞维利亚的基督教主教伊西多尔告诉我们,溺水是一种"特别残酷"的死亡方式。《古兰经》讲述了努赫(Nuh)之子的悲剧,他因拒绝进入方舟而被海浪吞噬。[26]再往东,中古时期西藏寺庙的壁画展现了一个受克什米尔故事启发的奇迹:在巨鱼和海怪的包围下,佛陀张开双臂,拯救了一名溺水的无助渔夫。(图44)当时的人们把游泳描绘得如此危险,也难怪那么多人都尽可能地避免游泳了。

游泳专属于鱼类和异类

游泳被一些人视为异类行径,同时有人认为,这一活动根本不适合人类。公元前139年,《淮南子》已经将不会游泳的北方人和"被发文身,以像鳞虫;短绻不绔,以便涉游"的南方人划分了界限。中国早期文献揭示了南方人对划船、航海、海战、游泳、泼水节、混浴等水上活动的喜爱。对中国北方人来说,南方这些水上活动是奇怪的,甚至可能不道德。[27]西方文献也有类似的对比:《托拉》和《古兰经》都对不会游泳的犹太人和奴役他们的埃及游泳者进行了鲜明区分。老普林尼描述了一个生活在黑海附近的民族,他们比水还轻,穿着衣服都不会沉入水中。[28]他还对比了东非人和自己民族的游泳能力。欧洲人和西亚人认为游泳是生活在荒野的怪人或劣等人的活动。几个世纪以来,北方人对自己游泳无能的解释,一如《伊索寓言》中狐狸对自己够不到葡萄的解释——是不为也,非不能也。

很多人将游泳者视为异类,还有些人认为游泳根本不适合人类。传统观点认为,游泳是专属于鱼类的,正所谓"鱼在水中,鸟在天上,人居陆地"。这种观点至少在公元前6世纪就很普遍了。《圣经·创世记》1∶26,以及中国道教文献中,都提到过类似"鱼在水中生活繁殖,但人类若试图在水中生活就会死亡"的内容。亚里士多德的生物系统也对生物进行了区分,根据生活环境将陆地生物与水生生物区分开来。几个世纪后,到了罗马时代,犹太哲学家斐洛(Philo)将《创世记》和亚里士多德结合在一起(多少有些讽刺),进一步强化了这一点。中世纪早期的琐罗亚斯德教的教徒延续了这种划分,"四足动物在陆地上行走,鱼儿在水中游泳,鸟儿在空中飞翔"。[29]科学与宗教构建了强大的逻辑体系,为北方非游泳者的恐惧提供了合理化解释。

在欧亚大陆北部,几代非游泳者为他们不游泳找到了合理的解释——水神圣,水危险,游泳不道德,游泳活动专属于鱼类和异类。然而,当他们在青铜时代末期遇到擅长游泳的族群时,部分浅色皮肤的非游泳者开始萌生学习游泳的意愿。下一章将介绍这些欧亚大陆的非游泳者是如何学会游泳的。

第 5 章

学习游泳

尽管对水域存在疑虑，许多北方的非游泳者还是愿意尝试学习游泳。他们的尝试过程充满犹豫和畏惧，往往受时尚趋势和信仰变化的影响，从未真正成功。从青铜时代末期开始，来自非洲埃及和迦太基的影响可能促进第一批北方人开始学习游泳。游泳逐渐演变成上层阶级社会地位的象征，与拥有从非洲进口的玻璃珠、象牙制品、莎草纸卷轴和其他奢侈品一样。后来，随着从上海、香港等地的居民迁徙北迁，游泳这项活动也被带入中国北方。

在铁器时代，中亚的颜那亚人发起新一波入侵，迫使不擅长游泳的米底人和波斯人迁往西南亚。他们的文化支配地位阻碍了整个波斯帝国的游泳运动，却促进了游泳在欧洲的发展。在抵抗波斯人入侵的过程中，欧洲人将游泳重新定义为一种身份认同，作为对抗外国统治的象征。波斯人不游泳的选择，反而促使更多的欧洲人投身游泳运动，以强调他们的文化差异。尽管欧洲人的游泳技术比较生疏，经常将头高高抬出水面，并且倾向于在人工水池中游泳，而非在自然的湖泊与河流。社会的上层阶级较下层阶级更多地投入这项活动，主要作为一种展示，而非日常生活的一部分。中国的情况可能也类似。然而，从铁器时代到古代大帝国，再到中世纪，欧亚大陆的居民学习游泳是大势所趋。

非洲影响

在青铜时代末期，非洲诸帝国日益强大的力量可能鼓励了更多欧洲和亚洲西南部的居民尝试游泳活动。自公元前1500年起，非洲人逐渐对北部和东北部的邻居形成统治。埃及军队借助苏丹雇佣军的力量，夺取了地中海东部沿岸大部分地区的军事控制权。在青铜时代晚期，新王国时期的埃及成为非洲-欧亚超大陆上最强盛的帝国。随着新王国的崩溃，这些苏丹雇佣军控制了埃及，并将南方的文化和时尚向北传播到地中海地区。与此同时，腓尼基殖民者与当地的柏柏尔人合作，沿着北非海岸、西西里岛和撒丁岛以及西班牙建立了迦太基帝国。迦太基商人与意大利的伊特鲁里亚人、罗马人和希腊人，甚至地中海周围的其他民族进行了广泛的贸易谈判。

青铜时代晚期和铁器时代早期，非洲文化成为欧亚大陆居民效仿的典范。希腊学者纷纷前往埃及学习，正如传说中梭伦（Solon）所做的那样。[1] 在地中海北部和东部地区，人们在羊毛衣物中添加了非洲亚麻布，这或许让传统犹太学者感到担忧。埃及商人向意大利出售亚麻布后不久，意大利人就开始自己种植亚麻了。[2] 希腊人和罗马人进口了埃及的玻璃和莎草纸、肯尼亚象牙和彩陶圣甲虫护身符。历史学家希罗多德认为希腊诸神起源于古埃及，并对埃及的奇观赞叹不已；他还注意到埃及人每天要在冷水中沐浴几次，并将这些见闻写入了书中。[3]甚至从中亚南下的斯基泰人，也在地中海东岸与埃及统治者进行了会面并谈判。

希泰人和美吉多人

青铜时代晚期，埃及强大的影响力似乎促进了部分北方非游泳者开始学习游泳。在苏丹附近的阿布辛贝勒地区，一幅埃及南部的墙雕，罕见地提供了西亚地区游泳活动的第一个例证。（图22）这面墙是为了纪念卡德什战役（公元前1274年）而建的——当时，埃及人和赫梯人在叙利亚北部作战。埃及人关于这场战役的描述，是赫梯士兵在河中挣扎，但并非所有赫梯人都遭遇了溺水，其中一部分正在游泳。

图22 赫梯士兵在卡德什战役中游过奥龙特斯河以逃避埃及人的攻击。埃及阿布辛贝勒地区拉美西斯二世神庙墙上的浮雕，公元前1270年

这一墙雕和之前阿克罗蒂里的战场场景一样，进攻方发动攻击，防守方惊慌失措，战败者跌入双方之间的水域。在画面左侧，法老拉美西斯二世驾着马车冲锋；画面右侧，是孤立无援的赫梯人守卫的卡德什要塞，其中有赫梯士兵在奥龙特斯河中溺亡。然而，拉美西斯留下的象形文字颠覆了我们对这幅图的初步印象，他指出，赫梯人并没有溺水而亡。据拉美西斯所述，赫梯军队正向河对岸撤离，"像鳄鱼一样迅捷"。埃及对这场战役的第二份记录来自底比斯古墓群中拉美西斯二世的神庙，其中绘出了溺水者的遗体。（图23）多数赫梯人挣扎求生，他们抓住战马的腿，而岸上的同伴则伸出援手。[4] 其中一部分人似乎确实在游

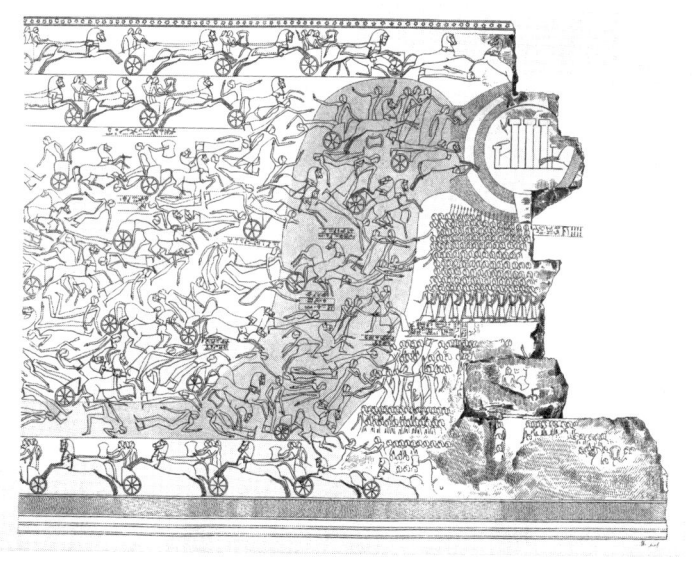

图23 赫梯士兵渡过奥龙特斯河。底比斯拉美西斯神庙关于卡德什战役的浮雕，约公元前1270年

泳——这为西南亚地区早期的游泳活动提供了证据。尽管这两份记录都来自埃及方，记录的战争也都是卡德什战役，但赫梯人游泳的场景也可能是埃及石雕师的想象。不过，也有证据证明，当时的赫梯人真的已经开始游泳了。

青铜时代晚期，埃及与地中海东部地区的文化交流中，游泳技巧的传播是其中一个特征。考古发现表明，公元前1300年，女子游泳形象的木质汤匙以及鸭子造型的碗在埃及非常常见。而迦南地区的手艺人模仿制作器物时，通常忽略游泳者形象的汤匙，只制作鸭子造型的碗。也许对他们而言，游泳太过陌生。然而，在以色列美吉多地区出土过一些汤匙，时间可以追溯到公元前1100年，都是由本地制作的，其中的确有游泳者形象。[5]汤匙上的游泳者形象可能象征着埃及新王国对地中海东部地区的统治力，促进了当地人对游泳活动熟悉程度的提高。

亚述人

进入铁器时代后，更多的西亚人学会了游泳。埃及文化的影响延续到了新王国崩溃之后的公元前1000年。随着苏丹国王统治埃及，游泳的文化意义甚至可能得到了加强。大约公元前860年，一些亚述人开始尝试游泳，但他们并不擅长此道。亚述游泳者习惯使用漂浮装置，保持自己漂浮在水面之上。这种漂浮装置由被称为"慕溯客"（mussuk）的山羊皮制作而成，其中置入了中空管；游泳者可以通过不断向管内吹气，来维持装置的充气状态。（图25）亚述人使用充气装置可能并非因为他们游泳技术不佳，而是由于叙利亚东部和伊拉克北部的河流太过湍急。尽管如此，使用这些装置仍需一定的练习。[6] 值得注意的是，在欧亚大陆北部以外地区并没有这类工具，这也许可以表明它们与游泳的熟练程度无直接关联。

在亚述的出土文物中，有一幅绘有士兵攻击城镇的图像。守军待在河中，甚至未脱下长袍。最左边的形象没有胡须，可能是宦臣或平民，并非士兵。然而，这一场景颠覆了人们对青铜时代战争的刻板印象：城墙上的人并非惊慌失措的被袭者，而是城堡已经沦陷的现实。守卫并未溺水，而是在河中游泳。在三人中，至少一人是会游泳的，另外两人则借助了充气羊皮。亚述士兵站在被征服城市的城墙上，向河中的游泳者射箭。一人已被射中，他的两个同伴则在拼命地向充气羊皮中吹气，努力划水求生，处境看起来并不乐观。另一幅图也挑战了传统，进攻方躲在水中，通过游泳避开守城士兵的注意（图24）——作为进攻者，他们有时间脱光衣服。即便如此，也仅有少数人没有携带充气羊皮。[7]

约两个世纪后，即公元前600年前后，出土的文物显示，亚述人已经可以在多种环境中游泳了。在尼尼微的亚述王西拿基立宫殿的浮雕上，有四个男人使用充气羊皮游泳，其中一个马夫甚至在牵着缰绳游泳。这表明，此时他们已经掌握了密封山羊皮的技术，无须持续向羊皮中充气了。在其他场景中，亚述渔民在羊皮筏上或坐或躺。而且，游泳活动已经从军事领域进入商业生活，尽管此时似乎依然无人以娱乐为目的游泳。随后，在犹太人在巴比伦编撰《托拉》时，他们曾将在约旦河中沐浴作为治疗麻

图 24 亚述士兵在游泳过河。伊拉克尼姆鲁德亚述统治者亚述纳西尔帕尔二世宫殿的浮雕，公元前 875—前 860 年

图 25 试图在亚述士兵攻击下游泳过河的敌人。尼姆鲁德亚述统治者纳西尔帕尔二世宫殿的浮雕

风病的一种方法。[8]《托拉》中禁止食用贝类，但食用从船上捕获的鱼符合犹太教的洁食戒律。[9]这不禁使人思考，禁止食用贝类是否与其必须靠潜水才能捕捞有关。

佛教在中国

在铁器时代，中国北方的士兵可能就已经开始学习游泳了。《管子》中将齐桓公描述为公元前600年前后的一位军事领袖，当齐桓公询问管仲如何防御潜在的入侵时，管仲建议齐桓公拦河筑坝，修建水池，并"令以矩游为乐"，"能游者赐千金"。这很像是游泳竞赛的奖励，但实际上与竞赛毫无关联。管仲只是在通过奖赏机制鼓励士兵学习游泳。他进一步指出，除了用于游泳的无须太深的水池，还应建造深达千仞的"立大舟之都"。结果表明，"未能用金千，齐民之游水，不避吴越"，而在与吴越的战争中，齐国凭借五万会游泳的士兵大胜。[10] 中国南方人从未停止游泳，北方人可能一直在努力追赶。

中国北方有许多谚语，反映了当时人们在学习游泳，也很关注安全。如"游者以足蹶，以手抔，不得其数，愈蹶愈败；及其能游者，非手足者矣"，又如"游者不能拯溺，手足有所急也"。还有谚语警告人们溺水的危险。"度水而无游数，虽强必沉；有游数，虽羸必遂。"[11]《史记》也有相关论述："浴不必江海，要之去垢。"[12] "去垢"是沐浴的目的，不一定非要去江海。游泳是一件困难且非必要的事情，除非遇到紧急情况——没有任何迹象表明人们会出于娱乐目的游泳。

随着时间推移，越来越多中国北方地区的民众学会了游泳。汉朝时期，许多南方移民跨过长江来到北方。他们带去了新的风尚，包括使用羽扇纳凉，以及将米饭作为日常饮食。[13] 游泳也成为其中一项潮流，甚至有汉帝在皇宫内修建了豪华水池。但整体而言，游泳在中国北方呈现出与南方不同的面貌。例如：

> 灵帝（汉灵帝刘宏）初平三年，于西园起"裸泳馆"十间。采绿苔以被阶，引渠水以绕砌；周流澄澈，乘小舟以游漾。宫人乘之，选玉色轻体者以执篙楫，摇荡于渠中。其水清浅，以盛暑之时。使舟覆没，视宫人玉色。……宫人年二七以上，三六以下，皆靓妆而解上衣，或共裸浴。[14]

与其说这是游泳，不如说是对游泳的嘲弄：人工湖中的人工沉船，与色情密切相关。青铜时代的埃及有一则相似的故事（来自威斯卡莎草纸卷中的记载），故事中，埃及第四王朝的创建者斯尼夫鲁国王命令装扮华丽的女人在游泳池里划船，以供他观赏。在这个有着传统游泳文化国度的版本中，并没有沉船之景，只有头饰不慎落入水中。而中国版本中，游泳等表现透露出一种讽刺意味。这些与游泳相关的色情游戏，后来被欧亚大陆的独裁者所效仿，其影响西至西班牙的科尔多瓦（Córdoba），南到印度南部的马杜赖（Madurai）。

在中世纪初期，佛教仪式的庄重感及其对药浴的推崇可能无意间吸引了中国北方居民下水。地理学家郦道元在其著作中列出了38种不同类型的温泉，并指出其中大部分都有治疗疾病的功用，这促使更多人为了健康而频繁沐浴。[15] 中国西部早期佛教洞窟中的壁画为研究中国北方人游泳活动提供了最早的图像材料。这些图像中，部分场景与更早期埃及和亚述的图像相似，描绘了士兵逃亡时或游泳或溺水的情景；而另一些佛教艺术作品展现的却是游泳者在水中嬉戏的欢快场景。与这一时期的其他游泳者一样,壁画中的游泳者使用的多是上臂划水——尽管他们把头高高地抬出水面[16]。(图26)在邻近的敦煌石窟中,众多描绘重生灵魂和女性形象——可能是飞天或仙女——在神圣的莲花池中畅游,进一步丰富着这一时期中国北方游泳活动的视觉资料。[17]

佛教在公元4世纪前后传入朝鲜半岛,其传播可能改变了当地的沐浴习惯,甚至在某些方面超越了对中国的影响。佛教僧侣

图26 中国西部地区的游泳者。中国西部克孜尔千佛窟的佛教壁画,公元500—700年

保留了朝鲜地区传统的浴室，包括桑拿浴和浴缸，彼时朝鲜人更喜欢裸泳。据北宋时期徐兢的《宣和奉使高丽图经》，"高丽其俗皆洁净，至今犹然，故晨起必先沐浴，而后出户。夏月日再浴，多在溪流中，男女无别"。[18] 如若从表面分析，佛教的传入可能使朝鲜地区的居民在其古老的蒸汽浴传统中融入了浸泡浴。

同样，在日本，7世纪的神话传说也强调了众神对沐浴的重视。公共浴室通常与佛教联系在一起。[19] 后来发生在12世纪50年代的一则故事，也涉及了游泳元素。故事中，源义经的父亲源义朝陷入危险，不过，他提前采取措施，将怀孕的妻子藏入一个农妇的茅屋里。后来源义朝被敌人杀死，敌人追踪他的妻子来到农妇家中，两个可怜的女人分头逃跑。农妇跳入琵琶湖，向几艘驳船游去。但当她靠近驳船时，惊恐地发现船上都是敌人，不幸遇害。而逃过一劫的源义经母亲顺利生下了他。[20] 这个故事很简单，但它表明，一如西亚人，同时期的东亚人也慢慢学会了游泳。

奥德修斯和古希腊

在遥远的欧洲，非洲对地中海地区的影响可能也促使欧洲人学习游泳。在青铜时代，也就是特洛伊战争时期，欧洲人还不会游泳。青铜时代的希腊艺术作品只描绘溺水的场景。但在荷马的《奥德赛》中，奥德修斯是会游泳的。《奥德赛》最早写于公元前725—前675年，略晚于亚述最早的游泳图像绘制时间。在《奥德赛》的第五卷中，英雄奥德修斯遭遇海难，游到岸边：

第5章 学习游泳

卡德摩斯的女儿……说……
"按我说的做——看来，你不像是个不通情理的笨蛋。
脱去这身衣衫，把筏船留给疾风摆弄，
挥开双臂，奋力划泳，游向法伊阿基亚人的
陆岸，注定能使你脱险的地界。
拿去吧，拿着这方头巾，绑在胸间，
有此神物，永不败坏，你可不必惧怕死亡，担心受难。"

其时，卓著和历经磨难的奥德修斯心绪纷繁，
"……
但是，一旦海浪砸碎船舟，那时，
我将入海游泳；我再也想不出比这更好的决断。"

……迅速绑上伊诺的头巾，绕着胸围，
一头扎进海浪，挥开双臂，
拼命划摆。
……一连两天两夜，他漂泊在深涌的海涛里，
心中一次又一次地想到死的临来……

然而，当他继续游去，抵及一处河口，
置身清湛的水流，感觉此乃最好的登岸地点，
……奥德修斯膝腿弯卷，
垂展沉重的双手，心力交瘁，受之于咸水的冲灌，

> 全身皮肉浮肿，淌着成股的海水，
> 涌出嘴唇，从鼻孔里面。他身心疲软，躺在地上，
> 既不能呼气，也无力说话，极度的疲劳使他无法动弹。[21]

奥德修斯几乎是"酷"的典型代表。如果有一种新颖的、引领潮流的活动，而希腊人刚刚意识到其价值，荷马的读者会理所当然地认为奥德修斯一定在该领域出类拔萃。也的确如此——奥德修斯在有限的范围内展现了其卓越的能力。当然，即便是英雄奥德修斯，也需要一条魔法头巾来帮助他游泳。

古希腊花瓶上的绘画表明，南欧地区的居民在铁器时代初期就学会了游泳。一个公元前725年的希腊酒壶描绘了人们从船上坠落和溺水的场景，这一主题在青铜时代爱琴海的壁画中也出现过。一艘船倾覆了，一些人——有时会被认为是奥德修斯——溺死在鱼群中。（图20）他们显然不是在游泳，而是一场灾难。[22] 其他希腊花瓶的残片也展示了沉船场景的不同面。[23] 这些场景和铁器时代早期希腊诗人赫西奥德的说法相符，他曾警告读者，切勿在水中小便。

然而，另有希腊艺术家创作了略有不同的沉船场景。他通过描绘一名游泳者的形象来呼应《奥德赛》的故事。这幅画绘于公元前8世纪晚期，考古学家在那不勒斯湾伊斯基亚岛（Ischia）的希腊殖民地发现的，就埋在匹德库塞（Pithekoussai）一个豪华的墓冢中（匹德库塞是伊斯基亚的古希腊名）。在这个双耳喷口杯或称调酒碗上，装饰着人们熟悉的沉船场景。在倾覆的船下方，水手们都溺水了。其中，画面右侧的水手可能已经丧生，正

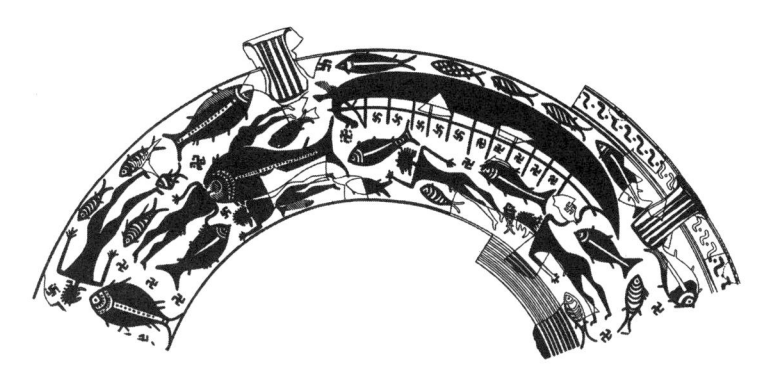

图 27 船难场景，一名落水男子正在使用过手泳姿（爬泳）。意大利那不勒斯湾的伊斯基亚岛上制作的匹德库塞伊克拉特陶器，公元前 8 世纪

在被一条看似普通的大鱼吞食；有些男性可能失去了生殖器——也是被鱼咬去的吗？在匹德库塞的双耳喷口杯上，首次出现了沉船水员尝试游泳的场景。位于沉船正下方的水手，将手臂伸向不同的方向，仿佛正在向前爬泳。[24]（图 27）将其与《奥德赛》中奥德修斯的游泳联系起来，我们可以看到，欧洲人和他们的亚洲邻居一样，在铁器时代就已开始游泳。问题随之而来，他们是如何学习游泳的呢？

与亚述人相似，埃及文化的影响可能是说服南欧人下水游泳的关键因素。公元前 8 世纪晚期，努比亚国王皮耶（Piye）成功征服埃及，并致力于新神庙的建设，还将势力范围扩展到地中海地区。这一系列行动引起了希腊人的注意。荷马在其史诗作品中记载，墨涅劳斯（Menelaus，即斯巴达王）和海伦渴望在从特洛伊回家的路上访问埃及；他们在埃及聚敛了惊人的财富和各种草药。《奥德赛》中海难水手的故事，在某种程度上可能也要归功于埃及中王国的相关历史：

> 暴风雨乍起，而且愈加猛烈，卷起八肘尺高的海浪。海浪推来一块木板，我抓住了它。船上的人都死了。除了我，无人生还。
>
> 你看，现在我就在你身边，是一个海浪带我前来。[25]

铁器时代，地中海地区的人群深受埃及文化影响，可能就包括游泳。非洲大陆的其他族群也有可能教会铁器时代的欧洲人游泳。在埃及西部，迦太基人在铁器时代也许同样是游泳好手。公元前9世纪，来自提尔（Tyre，位于今黎巴嫩）的殖民者将一些不会游泳的人带到北非，但这显然不足以改变他们不习游泳的习俗。罗马历史学家对汉尼拔（Hannibal）的游泳技巧给予了特别的关注：他能游过不知名的河流。布匿战争（Punic Wars）期间，有迦太基士兵游出海湾，放火烧毁罗马军队的船只，以及在一次战斗失败后，一支迦太基军队试图在夜间游回其船只。尽管很多人在黑暗中溺亡，但他们显然是知道如何游泳的。[26] 老普林尼关于少年在河马湾和海豚共游的故事表明，在公元1世纪，北非人是擅长游泳的。尽管我们缺乏早期迦太基人游泳的直接证据，但可能像其他非洲人一样，他们中的大多数人都是会游泳的。

若真是如此，迦太基商人可能已将游泳技能传播到地中海另一边的欧洲。伊斯基亚岛在石器时代曾是一个小型渔港，但到了铁器时代，已发展为地中海主要的贸易中心。迦太基和希腊商人都曾航行到这里，用手工制品如希腊陶器、香水和葡萄酒、迦太基玻璃珠、青铜别针等，与"金属之城"的伊特鲁里亚人换取铁、木材、盐和奴隶，此情形与几个世纪后欧洲人向西非人出售朗姆酒和玻璃珠以进行奴隶贸易颇为相似。在铁器时代，非洲人十分老练，而欧洲人则处于剥削地位。[27]希腊人和伊特鲁里亚人都从迦太基贸易伙伴那里汲取了丰富的经验。

例如，迦太基人教会了欧洲人读写。匹德库塞遗址出土的绘有游泳水手图案的双耳喷口杯是由希腊陶工和画家在伊斯基亚岛制作的，他们与迦太基商人及其家人一起生活。当迦太基婴儿在岛上不幸夭折时，他们的家人会将遗体安葬在黏土制成的双耳陶罐里，罐体上刻有布匿语的铭文。考古学家对这些墓葬进行了发掘，发现这些铭文是用字母书写成的。在铁器时代初期，字母表还是很新鲜的事物，发明不过几百年，可能始于西奈半岛，腓尼基殖民者向西将它带到迦太基。现在，迦太基人似乎已经把字母表传授给了他们的贸易伙伴——伊特鲁里亚人和希腊人。

因此，伊斯基亚岛保留了希腊文字早期发展的例证。在现存最早的两件希腊字母铭文中，其中之一在雅典出土，另一件则是在伊斯基亚岛发现的内斯特之杯（the Cup of Nestor）。据推测，内斯特之杯可能是公元前8世纪在爱琴海罗得岛制作的，并由商贸活动流传到伊斯基亚。在杯子被烧制后的某个时间——也许在酒杯到达伊斯基亚之后——有人在杯子的侧面刻下了有关荷马史诗《伊利亚特》（*Iliad*）最古老的记录。铭文像希伯来语或布匿语一样，从右往左书写，内容如下：

> 内斯特之杯，适合饮酒。
> 痛饮此杯，你立刻会
> 对美丽的阿芙洛狄忒充满渴望。

这种情感体验历史久远。时至今日，葡萄酒仍会对饮酒者产生这种影响。在荷马写完《伊利亚特》后不久，内斯特之杯就被埋入伊斯基亚岛一个希腊婴儿的坟墓里，大约在同一时间，伊斯基亚岛一位不知名的希腊陶艺家在匹德库赛双耳喷口杯上画了一名游泳者的形象。[28] 史料记载，迦太基人或者腓尼基人先祖在公元前8世纪教了伊斯基亚的希腊商人书写。此外，他们还极有可能教会了伊特鲁里亚人——后者最早的文字书写遵循的就是伊斯基亚使用的字母形式。迦太基人会不会教他们的希腊和伊特鲁里亚贸易伙伴游泳呢？迦太基人是懂得如何游泳的，而希腊人甚至没有游泳这个词——匹德库赛双耳喷口杯上的游泳者形象无疑为这一猜测提供了可能的证据。

伊特鲁里亚人和罗马人

迦太基商人可能也将游泳和书写带到了罗马共和国。

在罗马共和国早期，迦太基商人与罗马人之间存在着频繁的贸易往来。许多迦太基商人及其家人都居住在罗马埃斯奎林山上的非洲街沿线；他们还在罗马北部的沿海地区修建了贸易基地。这些商人将各种地中海地区的食物带到了罗马：鱼露、腌橄榄、大蒜、坚果和水果等。他们还出售猴子、大象、鳄鱼、鸵鸟等非洲动物，贩卖来自撒哈拉南部的黑人奴隶。罗马人不仅享受迦太基式的奢侈品和非洲奴隶的服务，还接纳了迦太基的信仰和习俗，崇拜诸如梅尔卡特和巴神等迦太基神祇。[29] 罗马家庭还从地中海东部进口银碗，碗上刻有埃及化的图案，描绘着位于法老脚下的游泳者（或溺水者）形象。这些图像与大约同时期亚述游泳者的战斗图像有关。其中一些碗上还刻有伪象形文字和阿拉伯字母的铭文。[30] 因此，有理由推测，就像亚述人、希腊人和伊特鲁里亚人一样，罗马人可能也从非洲人那里学会了游泳。

罗马人也认为，他们的英雄精通游泳技艺。在罗马共和国初期的故事中，诸如贺拉斯（Horatio）这样的英雄已经可以游过台伯河逃生了。另一则故事记载，盖乌斯·穆奇乌斯（Gaius Mucius）也曾横渡台伯河，试图刺杀伊特鲁里亚国王。在第三个故事中，罗马少女克洛莉亚（Cloelia）和其他几名来自罗马显赫家族的年轻女子，被作为人质送往伊特鲁里亚。某晚，在克洛莉亚的带领下，她们勇敢地游过台伯河，重获自由。（然而，当她们湿漉漉地逃回家时，她们"可敬的"父亲坚持要把她们送回。）[31]

上述故事均来自罗马历史学家李维（Livy）的讲述，这些故事表明，后来的罗马人认为他们的祖先是会游泳的。约与李维同时代的狄奥多罗斯·西库勒斯（Diodorus Siculus）也认同早期罗马人具备游过台伯河的能力。他说，公元前4世纪，当罗马人被高卢人击败时：

> 逃到河里的人中，最勇敢的人试图靠手臂划水游过河，他们视自己的盔甲为生命。但由于水流湍急，有些人因为身

上盔甲的重量淹死了，有的人被水流冲了一段距离，艰难脱离危险。但由于敌人步步紧逼，并在河边大肆屠杀，大多数幸存者靠着扔掉了盔甲，才得以游过台伯河。[32]

罗马的台伯河长约100米，即330英尺，大约是现代标准游泳池长度的四倍。正如狄奥多罗斯所说，考虑到水流因素，游过台伯河并非一项惊人成就，但距离已经足够远——只有真正会游泳的人才能成功。

与邻邦亚述不同的是，南欧艺术家很快就超越了将游泳作为紧急逃生方法的阶段，转而将其视作一种乐趣。约公元前570年，在一个雅典制造的弗朗索瓦花瓶上，有这样一幅图像——忒修斯的一名急切地想上岸的水手，主动从船上跳入大海。（图28）水手以优美顺畅的爬泳姿势划水前行，面部露出水面。早期沉船场景中常见的巨鱼已经消失。这幅图像可能是青铜时代阿克罗蒂里溺水壁画的衍生作品——场景中仍然有一艘船——但是，

图28 一名男子使用过手泳姿（爬泳）从忒修斯的船上游到岸边。雅典弗朗索瓦花瓶的一处细节，约公元前570年

已经不再有任何恐慌或灾难的氛围。

南欧人对跳水的想象可以追溯至远古时期。在一幅公元前 6 世纪的伊特鲁里亚古墓画中，一个男孩脱下斗篷，从高高的悬崖上跳入大海，另一个男孩则跟在他身后攀爬。（图 45）伊特鲁里亚花瓶上还有更多的跳水者。[33] 伊特鲁里亚人在意大利南部的希腊邻居也将自己想象成跳水者，其中最著名的是意大利南部帕埃斯顿附近跳水者墓天花板上的画，创作于公元前 5 世纪左右。[34]（图 29）不过，铁器时代的意大利人是否真正掌握了跳水技巧？最早的伊特鲁里亚彩绘坟墓可追溯到公元前 6 世纪初，当时欧洲人刚开始接触游泳。这些彩绘及其墓室里堆着的供来世使用的仿制品，反映了埃及文化的影响。墓室壁画可能具有象征意义，反映了埃及文化的影响，而不是墓主生活的真实写照。尽管艺术家在跳水者墓和希腊红色人物花瓶上描绘了人造的跳水平台，但考

图 29　高台跳水的男子。意大利帕埃斯顿跳水者墓的天顶画，约公元前 470 年

古学家尚未发现相关实物，因此，欧洲人的跳水更可能是人们想象出来的。

综上所述，在铁器时代，许多欧亚大陆北方的居民，尽管原本不会游泳，但在接触非洲和中国南方的游泳运动者后，开始慢慢学习。迦太基人可能教会了南欧人，埃及人教过美索不达米亚人。中国北方的游泳活动受到南方迁徙者的影响。当时，一些士兵在紧急情况下能够通过游泳来自救，特别是当他们有充气的山羊皮来辅助时；有些年轻人可能已经掌握了跳水；一些更具冒险精神和运动能力的人甚至开始主动、积极地游泳，尽管他们似乎一直保持面部露出水面。就在这一时期，中亚人的新一轮入侵打乱了局面，将许多游泳新手从水域赶离。

斯基泰人和色雷斯人

从欧洲北部到俄罗斯，从西伯利亚到蒙古地区，人们的游泳技能仍普遍缺失。这些居民生活在北方以北，远离南方游泳文化的辐射。他们甚至还未使用文字，这并非巧合。由于当时中亚北部地区还未使用文字，我们对他们游泳（更确切地说，是对他们不愿游泳）的了解不是来自中亚人本身，而是他们更具文学性的邻居，即古地中海地区的希腊历史学家。希罗多德是第一位，他的《历史》第四卷的大部分内容都在描述斯基泰人的生活习俗。在希罗多德时代，斯基泰人是中亚的主要势力，统治着中亚的大部分地区。希罗多德对他们进行了深入的观察。他明确指出，斯基泰人骑马、牧牛、射箭，从未提到游泳。按照希罗多德的记录，斯基泰人甚至不用水洗澡，而是洗蒸汽浴或桑拿浴。自这时起，斯基泰人的自我形象定位便呈现出一种极端的保守。斯基泰艺术家（和希腊艺术家）笔下的男女形象总是穿着长袖衣物和宽松长裤，头戴帽子或头巾；希罗多德补充说，在更远的东方，中亚人也"穿着这样的衣服"。[35]

其他中亚民族也不会游泳，包括色雷斯人、马其顿人、比提尼亚人和亚美尼亚人。色雷斯位于斯基泰领土西南部，靠近希腊，处于黑海和爱琴海之间。与其他爱琴海人一样，许多色雷斯人也是海盗。有一个发生在公元前5世纪的故事：色雷斯人曾航行到希腊中部，袭击了富饶的希腊城邦底比斯。底比斯军队驱逐了袭击者，并发起反击，惊慌失措的色雷斯人一窝蜂地往船上跑，而受惊的船员为了避开弓箭，将船驶向更远的海域。入水的色雷斯士兵因游泳技术不够好，无法登船；追至海边的守军发现，许多色雷斯人已经溺亡。[36] 这与阿克罗蒂里壁画描绘的场景相似，并且与能够游回自己船上的迦太基军队形成了鲜明对比。尽管色雷斯人以海盗身份乘船抵达，但无一人会游泳，他们甚至不足以在危机中自救。

一直向西，马其顿人也不会游泳。据普鲁塔克说，马其顿的亚历山大就因从未学会游泳深感遗憾。亚历山大是一位博学的君主，他重视学习一切有益于战争的知识，包括狩猎、骑马、地理、波斯宫廷习俗、医学和历史；只要能在马其顿学到的，亚历山大就一定擅长。如果亚历山大不会游泳，那么游泳在马其顿以及斯基泰人和色雷斯人中也一定罕见。阿里安（Arrian）确实讲述过亚历山大在塞德努斯河（Cydnus River）游泳的故事，也只是因为他酷热难耐，想要沐浴。即使这一记述属实，即便阿里安所说真的是游泳而非沐浴，普鲁塔克肯定也认为他的读者是相信这位马其顿英雄不会游泳的。[37]

比提尼亚人似乎也不会游泳。比提尼亚（Bithynia）是黑海沿岸的一个小国，位于现在的土耳其北部。比提尼亚人与色雷斯人有亲缘关系。在亚历山大时代后的两个世纪，当罗马人征服西亚时，罗马执政官苏拉领导了一场针对比提尼亚国王米特里达梯（Mithridates）的战役。历史重演：罗马人在战斗中击败米特里达梯后，他的士兵逃至附近的一个湖中。就像色雷斯人一样，他们同样不习水性，（根据阿庇安的说法）死前还在用他们"野蛮"的语言乞求怜悯。[38]

在罗马帝国晚期，中亚人依旧不会游泳。亚美尼亚人（直到今天都还生活在黑海和里海之间）的君主帕拉带着三百名部下逃离了罗马的囚禁。在归国途中，他们遇到了一条很深的河，难以涉水渡过。罗马历史学家阿米亚努斯·马塞利努斯（Ammianus Marcellinus）记载说，他的部下"并不擅长游泳"。[39]尽管南方地区的居民学习游泳的风潮日渐兴起，但这尚未为中亚人所接受。

波斯帝国

公元前6世纪，中亚人对游泳的态度发生了显著变化。与青铜时代相似，非游泳者从中亚向南迁移至人们刚开始学习游泳的地区，并说服他们放弃游泳。这些入侵的米底人和波斯人与早期颜那亚移民有着许多相同的习俗，包括对下水的信仰限制。随着米底人和波斯人组建波斯帝国，他们将这种恐惧散播到整个西南亚地区，其影响范围东至巴基斯坦，西至地中海。

在波斯文化的影响下，游泳活动逐渐变得不再流行，人们开始放弃这项活动。根据色诺芬（Xenophon）为波斯国王居鲁士撰写的传记可知，居鲁士是不会游泳的，尽管他有英雄主义特质。事实上，《居鲁士的教育》(Cyropaedia)中也的确完全没有提及游泳。与斯基泰人一样，波斯人认为裸体是可耻的，并且推崇极端保守的风俗。男女都戴着帽子，穿长袖和有图案的紧身裤；女性经常戴长面纱。[40]希罗多德在《历史》中强调了保守在西南亚的重要性："原来在吕底亚人中间，也就是在几乎所有异邦人中间，在自己裸体的时候被人看到，甚至对于男子来说，都被认为是一种奇耻大辱。"[41]随后的波斯国王放弃了海洋，将帝国定义为内陆国家。[42]波斯人对游泳的这种抗拒态度，导致游泳活动在整个古代西南亚地区都很罕见。

佛教在印度

即使远至印度中部的德干高原南部，也有关于溺水而非游泳的传说。印度重要的史诗《罗摩衍那》约成书于公元前4世纪，正值新的文字传入印度之际，即其传入欧洲约四百年后。但与欧洲不同的是，字母表并未与游泳的风潮一并传入印度。在《罗摩衍那》中，沐浴是一种清洁仪式，用以"净化罪孽"，而游泳（包括动物的游泳）未被提及。当罗摩、哈努曼以及他们的猴子大军意欲渡海前往斯里兰卡营救罗摩的妻子西塔时，他们建造了一座巨大的桥（实际上是自然形成的），而非通过游泳渡海。[43]

印度的《本生经》是一部包含道德寓言、诙谐故事和佛教譬喻的合集，其中也未见有关人类游泳的内容。印度佛教作家大约与《罗摩衍那》作者处于同一时期，他们记录了《本生经》，采用了相同的文字体系。（欧洲人熟知的《伊索寓言》中的一些故事也出现在《本生经》中，两部作品之间的关系仍不清楚。）从印度教的《梨俱吠陀》和《罗摩衍那》转向佛教的《本生经》，并不能减少印度人对水的回避。在《本生经》的描述中，很多动物都是会游泳的，如鱼、大象和乌鸦（乌鸦甚至还会被卷入海中溺亡），而人类却不然。

在传统的印度故事中，沐浴行为普遍存在，而游泳活动鲜有记载。有些人是为了健康沐浴，比如早期皈依佛教的频毗娑罗国王。据传，佛陀曾用温泉来缓解关节不适。[44]其他人则利用沐浴来降温。许多故事描述了人们在温泉或人工浴池中的沐浴场景，其中"水池设计之初就考虑到了供人嬉戏之用"。没有人游泳，就连佛陀本人也是在水上行走，而不是游泳。公元1世纪的河道浮雕甚至以可怕的河怪为特色。[45]

最值得一提的是，《本生经》中摩诃迦那卡王子的故事与希腊奥德修斯的故事十分相似，这显然不是巧合。摩诃迦那卡的叔叔篡夺了王位，因此，当摩诃迦那卡长大后，他乘船返回并要求恢复他的王位继承权。与奥德修斯的经历相似，这艘船中途失事，摩诃迦那卡王子将自己绑在桅杆上。与奥德修斯不同的是，他不会游泳。他在海上漂了七天，后被一位女神所救。后来，他通过拉开一把别人无法拉开的弓和解开别人无法解开的谜题，成功收回了继承权。奥德修斯遭遇海难时，可以自己游到岸边，但摩诃迦那卡则需要他人救援。[46] 尽管佛教僧侣在推动东亚地区的沐浴和游泳方面发挥了显著作用，但在印度，这样的事情似乎从未得到广泛传播。

自青铜时代晚期至铁器时代，大多数在冰期丧失游泳文化传统的人开始重拾游泳。他们的灵感可能来自擅长游泳的埃及人和迦太基人，这些非洲民族展现了优秀的游泳能力。但随着波斯和罗马势力的不断壮大，古老的非洲帝国逐渐失去往日的辉煌，这些新游泳者也随之调整了他们的观念。

第 6 章

古希腊和罗马

迄今为止，我们一直将中亚北部的所有非游泳者及其后代视为一个群体。但在公元前 5 世纪，这一群体出现了分裂：希腊人和波斯人开始强调他们的文化差异，并淡化彼此间的相似之处。他们表示，希腊人倾向于赤身裸体，而波斯人则偏好遮蔽身体；希腊人热衷建造寺庙，而波斯人则无此习惯；希腊人一夫一妻，但波斯人则为多妻制[1]；希腊人会游泳，波斯人不会——这一区分并非种族原因，游泳能力并不是遗传的或天生的，这种区别是文化层面的。

希波战争

是什么激发了这种强调文化差异的诉求？是一场旷日持久且痛苦的战争。当波斯人完成对西南亚的征服后，其战略目光转向了欧洲。在国王大流士和薛西斯的领导下，波斯人首先要求希腊人屈服，继而对希腊发起了一系列的军事行动，其意图显然是希望将自己的势力范围扩展到爱琴海地区。波斯人成功地控制了色雷斯和马其顿，但随后，令所有人惊讶的是，希腊人击退了波斯人的进攻，并成功保持了独立。在这场斗争中，希腊学者在希腊文化和波斯文化之间划出了明确的界限，特别强调希腊人会游泳，而波斯人不会——需要重申的是，这并不是种族区分，而是文化鸿沟。[2]

在希腊人对波斯战争的描述中，强调了波斯军队在游泳方面的不足。希罗多德《历史》中记述了公元前 490 年的第一次波斯战争，波斯海军上将马尔多尼乌斯（Mardonius）率领的舰队在暴风雨中失事，士兵们都不会游泳，"有一些人是撞到了岩石上的。那些不会游泳的人溺死在水里了，又有一些人给冻死了"。帕萨尼亚斯在对这场战争马拉松战役的记述中也表明，许多波斯士兵在试图逃离战场时因不识水性而溺水身亡："在马拉松，有一个湖泊，周边沼泽遍布。那些逃窜的异邦人因不熟悉道路，纷纷掉进了这个湖里。人们都说，这场意外给他们带来了惨重的损失。"[3] 尽管波斯士兵究竟是溺亡还是在水中被屠杀尚不清楚，但帕萨尼亚斯与希罗多德的观点一致：波斯人与希腊人在文化方面的差异之一，就是希腊人确实会游泳。

十年后，希腊人对第二次波斯战争的描述，突出了波斯人不会游泳。据载，薛西斯一世在进攻希腊北部的温泉关时，一个名叫斯库利亚斯（Scyllias）的希腊潜水员割断了波斯舰队的锚缆，导致许多波斯船只触礁失事。还有个稍微不同的版本，斯库利亚斯潜入水中是为了寻找薛西斯浮桥船丢失的宝藏。[4] 然而，希腊人在温泉关的陆地战役中失败了，不得不在雅典附近的萨拉米斯海战中再次自卫。希腊人赢得了这场海战的胜利。波斯舰队遭受重创，许多船只失事，船员和士兵被迫跳海逃生。按照希罗多德的记载，希腊士兵能够游泳自救，但许多波斯人被淹死：

> 与他同时阵亡（的）还有其他许多知名的波斯人、美地亚人（即米底人）和其余的同盟者，但希腊人方面阵亡的却不多。原来希腊人会游泳，因此他们中间失掉了船，却没有在肉搏战中丧命的人们，都游泳渡海到撒拉米司（即萨拉米斯）去了；但是异邦军的大多数却由于不会游泳而淹死在海里。[5]

希罗多德笔下，不会游泳的外邦人主要是西亚人，而非波斯人。波斯人并非水上民族，因此其舰队的建造者和船员部分由波斯盟友组成，部分由波斯臣民即希腊人组成。希罗多德对波斯船上懂得游泳的希腊裔船员以及不会游泳的波斯人同其他盟友进行了文化区分。[6]

罗马人贺拉斯的故事与波斯战争大约属于同一时代，似乎也将游泳作为区分罗马人和敌人的民族标志。当贺拉斯的罗马战友摧毁台伯河上的桥梁后，贺拉斯英勇地击退了伊特鲁里亚人。桥梁倒塌后，贺拉斯游过河，但他的敌人无法跟上。这些虚构的伊特鲁里亚人真的不会游泳吗？几个世纪后，一块罗马浮雕也展示了来自欧洲北部的达基亚士兵在多瑙河中溺水身亡的情景。无论这一场景是事实还是虚构，罗马图拉真纪功柱上的溺水士兵浮雕都强化了民族间的区别：游泳是希腊人和罗马人的专利，而"野蛮人"不会。[7]

游泳好手

古希腊和罗马时期的作家还对游泳者进行了文化上的二元区分：他们一学会游泳，就将游泳定义为一项精英活动，适合社会地位较高的人，而非他们的下属。在《伊利亚特》中，游泳可能仍然是一种低等技能。英雄阿喀琉斯无法游出河流，但当其中一名特洛伊人从战车上跌落时，帕特罗克洛斯嘲笑他说："朋友们啊，看这人多灵巧，多会翻跃！他如果有机会去到游鱼丰富的海上，准会让许多人吃个够，从船上潜进海里摸来牡蛎，也不管大海如何咆哮，灵巧得就像刚才从战车跳到地上。特洛亚人（即特洛伊人）中竟也有这样的潜水好手。"[8] 这为什么算是嘲笑呢？因为潜水采牡蛎被视为一种低级职业。但在《奥德赛》中，游泳已经与社会阶层挂钩：这是奥德修斯拥有的技能，而他的船员不会。这一观念可能源于欧洲人从经验丰富的埃及人和迦太基人那里学会了游泳。当只有富商、大使及其子女学会游泳时，这种观念才得到了强化。到了公元前5世纪希罗多德的时代，游泳尽管不需要昂贵的装备或衣服，但也已经成为上层阶级的标志。希罗多德在描述波斯习俗时，声称波斯人"教给他们的儿子的只有三件事情：骑马、射箭和说老实话"。[9] 希罗多德无须提醒他的读者，但当时的一句谚语将未受过教育的人描述为"不知道如何阅读或游泳"，就像我们说某人不会读书写字一样。柏拉图多次提到这句谚语，后来的作家埃利乌斯·阿里斯蒂德斯等也多次提及。[10] 希罗多德似乎在暗示，无知的波斯野蛮人只教他们的孩子骑马射箭，这使波斯人与希腊人、埃及人等其他文明民族区别开来。

到了共和国晚期，游泳似乎已经成为罗马社会上层人士普遍的娱乐活动。西塞罗的一个朋友"非常热衷游泳"；被流放到黑海的诗人奥维德回忆起孩童时代在处女泉游泳的快乐时光时，满怀悲伤；塞涅卡也在那里游过泳；来自富裕家庭的年轻男子在台伯河中玩耍和游泳，以吸引年轻女子。[11]在公元2世纪，希腊酒神节举办划船竞赛的同时，甚至还会有有奖游泳竞赛。[12]但并非所有罗马人都会游泳：在斯特拉博描述像以色列死海这样的西西里矿物湖时，他提到"因为人们既不能在其中游泳，也不会沉没，而木料之类的物质可以漂浮在水面上"。[13]罗马人似乎认为这些非游泳者是下层阶级：请注意,《圣经》中的彼得虽然是渔夫，但不会游泳。

在一个很多人都不会游泳的社会，游泳是一个区分社会阶层的显著标志。掌握游泳技能需要时间，还需要进入干净的海滩或泳池等接触洁净水域的条件。对于上层阶级来说，假装会游泳是困难且危险的。这就是为什么柏拉图会将阅读和游泳联系在一起：游泳是只有受过教育的人才能做的事情，同样也是少数懂得阅读的富人才能做到的。[14]在奥德修斯和柏拉图之后几个世纪，尤利乌斯·恺撒仍然用游泳来强调他作为罗马统治者的地位。当恺撒在高卢各地旅行时，他经常选择在所到之处的河中游泳，而不是绕行浅滩，因此他经常先于他的（不会游泳的）先遣侦察兵到达目的地。即使在52岁时，恺撒依然保持着出色的游泳能力。在面临一群埃及暴民在亚历山大的反抗时，他是这么逃跑的：

他跳入大海，在游了200步距离后，上了最靠近的一艘船。他一直高举左手，不让海水湿了手中的札记，同时用嘴咬住长袍，不让它成为敌人的战利品。

如果所有罗马人都会游泳，恺撒的成功就不会如此令人兴奋了。[15]

女性和游泳

随着富有的希腊和罗马上层阶级开始将游泳作为一种娱乐活动，女性参与游泳活动的现象也逐渐增多。在最早的图像记录中，游泳者均为男性：如《荷马史诗》中的奥德修斯，而不是娜乌西卡。到波斯战争时期，希腊陶瓶画作中才出现游泳的女性，但她们可能不是希腊女性，而是亚马孙人——可以从她们挂在附近钩子或树枝上的特色帽子看出。（图30）这两个已知的例证非常相似，以至于它们可能代表了一种普遍的类型。这两幅图中，均描绘了一名女子在左侧游泳，一名女子从中间的平台上跳水，另外两名女子站在旁边。第三个希腊花瓶描绘了一个正在海豚上方游泳的女人——也许她是一位仙女？[16]这意味着什么？雅典人对此心知肚明——斯基泰人（即现实中的亚马孙人）不会游泳，而希腊人精通此道。将这些女性绘成亚马孙人仅仅是礼仪上的掩饰吗？也许最稳妥的方法就是用这些陶瓶画作来描绘想象中的场景，但这种解释可能过于保守了。实际上，一些希腊妇女此时已经开始下水游泳，这是完全有可能的。[17]

图30 正在进行爬泳和潜水的女性（也许是亚马孙女战士）。雅典安多基德斯画家绘制的陶瓶，约公元前520年

几个世纪后，至少一些罗马精英阶层的女性学会了游泳，这也许是公元1世纪女性地位普遍更迭变化的一个侧面。[18] 随着罗马共和国解体和罗马帝国的建立，元老院的权力转移到奥古斯都皇帝的家族手中。这个家庭中的女性成员——朱莉娅、利维亚、梅萨琳娜、阿格里皮娜——以上一代人无法想象的方式获得了权力。基督教使徒塔尔苏斯的保罗并不是唯一一个通过让女性"静默坐定"来捍卫自身特权的男性，不过他可能是最有名的。[19] 这些新兴女性力量（正如伊莱恩·范瑟姆所说）可能通过游泳来彰显她们地位的提升。据说，奥古斯都的曾孙女、罗马摄政王小阿

格里皮娜是一位游泳高手。苏维托尼乌斯和塔西佗都曾有记录说，阿格里皮娜在她儿子尼禄的暗杀事件中通过游过湖而自保，还是在肩膀被刺伤的情况下。[20] 不论对于古罗马女性还是现代女性，女性主义的内涵可能都包括女性的游泳自由。

然而，罗马作家仍然将游泳与性侵犯和强奸联系在一起。奥维德在他的《爱经》(Ars amatoria) 一书中就将女性游泳与性关联起来，在《变形记》中，这一观点得到了延伸，讲述了许多女性在沐浴时遭受侵犯的故事。古罗马诗人普罗珀提乌斯在其诗作中描述了情人辛西娅在意大利南部度假时与当地男人在海滨调情的情景。其他罗马作家的作品中也有此类关系的暗示。斯库利亚斯切断波斯锚缆故事的一个版本中，还提及了斯库利亚斯的女儿海德娜，由父亲教会潜水的她，也参加了这次活动。该版本新增了一个颇具争议的论断——潜水活动要求女性必须有处女之身；这种对童贞的强调可能增强了希腊陶瓶上描绘的裸体亚马孙女战士游泳和潜水的色情意涵。[21] 据说，罗马统治者提比略会训练被奴役的小男孩，"他开始养育很年幼的男童，称他们为自己的'小鱼'。他在床上玩他们，既因天性也因年老，他喜爱这种性生活"。据说多米帝安曾与性工作者一起游泳；罗马诗人马夏尔也提到过泳池里的性爱；后来的皇帝埃拉加巴卢斯甚至还举办了臭名昭著的泳池派对。[22] 源自地中海北部的尼罗河马赛克画和绘画作品，以埃及风光为背景，经常通过描绘溺水的俾格米人和性爱场景来取笑游泳活动。[23] 对于古希腊人和罗马人而言，游泳仍被视为一种离经叛道的行为，且可能招致严重的后果。

水中的焦虑

就像在亚述和中国一样，欧洲游泳者也表现出紧张和笨拙，他们害怕水，将游泳与溺水潜在地联系在一起。尽管现代人倾向于将古代游泳者视为自信和熟练的榜样，但古希腊和罗马的资料却揭示出人类对游泳风险的持续关注。[24] 在欧里庇得斯的隐喻中，人是无法通过游泳来逃避厄运的。[25] 有传言称，希腊剧作家梅南德在雅典港口比雷埃夫斯海里游泳时溺水身亡。为了预防这种危险，当游泳出现筋疲力尽或抽筋等危险情况时，罗马时期的救援人员被指示托住游泳者的下巴进行救援。奥维德通过沉船和溺水，隐喻性地表达出"害怕每片海洋"。[26] 耶稣和彼得就像佛陀一样，被描绘为在海上行走，而非在海里游泳。塔西佗笔下也有"充满怪物的海洋"。[27] 罗马诗人欧庇安虽然建议渔民学习游泳，但他认为，与陆地上的狩猎职业相比，在狂野的海洋上捕鱼充满了不可预测的危险。与夏威夷人所构想的鱼人上岸与游泳的女人结婚不同，欧庇安将水下世界视为陆地人类世界的映射或对立面。[28]

尽管一些希腊人和罗马人以下水为乐，还有许多人寻求游泳带来的所谓医疗益处。游泳，无论是在浴场、温泉还是在冷水环境中，都被认为可以用来治疗哪怕最严重的疾病。对于瘫痪，又或者小儿麻痹症或中风后的康复，医生都建议患者在富含矿物质的水中游泳，最好是温泉或海水中。"应在瘫痪部位装一个充气的囊袋，以减少游泳所需的力气。"[29] 古罗马医学家塞尔苏斯建议将冷水浇在患者身上，并让他们在药用泉水的冷水中游泳。他甚至建议用水来治疗狂犬病：在极端情况下，应将患有恐水症

（狂犬病的一种症状，表现为极度口渴但无法喝水）的患者"突然"淹没在一个水箱中。他说，如果患者不会游泳，就让他们沉到水底来摄取水分；如果患者会游泳，就按着头强迫他们饮水。[30] 古代医生无法有效治疗狂犬病，这样的治疗显然也不会奏效，但它确实反映了游泳远非人们期待的那样。

古罗马的医生还将在海洋中游泳和沐浴作为治疗轻度疾病的方法。这一方法可能源于《托拉》中记载的早期西南亚的习俗，也可以追溯到早期欧亚先民对水的神圣信仰。演说家埃利乌斯·阿里斯蒂德斯长期受慢性病困扰，症状多变，他经常去河里游泳，这是他治疗方案的一部分。在他的著作中，他提到过15次因医疗目的而前往温泉或河流的经历。他对湍急冷水的疗效有着特殊的信念。在古希腊城市帕加马（现属土耳其），埃利乌斯曾在一条结冰的小溪中游泳，他的治疗方案要求他上岸后放弃使用毛巾或长袍取暖，只能坐在岸边在寒冷中风干。[31] 大多数人均对常规浴室感到满意。罗马浴场还可以为病人预留特别的开放时间，就像如今的游泳池在上午不太繁忙时段的安排。[32]

许多健康的人也通过游泳来保持健康。例如，古罗马诗人贺拉斯提到，健康的人应该游三次台伯河，以消除疲劳并获得良好的睡眠。贺拉斯遵循许多古代医学家的观点，比如他认为游泳前应该"涂油脂"——入水之前在身上涂抹橄榄油以保护皮肤。[33] 在罗马思想和中世纪早期的《塔木德》中，泡冷水浴或冲冷水澡在道德和医学上都被认为是优于温水或热水沐浴的，大概是因为温水和热水会引发不适。然而，古代沐浴者也曾前往温泉关、巴斯、亚琛等地享受温泉浴。[34] 在一些背景下，焦虑情绪也隐藏其中。希波克拉底著作中的医学观点非常笃定，洗澡不会造成伤害，即使在同一天洗澡两次（这是世界许多地方的常规做法）。

许多古希腊游泳者似乎更倾向于选择人工泳池而非天然泳池，部分原因可能是人工泳池看起来更安全。安多基德斯的红色人物花瓶画描绘了正在游泳的亚马孙妇女，画面最右侧有一根细长柱子，墙上挂有亚马孙人特色帽子的挂钩，表明这是一个人工水池，而非天然池塘。柏拉图还用比喻的方式提到了泳池："既然跌到水里了，那就不管是在小池里还是在大海里，我们义无反顾，只好游泳了。"[35] 从考古视角来看，公元前5世纪，大型游泳池与古希腊奥运会有关。这个游泳池的规模大约是现代奥林匹克游泳池的一半，深度仅1.5米，足以让大多数成年人直接站立。在古希腊体育比赛中，并未设置游泳项目，这个泳池是供选手赛跑、摔跤后放松之用。[36] 如果将跳水者墓的壁画和描绘亚马孙人游泳的希腊陶瓶按字面意思解读（尽管迄今为止尚无考古证据支持此观点），相比真实的悬崖，古希腊人可能更喜欢人工跳水平台。

游泳池

随着罗马共和国向罗马帝国过渡，人工游泳池的建设也在加速。在共和国晚期，贺拉斯和奥维德等文人常在环绕古罗马一侧的台伯河，或沿着战神广场旁的维尔戈水道中畅游。然而，由于罗马人口的增长，新住宅的兴建，许多罗马人更倾向于选择人工泳池。这些泳池遍布整个罗马帝国。[37]最早的泳池与奢侈放纵的生活方式紧密相关。根据历史学家约瑟夫的记载,希律王(谴责施洗约翰和耶稣的人)对耶利哥的人工潜水池情有独钟。希律王的赞助人——罗马皇帝提比略——在卡普里岛拥有一个漂亮的私人泳池;不久之后,富有的政治家小普林尼在意大利北部托斯卡纳的别墅里也拥有了两个私人游泳池:一个小型的室内冷水池和一个更大、更温暖的室外游泳池。[38]

公共泳池也很快随之出现。人们在罗马著名浴场的冷却池中游泳,这些水池由水渠供应水源。罗马卡拉卡拉浴场的冷水泳池,占据了建筑前的一个巨大房间。这个大型冷水泳池长56米,宽24米,面积是当今大多数城市游泳池的两倍多。出于安全,或节约用水的考虑,这个水池最深处只有四英尺(约1.3米),成年人也不至于溺亡在池中。位于罗马的戴克里先浴场冷水泳池的大小和深度与之大致相同。庞贝城的斯塔比安浴场的冷水泳池较小,但有一个大型的室外游泳池,名为那达提奥,非常适合游泳。类似的开放式泳池在罗马帝国广泛存在,许多至今保存完好,从如今摩洛哥沃吕比利斯的加利努斯浴场到保加利亚的奥德索斯公共浴场。[39]赫库兰尼姆的体育馆有一个真正的矩形(长度够长,宽度略窄)泳池,深度足以进行跳水,但矩形游泳池相较浅水池而言,更为罕见。[40]

有观点认为,从河流到游泳池的转变削弱了罗马士兵的游泳能力。但正如埃利乌斯·阿里斯蒂德斯等作家的记载所示,即便在浴场建成之后,仍然是可以到河里游泳的。[41]现代历史学家经常引用罗马军事历史学家韦格蒂乌斯(Vegetius)的话,他表达了罗马士兵不再在战神广场上接受训练的遗憾,"他们选择台伯河畔的马尔斯教场进行训练,就是要让年轻人在持械操练之后能够在这条河里洗净身上的汗水和尘土,并通过游泳驱除奔跑引起的疲劳"。[42]但韦格蒂乌斯的作品是几个世纪后的产物,他(像许多现代历史学家一样)构建了一个理想化的过去;在公共浴室普及之前,真正的罗马士兵可能一直都不擅长游泳。

古代泳姿

在古代世界,游泳者几乎普遍使用前爬式爬泳和上下打腿动作的泳姿,一如古王国早期的象形文字所展现的,他们的四肢是伸直且分开的(参见图2)。赫梯人和亚述人的图像资料也显示游泳者使用的一只手臂在身前,另一只手臂在身后的泳姿。(图23、图24、图25)匹德库赛双耳喷口杯上所描绘的第一位希腊游泳者,以及弗朗索瓦花瓶上的游泳者,采用的都是双臂向前伸展的泳姿。此外,庞贝城附近一座别墅的浴室中,一幅1世纪的马赛克画也展示了两个使用不太熟练的爬泳泳姿的人(尽管他们手指呈张开状)。古代文献中也有类似的描述,普罗珀提乌斯描述其角色辛西娅"一臂接一臂"地游泳;在罗马文学中,人们普遍采用"双臂交替"的姿势游泳。一些古老的词语可能暗示着蛙泳动作:马尼利乌斯让一名游泳者在水下将双手分开;斯塔提乌斯的利安德,手臂"像船桨一样奋力划动";西利乌斯·伊塔利库斯笔下的海女们"在清澈的水中旋转白色的手臂"。然而,古代图像资料完全没有出现蛙泳,只有一篇文章暗示了仰泳:在

《斐德若篇》中,柏拉图及苏格拉底认为,"泅水的人仰着浮,向头的方向倒退"的行为是愚蠢的,这可能意味着他正在做本末倒置的事情。庞贝古城尼罗河壁画中仰卧的人物可能也是一种幽默的倒置,或者是对非洲游泳的不同之处的评论。马尼利乌斯建议,游泳者可以仰躺在水上,"肢体保持不动",漂浮,但不游动。[43] 在地中海北部,交替上手划水是常见的。

与埃及和(或许)亚述游泳者不同,少有希腊人和罗马人愿意将脸埋在水中游泳。安多基德斯陶瓶上游泳的女人始终抬着头,保持头部露出水面。在弗朗索瓦花瓶上,游泳者也以一个尴尬的姿势高抬着头。一块后期浮雕碎片上的小丘比特,似乎也正抬着头躲避海浪。(图32)公元79年10月,庞贝火山喷发,在庞贝被火山灰掩埋的一所房子的壁画上,描绘着利安德游过赫勒斯滂海峡(今达达尼尔海峡),去找他的爱人希罗的情景。利安德使用的显然是向前的爬泳,他伸展的双腿展示了扑腿动作。不过,利安德的颈部拱起,表明他的头部是露出水面的。(图31)庞贝壁画中,利安德的其他形象也显示了他使用类似的泳姿。[44] 奥维德似乎认为,利安德只有在游不动时才会将头沉入水中,而

图31 利安德游过赫勒斯滂海峡与爱人希罗幽会。莫尔卢波附近一座墓室的彩绘拱形壁画,约公元前30年

不是作为游泳动作的一部分:"汹涌的波涛阻止了少年的莽撞举动,涌来的大浪盖过了泳者的脸孔。"[45]

斯塔提乌斯在作品中使用了夸张和渲染的手法,生动地描述了利安德和希罗的故事。描述中,他使用了暗示利安德的脸埋在水中的措辞:"他一只手在身体一侧,准备换手;头发是干的。"[46] 当然,这有些夸张,因为斯塔提乌斯认为夸张能够增加观点的生动性。此外,还有例子表明,罗马人更喜欢保持头发干燥。罗马帝国晚期,当皇后普尔赫里亚和欧多西亚共同掌权时,埃及南部史诗诗人诺努斯用希腊语创作了女祭司塞墨勒与情人宙斯相遇的故事。诺努斯说,宙斯第一次注意到塞墨勒时,她正在阿索普斯河里游泳,清洗献祭给他的公牛留下的血迹(再次强调了血液和水之间的关联)。

> 姑娘洗净身体,与侍女们一同裸身入水。她双手如桨般划动,凭借娴熟的技巧,头部始终高出水面,发丝堪堪没入水下。她胸前破水前行,双足交替蹬水,将水流往后推去。[47]

显然,塞墨勒是脸部露出水面游泳的,不仅在埃及,甚至罗马帝国末期也是如此。

游泳课程和装备

在欧洲,游泳者认为游泳很难掌握且充满危险,因此游泳学

第6章 古希腊和罗马

图 32 游泳的男孩。罗马陶盘浮雕，公元 1 世纪

习需要经过大量、艰苦的训练。而在非洲和美洲，儿童刚会走路就开启了非正式的游泳学习，罗马上流社会的孩子则会在稍微长大些后通过更正式的课程学习游泳。这些课程有时由专业人士（通常是奴隶）教授，有时像非洲的孩子那样，由父母或祖父母教授。据普鲁塔克的记载，罗马政治家老加图（Cato the Elder）曾教他的儿子"经受寒暑锻炼，在台伯河追波逐浪尽情泳渡"。老加图出了名的坚忍，而普鲁塔克在此强调的是，游泳对他来说也是一项充满危险的活动，必须足够坚忍才能成功掌握。苏维托尼乌斯采取的策略略有不同，他描述了奥古斯都皇帝如何"教自己的孙子们读书、游泳和其他方面的本领，大都亲自教"。[48] 苏维托尼乌斯的描述肯定是故意与柏拉图引用的古老谚语保持相似

的，即受过教育的人知道如何阅读和游泳。在游泳课程中，孩子们身上会佩戴大块浮木或绑上空心葫芦，直到他们可以"放开浮木游泳"——这是罗马人对独立行动能力的常见比喻。此外，《塔木德》设想建造一个木制的"游泳桶"来帮助初学者学习游泳。成年人也会将学习游泳的孩子放在柳条编织的木筏上，孩子们用手划木筏，就像今天的孩子趴在泡沫垫上踢水，由教练拖着在泳池中绕行。[49] 浮木和葫芦可能就起源于非洲；这些教学方法也和非洲的相似，甚至可能都是从非洲人那里传承而来的。但罗马人将游泳视为一项精英阶层的活动，这与世界其他地方有所不同——在世界其他地方，孩子们几乎都是在学会走路的同时就学会了游泳。

尽管古希腊和古罗马文明持续将游泳与欧洲及非洲地区联系在一起，并通过水中技巧与东方的帕提亚人进行比较，但古希腊人和罗马社会也开始将游泳与教育和财富联系起来。在欧洲，大多数人都没能学会游泳，而精通游泳的大都是与国际贸易和外交事务频繁打交道的人，即社会地位显赫和经济实力雄厚之人。然而，游泳若成为上层阶级的象征，那么对明显具有平民性质的罗马军队而言，又意味着什么呢？

第 7 章

士兵和潜水员

我们对希腊和罗马游泳的了解，主要来自历史学家对军事远征的记载。从中我们可以发现，士兵对下水是持抵触态度的，且只能进行短距离的游泳。他们视游泳为艰难又危险的活动。公元前4世纪的色诺芬在其著作中讲述了一个士兵涉水过河的故事，他们脱去衣物，以便在必要时能够游泳——尽管最终他们只是涉水。亚历山大大帝的军队中，有些士兵从失事的船只上脱难，游到安全地带，也许是因为他们的船"离陆地很近"。在另一案例中，部分士兵从距离海滩一箭之遥的船上游到岸边。正如阿里安所说，亚历山大的海军上将尼阿库斯（Nearchus）计划（无端地）袭击今巴基斯坦沙漠沿线的村民。他命令手下最擅长游泳的士兵潜入水中，游到能在水中站定的最远处，然后等待其他士兵组成方阵发起进攻，最终，他们成功了。[1]

在意大利，游泳被认为是危险的活动，程度甚于希腊人认为的，而且并非所有人都会游泳。尽管希腊历史学家狄奥多罗斯·西库勒斯记载了公元前387年罗马军队游过台伯河，从而成功从高卢人手中撤退的事迹，但与他同时代的罗马人李维却说，许多士兵因不会游泳而最终"被水流所卷没"。第二次布匿战争期间,当汉尼拔围困保卫那不勒斯的罗马骑兵时,"那些擅长游泳的人"游到附近的渔船上逃脱,而其他人,包括"来自贵族家庭"的年轻人,都被杀了。后世的译文中都说迦太基将军哈斯德鲁巴尔(Hasdrubal)俘虏的一名意大利向导通过游泳逃脱,实际上他只是涉水蹚过了浅滩。[2]

再往西,汉尼拔的军队经常使用漂浮装置渡河,这表明他们中很少有人会游泳。公元前218年,这些士兵在前往意大利的途中,使用充气的兽皮横渡罗讷河(Rhône)。据李维记载,他们把衣服和皮盾放在充气的兽皮上,人坐在上面,划水过河。也就是说,他们像早期亚述人一样,是坐在充气兽皮上"游"过河的。李维还介绍了汉尼拔的大象游过罗讷河的故事。斯特拉博是知道大象会游泳的,但和老普林尼一样,李维并不相信。他更倾向于大象乘木筏渡河的版本。李维同样对汉尼拔军队使用充气兽皮渡过意大利北部游波河的故事表示怀疑。李维认为,他们更有可能是建造了一座桥。但两个世纪后,西班牙士兵仍在使用充气兽皮。恺撒通常依赖于修建桥梁来让部队过河,但据他所说,每当征召这些西班牙军队时,他们总是带着充气兽皮。[3]这样一步步向西,人们对游泳的熟悉程度开始变低。许多希腊士兵略懂游泳,但他们还是会尽量避免;而在意大利,一些骑兵会游泳,而其他士兵不会;在西班牙,士兵们普遍不会游泳,但会随身携带漂浮装置。

特拉西梅诺湖

因此，当我们发现大多数罗马步兵不会游泳时，我们不应该感到意外。著名的例子是第二次布匿战争中的特拉西梅诺湖战役（battle of Lake Trasimene）。公元前217年6月，汉尼拔在意大利北部伏击罗马军队，导致约1万名罗马步兵落入湖中。被困的士兵涉水上岸，直到水位没过他们的肩膀，但随后他们不敢冒险涉入超出他们身高的深度。"无端的恐惧驱使一些人试图通过游泳逃生"，李维认为这是他们的绝望之举，"但在茫茫大海中，他们毫无希望"。很快，"他们精神崩溃，沉入无底深渊"。波里比阿（Polybius，希腊人，也许会游泳）将士兵们不能游泳归咎于重甲，但李维认为是由距离和水深所致。大多数士兵溺亡，或者试图涉水回浅滩，最终被汉尼拔的骑兵杀死。无人生还。[4] 然而，特拉西梅诺湖只有10公里宽，如果士兵们会游泳，他们只需要游几公里，就能到达湖中的任何一个岛屿。这些年轻力壮的士兵至少有一些是担心自己生命安全的，如果他们会游泳，能到达湖中的岛屿吗？他们不能用刀具割断固定铠甲的绳子吗？在毛利人的故事中，希尼莫阿长距离游泳只为和爱人相会；拜伦在波涛汹涌的海中游了5公里，横渡赫勒斯滂海峡，只是出于娱乐；而如今，健康的游泳者通常可以在游泳池里游1.5公里，这与铁人三项游泳赛段奥运会要求的距离相当。

历史逸事证实，罗马军团的士兵普遍不会游泳。在公元前171年的第三次马其顿战争中，罗马军队被迫要在夜间渡河，他们表现出了极度的惊慌失措。阿庇安记载的两个雷必达军团在海中几近覆没，幸存者寥寥无几。在西班牙，逃亡的罗马士兵试图游向接应的船只，但仅部分人成功，其余皆溺亡。恺撒的一名士兵"自己陷在水中行动非常困难，一半靠着泅水一半靠着徒涉，总算从沼泽中安全脱身，在运动的过程中却遗失了自己的盾牌"。在恺撒的回忆录《高卢战记》(*Gallic Wars*)中，河流的深度作为一个军事因素反复出现，显然是因为浅河可以涉水，深河则需要架桥。同样，当恺撒的船只接近英国海岸时，他的部下因为水太深不愿意下船，持军旗的旗手不得不出言鼓励。西塞罗在其致门生特雷巴蒂乌斯（Trebatius）的一封信中揶揄这一事件，笑言贵族出身的特雷巴蒂乌斯可能擅长游泳，但他也并不比恺撒的士兵更愿意跳入英吉利海峡。因此，尽管罗马军事作家韦格蒂乌斯建议"每个新兵夏季时节都应当学会游泳术"，不过他是否真的提出过这一点颇值得怀疑。[5] 即使如此，认为新兵普遍不会游泳且需要接受培训的假设，也暴露了罗马民众的普遍倾向。

罗马辅助军团

罗马历史学家和现代历史学家一样，都倾向于声称北欧辅助军团比罗马步兵团更擅长游泳，此观点显然缺乏确凿证据。[6] 欧洲人的游泳能力从东向西逐渐减弱，并且北欧人的游泳能力甚至可能还不如使用充气兽皮的西班牙人。更有可能的情况是，罗马将军是为了保护他们自己的军团，才选择将辅助军团部署在危险区域，并假称辅助军团成员都是游泳好手。早期北欧人下水的两个例子都没有表明他们具备出色的游泳能力。第一个例子中，逃离罗马进攻的德国人试图"依靠自己的力量"游过莱茵河，但显然没有成功。在第二个例子中，当逃亡的德国人被逼到河岸时，他们首先表现出的是绝望，而非准备游泳。投身入水对他们而言，更像是无奈的自杀行为——他们也的确都被淹死了，被"恐惧、疲乏以及河水的冲激"杀死。[7]这似乎与卡西乌斯·迪奥和塔西佗的说法相悖，他们认为擅长游泳是德国文化的一部分。

相反，声称辅助军团成员是游泳好手的说法，掩盖了罗马将军倾向于让他们而非正规部队去冒险的事实，实际上，这两个群体的游泳能力都不突出。罗马将军阿格里科拉（Agricola）在入侵不列颠时便采取了这样的策略。公元77年，他的任务是占领莫纳岛（Mona，今安格尔西，位于威尔士海岸附近）。当阿格里科拉下令发动突然袭击时，岛上的英国人并没有感到威胁，因为他们认为罗马人正在等待船只抵达。他们的确有理由感到安全，因为几年前罗马军队第一次入侵莫纳时，保利努斯（Paulinus）"鉴于海峡水浅多变，修造了一批平底船把步兵渡了过去"。骑兵骑马涉水，在水深的地方他们便下马，"和马一同泅水过去"。[8]但在这第二次入侵中，塔西佗声称，巴塔维人，即阿格里科拉的辅助军团，通过游过狭窄的梅奈海峡，奇袭了英国人。[9]

我们不难理解，阿格里科拉为何不愿让他训练有素的军团冒险在敌人的火力下游入陌生的水域执行任务。塔西佗和卡西乌斯·迪奥都声称，来自北莱茵河三角洲（今荷兰）的巴塔维人是出了名的游泳好手，他们甚至可以在最汹涌的水域游泳，同时还能妥善保管他们的盔甲、武器和马匹。[10]但事实如何呢？技艺高超的游泳者是否真的可以穿着盔甲携带武器成功游过海峡？波里比阿对此表示怀疑。这个故事有些牵强。

事实上，穿越梅奈海峡几乎无须游泳。这一海峡很浅，而且在潮汐的作用下，最窄时宽度仅约 400 米。在盛夏时节，正适合涉水渡海。塔西佗证实，当时正值仲夏，并且巴塔维人"熟悉当地的渡口"。他们可能是骑马穿过海峡的，就像保利努斯的骑兵早些时候那样。阿格里科拉派出他的辅助军团不是因为他们会游泳，而是因为海峡狭窄、水流湍急，这正是巴塔维人面临的严峻挑战和未知风险。

同样，在论及公元 69 年的巴达维亚起义时，塔西佗声称，尽管"罗马士兵……是害怕游泳的"，但巴达维亚士兵"高大的身材使他们能够把自己的头保持在水面之上"。身高为什么至关重要？因为巴达维亚人采取的方式是涉水，而非游泳：他们身材高大，也就能更好地应对不同深度的浅滩暗礁。公元前 43 年，英国人"准确地知道哪个地方是容易通过的浅滩"，罗马人试图跟随他们，但未能成功。[11] 巴达维亚人和英国人都采取涉水方式，而非游泳。

专业潜水员

这种对辅助军团成员会游泳的误解，部分原因归结为罗马作家的认知——许多地中海地区的贫穷劳动者，无论是自由民还是奴隶，出于生计需要，都要掌握游泳能力。其中不乏渔民等从业者。欧庇安认为渔民理应会游泳，尽管可能并非所有渔民都会——他提到了捕捉刺鱼的潜水员和跳入海中用毒药渔网的渔民。公元 5 世纪的古罗马诗人奥索尼乌斯（Ausonius）也提到渔民潜水取回猎物的情况；还提及军事潜水员穿越斯法克特里亚海湾，为被围困者运送食物，并摧毁封锁锡拉丘兹港口的木桩；他们还潜至目标位置切断敌方船只的锚缆，正如亚历山大围攻提尔城时所为。[12] 罗马史料中曾提及"排尿者"（此名源于从他们口中滴出的油，而非尿液），他们是专门进行浅水区沉船打捞作业的专业潜水员。这些潜水员只在相对较浅的水域工作，工作环境并没有太糟糕。[13]

然而，还是有数以千计不幸的地中海潜水员潜入深海海底，搜寻珍珠贝、用于制作珠宝的红珊瑚、用于染布的骨螺贝壳，以及用作衬垫、沐浴和滤水器的海绵。对于这些潜水员来说，游泳并非愉快之事，且充满危险。尤其是采集海绵的潜水员，经常需要潜入很深的水域，这极易导致他们耳膜破裂。潜水员尝试过各种方式来保护耳朵：他们用海绵包住耳朵和鼻孔，并在海绵上切开小孔便于呼吸，或者往耳朵里倒橄榄油。希腊采集海绵的潜水员有时还会故意刺穿耳膜，以便更快抵达海底，减少等待耳压平衡的时间。这些潜水员面临的经济压力远超水压。[14] 欧庇安说，潜水采集海绵的工作十分悲惨：

> 他们在潜入深处之前会小心地提前做好准备，以获得充足的呼吸……一个人腰间缠着一根长绳，双手各执一物，一只手握着一大块铅，右手拿着一个尖头的喙状物，嘴里还衔着发光的油。他站在船头，望着海浪，心中反复想着自己艰巨的任务和无尽的海水。其他人则用勇敢的话语鼓励他，催

促他开始工作……当他跳入深水时，沉重的灰色铅块使他下沉。当他到达海底时……他看到海绵附着在岩石上；它们生长在海底平坦的礁石上……他迅速冲过去切割海绵体，然后一刻也不耽搁，立即晃动绳子，示意其他人赶紧把他拉上去……于是他很快就被拉上水面上。看到他从海里挣脱出来，你既感到高兴又感到怜悯，因为他的四肢因恐惧和巨大的努力而变得虚弱无力。[15]

潜水采集的工作危险，且报酬微薄，主要由被奴役的劳动者从事。他们勇敢且熟悉水性，但目前还不清楚他们的游泳能力如何。与巴林的珍珠潜水员一样，海绵潜水员借助重物快速到达海底，采集海绵后，再由绳子拉回。但是，即便地中海地区的潜水员具备出色的游泳技巧，潜水依旧是一个边缘职业，并不能说明欧洲普通民众在水中会感到舒适。这一点已经从医学、军事和其他例子中得到证明。

西南亚：罗马人和帕提亚人

尽管希罗多德在其著作中明确区分了希腊人和波斯人在游泳方面的文化差异，但我们已经看到，真正的希腊人可能并不擅长游泳，而且，至少有一些真正的波斯人是会游泳的。比如，在亚历山大大帝围攻提尔期间，提尔的船员"跳进水里，没有多大困难就游进港内"。[16] 此外，游泳作为一种技能在古代并非无人知晓。《圣经》中也记载了为犹太独立而战的马加比人"跳进约旦河,游到对岸"。两个世纪后,当塔尔苏斯的保罗遭遇海难时,至少他的一些东地中海船友懂得如何游泳。在罗马政府将保罗送往罗马接受审判的途中,他的船在暴风雨中失事。起初,"那时士兵主张要把囚犯杀掉,免得有人泅水逃走":这是罗马人解决问题的惯常做法。但是,"百夫长却愿救保罗,便阻止他们任意行事,遂命令会泅水的先跳入水中,先行登陆,至于其余的人,有的用木板,有的凭船上的零碎东西:这样众人都登了陆,得了救"。[17]这表明,并非所有人都会游泳,但有些人是可以的。犹太历史学家约瑟夫也声称,罗马统治下的犹太希律王,即审判耶稣的国王,淹死了一名在他游泳池里游泳的年轻人:

> 住棚节上,在举行圣礼时,年仅十七岁的亚里斯多布看起来既高大又俊美。这使他在敬拜者中得到的巨大声望明显超过了希律。过了一段时间,亚历山德拉在耶利哥招待他们。由于天气炎热,希律、亚里斯多布和他们的朋友都来到游泳池边,众人催促大祭司亚里斯多布也下水游泳。天色渐暗,希律的一些朋友领命,开始推亚里斯多布到水底,就像做游戏一样,直至他溺死水中。[18]

即便这个故事属实,也不能直接推断存在积极的游泳行为。但在希腊语中,游泳(νέοντας)一词的使用,以及跳水池(κολυμβήθραις)概念的存在,均已表明游泳某种程度上达到了普及。尽管如此,故事仍以溺水告终,这说明水依旧被认为具有危险性。必须强调的是,耶稣一如几个世纪前的佛陀,是在水面上行走的,而非游泳。[19] 在约瑟夫的另一部著作中,他再次将游泳与溺水联系起来,描述的是犹太叛军与罗马人在以色列北部加利利海的战斗:

> 在小船上的犹太人无法抵挡木筏上全副武装的罗马人,只能从远处向他们扔石头,叮叮当当地打在他们的盔甲上。罗马人登上了他们的小船,或者在木筏上用箭或长矛杀死了他们。如果有人挨近了木筏的一侧,他们的手或头就被砍下来了。幸存者被赶到了岸上,在那里被排列在岸边的罗马人杀死了,所以没有一个人逃脱。湖水被鲜血染成了红色,岸边遍布着残缺不全的肿胀的尸体……[20]

我们无从知晓约瑟夫记述历史事件的可信性,但游泳在这段记述里再次被描述为一种绝望之举,只会导致死亡。即使一些东地中海人会游泳,他们对水也并不信任。这一点在文献和考古发现中都有所体现,例如代表着对水的古老恐惧的古代女神阿塔加蒂斯(Atargatis)的形象,再次出现在塞琉古时期的硬币上。直到公元2世纪犹太人被驱逐后,罗马公共浴场才在东地中海沿岸普及,相较于欧洲,此处要晚得多。导致这一现象的原因之一,似乎是公众对于在公共场合裸露身体的抵触,这种情绪可能也是人们不游泳的潜在原因。[21]

对水和游泳的怀疑也主导了更东边的帕提亚人的文献记载。帕提亚人作为第三波不会游泳的入侵者,公元前1世纪从中亚地区席卷而来,定居在现今的伊拉克和伊朗地区。作为波斯文明的继承者，帕提亚的新统治者很快就采纳了古波斯宗教琐罗亚斯德教，也继承了他们对水的尊崇。帕提亚人和波斯人持有相同的信念，也认为在流动的水域中游泳和沐浴会污染水源。《阿尔达·维拉夫之书》(*Book of Arda Viraf*) 中明确提出了有关不要下水的警示。帕提亚人也普遍认为河流很危险，他们对河流的流速和力量感很是警惕。他们认为，只有心灵纯洁的人才能安全渡河。巴列维文献中的诗篇赞颂了琐罗亚斯德创造的"桥梁奇迹"。这不仅是一个关于"通往天堂之路"的寓言，也反映了人们对水的深层恐惧。[22] 尽管在罗马和帕提亚统治下的西南亚地区，部分居民已经熟练掌握游泳技能，但大多数人仍不具备，对水的恐惧依旧普遍存在。

恐惧蔓延至北非

在青铜时代末期和铁器时代早期，古埃及人和迦太基人都展现出了高超的游泳能力，而且，他们对游泳的热忱也影响了北部和东部的邻邦。随着北非在公元前1世纪末被罗马帝国征服，该地区的游泳文化形势发生了根本性的转变，罗马帝国似乎将其对水的恐惧从地中海地区扩散到了北非。尽管如此，在整个罗马帝国统治期间，北非地区的居民仍在游泳，这一点从罗马治下的埃及奴隶女孩和与海豚一起游泳的少年的记载，以及斯特拉博和老普林尼提到的埃及南部的坦蒂拉人在尼罗河抓捕鳄鱼的相关记述中得到证实。[23] 然而，随着时间推移，北方对水的恐惧还是逐渐在非洲地区蔓延开来。

造成这种情况的原因之一，在于向南迁徙至非洲的北方移民也将恐惧带了过去。亚历山大大帝在埃及建成亚历山大城时，许多犹太家庭就移居前往；该城约三分之一的人口都是犹太人。这些新迁入者对游泳的疑虑似乎与当地人的观念混杂在一起。犹太哲学家斐洛在罗马人征服埃及后不久开始其著述生涯，他有时表示游泳是人的天性，而在其他段落中，又将游泳描述为异类的行为。一方面他指出人可以在土地、水、空气和天空这四个元素中自在生活，认为人类在陆地上生活，所以他们是陆地动物；又因频繁潜水、游泳和航行，所以他们也是水生动物。[24]这一观点似乎与埃及人的想法相吻合。另一方面，斐洛也认为游泳对于人类来说并非天性。他说，上帝赐鱼以水，赐飞鸟以空气，赐人类以土地；不同物种应各居其位，各地域也应该有适宜其生存的生物。斐洛的这一观点似乎受到了《创世记》的启发：

> 上帝说："水中要多多滋生有生命的生物，要有雀鸟飞翔在地面以上，天空之中。"于是上帝创造了大海里的生物和各种能动的生物，水多了，各从其类；各样飞鸟，各从其类。

这其实也是非游泳者的普遍想法。[25]

这一观点对斐洛的思想产生了决定性的影响。斐洛通过反复的比喻阐述了水的危险性，以及游泳之无用。在茫茫大海中游泳时，人们会被浪涛裹挟，沉入水底。巨浪的席卷让他们无法游泳，无法将头露出水面，甚至无法正常呼吸。[26]这是西亚人的想法，并向南传播到罗马时期的埃及。

从意大利向南迁移到北非迦太基的罗马移民可能带来了他们有关游泳的新认知。迦太基（位于今突尼斯）郊区的一座罗马别墅，地板上镶嵌着一幅巨大的马赛克画，展示了人们对游泳的态度变化。这幅马赛克画是别墅内冷水浴池（游泳池）的池底，因此其描绘的场景是有代表性的。（图33）然而，这一场景呈现出人们对游泳态度的奇怪混合，既有积极元素又包含消极元素。画面上有八个丘比特，其中四个安全地坐在渔船上拉网，一个站在

图33 丘比特在比泽尔湖中捕鱼、游泳和潜水。突尼斯西迪阿卜杜拉一座别墅浴室的罗马马赛克地板，公元400—450年

岸上，另一个似乎正准备跳水入海（若此为真实，这将是古代唯一一个背向跳水的证据）。表面上一切都看似和谐。然而，其中一个丘比特正在被一条大鱼吞噬——就像以色列胡科克古城犹太教堂遗址的马赛克画上的情景（图41）——这又作何解释？而且在他们周围的海洋中，充斥着巨大的、具有潜在危险的生物。或许，这是罗马人带到北非和埃及的对游泳恐惧的具象化表现。

到了近古代，欧洲游泳者将头高抬出水面的习惯似乎已传到北非地区。在冷水浴场的马赛克图案上，一个丘比特正在游泳，他将头伸出水面，就像早期意大利的丘比特一样。（图32）同样，在埃及南部写作的古希腊诗人诺努斯，也描绘了塞墨勒在游泳时保持脸部不沾水的场景。继欧洲和西南亚地区从非洲汲取文化元素并学习游泳一千年后，欧洲和西南亚的殖民者似乎也将自己不游泳的文化传统带到了非洲大陆。

在铁器时代，欧亚大陆北部地区普遍存在着一种社会心理：人们对游泳既抱有向往之心，又充满畏惧。游泳并不像跑步或跳跃那样，是人人都能学会的具有娱乐性质的自然活动，而是一种必须通过正式教授才能掌握的、具有一定难度的技能，甚至需要奖励机制来鼓励人们尝试。对这一时期这些地区的人而言，游泳无比之难，以至于需要人工漂浮装置的辅助。因为需要教授和装备，游泳也逐渐成为社会上层阶级的象征。荷马认为奥德修斯会游泳是因为他具有超凡的智慧；柏拉图多次将受教育程度低的人

群描述为"不识字，不会游泳"，而苏维托尼乌斯也将阅读与游泳相提并论。罗马士兵通常不会游泳，普通民众可能更少下水；而罗马帝国以外的北欧地区，游泳可能根本就不为人所知。在铁器时代早期，北方人开始模仿非洲和东南亚的游泳方式，但到了近古代，北方殖民者转而将他们对水的恐惧带到了非洲。

第二部分

忘记游泳

图34 宋人在开封金明池龙舟竞标。《金明池争标图》(局部),张择端(960—1127年),绢本工笔设色

第 8 章

中世纪的亚洲

与传统的观点相悖,古代历史上显赫的北方帝国——中国(汉朝,公元前206—公元220年)、西罗马帝国(公元前27—公元476年)、波斯萨珊帝国(公元224—651年)——并未采取任何行动阻止本国子民游泳。而在中世纪的鼎盛时期,非洲、欧洲和亚洲的居民也持续在游泳。对中世纪的人而言,游泳是一种展示财富和权势的方式,更与辉煌的帝国历史紧密相连。

这并非意指每个人都可以成为游泳好手。欧亚大陆北部的游泳者往往表现出犹豫和笨拙。很多人从未学过游泳。即便如此,中世纪的人也将游泳视为一种文化象征。早在一千年前,希罗多德便以游泳能力为准绳,将希腊人与他们的波斯敌人区分开来。在中世纪,游泳成为划定文化边界的标志,划分了南北,界定了东西,明确了自由人与奴隶的界限,并让文明与野蛮泾渭分明。即使不经常游泳,人们也可以通过观看游泳比赛和表演来表达自己对游泳的认同,这也使得游泳成为一项具有观赏性的运动。

中世纪的中国

中世纪时，中国与中亚地区的关系日益紧张，并经常与中亚王朝发生冲突，中国人开始在文化定义上将自己与外来者，即突厥人和蒙古人——对立起来。在 10 世纪的宋朝初期，游泳成为更加重要的存在，至少在理论上如此。宋朝的将士在对抗辽国南下的过程中取得了成功，赵匡胤黄袍加身，宋朝建立。作为巩固宋朝皇权统治的一种方式，历史学家薛居正回顾（或虚构）了唐朝时游泳运动的历史。这种共同的游泳文化将唐、宋两个王朝联系在一起。在薛居正的记述中，唐朝将军马万派遣他的两个兄弟——都是游泳好手——秘密穿越开阔的水域，传递军情，成功击破了梁军的围攻。这段记载可能意在提醒国民，宋朝和唐朝一样，是汉人的朝代。[1]

在另一则发生在同一世纪的中国逸事中，历史学家司马光讲述了一个类似的故事，有关宋初的将军张永德。张永德指挥其部下在夜色的掩护下游到敌船近侧，用一条粗铁链把敌舰拴在一起。次日，张永德的船队发起进攻，敌船因铁链固定，在原地无法动弹，最终张永德赢得了胜利。[2] 在古代，中国北方的历史学家对南方的游泳行为持有轻视态度，但当时的中国人发现，游泳作为一种文化要素，能促进南北方的团结和统一，也与更北方的中亚非游泳者形成鲜明对比。

这并不意味着中国北方人已经开始学习游泳，他们中的大多数可能依然对入水持保留态度。为了进行专业的打捞潜水，唐朝从柬埔寨买进了会游泳的"昆仑奴"。[3] 富裕阶层的中国北方男性每隔五天才洗一次澡,而他们更倾向于早晨起床后用水盆洗手洗脸。在某种情况下,只有异类和圣人会长时间不洗澡。中国北方居民通常出于医疗目的下水游泳,比如利用温泉来缓解关节不适。[4]实际上,没有人会单纯出于娱乐目的而游泳。相较于自己下水,中国北方居民更热衷于聘请专业的表演者为他们表演。

自11世纪起,宋朝皇帝定期在金明池举行游泳比赛——金明池是位于开封郊外皇家园林中的一个大型人工池。据宋朝的孟元老记述,宋朝官员会将银杯和其他奖品扔进水池,参赛者会争先恐后地去抢夺。在一幅描绘此类比赛的宋代绘画作品中,可见画面中央的桥旁聚集了众多游泳者。(图34)宋朝皇帝最初可能是出于军事等原因鼓励游泳比赛,但这些比赛后来逐渐变为广受欢迎的观赏性运动。包括皇后和皇帝在内,人们都喜欢观看游泳者间的激烈竞争。[5]

这类游泳比赛后来演变成一种更受欢迎的游戏,被称作"追鸭子"或"抢鸭子"。在每年的端午节期间,龙舟比赛结束后,官员们会将几十只鸭子扔入河里,游泳者就在岸上观众的喝彩声中争相捕捉——这个活动直到今天依然保留在一些地方;捕获鸭子被视为能带来好运。[6]当然,大多数人并不会下水游泳,他们多作为观众。

基于此,专业游泳表演活动也在宋代蓬勃发展。宋朝娱乐产业发达,表演者很乐意满足公众观赏游泳的愿望。杂技演员开始展示"水秋千"技艺,即从设置在船头的秋千上进行跳水表演。两艘装有秋千的船只停在湖面,跳水者站在荡起来的秋千上,待秋千荡至最高点时跃入水中。荡起的秋千让他们有时间做空中转体或翻腾的动作，然后入水：

> 又有两画船，上立秋千，船尾百戏人上竿，左右军院虞侯、监教鼓笛相和，又一人上蹴秋千，将平架，筋斗掷身入水，谓之水秋千。[7]

危险和刺激并存于跳水运动之中，这不仅在于跳水动作本身，还在于可能会因误判起跳时机而落在甲板或岸上，而非水中。观看这类活动的观众并不一定会游泳，然而他们倾向于将自己想象成优秀、自信的游泳者。

伊斯兰帝国

游泳作为一项观赏性运动，在西南亚地区也广受欢迎，那里同样有许多不会游泳的人，都渴望成为游泳表演者，并且具备足够的财富来支持奢华的水上表演。早在罗马帝国后期，叙利亚地区的戏剧表演就以"水上色情表演"为特色。至4世纪末，安提俄克（Antioch，古叙利亚首都，现土耳其南部城市）的基督徒甚至暂时放弃了宗教的祈祷活动，跑到剧院看女子的人鱼秀。[8] 观赏性游泳的风潮一直延续到伊斯兰帝国时期。10世纪时，底格里斯河曾举办游泳比赛，有一则讽刺阿拔斯王朝哈里发穆斯塔克菲（Al-Mustakfi）的故事，说穆斯塔克菲"极力鼓励摔跤和游泳，因此巴格达的年轻人放弃了学习，专注于这两项运动。如果游泳选手游泳时手拿一个火锅，他会游到里面的肉煮熟为止"。[9]

图 38 亚历山大大帝窥视女性游泳。穆罕默德·穆萨·阿尔·穆达赫比的手稿,伊朗,1517—1518 年

图 39 阿兹特克游泳者（正游向或穿越冥界）。墨西哥特奥蒂瓦坎的壁画《特拉洛克的乐园》，约 450 年

图 40 克里希纳偷走牧女的衣服，将她们困在水中。印度北部伊萨尔达版《薄伽梵往世书》手稿插画，1560—1565 年

图 41　一条正吞下埃及士兵的大鱼。以色列胡科克的罗马马赛克地板画,这幅画描绘的是红海分开的场景,约 500 年

图 42　约拿与鲸鱼。以色列胡科克的罗马马赛克地板画,约 500 年

图43 挪亚方舟与溺水者。维也纳《创世记》中的插图，叙利亚，500—550年

图44 佛陀在风暴中救助一名遇难的渔民。西藏托林寺壁画，约1000年

图 45　男孩们爬上悬崖跳入水中。意大利塔尔奎尼亚伊特鲁里亚狩猎与捕鱼之墓的壁画，约公元前 525 年

图46 侍从落水,岸上的人呼号求救。塔拉·拉尔和阿玛尔·桑瓦拉为印度史诗《阿克巴纳玛》绘制的插图,1590—1595 年

图 47　索尼利用陶罐浮在水上前去寻找情人玛希瓦尔。印度，1770—1785 年

图 48　佛陀为了迎娶果巴，在游泳比赛中获胜。西藏托林寺壁画，1436—1449 年

图 49　男女在温泉中共浴。《一遍上人绘卷》第七卷（1299 年），绢本设色

图 50　倭寇游向中国船只，欲将其击沉。《倭寇图卷》（局部），仇英，16 世纪，绢本设色

在推广摔跤和游泳方面，穆斯塔克菲可能是为了支持早期伊斯兰教圣训（辑录先知穆罕默德言行的教典），将游泳纳入父亲应传授给儿子的事情清单。早期伊斯兰教的三种不同圣训将古波斯人对射箭和骑马的重视与罗马元老加图关于父母应该教孩子游泳的想法相结合。[10] 媒介可能是晚期拉比思想的汇编《塔木德》，其中建议除了需要教会子女《托拉》和一门手艺或贸易，"有些人说"还应该教他们游泳。[11] 将游泳和阅读《托拉》联系在一起，可能反映了他们对那句"没有受过教育的人既不会读书，也不会游泳"谚语的了解。他们，以及中世纪伊斯兰圣训的作者，可能意在与中亚土耳其和俄国的非游泳者形成鲜明对比。相较于犹太教，伊斯兰教可能更热衷于游泳：尽管犹太人仍然不被允许食用通过潜水获得的贝类，但《古兰经》允许穆斯林食用贝类。然而，中世纪时地中海东部地区的大多数穆斯林并不食用贝类。[12]

事实上，中世纪伊斯兰帝国的居民普遍不会游泳。《塔木德》中从未提及有人会在海滨嬉戏或游泳取乐，人们主要关注水的洁净程度，以及将自己浸入水中之后净化自己的程度，尤其是在发生性行为后。[13]《塔木德》中明确禁止在安息日游泳，拉比们的检验方法是让阿巴胡（Abbahu）站在院子里的水缸中，若他抬起脚时有水溅出，则违反禁令。[14] 古代有关宗教纯洁性和用水的担忧再次出现在《塔木德》中，沐浴可以洗去仪式上的不洁，但哀悼者被禁止洗澡，可能是出于他们会污染水的担心。[15] 就像在古代一样，游泳往往与不端行为联系在一起：6世纪的《查士丁尼法典》强烈谴责在公共浴场发生的性行为；在近古代，地中海东部沿岸地区的许多罗马浴室建筑已经不再设置冷水浴池。《塔木德》还注重沐浴时的礼仪规范，男性在被他人看见时要用手遮掩身体。[16] 约翰·莫斯库斯（John Moscus）讲了一个6世纪时发生在埃及亚历山大的故事，一个春心荡漾的修女（被恶魔附身）会进入浴室引诱正在沐浴的平民信徒或神职人员。[17] 大约在同一时间，来自拜占庭的斯蒂芬那斯（Stephanus Byzantinus）也讲述了一个关于生活在黑海附近的魔术师的传说，他们可以通过气息杀人，而且他们"被丢入海里也不会沉没"。[18]

7世纪，萌芽于阿拉伯沙漠地区的伊斯兰教也不是游泳者的宗教。《古兰经》中关于水的故事主要涉及溺水事件，而非游泳活动，如法老在穿越红海时溺水，努赫（或挪亚）的兄弟在方舟上自救时溺亡。与《圣经》和《阿维斯塔经》一样，《古兰经》也将水视为危险的象征。到了9世纪，学者亚库比（al-Ya'qūbi）的著作《历史》描述了人们在过河或从船上落水时的溺亡事件，没有提及游泳。[19] 历史学家巴拉杜里（al-Baladhuri）作品中的人穿越底格里斯河时，或在浅滩涉水，或骑马过河，终归无人游泳。[20] 11世纪的医学作家安萨里（al-Ghazali）警告不擅长游泳者务必远离海岸，潜水好手则不在此列，还强调不会游泳的人应避免靠近湿滑的河岸。[21] 菲尔多西在11世纪所著的伊朗史诗《列王纪》中也强调："无论一个人多么伟大，如果他不会游泳，他都不能……在海上生存。"菲尔多西删除了鲁达巴和扎尔的故事中有关游泳的内容，突出了水的危险性。游泳是为了生存，而非社交。

在西南亚，人们选择下水，往往是出于医疗目的。《塔木德》中提到，沐浴可以治疗发烧，但拉比们也担心这种活动带来的风险。[22]11世纪的伊斯兰医学作家伊本·西纳（Ibn Sina）建议，在炎热天气旅行时，人们可以进入冷水中游泳，但应缓慢走入水中。他提出用沐浴来治疗发烧、水肿（肿胀）、皮肤干燥、流产、哮喘和感染性疮口，同时也担心沐浴可能会造成伤害——损伤神经，抑或让人发胖（特别是吃完饭后立刻沐浴）。伊本·西纳推荐的健康运动包括摔跤、拳击、跑步、快走、射箭、舞蹈、击剑和骑马，游泳不在其列。[23]尽管阿拔斯王朝的哈里发鼓励游泳，但社会上存在一股强大的反对力量。

反对的原因之一，可能与中世纪的伊斯兰帝国东非奴隶与游泳之间的历史联系有关，据史料，当时有成千上万的东非奴隶知道如何游泳。在中世纪，许多东非居民被迫登上奴隶船，穿越印度洋，沿着波斯湾抵达巴士拉港。他们在那里开垦沼泽，以用于耕种，这是一份繁重的工作。当这些饱受苦难、心怀愤怒的非洲人在9世纪末发动大规模起义时，他们利用自己的游泳技能进行游击战，潜入自己挖掘的运河，伏击前来镇压的军队。[24]随着斯拉夫人皈依基督教，以及欧洲统治者放弃对他们的奴役，从11世纪起，伊斯兰帝国开始奴役更多的非洲人。[25]在这一背景下，成千上万被奴役的游泳者可能阻碍了中世纪西南亚人游泳活动的发展。

但是至少有一些穆斯林，可能主要来自上层阶级，遵循圣训，并教导家中男孩游泳。在伊斯兰中世纪的历史中，最著名的游泳者是阿卜杜勒-拉赫曼（'Abd al-Rahman），750年，阿拔斯王朝推翻倭马亚王朝时，他是家族中唯一逃脱屠杀的成员。20岁的他游过幼发拉底河逃到了安全地带，而他的哥哥因为在岸上犹豫不决，最终被杀。(五年后，阿卜杜勒－拉赫曼穿越北非来到西班牙，在那里建立了科尔多瓦哈里发国——又称后倭马亚王朝，他的后代统治了几个世纪。) 阿卜杜勒－拉赫曼和他的兄弟都擅长游泳，当他们到达河岸时，追捕者也脱下了衣服，准备跳入水中。[26]

阿拔斯王朝的哈里发们在新王朝建立伊始，便致力于建造豪华的游泳池，其奢华程度可与同期中国统治者的游泳设施相媲美。在宫殿花园中，除了设有供哈里发个人使用的室外游泳池外，还特别设置了专供女性使用的室内游泳池。

> 今萨马拉以北的哈里发宫殿遗址，迄今只经过了初步的挖掘……宫殿及其庭院矗立在河岸一个突出的高台上，这个高台当年可能是一组花园。往里走，人们需要穿过一扇巨大的门，进入一个巨大又华丽的花园庭院，中央水池的水来自一条从北向西南延伸的河。花园的尽头有一个巨大的方形石窟，两侧有地下隧道。每面墙上都有三个特别建造的壁龛，是特地在墙面上挖出来的空间，壁龛上装饰着丰富的花朵和动物图案。这是哈里发的私人游泳池，可能在白天使用，而另一个位于西北方向的游泳池似乎是分配给皇家女眷的，在夜晚使用。因为整个建筑必须有屋顶，这是保证这个围墙式花园宏伟程度的前提。[27]

与中国宋朝一样，阿拔斯王朝的泳池也可能被用作游泳表演的场所，哈里发本人无须下水，就能感受到游泳的乐趣。

中世纪的西南亚文学作品中,作者喜欢将游泳作为隐喻,来表达对游泳的认同,而无须真的下水。10世纪的苏菲派诗歌借助爱的语言和游泳的比喻来表达对上帝的忠诚:"我从未停止在爱的海洋中游泳,随波浪沉浮。波浪时而托举我,时而将我吞没,最后,爱把我带走,直到再也看不见海岸。"[28] 像奥维德一样,这些中世纪诗人反复将游泳与性欲、罪恶和知识联系在一起:"少有人在理解之海畅游。"《一千零一夜》(*Alf Layla wa Layla*)中收录了一些民间故事,其中不乏与游泳相关的内容。其中一则故事讲述了贫穷的渔夫脱下衣服,潜入水中解开缠绕的渔网——这一行为与青铜时代埃及渔民如出一辙。在另一则故事中,一个渔夫和人鱼成为朋友,却因彼此之间差异太大而无法相处。这与西非地区和夏威夷的传说故事异曲同工。[29] 菲尔多西创作的《列王纪》中,鲁达巴和扎尔之子鲁斯塔姆的故事展现了游泳的英勇:

> 当鲁斯塔姆刚一陷身于波涛,他立即抽出自己腰间的战刀。一群鲨鱼见他逼人气概,一个个都调转头去远远游开。他用左手和双腿划水游动,右手准备应付意外的进攻。鲁斯塔姆在波涛中奋力搏击,英雄好汉决不会束手待毙。如若一个人斗志昂扬誓死拼搏,命运对他也无可奈何。……英雄海中漂游,终于看到了海岸,他用力前去,上到了岸边。[30]

鲁斯塔姆与奥德修斯不同,他在没有借助魔法头巾等道具的情况下,就完成了海难中的自救。这名虚构的英雄所具备的游泳技术极为高超,可以一边游泳一边击退怪物——他所游弋的水域像亚述人时代的一样,满是海怪。

中世纪的中亚

尽管西南亚地区游泳活动较为普遍,但在更北方的俄国和亚美尼亚,仍很少人会游泳。《列王纪》中鲁斯塔姆游泳的场景与中世纪中亚史诗中游泳的缺失形成了鲜明对比,一如8世纪时哈萨克族英雄史诗《阿勒帕米斯》(*Alpamysh*)中无人游泳,甚至无人在溪流中沐浴。中世纪的中亚人可能已不再像石器时代那样频繁游泳。在史诗中,中亚人摔跤、赛马、射箭,有时也会钓鱼,但从不游泳。同样,亚美尼亚博学者,西拉克的阿纳奈斯(Ananias of Shirak),在7世纪所著的《地理》(*Geography*)一书中也全然未提及游泳。[31]

12世纪《伊戈尔远征记》(*Tale of Igor's Campaign*)的一些译本中,曾出现"游泳"一词(或俄语поплыл),通常被用来暗示中亚人喜欢游泳。然而,这里的译本实际是对原文中一个缺失词语的错误解读。在这首诗中,伊戈尔王子正在渡河逃亡,原文中并未明确指出其过河方式。"涉水"(wade)或"浅滩徒步"(ford)会比"游泳"(swim)更合理。[32]出于英勇程度的考虑,俄语版的《伊戈尔远征记》可能会选择"游泳"一词。[33]

根据1113年的《俄国编年史》(*Russian Chronicle*),10世纪时,一名少年裸身游过了第聂伯河,成功逃离被围困的基辅。[34]然而,在中亚诗人的笔下,入水的角色结局往往是悲惨的。如佩切涅格人(Pechenegs)在过河逃亡时遭遇溺亡;两兄弟尝试渡河，一人成功，另一人不幸溺水身亡；在基督徒城镇遭遇掠夺和纵火时，逃亡者淹死在河里；当一场风暴摧毁了人们乘坐的船只时，"男人、女人和他们的孩子都在深水中丧生，随波逐流，海浪将他们分离，无一生还"。[35] 中世纪的俄国编年史家对水的恐惧和不信任，接续了他们的祖先自冰期结束以来的传统。和宋朝人一样，中世纪的西南亚人游泳技术总体上虽不熟练，对游泳也并不热衷，但他们自认为比俄国人和土耳其人更擅长此道。他们作为观众时了解的高超游泳技巧，成为他们强调自己的文明和贬低中亚敌人的底气。

在中亚地区，即便是沐浴都不受欢迎。和斯基泰人一样，中世纪的斯拉夫人更喜欢蒸桑拿，而非沐浴。

> ……那里有木头搭成的浴室，人们洗澡前先把室内的石块烧红，然后脱衣，赤身裸体走进浴室，用明矾水浇身，拿嫩树枝拍打自己，一直拍打到精疲力竭，勉强能爬动，然后用冷水往身上淋，才能恢复元气。他们每天都这样洗澡。别人不折磨他们，他们自己折磨自己，对他们来讲，这是洁身之道，并不是痛苦之事。[36]

讲述者是虚构人物安德鲁，一个来自拜占庭帝国的基督教传教士，他的惊恐反应体现了两个群体之间的文化差异。尽管蒸桑拿的过程在外人看来像是一种苦行，但这是构成斯拉夫文化的基础。斯拉夫人为尊贵的客人提供桑拿浴，并尽可能建造精致的石头浴室，但他们避免日常沐浴。

在中世纪晚期，这种现象依旧存在。成书于1240年的《元朝秘史》(Secret History of the Mongols)记载，蒙古人并不会游泳。14世纪中期，伊本·白图泰在俄罗斯南部地区旅行时，确实提到土耳其人喜欢在皮亚季戈尔斯克的温泉里浸泡，但桑拿浴仍然很受欢迎。[37]《科尔库特之书》(Book of Dede Korkut)最晚于1400年写成，书中也没有提到游泳。中亚地区与古代波斯相似，居民普遍擅长骑马、射箭、摔跤，但无人游泳。中亚人倾向于把他们中国和西南亚的对手看作软弱、罪恶、放荡的游泳者，而自视为强壮、正统、骑马的非游泳者。

相对而言，西欧人倾向于认为自己比他们的斯拉夫敌人更洁净、老练。一如传教士安德鲁对斯拉夫桑拿的震惊反应。8世纪时，奥地利僧侣斯特姆（Sturm）前往德国南部的美因茨途中，表达了对遇到"一大群斯拉夫人在河里洗涤身体"的不适。他说，斯拉夫人赤身裸体，身上散发着难闻的气味。[38]斯特姆的故事中，尽管这些斯拉夫人正在洗澡，但他仍然认为他们是散发着恶臭的异族，是西欧人的天敌。安德鲁和斯特姆对斯拉夫人和西欧人文化差异的划分，为双方正在进行的冲突提供了合理化的解释。东欧和西欧之间模糊的边界——至今仍有争议——为双方提供了一个轻松获利的契机，即便于俘虏对方民众作为战俘，并通过威尼斯的奴隶贸易中心将他们卖为奴隶。现代英语单词"slave"和阿拉伯语单词"al-sakāliba"都源于中世纪对斯拉夫人的奴役。[39]斯拉夫人同样是奴隶贸易的积极参与者。[40]强调文化差异，包括游泳能力和对水的文化态度的差异，无疑有助于为这种残酷的奴隶贸易辩白。

在中世纪的全盛时期，随着观赏性比赛、竞技和表演的日益增多，即使是不会游泳的人也有可能自诩为游泳者，或至少自认为对游泳有所了解。与此同时，立场选择变得越来越重要，因为某些地区的人开始利用是否会游泳来区分自由人和注定被奴役者。

然而，这种划分标准并非固定不变的，而是随着获取奴隶的地理位置而变动。对于主要在非洲和西欧购买奴隶的斯拉夫人来说，游泳被视为野蛮的标志，是被奴役者的象征。对西欧人来说，他们俘虏斯拉夫人、北欧人等作为奴隶，若他们会游泳，则表明生而自由；反之则代表了无知和野蛮，是注定要流入奴隶市场的。

第 9 章

中世纪的欧洲

在中世纪的西欧，基督徒普遍认为，沐浴和游泳是一种文明的象征，是跻身于受过教育的贵族精英阶层的途径，至少是成为不受奴役的文明群体的标志。这一观点得到了众多受人尊敬的基督教主教的支持：2世纪的特土良、3世纪初亚历山大的克莱门特、4世纪的帕拉迪乌斯、5世纪的奥古斯丁和7世纪塞维利亚的伊西多尔，都明确表达了对沐浴的赞成态度（如果不游泳的话）。9世纪的修道院院长拉努斯·毛鲁斯还建议将游泳与骑马并列为重要的身体锻炼方式。尽管斯拉夫人更倾向于蒸桑拿而非沐浴，但西欧人依然将沐浴视为健康、清洁的象征，并认为这是适当平衡社交生活的因素。[1]在中世纪西欧的虚构作品中，游泳和沐浴都被赋予极高的热情。像贝奥武夫（Beowulf）这样虚构出来的英雄都被写成了出色的游泳者：

> 原来这就是跟勃雷卡比试的"蜂狼"——
> 跳进无边的大海，
> 为了面子而搏击怒涛；

潜入深深的湍流，

为了吹牛而拿性命开玩笑！

犟牛脾气，无论敌友

一律劝不动你们，放弃危险的旅程：

伸开双臂，划破洪波，

游行水乡，丈量海街；

不顾严冬湖水，

涌起滔天巨浪。[2]

在冰岛的科马克传奇故事中，有一场与10世纪类似的游泳比赛："有一天，海边传来游泳比赛的消息。施泰纳向贝尔西提出挑战：'你愿意和我一决高下吗？'贝尔西答道：'我已不再游泳，但我愿意再次尝试。'贝尔西的游泳方式就是迎着海浪，全力向前。"[3]在一则有关11世纪第一次十字军东征的故事中，英雄骑士坦克雷德和他的部队成功渡过一条河，从而在对土耳其人的战斗中取得胜利。西欧人笔下的十字军战士被描绘为英勇的游泳者，而野蛮的西哥特人多被描述为试图游过多瑙河时被淹死的角色。[4]

当谈及真正的游泳活动时，欧洲人就没那么有热情了。据6世纪的编年史家格雷戈里记载，人们完全不会为了娱乐而游泳，但在紧急情况下是会的。例如，鲁戴斯特的船只在卢瓦尔河上沉没后，他成功地游到岸边并爬上了岸。在阿维尼翁，船只沉没后，一些乘客也游到岸边，但也有人不得不紧紧抓住断裂的木板，很多没能抓住木板的人则溺亡在河中。还有一些类似的情况，如一个富有的年轻人和他的奴隶仆人必须渡河逃跑时，他们需要一个木制的盾牌作为救生板，这与几个世纪前恺撒军队的做法相似。[5] 与老普林尼关于"邪恶的魔术师漂浮在水面之上"的观点相反，格雷戈里记载了因通奸被判水刑的妇女最终获救的两则故事，因为她们是无辜的；其中一则故事里，有位圣人帮助妇女漂浮。[6] 在8世纪的故事中，基督教殉道者克里斯平和克里斯平尼安奇迹般地游过了苏瓦松附近的埃纳河，尽管他们的脖子上还系着磨石。同样是在8世纪，执事保罗讲述了一个贪婪的伦巴第篡位者的故事，该篡位者因试图携带大量黄金游泳过河而溺亡。[7]

最擅长游泳的人仍然是最有权势的贵族。在保罗的另一个故事中，游泳能力成为伦巴第合法国王获得认可的关键因素。据9世纪的传记作家艾因哈德（Einhard）在他关于查理大帝的传记中所述，查理大帝"很喜欢天然温泉的水汽，经常练习游泳，他游得很熟练，没有人可以很公平地被认为比他高明"。艾因哈德在传记中的措辞有意借鉴了苏维托尼乌斯所作的恺撒的传记，恺撒也是个游泳好手。[8] 查理像恺撒一样，不仅擅长游泳，在征服和奴役野蛮人方面也有很高的成就。早在9世纪，强大的统治者就利用游泳将自己与罗马帝国联系起来，并利用这种联系将征服和奴役合理化。

但不要被查理大帝愚弄：尽管西欧人将游泳作为一种文化噱头，但他们并未完全摆脱对水的恐惧。正如埃及的斐洛所言，4世纪米兰的主教安布罗斯（Ambrose）将鱼与人类进行了比较。安布罗斯说，鱼天生就会游泳，但"人只有通过学习才可能掌握游泳技术，不学是做不到的"。后来的基督教作家，如杰罗姆、保利努和约翰·卡先，在他们的书信和布道中也提出了类似的观点。[9]鱼属于水，人属于陆地。居普良（Cyprian）对男女共浴的现象进行了谴责，认为这是"污秽"之举；亚塔那修（Athanasius）和杰罗姆（Jerome）都援引了《圣经》中拔示巴和苏珊娜的故事，以及她们因沐浴而遭受的性骚扰事件。[10]对海怪和性变态的恐惧一直延续到中世纪早期的动物志作品中，比如《博物学者》（*Physiologus*），书中记述了人鱼诱惑男人下水导致他们溺亡的情节。人鱼张开尾巴的猥琐形象，可能源于早期的印度人鱼，在罗马柱柱头和中世纪手稿中很常见，如今这种形象作为星巴克的标志更广为人知。[11]

8 世纪的西班牙

游泳在界定伊斯兰西班牙的文化边界方面发挥了重要作用。在中世纪早期，尽管像在其他西欧人中一样，游泳并不是一项大众活动，但西班牙的穆斯林群体普遍认同游泳者的身份。位于西班牙南部科尔多瓦的倭马亚哈里发宫廷曾将游泳作为一种彰显其继承自罗马帝国权力合法性和连续性的象征。与卡普里岛的提比略、杰里科的希律王、阿拔斯王朝的哈里发或中国的皇帝相似，西班牙的哈里发在科尔多瓦附近的麦地那·阿扎哈拉（Medina Azahara）建造了精美的游泳池，供宫廷侍从和奴仆一起戏水。至少在 10 世纪，从开封到科尔多瓦，各地统治者都在建造和使用精心设计的泳池。

据史料，12世纪的突尼斯统治者阿卜杜勒·穆明曾训练他的省级行政官员掌握游泳、马术和射箭的技能。[12] 这与早期伊斯兰圣训建议父亲教授儿子游泳的做法不谋而合。在伊斯兰西班牙，圣训的教诲同样受到人们的重视。犹太旅行家彼得鲁斯·阿方西（本名摩西·塞法迪）就是遵从者之一，他在11世纪初倭马亚王朝在西班牙的统治崩溃后逃离，前往英国。为了在英国谋生，阿方西利用他对科尔多瓦宫廷的了解，创作了一本指导英国贵族行为的手册。阿方西宣称，绅士们应该掌握"骑马、游泳、射箭、拳击、猎鹰、国际象棋、写诗"等技能。[13] 前三项与伊斯兰圣训相吻合。后四项则反映了当时的风潮。国际象棋和猎鹰在当时刚刚传入欧洲，而写作也许在某种程度上反映了柏拉图关于阅读和游泳之间联系的谚语。尽管这些理想状态可能并未完全实现——即使哈里发宫廷里的孩子接受过游泳训练，也没有充分理由证明他们成年后能熟练游泳。不过，在西班牙倭马亚王朝，游泳被视为文雅和有教养的标志。

倭马亚王朝的衰落改变了伊比利亚半岛游泳的局面。12世纪中叶，基督教势力开始扩张，占领土地，俘虏战败的西班牙穆斯林，并将他们卖到更远的北部和东部为奴。[14] 至少从查理大帝的时代开始，欧洲人就认为自己是罗马权力和技能——包括游泳——的合法继承人。现在，他们更加坚定地认同这一点，并认定他们战胜的是不会游泳的无知者。

例如，在12世纪，法国国王路易六世的顾问阿伯特·絮热（Abbot Suger）就将国王描述成游泳高手。在絮热的记述中，路易六世对巴黎附近的古尔内城堡发起了进攻，他采取双管齐下的策略，其中一队乘船，另一队则游泳渡过马恩河。絮热声称路易六世亲自带领了游泳一队——尽管他可能骑着马。[15] 路易六世会游泳，意味着他既代表了文明，又代表着贵族身份。

相比之下，法国史诗《罗兰之歌》(Song of Roland) 中的西班牙穆斯林并不会游泳。这是一首关于查理大帝和他的骑士罗兰英雄事迹的史诗，却是在路易六世和絮热的统治时期写成并流行起来的。在该诗中，西班牙穆斯林落水后多会溺亡：

> 上帝为查理大帝作出巨大神功，
> 因为太阳居然停止不动。
> 异教徒在逃窜，法兰西人驰骋进攻，
> 赶上他们，到了阴暗山谷中。
> 紧追敌人，奔向沙拉古索方面，
> 屠杀敌人，猛杀猛砍，
> 敌人的归路和大道被占，
> 埃布罗河水又在敌人面前，
> 河水很深，可怕而凶险，
> 没有船只也没有舢板；
> 异教徒向他们一位大神特瓦冈祈求，
> 他们就跳下河，可是得不到挽救；
> 披甲的人更笨重难移，
> 他们不少都沉到水底；
> 其余的人都顺流漂走，
> 那些较幸运的人水也喝个足够；

经过激烈挣扎也都没了顶。

法兰西人呼喊："罗兰，你真是不幸。"[16]

与之形成鲜明对比的便是查理大帝，他是一个游泳高手。《罗兰之歌》中对西班牙人游泳能力的评价是否公正，路易六世是否真的会游泳，从法国的宣传目的而言，并非关键问题。游泳似乎被视为基督徒的一项技能，而不会游泳则成为西班牙穆斯林被俘获和奴役的正当理由。

中世纪的泳姿

根据图像资料和文字记载，中世纪时期，世界上大多数游泳者主要采用的泳姿仍然是爬泳（front crawl）。这一时期留存下来的有关游泳的文献稀缺，不过，自由泳仍可能是中世纪唯一广泛使用的泳姿。在《列王纪》中，英雄鲁斯塔姆"用左手和双腿划水"游泳，"右手准备应付意外的进攻"。这可能是一种侧面的泳姿。在斯堪的纳维亚的传说中，贝尔西的游泳方式是"迎着海浪，全力向前"，这可能是对蛙泳（breaststroke）的描述，当然也可能不是。图像资料对泳姿的描绘也不甚明晰。在中世纪，从英国到印度的艺术家已经掌握了一种标准化的绘制游泳形象的方法，很长时间里都未改变。比如，罗马不列颠晚期的一个金手镯上画着一个张开双臂游泳的女子形象（图35）；伊朗萨珊王朝的一个银碗上，一名男性和一名女性的游泳姿势非常相似（图37）；中世纪晚期，印度的图像资料也展示了同样的泳姿（图

第9章 中世纪的欧洲

图35 一名女子（或海女）在游泳。罗马不列颠晚期金手镯上的浮雕，萨福克郡霍克斯恩，5世纪

图36 克里希纳与牧女在水中嬉戏。印度《薄伽梵歌》手稿插画，1525—1550年，德里附近的帕拉姆。画中部分女性手臂伸展，代表爬泳，另一些女性开始使用蛙泳动作

图37 一对情侣在游泳。见西南亚或中亚地区的萨珊银碗，500—700年

36）。值得注意的是，在克里希纳伸手去摸女人乳房的场景中，游泳被赋予了性的意味。迄今为止，这些程式化的图像资料都表现了一种泳姿，即爬泳。

可能许多欧亚游泳者在游泳时仍保持头部露出水面。中世纪欧洲有言，"（土已经）埋（到了）脸之灾（就像游泳者的身体在水中，只有下巴露出水面）"，似乎在形容一个人的可怜境遇。[17]如果使用这种泳姿，面部将露出水面。上面几张图片，隐约可以看出人物头部向后仰，似乎是为了保持面部露出水面。伊本·西纳在11世纪关于沐浴的论述中告诫读者，在某些水域沐浴时，要保持头部露出水面。[18]至今没有文献材料讨论或描述过单侧呼吸（side breathing），若采用爬泳泳姿而不用单侧呼吸，游泳过程将极为费力。

可以将天主教神职人员兰伯特对彼得罗尼拉（Petronilla）游泳活动的描述作为参照。彼得罗尼拉是一位已婚的佛兰德贵族妇女，生活在11世纪的北欧。据兰伯特所言，她是出于娱乐目的而游泳的：

> 彼得罗尼拉是一名年轻的女子，她单纯虔诚，敬畏上帝。有时，她会在教堂里虔诚祷告。而其他时间，精力旺盛的她会和女伴在一起，转向笑话、歌曲、洋娃娃等游戏。夏天，她常常会天真地把衣服脱到只剩内衣或汗衫，步入鱼塘。与其说是去沐浴，不如说是去纳凉。她顺着水流和漩涡四处游动，时而脸朝下，时而背朝下，时而潜入水中，时而露出她比雪还白的肌肤……[19]

根据兰伯特的记载，彼得罗尼拉不只是在戏水，她可以仰泳，也可以面朝下游泳，还可以潜泳。这可能是世界上最早有关仰泳的记述——柏拉图也曾提及仰面游泳，但其语境带有讽刺意味，似在嘲讽这一姿势的不规范。兰伯特是否在和他形容为"单纯"的彼得罗尼拉玩同样的游戏？这可能就是仰泳泳姿的首个历史见证。

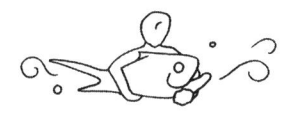

在中世纪，并非所有自诩会游泳的人都真的会游，尽管如此，游泳仍然作为一种文化标识，被用来区分不同的人群。生活在非洲南部地区的居民游泳技能娴熟，而中亚人普遍对游泳不感兴趣。在这两个极端之间，欧洲人、西南亚人和中国人都对游泳抱有热情，这种热情不仅限于亲自下水，还包括观赏其他人游泳。到了中世纪晚期，不会游泳的中亚民族，如突厥人和蒙古人，向欧洲、西南亚和中国迁移，并促使当地人接纳他们的习俗。在这些地区，游泳即将再次被遗忘。

第 10 章

中亚大国

在欧洲和亚洲的古代和中世纪，人们曾短暂尝试游泳，但在1200年左右，又逐渐远离水域。探究停止游泳活动的原因，部分可归咎于来自中亚的新移民群体。他们和早期的移民一样，对水抱有恐惧心理。斯拉夫人、突厥人和蒙古人在军事上的胜利，使得欧亚大陆的居民开始效仿中亚人的方式行事。中世纪晚期，从中国到摩洛哥和英国，中亚习俗成为潮流，这也意味着人们开始远离水域。

斯拉夫人移民欧洲

查理大帝时代，来自中亚的斯拉夫新移民就已经改变了欧洲人对水和游泳的态度。到1000年，斯拉夫波兰已经崛起为欧洲最强大的政治力量，其版图东至基辅，西至莱比锡，统治影响力长达一个世纪。这一强大的帝国无疑对邻国产生了深远影响。

和早期的中亚人相似，斯拉夫人不会游泳。他们使用水刑作为审判手段，并深信这种方法能有效鉴别女巫。在10世纪的德国东南部，斯拉夫教会的宗教仪式正式认可了水审：

> 水啊，我以全能之父的名义向你起誓，他在太初创造了你，也命令你与上面的水分开……这人若有任何所告的罪，你们总不可接待他；而是要让他漂浮在你的上面。愿没有任何手段能对你施加影响，愿没有任何魔法能够掩盖（他有罪的）这一事实。[1]

也就是说，如果这个人是无辜的，他会沉入水底——为防止其轻易潜水，通常会将他束缚起来；如果他有罪，他将无法潜水，只能浮在水面上。斯拉夫人对女巫会游泳的认识可能要追溯到几个世纪前，与《汉谟拉比法典》提到的青铜时代的女巫测试有关。[2]

在少数情况下，斯拉夫人确实也会以游泳者的形象出现，这可能是对西欧当代英雄文本的模仿。写于12世纪晚期的《波兰王子事迹集》（*Deeds of the Princes of the Poles*）是欧洲最古老的斯拉夫历史文献。和诸多类似的故事一样，《波兰王子事迹集》旨在展示波兰王子的英雄气概，其中就包含了王子们游泳的英勇事例。波列斯瓦夫国王的弟弟兹比格涅夫被控叛国，他"像雄鹿一样游过维斯瓦河逃走了"。[3] 波列斯瓦夫的士兵也"一个接一个地迅速游过"，甚至波列斯瓦夫的追随者也随身携带武器"游泳过河"。编年史家还记述了波兰的库曼（突厥）敌人游过维斯瓦河发动突袭的情形：

> 大批库曼人集结起来，以他们惯常的方式计划袭击波

兰。夜里，他们分成三四组人马，在不同的地点游过维斯瓦河，次日破晓时分，便朝着不同方向分散而去。他们行动迅速，夺取了无法估量的战利品，临近傍晚，他们满载战利品回到河对岸。在那里，他们疲惫不堪，但深感安全，于是搭起棚屋，休息一晚。[4]

这些土耳其人真的可以怀抱战利品游过维斯瓦河返回吗？斯拉夫士兵真的能携带武器渡河？12世纪，一些中亚人可能已经学会了游泳，但他们更可能是涉水过河，因为在夏末的战斗季节，河水水位往往较低。

《波兰王子事迹集》的作者是一名法国或佛兰芒僧侣，他被邀请到波兰撰写了此书，而将游泳故事插入书中符合他对西欧英雄的认知。这些故事与絮热的《路易六世事迹集》和《罗兰之歌》中的非常相似，作者可能只是对其了解的故事进行了改写。（大约于同一时期写成的《伊戈尔远征记》，可能代表了这些法国故事更遥远的回响，其中关于游泳的可疑提及可能也要归因于此。[5]）在1364年的一个更可信的故事中，奥斯曼人在抵御塞尔维亚人的进攻时，众多塞尔维亚士兵试图横渡马里察河，不幸溺水身亡。[6] 然而，若说斯拉夫的力量可能已经开始妨碍游泳在西欧的发展，也未见得，主要的阻力应是随后突厥人和蒙古人的迁徙。

突厥和蒙古的影响

中世纪晚期，突厥和蒙古民族的迁徙似乎是导致整个欧亚大陆和北非结束游泳活动的主要推动力。自5世纪起，匈奴开始西进。到16世纪，突厥和蒙古民族不仅控制了整个北亚，还有北非和东欧的大部分地区（如奥斯曼帝国），北印度（如莫卧儿王朝）和中国（元朝和清朝）。这一时期，财富大量涌入中亚，科学和发明也随之蓬勃发展。得益于丝绸之路，撒马尔罕的商贾有能力资助研究机构和学者，建造大型图书馆。许多新的思想因此诞生，特别是在12世纪和13世纪，中亚成为欧洲和中国周边地区科学思想、食谱、音乐和时尚等文化元素交流的枢纽。这段时间里，经由中亚交流的事物包括阿拉伯数字、天花接种技术、对发烧的解释、钢剑和缝纫针、针织技术、棉衣、外套、纽扣、纺车、纸张、印刷术和书籍、玻璃镜片、小提琴的雏形、糖果和波斯地毯等。无论是欧洲还是中国，均表现出对中亚文化的广泛接受，其中也包括他们对水的恐惧。

当然，并非所有发明都源于中亚，但它们都是经由中亚实现在欧洲和中国之间交流的，并因此加深了中亚是重要的新思想之源的观念。阿拉伯数字起源于7世纪的印度北部，于8世纪初传入中国，并于13世纪传到欧洲。[7]12世纪和13世纪时，伊本·西纳和阿尔·拉兹（al-Razi）的医学著作也传入欧洲。东方医学备受推崇，中世纪的法国药剂师甚至会把药品放在仿制的伊斯兰陶罐里。在中世纪晚期和文艺复兴时期，阿尔·拉兹的医学知识纲要成为早期印刷机印刷的格外受欢迎的书籍之一，被整个欧洲的医生广泛使用。中亚的医学知识也向东方传播：印度有关天花接种的知识（将皮痂粉末吹入病人的鼻子）似乎在11世纪就传到了中国。欧洲新发明的眼镜得益于中亚的学术成就，中国的暗箱相机（camera obscura）也受到了中亚的影响。[8]

欧洲和中国也从中亚获得了优质的钢铁资源。老普林尼曾称这种钢铁为"中国铁"，用的是罗马语"东亚"的意思。[9]从6世纪至14世纪，中国的文字资料多次提到从波斯和加兹尼进口的大铁块。[10]778年，查理大帝率领法兰克军队袭击萨拉戈萨，他的部下已对斯帕达剑，即"印度剑"有所了解，并期望在掠夺中获得它们。[11]维京人的河流贸易——把奴隶卖给阿拔斯王朝以换取钢铁——给欧洲带来了更多的坩埚钢，其贸易线路从里海沿伏尔加河而上，到涅瓦河，再从涅瓦河到波罗的海。[12]时髦的人开始采用中亚的裤子、有衬里的斗篷、棉花、针织袜子和纽扣。[13]制造商采用了新的纺车。[14]11世纪前后，中国从中亚地区引进书籍；到1250年，欧洲的水磨坊已经开始生产高质量的抄写纸。[15]大约在同一时间，雕版印刷术从中国经中亚传到欧洲，至14世纪，欧洲人开始印刷起源于中国的扑克牌（国际象棋出现得更早）。糖也在13世纪传入欧洲，这在很大程度上要归功于忽必烈。[16]菠菜、大蒜、芥末和豌豆也在这一时间从中亚传入中国。到了12世纪，柠檬从中亚传入南欧，成为一种健康时尚的象征。

波斯地毯和早期的弓形乐器在中世纪成为欧洲和中国富裕阶层与中亚地区交流的象征物品之一。波斯地毯可见于唐代绘画，传入中国的时间可追溯到8世纪前后。[17]随着14世纪奥斯曼帝国的崛起，欧洲人也开始热衷于进口波斯地毯。[18]那些无法负担真正东方地毯的家庭会购买价格更为亲民的欧洲制造的编织挂毯，这些挂毯的图案带有浓郁的东方色彩，如青绿色或万花斑驳图案。[19]

小提琴和大提琴的前身，即用松香打磨弓弦的乐器，最早出现在中亚地区，并迅速传入欧洲和中国。[20]虽然如今我们只能追溯这些乐器本身的传承和演变，但可以肯定的是，弓形乐器是为了演奏音乐而制造的。欧洲人对中亚旋律的倾听，就像他们品尝中亚糖果、穿中亚服装一样。在欧亚大陆的两端，人们都习惯于从中亚汲取新的思想和发明。在这样的文化氛围中，来自该地区的任何新观念都格外令人兴奋且时尚。如此一来，中亚人对水的古老恐惧就很容易在欧亚大陆传播，欧洲和中国的民众逐渐放弃游泳活动也就不足为奇了。

西亚人放弃游泳

游泳活动在西南亚地区的衰退尤为明显，也最早在此处彻底失去立足之地。中亚征服者对这里进行了长期统治，当地居民对游泳的尝试始终停留在浅尝辄止的阶段。从11世纪起，土耳其雇佣兵开始统治阿拔斯王朝的宫廷。这一变化使得西南亚地区对游泳的关注转向对溺水问题的研究。12世纪晚期，犹太医生迈蒙尼德（Maimonides）作为开罗库尔德苏丹萨拉丁的官方医生，其作品中从未提及游泳，但他对溺水的现象有所描述，说溺水是"人体器官的腔体充满了水"导致的"呼吸功能丧失"。[21]波斯诗人及天文学家奥玛·海亚姆（Omar Khayyam）在其《鲁拜集》（*Rubaiyat*）中——无论其真实性如何——也没有提及有关游泳的内容。在13世纪鲁米的诗中，只有鱼游泳的表述，而他笔下的人物在水中时，即便是比喻，也总是与陷入漩涡无法逃脱相关,最终被海浪吞噬。[22] 游泳活动渐渐淡出人们的日常生活,成为一段模糊的历史记忆。

自 13 世纪起,游泳主要用于紧急救援的情境。在《元朝秘史》中,"被迫投水"的军队大多数遭遇溺亡,尽管存在两位英雄成功自救的个案。[23] 据记载,一个世纪后的冬天,一个妇女在横渡萨卡里河时从马上摔下来,"这时对岸有一帮人,跃身下水泅水追去,结果把那妇女救出,她已气息奄奄",随行男仆不幸遇难。[24] 阿米尔·巴克特(Amir Bakht)和同谋带着赞助人的财产潜逃时,计划游泳横渡印度河,"不会游泳者"则借助木筏。然而临出发时,他们因过于害怕,最终决定冒险乘坐官方渡船。在另一则故事中,一艘船在也门过河时沉没,一名男子游到岸边,而其他乘客都淹死在水中。这些逸事的讲述者伊本·白图泰在 14 世纪中期还不会游泳。[25] 尽管这些只是逸事,但它们反映了与几个世纪前相比,当时社会有关游泳的态度的确已有所转变。圣训敦促父亲教儿子游泳,阿卜杜勒-拉赫曼也的确成功游过了幼发拉底河。

并非无人能够游泳。作为一名旅行家,伊本·白图泰见过很多人,听过很多故事,他确实有不少有关游泳的故事可讲。他的游记中就有土耳其苏丹的儿子阿则·哲勒比(Ghazi Chelebi)游泳的故事。

> 阿则·哲勒比英勇善战,善游泳。他曾乘战舰与罗姆人交战,两军相遇时,他趁人们战斗正酣,潜入水底,他手执一铁器,凿沉敌舰,使敌灭顶。[26]

这似乎是源自锡诺普（Sinop）的一个广为流传的民间故事，内容可能是基于希罗多德记载的关于斯库利亚斯等古代故事的改编。伊本·白图泰的另一个有关游泳的故事涉及叙利亚的一条地下灌溉渠或隧道，在那里，"有时，勇敢的游泳者会从山顶跳入溪流，在水下奋力划水，直到游过渠道，从山脚钻出"。这条隧道长约20米，诚然如伊本·白图泰所说，这是"一场可怕的冒险"。[27]

在中世纪晚期，西南亚女性下水游泳也并非不可能——至少在寓言中如此，但女性游泳的确不常见。这则13世纪的土耳其故事有时以纳斯雷丁（Nasreddin）为主角，有时以阿拉伯骗子尤哈（Juha）为主角：

> 尤哈有两个妻子。一天晚上，他们三个坐在一起享受时光时，妻子们决定设一个陷阱，问他最喜欢她们中的哪一个。
>
> "我同样爱你们两个。"他告诉她们。
>
> "不行。"她们同时拒绝这个答案，"你这就太狡猾了。这样，那边有一个游泳池。你想把我们中的哪一个扔进水里？"
>
> 尤哈犹豫了一下，思考着这个两难选择。最后他转向了第一任妻子。
>
> "我刚刚想起来，亲爱的，"他说，"你几年前学过游泳，对吧？"

这并不是一个大多数人在孩童时期就学会游泳的世界；相反，在这个世界里，水是一种潜在的危险。伊本·白图泰本人也差点儿在也门海岸溺毙。[28] 此外，脱光衣服的羞耻感以及被男性窥视的不适感可能限制了女性参与游泳的意愿。

在《一千零一夜》中，人们经常被扔下海或遭遇船难。颇具戏剧性的是，他们常常不必游泳就能获救。例如，一名女子在爱人溺亡后，流落到一座荒岛，她很快便意识到"有一条狭长的土地连接着岛屿和海岸"。[29] 又如，一名苦行僧以同样的方式逃离岛屿：潮水退去后，会出现坚实的陆地，他可以涉过浅水到达大陆。[30] 还有，当一对夫妇被扔进海里时，妻子化身成魔鬼，将丈夫带回岸边。[31]

在奥斯曼帝国的影响下，中世纪时北非的大多数人似乎也忘记了如何游泳。尽管在奥斯曼人到来之前，非洲地中海沿岸的居民都还是游泳好手。根据北非14世纪经济学家伊本·赫勒敦（Ibn-Khaldun）的说法，12世纪末，阿尔摩哈德王朝的统治者曼苏尔（al-Mansur）袭击突尼斯时，突尼斯人是"跳入海中，游泳逃跑"的。而到了他所处的年代，伊本·赫勒敦却使用了"那些懂得游泳的人"的说法，这似乎说明当时大多数人是不会游泳的。[32] 埃斯特万·德·多兰特斯（Esteban de Dorantes）13岁前一直生活在摩洛哥，然而16世纪被卖到葡萄牙为奴时，他还不会游泳。[33] 有一个明显的例外，即穆巴拉克·哈巴什·卡布尼（Mubārak al-Ḥabashī al-Qābūnī），来自非洲南部的黑人，面对中世纪晚期埃及马穆鲁克骑兵的腐败，领导了苏非禁欲运动——伊本·伊玛德（Ibn al-ʿImād）形容他"肤色很深，个头很高"。穆巴拉克的传记作者伊本·阿尤布（Ibn Ayyūb）将他描述为强壮的游泳好手，他"从水中游出时，脚趾夹着鱼，手里抓着鱼，嘴里叼着一条更大的鱼，每个腋窝下都有一条鱼"。[34]这某种程度上表明，至少在非洲南部，当地居民是知道如何游泳的。

与早期统治者一样，奥斯曼帝国的统治者也喜欢将游泳作为一项观赏性运动——这是那些不愿亲自下水的人的最爱。据载，奥斯曼帝国的苏丹穆拉德三世曾为宫殿里的女人修建了一个游泳池。1607年，威尼斯驻奥斯曼宫廷大使奥塔维亚诺·邦（Ottaviano Bon）报告说，苏丹（可能是穆拉德三世的儿子艾哈迈德一世）就像中国汉朝的皇帝一样，在泳池里依靠暴虐取乐：

> （他拥有）一个人工方形湖……湖水来自约三十个喷泉，这些喷泉建在一种由上等大理石筑成的露台或高台上……湖中还有一艘小船，（据我所知）苏丹常常带着他的哑巴侍从和小丑登上这艘船，让他们划船来回穿梭，还与他们嬉戏，逼他们跳入水中。而且，当他们在湖上方的步道上行走时，他还时常把他们推下湖去，让他们整个儿淹没在水里。

将残疾人扔进水里的消遣并不是游泳，这种行为缺乏竞技体育的吸引力。不过，这个游泳池就像罗马游泳馆一样，深度只有几英尺。（图51）艾哈迈德并不是唯一一个喜欢把挣扎中的人扔进水里的苏丹。大约五十年后，穆罕默德四世也常常以"让她们游泳"为借口将后宫女性扔进花园的水池中，并"以听她们假装的尖叫和哭泣为乐"。[35]16世纪，印度王公建造了一个类似的

图51 伊斯坦布尔托普卡帕宫的游泳池,如今已空无一人。奥斯曼帝国苏丹,15世纪60年代

图52 汉比维贾亚纳加拉宫的女王游泳池。印度,1520年左右

图53 印度国王维贾亚·拉古纳塔与女子游泳。印度拉姆纳德宫殿拉玛林加维拉萨姆上厅壁画,18世纪20年代

游泳池,一幅18世纪的壁画展示了一位神话中的印度君主,被女子环绕,在这样的游泳池中游泳、进食、做爱。[36](图52、图53)这与汉朝皇帝在水池中模拟沉船和罗马皇帝提比略卡普里岛游泳池中的"小鱼"一样:他们将游泳与色情、放纵、危险联系起来。

印度和莫卧儿王朝

在印度北部,即使在中世纪早期,人们也不会游泳。记录佛陀生平的作品,如3世纪的《普曜经》(*Lalitavistara*),内容涉及"剑术、射箭、驭象和摔跤"等竞技活动,并未提及游泳。后来，中世纪印度教的文本也表达了类似的观点：任何水下之人都处于极度危险之中。以中世纪早期的《往世书》为例，克里希纳神的父亲瓦苏代瓦（Vasudeva）带着他襁褓中的儿子穿越亚穆纳河逃亡。但这个故事的所有版本都没有详尽地描述游泳的动作，而是暗示渡河需要奇迹介入——这是以往类似故事的逻辑，就像希伯来人穿越红海时海水被分开。在某些版本中，瓦苏代瓦是涉水而过的，这种情况下，他的脚是踩在河底的。[37]

蒙古族的入侵进一步强化了印度北部居民对水根深蒂固的恐惧。从11世纪到18世纪，印度北部地区基本处于奥斯曼帝国或蒙古的控制之下，先后经历了伽色尼王朝、元帝国和莫卧儿帝国的统治。其中，"莫卧儿"实为"蒙古"的印度变体。在此期间，游泳对于印度北部居民来说仍然是陌生的。14世纪，伊本·白图泰的游记记载，有轻生想法的印度人经常跳恒河自杀。[38]大约1590年，有一部关于莫卧儿统治者阿克巴（Akbar）事迹的传记，名为《阿克巴纳玛》（*Akbarnama*）。该书插图精美丰富，描述了阿克巴的两个追随者在尝试骑马渡过拉合尔的拉维河时落水，而他却无能为力的情形。（图46）尽管岸边聚集了一群人，情绪激动又焦虑地挥舞着手臂，但遗憾的是，没有一个人跳入水中救助落水者。[39]

在印度传说中，游泳者溺水事件时有发生。在一幅18世纪的莫卧儿袖珍画描绘的场景中，索尼（Sohni）跳入河中，朝克里希纳神的化身——牧牛者玛希瓦尔（Mahiwal）游去。（图47）这是一个在印度广为人知的寓言，被许多当代画家重述和再现，而这个故事的重点在于，索尼并不会游泳。索尼与父亲家对面河边放牧的玛希瓦尔相爱,但她的父亲却希望她嫁给一个她不喜欢的人。为了与爱人相会,玛希瓦尔每天晚上都会偷偷游过河。一天,玛希瓦尔的腿受伤了,无法游泳,索尼便决定游过河去找他。索尼并不擅长游泳,所以她带了一个空罐子作为浮力辅助,以确保可以安全过河。

然而有一天,她的小姑子(她丈夫的姐妹,忌恨索尼对自己兄弟的不忠)暗中用一个还没烧成的罐坯替换了索尼的罐子。索尼下水后不久,罐坯就变成了泥。失去了辅助的索尼不停挣扎,而玛希瓦尔却只能站在岸边手足无措。最终,玛希瓦尔决心下水去救他的爱人,却因腿部受伤无法游泳,与索尼双双溺亡。

就像牧女在溪中沐浴的故事一样,索尼的故事被印度教徒赋予忠于克里希纳神的象征意义。[40] 但这又像是毛利故事的印度版本,不同的是,毛利故事以游泳者为主角,结局美好,而这个由非游泳者讲述的故事则以悲剧收场。在莫卧儿王朝的统治下,印度人民和西南亚人民一样,都不会游泳。

中国放弃游泳

这种中世纪晚期反对游泳的文化转向也传到了中国。

中世纪早期,大批中国人皈依佛教,加上中亚新兴奢侈品的吸引力,使得中国人对中亚的文化产生了浓厚的兴趣。7世纪,唐太宗的儿子李承乾喜欢穿突厥服饰扮突厥人,学习并使用突厥语(即土耳其语),甚至挑选长相像突厥人的仆人组成部落。匠人绘制并雕刻了中亚风格的人物及马匹的雕像。画家采用了中亚的艺术风格，例如用一条粗细不变的长线来勾勒人物轮廓。尽管9世纪时佛教和其他中亚文化元素在中国遭到了强烈抵制，但到了10世纪，佛教在中国再次兴起。佛教僧侣将许多中亚新思想带到了中国，商人也带来了其他思想。

13世纪初，元朝统一，这是中国历史上第一个由少数民族建立的大一统王朝。蒙古人带来了棉质衣物、糖果，也带来了新一轮对水的恐惧。元朝对中国的统治始于宋朝末代皇帝的悲剧性溺亡，宰相陆秀夫背着当时年仅八岁的宋朝皇帝赵昺在崖山投海殉国——这仿佛是一个先兆。随着宋朝的灭亡，曾经流行的弄潮、"追鸭子"和水秋千等水上活动消失了，取而代之的是射箭、骑马、摔跤，即蒙古传统的"男子三项"。[41]

就像在西亚和印度一样，在元朝的统治下，溺水取代游泳，成为中国文学作品中描绘的主题。例如发生在1292年的一件事，"某富商横渡太湖。船行至湖心时受阻，船夫努力撑篙却无法动摇分毫。这名富商命一个仆人下水推船。可怜的仆人发现船身搁浅在一条龙的脊背上，而篙则卡在了龙鳞中。商人惊慌失措，跳下船去，却不会游泳。他命令一名仆人将自己送至岸上安全的地方。但是在回去的途中，他们都染上了疾病，而这名富商终于不治身亡"。[42]这一时期，游泳不再是上层阶级的活动，开始沦为下层民众求生计的技能。这个故事之外，游泳在中国元代文学中就鲜有提及了。当时流行的二十四孝故事就都与游泳无关。在13世纪中期的南宋绘画《吕洞宾过洞庭图》中，吕洞宾行于水上，与之前传说里的佛陀和耶稣一样。[43]在元代诗歌作品中，也只有鱼和鹅会在水中游泳。

中国小说《水浒传》以宋代为背景，却成书于元代。书中，捕盗官黄安奉命前往梁山缉捕晁盖等人，手下因不会游泳而全员被俘；卢俊义也"不识水性"，当他船翻落水后，须有人把他从水中救起。[44] 与这些人不同，《水浒传》中的张顺和张衡兄弟都会游泳，阮氏家族也以水性好闻名。

> 阮小七便道："远望隔江那里有数只船在岸边，我弟兄三个赴水过去，夺那几只船过来载众人，如何？"晁盖道："此计是最上着。"当时阮家三弟兄都脱剥了衣服，各人插把尖刀，便钻入水里去。[45]

阮氏兄弟并非来自中国南方，他们是北方梁山泊附近的渔民，世代以捕鱼为生。小说作者施耐庵可能是在强调汉族身份，表达对当时不会游泳的蒙古统治者的反对。最终，红巾军起义等推翻了元朝的统治，明朝建立。这部小说名为《水浒传》，英文名有 *The Water Margin* 和 *Outlaws of the Marsh* 等不同译法，主题与水紧密联系在一起，掌握游泳的"反贼"无疑是书中的重要概念。

即使在1368年蒙古人失势、明朝接管之后，大多数中国人仍不会游泳，或游得并不好。在明代绘画作品中，道教神仙仍然在水上行走。[46] 与印度一样，投水在中国是一种常见的自杀方式，如诗人张羽就于1385年在龙江驿投水自杀。[47] 吴承恩的《西游记》是一部创作于16世纪的神魔小说，其中就有师徒四人取得真经后，在通天河落水的情节，说"庆幸的是唐僧脱了俗，成了道。若似以前，早就沉了水底"。扬州一艘渡船倾覆时，"连崖上人，也有几个会水性的，赴水去救"。想必大多数旁观者都不会游泳。[48] 杨嗣昌在他的龙舟竞渡文化研究作品《武陵竞渡略》中说，"船人无不习水善游"，但随后又承认"头、旗、鼓、拍四人不必善水，则皆寄命桡手"。《警世通言》中的一位南方叙述人解释了南方人和北方人之间的差异，"岳家军都是西北人，不习水战。小将南人，幼通水性，能伏水三昼夜"。[49]

1644年，满人掌握政权，清朝建立，这一时期，游泳也未受到重视。1696年，教育家颜元摒弃了明朝"率天下人入故纸"的虚浮学风，力务实习、实行之学，晚年在河北肥乡开设了一所书院，教授"礼、乐、射、御、书、数及兵、农、钱、谷、水、火、工、虞"，而游泳未纳入其教学范畴。[50] 清朝政府重骑射，其他受欢迎的运动包括摔跤、举重和投掷重壶铃。清朝还规定"士子应试，必先试其骑射，合式方准入闱"，也就是说，会骑射是民众入仕的基本条件。在清朝，滑冰（即冰嬉）再度成为流行的运动项目。[51]

清代文学作品中，溺水主题的故事颇为常见。在17世纪的一则名为《负情侬传》（后由冯梦龙改编为著名白话小说《杜十娘怒沉百宝箱》）的故事中，杜十娘十三岁入青楼为妓，十九岁财富自由。她与李甲相遇后，二人情投意合，杜十娘遂有了赎身从良的念头。然而，一日黄昏，李甲与杜十娘二人乘船至瓜洲渡口，十娘乘兴贯月歌曲，惊动了邻船盐商孙富。他倾慕杜十娘的美貌，就找借口与李甲共饮叙话。李甲正担心带十娘回家会遭到父母的斥责，便在孙富的哄骗下，以千金之价将十娘转卖。次日，杜十娘得知此事后，当着两个男人及岸上众人的面，打开百宝箱，逐一展示里面价值连城的名贵珠宝，价值不下万金。她怒斥李甲为千金负了她的真心，唾骂他的贪婪，最终"抱持宝匣，向江中一跳"。[52]如果在之前，杜十娘可能可以游向自由，但时代已经变了。

中国西藏

自13世纪的元朝，西藏开始纳入中央政府的管辖。在元朝统治时期，比之从前，西藏民众对游泳的兴趣可能会有所提升。从15世纪开始，西藏地区流传的有关佛陀生平的故事中，就包括佛陀通过赢得游泳比赛，获取妻子果巴芳心的情节。（图48）从17世纪40年代直到18世纪，西藏人对游泳都十分感兴趣。

1695年，布达拉宫的壁画呈现了一幅西藏男子在拉萨河游泳的图像，画面生动地展示了潜水、跳水、爬泳和仰泳等运动。（图54）这幅画表现的似乎是一场竞技，类似于宋朝流行的游泳比赛。图中简短的文字记录了游泳者之间的互相激励，如"更深"和"将旗帜扛到河中央"，这些文字可能与中国南方传统中涉及旗帜的冲浪活动有关。[53]在图像下方，三面旗帜清晰可见。

17世纪，西藏人将游泳列为"男子九艺"之一。九种游艺分别是射箭、抛石、跳跃、辩论、书写、计算、赛跑、摔跤和游泳。[54]西藏地处欧亚大陆中心地带，这一地理位置揭示了其文化融合的特性：从西方视角看，西藏文化吸纳了伊斯兰圣训中的摔跤、射箭和游泳；从东方视角看，西藏文化承袭了儒家六艺中的

图 54 拉萨河中举行的游泳比赛。布达拉宫壁画，约 1695 年

三项——射、书和数。抛石可能与满族的壶铃有关。尽管游泳不是儒家六艺之一，但西藏人显然保留了中国文化的这一元素，即使在清朝时期，中国内地也已不再重视游泳。

日 本

和中国一样，日本民族在 10 世纪前后就学会了游泳。然而，中国人在 13 世纪开始就很少游泳，而日本人却"留在了水里"。元帝国曾试图征服日本，但以失败告终，至少在后来日方的记述中，游泳在日本的海军防御中发挥了重要作用。日本的很多故事中都有海战中三十个武士游至敌船砍下敌人首级，再安全游回的描写。[55] 尽管游泳活动在中国式微，日本天皇却积极倡导游泳，这可能反映了日本试图通过游泳强调其文化的独立性。在元帝国侵袭日本后不久绘制的一幅日本卷轴上，有男人和女人一起在温泉里游泳的画面。（图49）公共沐浴作为一种社会习俗，可能是在中世纪早期随佛教一起传入日本的，但它真正普及是在元朝建立之后。14世纪，日本首次出现了商业温泉浴场，这也反映了沐浴在神道教崇拜中的重要地位。最初，这些温泉浴场主要服务于家庭或小团体。从江户时代开始，也就是差不多17世纪，日本人开始与陌生人共浴，并且不再穿缠腰布，转向裸体沐浴。这一做法与中国和朝鲜半岛的传统形成了鲜明对比，这一时期访问日本的高丽人曾批评说这种行为是不道德的。[56]

中世纪晚期，中国与日本之间为争夺贸易权而进行了漫长的战争。日本海盗更多地采用了游泳战术。史料记载，1554年日本对中国的一次袭击中，"数百名海盗从船上游上岸"。中国绘制于17世纪左右的卷轴画也证实了这一点：第一个场景中，日本海盗正游回自己的船（图55）；第二个场景中，三名日本海盗游向中国船只，试图通过破坏中国船只的船舷将其击沉（图50）。1592年8月，在韩山岛海战中，日本和朝鲜海军交锋，多艘船被烧毁，但有400名日本士兵成功游到附近一座岛屿得救。[57] 与在萨拉米斯海战中溺水的波斯人、在特拉西梅诺湖溺水的罗马人、在加利利海溺水的犹太人的灾难结果相比，日本人对游泳的态度和实际的游泳能力无疑是积极且优秀的。

图55 倭寇游向船只并攀爬上船。《倭寇图卷》（局部）

在近世日本，与西藏相似，游泳都被列为重要技能之一。日本列出的武士应该掌握的十八种技能与中亚地区的技能清单相似，包括射箭、击剑、骑马和摔跤等，但日本增加了游泳。[58] 这不仅体现在理论层面，日本武士甚至将军事游泳技术与日常休闲和竞技游泳做了明确区分。训练有素的教官向士兵传授特定的游泳技术，这些技术对于攻击敌人的堡垒具有明显的实战价值。在动荡的江户时代，许多日本堡垒周围都有护城河作为防御设施，这就要求忍者必须学会如何手持武器游泳，如何无声游泳，以及如何在水下长距离潜行。[59] 例如，1575年6月的一次围城战中，武士鸟居强右卫门为了解围城之困，黉夜潜进河中，传递出求助信息。他在游出城求援的同时，还切断了阻碍船只通行的缆绳。[60]

在日本，竞技游泳作为一项参与性运动，而非观赏性运动，也广受欢迎。17世纪左右，德川家康统一日本，为维持和平，他将武士的注意力引向体育竞技（包括游泳）。1603年，德川家康颁布法令，要求所有男性武士学习游泳，以取代传统的攻城模式。他还定期组织不同学校之间的游泳竞赛，以替代过去的战斗。[61] 这类游泳竞赛在日本享有悠久的历史，历史根基深厚。

日本和中国西藏地区对游泳运动的支持，与游泳在中国其他地区和朝鲜的衰落形成了鲜明对比，这或许是某种策略性的考量。在日本和中国西藏地区，游泳被视为力量和独立性的手段。然而，对于中国北方的非游泳者而言，日本以及中国南方、中国西藏的游泳能力，只意味着野蛮和落后。

两千年来，欧亚大陆的局面普遍将游泳与智慧和力量联系在一起。随着中亚地区势力的崛起，蒙古帝国开始扩张，它对伊斯兰帝国的统治和元朝的建立，导致这一传统观念受到挑战。这一时期，财富和权力集中在撒马尔罕、梅尔夫和巴格达等贸易城市。最好最新的音乐、最时尚的服装和最优质的武器从这些非游泳地区源源不断地输出，传遍整个欧亚大陆。从东亚的中国到北非，人们逐渐离开水域，转向摔跤和马球等陆地运动。即便是政治上一直独立的西欧，也受中亚的文化影响，使得游泳在欧洲社会遭遇冷落。

第 11 章

知名溺水事件

如果说中亚地区权力和影响力的爆炸性增长还不足以让中世纪晚期的欧洲人减少游泳活动,那么这个例证足以说明水的潜在危险。1190 年,欧洲最有权势的统治者腓特烈·巴巴罗萨(Frederick Barbarossa)意外溺水身亡,震惊了整个欧洲——尤其让人震惊的是,这一事件发生在他前往圣地的十字军东征途中。巴巴罗萨的溺亡,似乎是上帝在警示基督徒远离水域。随着中世纪对巴巴罗萨溺亡故事的重新诠释,我们能看到这种观念的转变和演进。

在这场灾难性事件的最早版本中,目击者称,那是 1190 年 6 月 10 日,军队穿过安纳托利亚,正前往耶路撒冷,巴巴罗萨不顾警告,执意骑马穿越一条湍急且陌生的河流。

> 6 月 10 日那天,出发的先锋部队已在塞琉西亚平原扎营。圣十字军的所有成员,无论贫富、病弱还是看似康健的,此刻都因路途艰难而疲惫不堪。他们要穿越只有山羊和飞鸟才能涉足的嶙峋岩崖,还要忍受烈日的炙烤和酷

第11章 知名溺水事件

热的煎熬。皇帝面对任何危险都镇定自若,他想减轻这难耐的酷热,于是打算游过水流湍急的塞琉西亚河,以避开那些山峰。然而,正如智者所言,"切莫与河水的力量抗争",这位在其他方面颇为明智的人,妄图凭借一己之力与水流和"河水的力量"抗衡。尽管众人都劝阻他,他还是下了水,结果被洪流卷走。这位曾多次死里逃生的皇帝,就这样悲惨地死去……与他同行的其他贵族赶忙去施救,可惜为时已晚;不过,他们还是捞起了他的尸体,抬到了岸边。

他的死让众人悲痛万分,每个人都沉浸在深深的哀伤之中。一些人在恐惧与希望之间备受折磨,想随他一同赴死;另一些人则陷入绝望,似乎觉得上帝已抛弃了他们,于是放弃了基督教信仰,转而投向异教。[1]

安斯伯特(Ansbert)称,腓特烈·巴巴罗萨的溺亡事件是一场灾难性的悲剧,导致军队中许多幸存士兵士气低落,迅速决定撤回德国。[2]第三次十字军东征未能从土耳其苏丹萨拉丁(Saladin)手中夺回耶路撒冷,此后,基督徒也再未能占领该城。溺水事件发生后不到十年,一幅手稿插图生动地展现了这一事件对欧洲社会造成的深远影响。(图56)在这幅图中,一位蓄须的老者身着华服,佩剑骑马,却不幸落水。这幅图与前述目击者的叙述吻合,却与游泳行为本身无直接关联。皇帝骑马过河,因盔甲过重而摔入河中溺毙。

但几代人之后,有关这一悲剧的两幅绘画作品,揭示出记忆

图56 皇帝腓特烈·巴巴罗萨在河中溺亡，一位天使正将他的灵魂带上天堂。《致奥古斯都》(Liber ad honorem Augusti)，彼得·埃博利，约1197年

如何塑造了人们对巴巴罗萨溺水事件的认知。在后来的一个版本中，皇帝仅被塑造为在河中游泳降温：

> 皇帝抄近路越过了这些山谷和山脉。就在同一天，他渡过了这条水流湍急的河流，安全抵达对岸。他在那里用了午餐。在经历了之前一个多月诸多可怕的艰辛之后，他决定在同一条河里沐浴，好让自己凉快舒爽一下。但在上帝的秘密审判下，发生了一场意想不到的、令人悲痛的事故，他溺水身亡了。[3]

第 11 章 知名溺水事件

这一叙述颇具传奇色彩：一个 68 岁的男人在一条充满危险且陌生的河流中游泳。而正是这一记述激发了大众的想象。萨拉丁宫廷成员、阿拉伯历史学家伊本·艾西尔（Ibn al-Athir）给出了与之相符的记载："皇帝下河洗澡，却在一处水深不及人腰的地方溺水身亡。"[4] 后来的画作中，不再有马和盔甲的元素，取而代之的是没有胡须、全身赤裸、仅头戴王冠的年轻版巴巴罗萨。（图 57）大约半个世纪后，《撒克逊编年史》将这两个版本融合在一起："皇帝试图游过一条河，却不幸溺水身亡，整个基督教

图 57　腓特烈·巴巴罗萨溺亡的晚期版本中，出现了早期的蛙泳泳姿。《撒克逊编年史》哥达手稿中的袖珍画，1270—1279 年

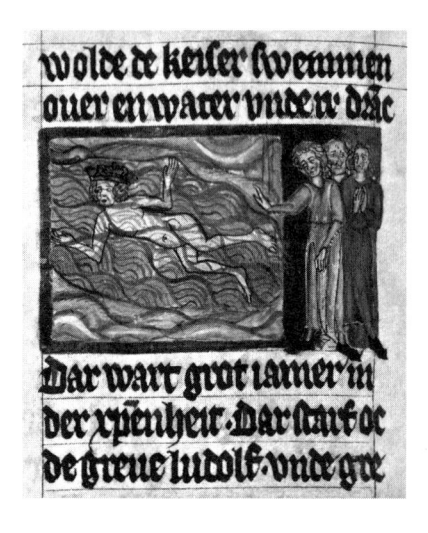

图58 腓特烈·巴巴罗萨溺亡的另一个版本。《撒克逊编年史》柏林手稿中的袖珍画，1301—1325年

世界都为此哀悼。"⁵ 到了1250年，在故事的第三个版本中，巴巴罗萨更像是在水中挣扎，而非游泳。（图58）恰逢蒙古人征服亚洲和东欧，并传播他们对水的恐惧，欧洲人也将巴巴罗萨的溺水事件转变为对游泳的道德警示。

欧洲人放弃游泳

13世纪前后，腓特烈·巴巴罗萨溺亡事件的影响，加上中亚文化的渗透，导致游泳运动在西欧急剧衰退。游泳不再是社会阶层和道德品格的象征，转而被视为鲁莽和轻率的表现。巴巴罗萨溺亡仅十年后，法国神学家雅克·德·维特里（Jacques de Vitry）在其著作中讲述了一则关于溺水的警示故事：一名男子劝诫妻子远离河岸，但妻子并没有理会，结果溺死在河里。[6]在德国，13世纪的作品《尼伯龙根之歌》(*Niebelungenlied*)中也有类似故事，"不会游泳"的牧师被投入海中，他只能依靠对上帝的信仰而得到救赎。

> 哈根突然使用了暴力把神甫扔出船舷。
> 许多人大声呼喊："住手，哈根，立刻住手！"
> ……
> 神甫在水面拼命挣扎：他希望逃脱灭顶之灾，
> 如果有人稍助一臂之力，可是偏偏事与愿违。
> 哈根把他推向深渊，因为他的心里充满着
> 巨大的愤怒和怨恨。事情看来糟糕，而且十分无礼。
>
> 可怜的随军神甫看到无人伸手救援，
> 只得顺水游了回去，为此遭受了巨大的痛苦，
> 神甫其实并不会水。上帝之手援助于他，
> 他于是安然无恙重新踏上对岸河滩。[7]

13世纪，溺水事件频繁发生。法王路易九世的十字军在前往埃及曼苏拉战役的途中，就因过于靠近泥泞湿滑的尼罗河岸，士兵和马匹一起滑入水中，造成溺亡。[8]同样是这次战役的海战中，法国士兵被剑刺死和溺水淹死的比例为1∶2，他们参加战斗心切，后又仓促跳海，因而丧生。[9]1268年，一艘英国河船沉没，船上的乘客落水，其中一人溺亡，其他人"勉强逃到岸

上"。[10]即使是简单的恶作剧和嬉闹也可能导致溺水。1273年，一位苏格兰历史学家讲述了两个人在泰河（River Tay）中溺水身亡的悲惨故事：

> 人群中有一位英姿飒爽的侍从，还带着他的马夫……当他们在岸边的一处高地坐下后，侍从因玩耍时手上沾满了泥巴，便下河去洗手。他站着，微微弯腰，这时，一位少女……趁他不备，悄悄走到他身后，把他推进了河里。他只当这是个玩笑，还觉得挺有趣，说道："这有什么？就算再往深处去，我也会游泳。"于是，他在河中畅游，旁人纷纷鼓掌叫好。不料，他突然感觉一股漩涡将他的身体往下拽，他大喊大叫起来，然而，除了在附近玩耍的马夫，没人能帮他。听到旁人的呼喊，马夫不顾一切地冲进深水区，转眼间，两人就在众目睽睽之下被河水吞没了。[11]

雅各布斯·德·沃拉金（Jacobus de Voragine）的《圣玛莎的生活》(*Life of St Martha*, 1275)中，有一则关于年轻人的故事。这个年轻人没有船，决意游泳渡河去聆听圣玛莎的讲道。他不顾礼节，脱光衣服，赤身过河，但被卷入湍急的水流淹死了；他的尸体第二天被发现。此事件中，玛莎彰显了自己的圣者身份——她施法令这个年轻的仰慕者死而复生。[12]

在中世纪晚期的故事中，游泳并未缺席。13世纪，热那亚的马丁住在海岸边的一座岩石半岛的尽头，许多当地少年会游去拜访。[13] 1451年7月，《亚瑟王之死》的作者托马斯·马洛礼

（Thomas Malory）游过护城河越狱。[14] 雅各布斯编撰的圣人生活实录中，多次提到溺水，而正常游泳的例子几乎没有：一名美因茨的男学生在钓鱼时不慎掉进河里溺亡；抹大拉的玛丽亚遵照奥维德的建议，托着孕妇的下巴，使她免于溺水；恶魔威胁要将喋喋不休的僧侣淹死；水中有海怪、河怪、池塘怪——面对如此多的危险，人们来到河边时不敢过河，实在情理之中。圣克里斯托弗的确帮助过旅行者过河，但他是通过涉水而非游泳来提供的帮助。尽管有些人能够游泳过河，但不会游泳者可能就会溺水身亡。美因茨有一个游泳好手弗雷德里克，他曾嘲笑一个不会游泳的人，并把水溅到对方脸上，结果受到诅咒。但他毫不在意，继续游向深水，"突然之间，他力量尽失，无法自救，像一块石头一样沉到了水底"。[15] 在古代和中世纪早期，游泳虽然不常见，但还是受到人们赞赏的；到了13世纪，它却被边缘化了。15世纪末，一幅英国绘画作品展示了伦敦桥上一个男孩坠落的情景，由于男孩不会游泳，需要船夫前来救援。[16]

文学中的游泳

中世纪的欧洲文学中，许多虚构人物都是会游泳的，也许是因为作家们在以早期作品为蓝本，当时游泳还是英雄必备的技能。然而，尽管这些角色被塑造为英雄，但他们的游泳技术并不怎么样。14世纪中期，薄伽丘在《十日谈》（Decameron）中以阿拉伯水手辛巴达（Sindbad）的故事为原型，塑造了遭遇海难的水手兰多福（Landolfo）的形象，而辛巴达又是以古希腊英雄奥德修斯为原型的。在薄伽丘的故事中，兰多福需要会游泳：

> 兰多福……死到临头又害怕了，和别人一样，看到一块木板就紧紧抱住，似乎天主相助，不让他没顶。他使尽全力抱住木板，顶着风吹浪打，在海里浮沉，一直熬到第二天早晨。天亮后，兰多福四下张望，只见海天相连，水面上漂着一只箱子，有时离他很近。他怕箱子漂过来砸着他，每当箱子挨得太近时他就使出残剩的气力把箱子推开。
>
> 但是突然起了一阵羊角风，激得海水直打漩涡，箱子果真撞上木板，兰多福连人带板没入海浪中。他已筋疲力尽，惊慌之下不知哪里来的力气，居然又挣扎着浮出水面，只见木板离他很远。他自知没有再游过去抓木板的气力，便朝比较近的箱子游去，扑在箱子上，用双臂划水，不让箱子翻转。他在海浪中颠簸着，没有任何食物进口，却灌了一肚子水，只见水连天，天连水，不知自己身在何处，这样又过了一天一夜。
>
> 后来，不知由于天主的旨意还是风的力量，落难的兰多福像一块浸透水的海绵，和行将没顶的人抓住什么东西一样两手死死抓住箱子的边缘，随波逐流漂到古尔福岛海滩，那里正好有个穷苦的女人在用沙子和海水擦洗器皿……女人……为恻隐之心所驱，跑到海边，一把抓住那个遭难的人的头发，连人带箱子拖上岸来。她费了好大的劲才把他的手指从箱子上掰开，叫她的女儿把箱子顶在头上，她自己则像抱小孩似的把兰多福抱回家……[17]

第11章　知名溺水事件

兰多福靠木箱游泳，就像辛巴达用木板，或者荷马笔下的奥德修斯使用魔法头巾一样；他遇到一名女子，就像奥德修斯在菲亚克人的土地上遇到娜乌西卡一样。

薄伽丘的下一个故事重新演绎了希腊神话中希罗和利安德的故事。在这个版本中，吉安尼每天晚上从他位于那不勒斯港口附近普罗奇达岛的家中划船去附近的伊斯基亚岛看望女朋友雷斯蒂图塔。在找不到船时，他会游过去，即使"就在外面看看姑娘家的围墙也是好的"。[18] 和《列王纪》中关于鲁达巴的故事一样，薄伽丘为了避免游泳情节，安排吉安尼乘船。只有在无船可乘时，吉安尼才会选择游泳。（与希罗和利安德的悲剧结局不同，吉安尼的故事以两个恋人幸福地走入婚姻结束。）

即使在有限的文学作品中，游泳活动也在14世纪末逐渐减少。尽管乔叟（Chaucer）的《坎特伯雷故事集》（*Canterbury Tales*）部分受到薄伽丘的启发，但他笔下的人物都不会游泳。15世纪，托马斯·马洛礼在其创作的关于亚瑟王的冒险故事中也没有过多提及游泳，尽管他本人在紧急情况下是会游泳的。随着欧洲人与擅长游泳的非洲奴隶接触增加，欧洲人对游泳的厌恶也更加强烈——这反映了他们与被奴役的非洲奴隶划清界限的强烈愿望。此类现象在几个世纪前的伊斯兰帝国已经发生过。[19]

中世纪晚期，再往西往北远离蒙古或非洲影响的地方，文学作品中仍然有许多有关游泳的内容。13世纪左右，在苏格兰北部的奥克尼群岛（Orkney），英雄卡利（Kali）和勇敢的农场工人哈瓦德（Havard）外出寻宝，他们携带绳索、火把和工具，游泳穿过湖泊。斯维因（Swein）和玛加德（Margad）在海里沿着悬崖游泳。冰岛史诗《尼亚尔萨迦》(Njal's Saga)中，有个角色"游泳能同海豹相比"。约1240年，在冰岛的《埃吉尔萨迦》(Egil's Saga)或《埃格拉》(Egla)中，不仅英雄会游泳，还写到三名爱尔兰奴隶通过游泳从大陆逃到近海小岛上脱身。其中一名女奴隶跳下悬崖游走，成功逃避了追捕。[20] 尽管现代有关游泳的相关书籍经常暗示中世纪女性不会游泳，但当时的作家在描写游泳时，是将女性与男性并置的。《强者格雷蒂尔萨迦》(Saga of Grettir the Strong) 约成书于1400年，有一段亡命之徒格雷蒂尔（Grettir）与朋友比约恩（Bjorn）比赛游泳的内容。这本书中还写道：

> （格雷蒂尔）他甩掉衣物和武器，游向渔网。他把渔网收拢起来，回到岸边，将它们扔到岸上。就在他即将上岸时，索里尔迅速抽出短剑，拔剑出鞘。当格雷蒂尔踏上岸时，索里尔朝他冲过去，举剑向他砍去。格雷蒂尔向后纵身一跃，跳入水中，像石头一样沉了下去。索里尔守在岸边，打算等他浮出水面。格雷蒂尔贴着岸边在水下潜游，让索里尔看不到他，就这样游到了索里尔身后的海湾，悄悄上了岸，没被发现。直到格雷蒂尔把索里尔举过头顶，然后猛地将他狠狠摔下，以至于剑都从索里尔手中飞了出去，索里尔这才发觉格雷蒂尔已到身后。

在这个故事中，格雷蒂尔展现出在水下游来游去的能力。此外，不仅英雄格雷蒂尔会游泳，他的戏弄对象如吉斯利（Gisli）

也会,"认为他宁愿什么都不从格雷蒂尔那里学,也不愿再遭受这样的鞭打,更何况他也没有做什么招打的事。他刚能站稳脚跟,就立刻跑到一个大水池边,游过了河"。[21] 但除了这些北方传奇,中世纪晚期的欧洲人并不经常游泳:他们对游泳的兴趣从来就不浓厚,如今,他们更不愿意游泳了。

从爬泳到蛙泳

中世纪晚期,随着游泳运动地位的变化,欧亚大陆各地游泳者的泳姿发生了改变,他们不再选择爬泳,转而采用狗刨式或蛙泳的雏形。早在罗马帝国时期,塞涅卡就对游泳时水花四溅表达了不满,伊本·西纳也建议沐浴时要保持平静和安静。水花四溅被视为失礼可能是泳姿从爬泳转向蛙泳的一个因素。蛙泳要求身体的大部分处于水下,只有头部露出水面。[22] 新的泳姿符合人们"水是神圣的,不应被扰乱"的观念,他们坚信游泳是不端庄的行为。

欧洲蛙泳的最早记录可以追溯到13世纪60年代,霍亨斯陶芬皇帝腓特烈二世(Frederick Ⅱ)所著《驯鹰狩猎术》(*On the Art of Hunting with Birds*)的手稿中,有一名在池塘里游泳的猎鹰人。[23](图71)猎鹰人为了找回猎鹰,必须会游泳。在13世纪的欧洲,受蒙古帝国的影响,游泳不再重要,而猎鹰训练变得愈加重要。[24] 像早期游泳者一样,猎鹰人往往都是裸泳,衣物就留在水边。他们一直戴着帽子,所以很可能像中世纪的其他游泳者一样,面部始终在水面之上。但猎鹰人使用的并不是古老的上手划水,而是如巴巴罗萨那样使用狗刨式爬泳或蛙泳。

一代人之后,1310年至1320年间在伦敦绘制的《玛丽女王诗篇》的插图中,两名游泳者似乎都不懂爬泳。(图59)其中一人在踩水,另一人则像猎鹰人一样,双臂向前伸展。1375年,《特洛伊毁灭史》(*Gest Hystoriale of the Destruction of Troy*)中描述希腊英雄埃贾克斯(Ajax)时提到了"swyngyng of armys",这是欧洲人对爬泳最后的记忆。

> 他很快就沉入了大海,
> 奋力扑腾着,挥动手臂游着,
> 最终他成功游向陆地,保住了性命,
> 浑身赤裸,肚子里灌满了水。

图59 两个游泳技术一般的人。《玛丽女王的诗篇》中的插图,1310—1320年

此后，整个欧亚大陆，每个人都开始练习蛙泳或仰泳。

仰泳在中世纪晚期首次出现。古典文献，如柏拉图、庞贝的记载和中世纪彼得罗尼拉的故事中都提到过仰泳，但最早的有关仰泳的图像资料并非出现在欧洲，而是东方。在一幅14世纪的伊朗手抄本插图的场景中，两位仙女在河岸上交谈，有男人藏在溪流里，可能在偷听。（图72）图中隐藏的男人有两个，其中一人仰面漂浮，一个采用蛙泳泳姿，像是在模仿青蛙踢腿的动作。[25] 另一幅描绘仰泳的图像来自欧洲，出现在著名的中世纪日历《贝里公爵的豪华时祷书》（*Très riches heures du duc de Berry*）中，这幅画大约在1415年绘制于巴黎。仰泳的画面是八月的日历图，一群人在瑞讷河（Juine River）中游泳，背景是埃唐普城堡（Château d'Etampes）。（图73）图中，远处的农民正在游泳，而前景的骑士贵族则忙于猎鹰，两者形成了鲜明对比。猎鹰的骑士对远处农民的裸体漠不关心。游泳的农民中，有些在蛙泳，有些在仰泳。像往常一样，蛙泳者的头露出水面。在这本日历中，游泳者使用了蛙式踢腿，而非古代常见的剪刀踢或上下扑踢式打水。

布西考（Boucicaut）大师的一幅当代插画作品，生动再现了苏维托尼乌斯讲述的恺撒的故事——他游到一艘船边，将珍贵的文件举过头顶以保持干燥。[26]（图60）自亚述时期以来，这是游泳者在游泳的同时保持衣着完整的首次描绘。布西考的这幅插画还存在一个更明显的漏洞：在蛙泳泳姿下，恺撒是如何将文件保持在水面之上的呢？这种军情紧急情况下展现的艰难而英勇的行为，似乎更适合侧泳前行。[27] 然而，图中恺撒使用的是蛙泳——

图60 恺撒手持信件游泳。《名人鉴证》（*Des cas des nobles hommes et femmes*）中的袖珍画，1413—1415年

布西考大概对其他泳姿没什么了解。

和布西考描绘的"全副武装"的恺撒一样，中世纪晚期的罗马故事《克洛莉亚》的插图中，三个正游过台伯河前往罗马的女孩也穿着那个时代的全套意大利服装。（图61）两个女孩双臂前伸；第三个女孩则是手臂一前一后，伸向河岸，这可能暗指爬泳泳姿。希罗和利安德的故事也出现在1525年左右的意大利盘子上（图74），图中，利安德先是戴着帽子、双手前伸游泳，最后

图 61　克洛莉亚和她的同伴穿着衣服，游泳穿越台伯河逃生。吉多奇奥·迪·乔瓦尼·科扎雷利（Guidoccio di Giovanni Cozzarelli）的木板蛋彩金箔画《克洛莉亚的传说》（*The Legend of Cloelia*），约 1480 年

溺死在水中。

在西南亚和印度地区，有关游泳的绘画作品长期保留了爬泳的姿势。但在中世纪晚期，游泳也发生了改变，开始趋向于蛙泳。一幅创作于 1435—1436 年的画作显示，巴格达人为了躲避蒙古人袭击，泅渡底格里斯河时使用的是爬泳。但到了 1540 年，与克里希纳一起游泳的牧女使用的可能是蛙泳。[28]（图 36）1590 年，《阿克巴纳玛》（莫卧儿帝国第三任皇帝阿克巴统治时期的官方编年史）中的一幅插图，描绘了一名男子在水中蛙泳的场景。（图 76）在遥远的日本，武士时代的传统游泳姿势与蛙泳和爬泳类似："游泳者身体侧向一边，如果他是左撇子，他只伸出左手划水，右手始终在水下。"一种交替划水的名为 Chimba-Nuki 的传统泳姿可能为中世纪早期游泳者所使用——"游泳者交替使用左右手，双脚上下踢水"。至少依照后来作者的描述，仰泳在当时并不普及。[29] 这些有关划水姿势的描述明确指出游泳者的面部是露出水面的，但都没有提及呼吸技巧。与中世纪的欧洲一样，

日本也强调游泳时的宁静和优雅。

从中国到西欧，中世纪中亚势力的兴起鼓励人们跨越界限，认同非游泳者，而不是游泳者。在欧洲，1190年神圣罗马皇帝腓特烈一世即巴巴罗萨溺亡事件所带来的震撼强化了这种转变。到了13世纪，游泳几乎被人们摒弃，或者说，人们的游泳能力大幅退化，不过也出现了蛙泳和仰泳等新的泳姿，取代了上手划水的爬泳泳姿。此外，一如几千年前，大冰期迫使欧亚大陆北部的居民远离水域，这一时期——中世纪晚期开始的小冰期也导致当时的民众对游泳失去兴趣。

第 12 章

小冰期

通过对现存书面资料的分析,我们能够推断出导致人类第二次远离水环境的决定性原因。和古代一样,大多数中世纪文献作者将这种对水的远离归因于对潜在危险的恐惧,或是对一种新兴的道德行为规范的坚守。近代一些专注于游泳研究的学者也沿袭了同样的思路,并结合自己的时代进行了相应的调整。但这些解释大都缺乏说服力。事实上,人类第二次离开水,除受中亚文化的影响外,中世纪晚期显著且广泛的气候变化可能扮演了更重要的角色。

游泳是危险的隐喻

中世纪晚期,在整个欧亚大陆北部的文学作品中,除了北欧传奇,游泳通常代表着危险。和古代一样,中世纪有关游泳的故事往往涉及沉船、溺水事件和怪物的出现。中国唐代诗歌有一类"送别诗",其中许多诗作都描写过中日航线上威胁旅行者安全的海怪,如皮日休的《送圆载上人归日本国》就有海怪形象的

"飓母"：

> 讲殿谈余著赐衣，椰帆却返旧禅扉。
> 贝多纸上经文动，如意瓶中佛爪飞。
> 飓母影边持戒宿，波神宫里受斋归。
> 家山到日将何入（一作日），白象新秋十二围。[1]

中国古诗中的海怪形象与中世纪欧洲地图上的海怪和美人鱼有诸多相似之处："此处有龙。"[2] 雅各布斯的《基督教圣人的生活》中已对龙和海怪有所提及。中世纪欧洲的动物寓言集同样将游泳和危险联系在一起，插图中美人鱼拽着一个水手的头发，将他从船上拖出。[3] 此外，还有约拿被鲸鱼吞噬的场景，他已被吃掉一半。在《一千零一夜》中也有一则故事：一个渔夫从海里打上来"一个恶魔，他的脚踩在地上，头在云端。他的头像坟墓，獠牙像钳子，嘴巴像洞穴，牙齿像石头，鼻孔像喇叭"。[4]

即使没有海怪，中世纪的海洋也充满了危险。在《一千零一夜》中，游泳者还曾遇到"海水果然上涨，和山顶一般高"。[5] 13世纪后期，欧洲地区出现了大量关于《圣经·诗篇》第69章的手稿插图（见第1章），画中是大卫王赤身裸体站在波涛之中，祈求上帝拯救，令他免于溺水。大约在1370年，多米尼加哲学家锡耶纳的凯瑟琳，以游泳为隐喻，来描述未能遵守规则，安全地留守在船上的僧侣：

> 这样的人愚蠢地以为，仅凭自己双臂的力量，依仗自己

那点可怜的见识，就能在这波涛汹涌的大海上航行，却不愿借助教团和上级的庇护。这样的人……在狂风巨浪的大海中挣扎游弋，被逆风肆意地抛来抛去，仅仅靠身上的衣服与船只相连。他只是表面穿着宗教服饰，内心却未真正笃信……他看不到，自己徒劳地用双臂划水，远比安稳待在船上的虔诚教徒要辛苦得多，也没意识到自己正面临着永恒的死亡威胁；因为一旦死亡来临，他身上的衣服突然从船上扯落，他便再无补救之法。[6]

海员们必须提前做好心理准备，以应对航行过程中海浪的摆布，他们可能遭遇风暴甚至海难。在《一千零一夜》的《海上公主朱儿拉娜》中，巴德雷国王骑在一块木板上，"无助地"随风漂流了三天三夜，最后被冲到岸上。[7]在另一次海难之后，一名苦行僧爬上一块漂浮的木板，风立即把他卷上了陆地。[8]《阿西西的圣方济各的小花》（*Little Flowers of St Francis of Assisi*）是一部关于方济各生平的故事集，作于1390年前后的意大利，书中写道："一些不会游泳的人为了拯救落水者而跳入水中，结果所有人都淹死了。"在中世纪晚期的欧洲艺术作品中，溺水者的骇人形象频频出现：沙特尔的彩色玻璃窗上，一只粉红色的乌鸦正在啄食溺水者的眼睛；霍尔克姆译本的《圣经》插图中，海面上漂浮着淡绿色的尸体。[9]

就算没有怪物或风暴的尼罗河，也是危险的：

> 从前，在埃及的尼罗河畔，曾住着一位洗衣工，名

叫诺亚。他终日沐浴在阳光下，又像鱼一样，终年泡在水里……

这人有一个宝贝儿子，任性、游手好闲、愚蠢。只要看到父亲在水里，他就骑上父亲的驴，赶着它冲进河里。父亲时刻提心吊胆，生怕孩子掉进水里溺亡，或被鳄鱼抓住。

一天，男孩像往常一样骑上驴，发疯似的冲进河里，水一下子就没过了他的头顶。他一会儿像只牡蛎般沉在水下，一会儿又像个气泡浮上水面。

父亲一得知儿子溺水的消息，立刻冲进水里，抓住了儿子的手，希望能救他。男孩也紧紧抓住父亲，还揪住了父亲的头发。最终，两人都沉入了水底。[10]

游泳和性

在中世纪晚期，游泳与性侵犯之间的联系也被进一步强化，主要由于这两件事通常都涉及脱除衣物。尤其是在中亚地区，人们会因裸露皮肤而焦虑不安。古希腊陶瓶画上的斯基泰人和波斯人从头到脚都被衣物包裹——下穿长裤，上身是长袖衬衫，头戴帽子或头巾，这与希腊人物裸露和常穿短款外衣形成了鲜明对比。[11] 在西亚地区，人们也惯于遮蔽身体，就像亚当和夏娃在伊甸园里那样——挪亚醉酒后赤身裸体地倒在帐篷里时，他的儿子们表现出的震惊体现了这一点。在整个中世纪，中亚和西亚地区的人一直罩袍遮体，他们穿裤子和衬衫，经常戴头巾或帽子。女性在不穿长裤骑马时，都着长袖和裙摆及地的长裙，并常常佩戴面纱。拜占庭人不再穿传统的束腰外衣和宽长袍，而是选择长及脚踝的高领长袖长袍。《古兰经》也强调男女须出于道德考量遮罩身体，并且需要避免直接对视。[12] 中国人和欧洲人在模仿中亚外套和裤子的同时，也将自己遮罩起来。

在这种"遮罩"式生活习惯的背景下，脱衣、游泳和性之间的联系就显而易见了。13世纪的《一千零一夜》中，有一则"搬运工和三位女士"的故事，就生动展示了与游泳相关的行为：

> 他们喝了一会儿，然后三个人中最年长、最漂亮的那个站了起来，开始脱衣服……女孩脱至赤身裸体，跳进池子，将自己整个人浸没。搬运工看着她赤裸的身体，宛如一弯明月，看着她的脸，宛如满月或初升的太阳一般闪耀，欣赏着她的身材……姑娘听了他的诗句，迅速从水潭里走出，坐到了他的腿上……然后，搬运工站起身，脱下衣服……纵身一跃，跳进水池中央。[13]

在伊朗，微缩画家也以游泳为借口，让模特脱去衣物。16世纪初，伊朗萨法维王朝时期，有一幅经典的描绘游泳的画作，画中几人正在裸体游泳，并拥抱在一起，而亚历山大大帝则在一旁监看。（图38）正如印度北部头顶牛奶罐的少女图一样，这些伊朗女性也只是站在水中，尽管其中一人双臂张开，正笨拙地做爬泳动作。此外，就像16世纪小说《西游记》里的女性一样，沐浴时脱掉衣服的她们，是羞于从水里出来的，因为很容易成为性侵犯的受害者。[14] 此外，注重体面的游泳者也开始着装游泳：

印度莫卧儿帝国的第三任皇帝阿克巴的传记《阿克巴纳玛》中，游泳者臀部用一块布缠裹，而牧女在游泳时也多少进行了装扮。

游泳、性与羞耻之间的关联也开始从北非蔓延到西非。10世纪，性感美人鱼张开尾巴的图像传入西非，贝宁的青铜器有类似的形象。到了中世纪晚期，伊本·白图泰等旅行者的游记让西非人了解到其他地方的人对各种裸体行为的强烈反感。[15]

在欧洲文化中，游泳和性之间一直存在着某种联系。薄伽丘在其著作中描述了一名威尼斯修士，他因通奸被迫从情人卧室的窗户跳入河中："运河水不是很深，他水性不坏，没有损伤。"[16] 在古典时期，游泳往往与性欲和滥交相提并论。在中世纪晚期，基督教主教开始越来越关注沐浴的道德问题。15世纪左右，约翰·利德盖特（John Lydgate）警告人们，不要以灵魂为代价放纵肉体。在中世纪的文学与艺术作品中，澡堂和浴场往往与妓院密切关联，许多公共澡堂因此声名狼藉，被迫关门。到了16世纪，"美人鱼"和"海妖"则成为性工作者常见的委婉代称。[17]

沐浴习惯的变化

正如公共浴室卫生问题所引发的担忧那样，中世纪晚期，旧时北方地区的非游泳者认为"即使靠近水域也有风险"的观念重新流行起来。为保护河流，城镇制定了一系列新法规。在欧亚大陆北部和北非地区，关于沐浴适宜性的观念也发生了类似的变化。人们不再愿意在公共浴场沐浴；只有生病时，才勉强去公共浴场进行温泉浴。甚至在温浴泉时，越来越多的人选择不脱去衣服。

在公共浴场沐浴一度被认为有损道德，甚至可能有害健康。[18]12世纪，在西南亚和北非地区，当地医生警告人们应避免在浴池里长时间浸泡。11世纪初，伊本·西纳曾建议病人定期沐浴，最好"多间隔一段时间"，而一个世纪后的迈蒙尼德（Maimonides）则建议人们每周只洗一次澡。两位医生都警告患者不要进入浴池太过频繁："一旦出汗、皮肤变软，就冲洗身体离开。"[19]在中国，男女共浴被认为是"极端放荡"的行为。[20]而宋代、阿拔斯王朝以及罗马时期，许多古老的公共浴场被新型浴室所取代，这些新型浴室在私密或半私密的房间里设有单独的浴缸。尽管11世纪的伊本·西纳对公共浴室进行了明确的设想，但伊本·白图泰在1350年前后对巴格达浴场的描述表明，这一时期，阿拉伯世界的浴场已不再有可以公开裸体或体量较大的泳池：

> 巴格达的澡堂很多，形式新奇，多数浴池是用沥青涂抹，看上去像是黑色大理石，此种沥青是从库法、巴士拉之间的油泉运来。油泉涌出沥青不止，在泉边凝成稀泥状，刨下运至巴格达。澡堂中设有单人浴室，池内都涂着沥青。四壁的靠地部分也涂着沥青，而墙的上部则用白灰粉刷，真是黑白相间，特别显目。每一单人浴室内设一大理石浴池，设置两个水管：一个是热水管，另一个是冷水管，一个人可自用一间，外人不得混入，除非经过许可。每间浴室的一

个角落里,设有一洗涤小池,也装有水管两个,供给冷热水。……像这样精心的安排,只在巴格达才有。[21]

到了中世纪晚期,欧洲的公共浴场,一如巴格达的公共浴场,都设有私人、独立的浴缸。[22]若财力充足,一些人还在私人住宅中建造浴室,或者在自家房屋或花园里的木桶中沐浴。木桶周围还会搭建浴帐,以保护隐私,同时也有保暖功能。

然而,健康水疗中心是个特例,人们可以继续在那里集体沐浴。7世纪,疗愈沐浴之风式微;中世纪晚期,水有疗愈作用的观念再度兴起,随之而来的,是"水之能量"古老观念的复苏。[23]《卫生养生法》(*Regimen Sanitatis*)是一本13世纪时欧洲的医学咨询手册,极力推荐冷热水交替浴法,以调节心情和恢复健康。[24]在中世纪晚期的中国,公共浴场也专为病患服务。13世纪时,意大利旅行家马可·波罗曾在杭州见到可容纳百人共浴的大型公共温水浴场。中国史料也有记载,杭州有大型公共浴场,浴室有砖砌水池,而且,在中世纪,公共浴室在中国十分普及。[25]需要注意的是,可能存在患有不同传染病的人在同一水池沐浴的情况,如此一来,即使沐浴活动是以健康为目的,结果未必能保证健康。

在整个欧亚大陆北部,公共浴室中穿着衣服入浴的现象越来越普遍。在中国,至少从周朝开始就是这样,男人会用两块粗布裹住自己的身体,前后各一条。[26]在中世纪的巴格达,"入浴前各取手巾三条,一条于入浴时遮围下身,一条于出浴后遮围下身,另一条用来擦身"。[27]欧洲人比亚洲人更喜欢在沐浴时遮蔽自己的身体。据波吉奥·布拉乔里尼（Poggio Bracciolini）记载，1416年春，在德国的巴登温泉，男女都穿着衣物沐浴。但他对此颇不认同："男子只穿一条衬裤。女子穿着亚麻背心，但背心两侧是敞开的，以至于既遮不住脖子、胸部，也遮不住穿着者的手臂。"[28] 人们穿着衣服沐浴，而波吉奥甚至认为他们穿的不够多。

1449年，英国巴斯地区古罗马温泉的经营者试图实施一项历史悠久的禁令：禁止人们在泳池里穿内衣。但此禁令引起了当时社会大众的强烈不满。社会习俗早已改变，人们已对裸露皮肤感到不适了，他们想穿着衣服下水。面对公众的反对，经营者坚持执行，故而沐浴者向当地主教托马斯·贝金顿（Thomas Beckington）寻求支持。贝金顿认为裸浴有失体统，遂宣布，禁止所有成年男女裸身进入温泉。[29] 不久之后，欧洲浴场的经营者开始效仿中国的做法，实行男女分浴。

在中世纪晚期，欧洲和西南亚地区的居民仍保持着在公共浴场沐浴的习惯。许多人将沐浴的清洁和洗礼的清洁联系起来。[30] 然而，随着时间推移，越来越多的人倾向于在公共场合穿着衣服、使用单独浴缸，且男女分开进行沐浴。自13世纪开始，非洲西部－欧亚大陆的居民开始在私人住宅中设置浴室或安装浴缸。[31] 这些都不利于游泳的发展。1599年，教皇克莱门特八世甚至颁布了一条法令，禁止人们在台伯河中裸泳[32]，这条法令也是"清教徒运动"的一部分。清教徒运动一个最著名的行为艺术，便是将无花果叶盖在古希腊雕像生殖器上，其中一些雕像，如今仍保存在梵蒂冈博物馆中。

游泳和异类

在中世纪，欧亚大陆居民同样构建了基于种族和文化差异的游泳者与非游泳者的区分体系。游泳并未被视为一种与生俱来的遗传或生理能力，而是逐渐成为一种与文化或宗教身份，甚至法律身份相关的选择。例如，在13世纪中叶，西班牙卡斯蒂利亚的智者阿方索制定的法典中，明确禁止犹太人和基督徒一同沐浴。[33]在东亚地区，游泳则成为区分中国北方居民与南方居民以及日本人的文化特征之一。就像语言一样，游泳能力成为区分族群的一种标准。此外，中世纪晚期的非游泳者也从文化、安全、个人礼仪等角度，为自己不愿下水提供了合理解释——一如他们的古代先祖。

近代早期的解释

然而，进入近代早期，这些传统的解释似乎没那么充分了。18世纪，法国人梅尔奇·萨文诺（Melchisédech Thévenot）在其编辑的早期游泳手册中，对人们放弃游泳的行为提出了新的解释。这些解释也反映了当时社会的关切：

> 虚假的世故导致了软弱，很快摧毁了健康的游泳制度。贵族们离开原本可以传播富足和幸福的乡村，搬到城镇。在那里，他们学到了新的风俗和新的品位。其他市民也仿效这些骑士，抛弃旧有的生活方式，而乡村游戏，正如游泳这样天真的娱乐活动，被留给了农民及那个层次的人。这场变革

之后,好习俗被颠覆,富裕阶层的人开始看不起普通人,不愿与普通人分享同频的快乐。当他们发现自己的人生可能暴露于危险的旷野之后,他们则可能从一次必要的沐浴中获得快乐,同时强壮四肢并保持健康,当一个身体疲惫的人将自己沉浸于水中时,他能感受到无与伦比的美妙情绪——沐浴是古老且极简的放松方式。即便偶尔有一些人的精神内核足够强大,敢于反抗民族偏见,那也只是例外,影响微乎其微。今天,唯有在奢侈和挑剔尚未渗透的环境中,我们才能找到优秀的游泳选手。[34]

庞塞林(Poncelin)基于阶级视角去观察游泳的行为是敏锐的。的确,在中世纪早期,欧亚大陆的居民普遍视游泳为精英阶层的象征,这一点从查理大帝强调自己的游泳能力,以及伊朗英雄鲁斯塔姆和辛巴达也具备游泳能力可见一斑。到了中世纪晚期,游泳开始和社会底层人民联系在一起,一如此前中国也将游泳与农民联系在一起,《贝里公爵的豪华时祷书》中也有所描绘。庞塞林将这种转变归因为城市化的发展——中世纪不断发展的城市可能的确起到了一定作用,但在日本、印度南部、印度尼西亚、东非、中国南部和墨西哥,同样城市化的政体仍然保持着对游泳的浓厚兴趣。因此,城市化并不是游泳走向衰落的充分条件。

最近的解释

19世纪和20世纪的历史学家普遍认为,人类停止游泳活动是因为担心传播疾病——所以，人类是为了避免喝下脏水才在游泳时保持面部露出水面吗？[35] 要知道，即使在古代，欧亚大陆北部的居民也是这样游泳的。中世纪的文献资料中也没有提到过这类担忧。在中世纪的非洲和欧亚大陆，几乎没有人意识到脏水会传播疾病，而且历史的时间线也不支持这种观点：当黑死病在 14 世纪中期暴发时，游泳在非洲和欧亚大陆已经衰落了一个多世纪。因此，疾病和游泳的终结之间不存在直接关联。

这种观点的起源可能要追溯到 19 世纪，当时学者在接纳细菌传播霍乱等疾病新理论的同时，开始好奇为什么欧洲人放弃了游泳，并试图将两者结合起来。然而，黑死病并不能合理解释游泳的终结。[36]

试图将游泳的消亡与中世纪航运业的衰落关联起来也是徒劳的。航运衰落意味着人们学习游泳主要是为了在发生海难时能够自救。但游泳从来就不是为了解决水上安全问题。中世纪时，人们也不再在印度洋游泳，而这一时期印度洋的贸易可比古代活跃得多。[37] 现在我们知道，中世纪早期地中海承载的航运量远比人们以前认为的要多，因此也有更多的沉船事故。约翰·麦克马纳蒙将中世纪游泳的衰落归咎于"骑士精神和欧洲的基督教化"，这种观点过于欧洲中心主义了，缺乏说服力。[38] 影响游泳运动在整个欧亚大陆北部发生变化的原因，需要从宏观视角给出：中亚的征服活动是符合条件的两个原因之一；而另一个，就是小冰期。

小冰期

在中世纪晚期，一个被称为"小冰期"的重大气候变化使游泳变得不再有吸引力，这与数千年前更剧烈的冰期相似。在欧洲大陆，夏季变得更寒冷、多雨，导致作物频繁歉收，进而迫使酿酒业向南迁移。小冰期对欧洲以外地区的影响直到最近才被理解，然而，我们已经有足够的数据表明，这一时期影响印度和非洲的严重干旱可能改变了人们对水的态度，无论是在南方还是在北方。到了中世纪晚期，气候变化和中亚文化优势的结合，导致欧亚大陆和北非地区的居民停止了游泳。

与航运模式或城市化的变化不同，小冰期在中世纪晚期影响了整个欧亚大陆，其作用可与蒙古的征服相提并论。我们必须警惕将气候变化视为所有历史事件的根源的简化倾向，但小冰期引发的全球气温和降雨模式的剧烈且持续的变化，无疑对人类的游泳活动产生了影响。正如在石器时代，大冰期导致许多欧亚北部地区的居民放弃了游泳一样，中世纪的小冰期也导致了类似的生活方式改变。

小冰期始于13世纪，结束于19世纪50年代，给整个欧亚大陆北部地区带去了更寒冷的天气。而气温骤降的原因之一，可能与频繁的火山活动有关，火山喷发释放的大量火山灰遮天蔽日。1257年，印度尼西亚龙目岛上萨玛拉斯火山的喷发可能是全球变冷的开端。[39] 尽管从表面上看，欧亚大陆的平均气温只是下降了1℃到2℃，但这一变化已有显著的气候影响。[40] 夏季开始变得多雨，导致小麦和大麦等农作物大面积歉收，进而引发了中国数百万人口的饥荒。在欧洲，居民不得不转而食用黑麦面包，或者黑麦和燕麦的混合面包，即备受诟病的"黑面包"。直到小冰期结束后的19世纪，欧洲农民才停止食用这种面包。[41] 人们终日陷在潮湿、寒冷、饥饿之中，也难怪会对游泳失去兴趣。

与此同时，在非洲和印度的大部分地区，小冰期却带来了漫长而可怕的干旱。世界上大部分的水资源都被冰川封存，北方多雨，而非洲或印度却降水匮乏。[42] 整个16世纪后半叶和17世纪，南亚地区经历了大规模的季风异常。莫卧儿帝国的衰落可能也与干旱有关。[43] 在人们一直尝试游泳的区域，这场干旱也产生了负面影响。南亚地区与小冰期相关的干旱可能加深了人们对水的神圣性的认识，从而对进入水中产生了敬畏。在中世纪，克里希纳神的水之仪式要求印度教朝圣者在布拉吉触摸或饮用圣河的水；到了16世纪中期，朝圣者只需要从一座石塔的窗户观瞻亚穆纳河（恒河最大支流，印度圣河之一）即可，那扇窗户甚至可能正是为了供人观瞻河流而开的，抑或只需要简单观看亚穆纳河的绘画作为替代（苏加塔·雷称之为"水崇拜"）。[44] 尽管莫卧儿王朝对水的恐惧可能起到了一定作用，但这一时期，季风周期性的灾难降临显然也是一个不可忽视的原因。[45] 因此，小冰期引发的干旱阻碍了游泳在伊朗和印度的发展，而由此导致的寒冷和多雨则阻碍了游泳在欧亚大陆北部地区的普及。

第12章 小冰期

到中世纪晚期，游泳者和非游泳者之间的差别几乎和石器时代末期一样明显。在欧亚大陆北部，游泳已经逐渐消失。大多数人对裸泳持反对态度，而爬泳也已很少见，极少数继续游泳的人开始采用狗刨式泳姿或蛙泳泳姿。从欧洲到中国，中亚的扩张与小冰期导致大多数人停止游泳。这种对水的恐惧甚至扩展到了北非，尽管那里的居民以前都是游泳好手。在未受蒙古势力影响的地区，如日本、澳大利亚、南亚、非洲和美洲，人们依然是优秀的游泳者，依然使用上手划水泳姿。北方居民几乎已经忘记了世界上还有人会游泳。但同样的气候现象——小冰期——既促使欧亚大陆北方居民放弃游泳，也驱使他们跨越海洋，在新地域开拓殖民地。下一章将会讲到，当身为非游泳者的欧亚居民与其他地区的游泳者相遇时，将会发生什么。

第三部分

继续游泳

图62 索马里男性在也门亚丁地区潜水捞取钱币。1875年11月27日《图像》(*The Graphic*)杂志的插图,值得注意的是,图中右侧的游泳者在使用手臂过顶的划水动作

第 13 章

非 洲

15世纪40年代，当贝金顿主教禁止在巴斯裸浴时，更具冒险精神的欧洲人已经驾着轻快帆船驶向大西洋。14世纪，欧洲人在西非大西洋沿岸的加那利群岛建立了殖民地。1443年，他们扩张到毛里塔尼亚；次年，在塞内加尔海岸俘获并奴役了当地人。1471年，欧洲人入侵加纳，11年后殖民刚果王国。1492年，哥伦布到达加勒比海，在那里，他第一次奴役了美洲原住民。几年后，瓦斯科·达·伽马到达印度洋的重要贸易区。1512年，欧洲人开始在印度尼西亚开展贸易活动，次年进入中国；他们在西非登陆后不到一个世纪就到了日本。他们惊奇地发现，无论这些欧洲商人到达哪里，当地居民大都擅长游泳——甚至比欧洲文艺复兴时期最杰出的游泳者还要优秀。在欧洲，即使是优秀的游泳者也只会蛙泳，而非洲人、东南亚人和美洲原住民则普遍使用上手划水式爬泳。欧洲游泳者使用蛙式打腿，而其他人都使用直腿打腿的变体。大多数人可以将面部浸入水中游泳，甚至能够优雅潜水。人们还会将孩子背在身上游泳。（图75）尽管一些欧洲人对此表现出浓厚的兴趣，但另有一些人对这一发现持否定态度，声称游泳是一项不适合文明人的活动，只适合动物和亚人类。[1] 游泳变得愈发具有"种族属性"。掌握游泳技能成为有色人种区别于白人的一种标志，因此，游泳能力也被曲解为非洲人和美洲人理应为奴的天然证据。

这种理由并不令人惊讶，因为欧洲人前往非洲正是为了寻找可供奴役的劳动力。小冰期的农作物减产可能推动了欧洲人对大西洋的探索，但他们的航海活动并非为了寻找新的耕地，而是寻找新的民族来代替他们完成耕种，寻找可作为商品出售的俘虏。欧洲各国斥巨资装备昂贵的船队，也并非出于对科学的追求抑或冒险精神的驱动。[2] 早在罗马帝国时期，欧洲地图就已标注有印度和非洲的位置，中世纪的欧洲地图同样如此排布。地理学家早就知道，从加那利群岛向西航行，将会抵达一片布满海藻的海域，附近的岛屿一览无余，那就是加勒比地区。[3] 欧洲远洋船队清楚地知道自己的目的地——那里不仅有可供出售的人口资源，还有适宜种植甘蔗的气候条件，以及可以用金钱进行奴隶交易的殖民地贸易市场。

15世纪末，欧洲人以俘获奴隶为目的的活动范围扩大到西非，因为他们惯常的"奴隶来源"已经枯竭。在东方，波兰和奥斯曼帝国正在保卫自己的国家，抵御西欧的奴隶贩子。[4] 在西班牙，14世纪对穆斯林领土的逐步征服，导致大量被奴役的穆斯林涌入南欧，正是他们促进了欧洲制造业的发展。但到了15世纪中期，西班牙大部分地区皈依基督教，这一奴隶来源也消失了。[5] 此时，奴隶贸易主要是由穆斯林奴隶商控制，他们利用骆驼商队穿越撒哈拉沙漠进行交易。[6] 因此，航海家恩里克王子带领的葡萄牙船队开始探索绕过骆驼商队的方法,他们先征服了摩洛哥的休达(Ceuta),然后乘船沿非洲大西洋海岸向南进行探险活动。中国的指南针、伊朗的星盘、更精准的时钟和改进的造船技术大大降低了在远离陆地的公海上逆流航行的风险。一如西班牙人和葡萄牙人,像约翰·卡伯特(John Cabot)这样的威尼斯人和克里斯托弗·哥伦布(Christopher Columbus)这样的热那亚人也当了几个世纪的奴隶贩子,并投入了大量资金。欧洲奴隶贩子的意图塑造了他们的认知——当他们看到自己贩卖的"商品"游泳时,他们便将游泳视为一项只适合动物、怪物、异类和奴隶的技能。

非 洲

15世纪40年代,第一批葡萄牙奴隶贩子沿着非洲大西洋海岸航行到塞内加尔时,很快便注意到非洲人比欧洲人更擅长游泳。尽管许多葡萄牙水手在海上谋生,但他们对游泳一窍不通。这一时期,葡萄牙人在塞内加尔海岸对当地奴隶发动了一次突袭,但没有成功,不得不紧急撤回自己的船上。他们事后回忆说:"一些会游泳的人,看到危险来临,直接弃船跳入水中,通过游泳保全了性命。"其他"不会游泳"的人都被愤怒的塞内加尔人杀死了。[7]

在古代,非洲人就已展现出高超的游泳技术,欧洲探险者到来后依然如此。18世纪,在刚果河畔长大的赞巴·泽博拉(Zamba Zebola)回忆说,他自幼就"对非洲的水域非常熟悉,能像海鸥一样游泳"。[8] 在尼日尔河流域，人们会为了"愉悦身心"而游泳，也会在钓鱼或划船时佩戴护身符以防溺水。[9] 在加纳，阿桑特人（Asante）也是游泳好手，他们用芦苇网潜水捕鱼。[10] 潜水者不仅打捞牡蛎和贝壳，还会打捞沉船中的财物，甚至在水下"捕捞"黄金。[11] 尽管这里像在马尔代夫群岛上一样，多数贝壳仅需蹚水就能捡到。[12] 西非的孩子通过"将小块木板或小束芦苇秆绑在肚子下面"的方法学会游泳，这与一千年前罗马儿童学习游泳的方法相似。他们不仅游得很快，还可以潜入深水待上很久。[13] 就像宋代的弄潮儿一样，西非的孩子会在大西洋海岸冲浪。游泳者"不论男女，从婴儿时期就开始了"。[14] 有南非土著记述了一次营救，当时一名妇女被邻近部落绑架。游泳在这次营救中起了很大的作用：

> 他们试图渡过一条很深的河——但此举实属鲁莽，他们本应在河岸作战。他们还未游到河心，我们就用长矛将其中二人刺死。他们很快沉入河底，成为鳄鱼的食物。另外二人虽成功渡河，但我们也跟着跳进水中，紧随其后。[15]

在东非，莫桑比克和肯尼亚的沿海地带，早期文献记载描述了15世纪晚期众多优秀游泳者的事迹，有人甚至在遭受酷刑、双手被绑的状态下，从瓦斯科·达·伽马的船上游泳逃脱。[16] 埃塞俄比亚牧师阿巴·戈尔戈里奥斯（Aba Gorgorios）描述了17世纪埃塞俄比亚基督徒庆祝主显节的盛况：

> 国王和宫廷的所有贵族，主教和神职人员，贵族和平民，老老少少，在日出之前，涌入河流和池塘，跳进水里嬉戏，将头埋入水下。当他们遇到任何牧师时，他们都渴望得到祝福……在这一天，年轻人常常一起跳跃、跳舞、游泳、嬉闹……这是个欢乐的日子。[17]

此处，戈尔戈里奥斯是在保护他的人民免受葡萄牙天主教徒对他们多次洗礼的异端行为的指控。如此一来，就无法判断埃塞俄比亚人是否真的通过游泳来庆祝主显节了。不过就算仪式是虚构的，河流和池塘可以进行娱乐和社交活动这一情况戈尔戈里奥斯无法杜撰。在非洲各地，民众普遍是游泳好手。

从老普林尼的记载和庞贝尼罗河壁画可知，古代非洲存在一项跳入水中与动物搏斗的运动，一直延续到殖民时期。17世纪末，塞内加尔游泳者在猎杀鲨鱼时，会在水中等到"鲨鱼侧身发起攻击之际，手持匕首潜入鲨鱼身下，靠着游动的惯性剖开它的肚子"。[18] 还有东非人与河马的搏斗，他们"投掷鱼叉，潜行一段距离后浮出水面，迅速游向岸边"。[19] 正如老普林尼所说，非洲人能够猎杀重达130—180公斤的巨型海龟[20]，他在作品中记载了非洲游泳者与鳄鱼的搏斗：

> 他们在鳄鱼不游动就无法支撑自身的地方出其不意地突袭。他们左臂缠着牛皮，右手持刺刀发起攻击。他们把裹着牛皮的手臂伸进鳄鱼喉咙，撑开它的嘴，由于鳄鱼没有舌头，它体内很快便像桶一样灌满了水。为了加速它的死亡，

他们用刺刀猛刺鳄鱼的喉咙，或者戳瞎它的眼睛。就这样，他们凭借技巧就能做到单凭蛮力无法做到的事。[21]

这些战斗可能与展示男性气概的仪式有关，但非洲妇女也会与鳄鱼战斗，并自豪地展示伤疤。[22]

尽管如此，游泳在整个非洲范围内并不普及。彼得·德·马里斯（Pieter de Marees）声称非洲内陆居民并不会游泳，18世纪，奥拉达·艾奎亚诺（Olaudah Equiano）在尼日利亚被绑架为奴时，显然就不会游泳。在被押往奴隶船的途中，他"经常非常惊讶地看到男男女女跳入水中，潜入水底，再浮上水面，游来游去"。[23] 西非人改信伊斯兰教，而伊斯兰教所属文化并不推崇游泳，且十分注重身体的端庄，这或许抑制了游泳活动。他们还引入了印度纳拉姆－阿卡拉裂尾人鱼等图案，这些图案大约在9世纪伊斯兰教传入时开始出现在非洲艺术中。当欧洲人到达西非时，有关人鱼的艺术创作仍非常活跃；其中一个出现在贝宁的青铜器上。[24] 但是，奥拉达·艾奎亚诺的传记本身证实了大多数西非人都是会游泳的。

在对非洲人游泳活动的观察中，欧洲人印象深刻。一名威尼斯奴隶贩子称，西非人是"游泳好手，他们可以横渡河流，是世界上最完美的游泳者"。塞内加尔人每天给孩子洗澡，并很早教会他们游泳。[25] 像其他优秀的游泳者一样，西非人采用爬泳，而非欧洲人使用的蛙泳。在游泳动作方面，西非人"两条手臂轮番向前划动，就像在划船一样，而不是像欧洲人双臂同时划水"。[26] 他们游得"非常快，在游泳和潜水方面，能轻松超过我们民族的人"。[27] 阿尔维塞·卡达·莫斯托（Alvise Cà da Mosto）在他的回忆录中，回忆起1455年他在塞内加尔附近的布多梅尔看到的一名游泳高手：

> 我想给船上的人送封信，告知他们应该到那条河边来，而我得从陆路前往。我问那些黑人，是否有人水性好且有足够勇气，把我的信送到大约三英里外的船上。
>
> 立刻有许多人说自己行。但由于海面波涛汹涌，风也很大，我说我觉得这事儿一个人恐怕办不成。最主要的原因是，离岸大约一箭之遥，有一道暗礁和一片沙洲，两箭之遥的地方还有更多沙洲，而这些沙洲之间，水流时急时缓，方向不定，对任何游泳者来说，抵挡这水流而不被冲走都很困难。海浪猛烈地冲击着这些沙洲，似乎根本无法穿越。
>
> 尽管如此，还是有两个黑人主动提出要去。我问他们我应该给他们什么报酬，他们说每人要两个锡制的马尼拉（一种货币或物品），这是他们极为珍视的东西。于是，为了每人十六个马尔凯蒂（可能也是一种货币），他们接下了把信送到轻快帆船的任务，然后下了海。我无法描述他们在这样的海洋中穿越那些沙洲有多艰难。有时他们久久不见踪影，我都以为他们淹死了。
>
> 最后，其中一人再也抵挡不住冲击他的海浪，折返了回来。另一个人则勇敢地在沙洲上挣扎了一个小时。最终他成功穿越，把信送到了船上，还带了回信，在我看来，这简直不可思议。由此我得出结论，那片海岸的黑人是世界上最厉

害的游泳健将。[28]

大约在17世纪,沿着西非(现利比里亚)的大西洋沿岸,发生了一起潜水员从欧洲商船上携贵重物品潜逃的事件:

> 他们能像鱼一样在水下游泳,此事便是明证。其中一人,手里拿着一只锡制啤酒罐,头上戴着一顶士兵头盔,跳入水中,在水下游了很远;接着他浮出水面,跳上同伴划过来接他的小船。他就这样逃脱了,无人能追上他。[29]

1656年,南非开普敦的第一任荷兰总督目睹了当地人牵着牛渡河的场景。[30]1795年,苏格兰探险家蒙戈·帕克(Mungo Park)在横渡马里境内的塞内加尔河时,观察到有几个男孩跟在他的马后面游泳。第二年,在距海岸800公里处,帕克看到一名渔民潜入水下收集和设置渔笼。在这名男子在水下待了几分钟后,帕克非常惊讶和担心,"以为他淹死了"。[31]在这次探险中,帕克溺死在尼日尔河中,原因之一,是他像当时大多数的欧洲人一样,不会游泳。[32]

非洲人具备如此出色的游泳技术,并没有激励欧洲人开始游泳学习。正相反,他们将其曲解为对非洲人进行剥削和奴役的借口。[33]关于这方面,他们延续了早期的伊斯兰故事传统,这些故事同样将穆斯林的游泳能力与东非人出色的游泳技能进行对比,并对这种差异进行了种族化的解读。中世纪晚期,在西南亚水手辛巴达的故事中,辛巴达和奥德修斯一样,遭遇海难时需要

"一块破船板"才能游泳;而他的同伴则因为不会游泳溺水身亡。但是,辛巴达曾在海滩上目睹"猿人"(可能是对东非人的蔑称)"从四面八方赶来包围"还在船上的他们。[34]

就像辛巴达故事的匿名作者一样,欧洲奴隶贩子将非洲人的游泳技能作为引证,试图"证明"非洲人更像动物而非人类,因此不配享有人权。这种对游泳的曲解,只是欧洲正在发展形成的巨大种族主义版图中的一小块,但它符合当时奴隶制的大背景。欧洲人利用一切文化差异,以图证明非洲人是天生的奴隶。[35] 奴隶主们给他们的非洲奴隶取名为"跳马""朱诺""菲多"等,与宠物和农场动物的名字一样,"不被欧洲人承认有身为人类的特质"。[36] 在欧洲奴隶贩子的眼中,非洲人的所有特质,包括游泳能力,都在证明奴隶制的正当性。

以游泳为例,欧洲人至少使用了两种方式对非洲人进行贬低。第一,欧洲人认为(或者假装认为)非洲人的游泳技能是与生俱来的,认为他们就像狗或马一样,生来就会游泳——这与文明的英国或葡萄牙截然不同。早期的奴隶贩子声称,非洲幼儿可以在没有成人帮助的情况下学会游泳。1602年,有人写道:"一旦(西非)儿童学会走路,很快就会去学习游泳和在水里行走。"[37] 18世纪早期,他们声称"(西非)母亲给婴儿哺乳两三年后……他们就能够去……海边学游泳……无须人看管"。[38] 18世纪30年代的让·巴博(Jean Barbot)认为,是练习使非洲人成为优秀游泳者的。他曾看到(或声称看到)"几百个男孩女孩在加纳埃尔米纳奴隶堡垒的海滩前嬉戏,在翻腾的海浪中学习游泳",表示非洲人"强大的游泳能力"源于"他们(无论男女)

从婴儿时就像鱼一样游泳。不断的练习使他们的游泳技术变得无比灵巧敏捷"。[39] 的确，鱼生来就会游泳，人类则不然。但即使是现代学者也在重复这样的观点："沿着南美洲、非洲和印度的海岸，有不同版本的爬泳……当地人自古以来就一直在自然地游泳。"[40] 1658 年威廉·珀西（William Percey）承认"人类并不完全像其他生物那样天生会游泳，落水后会立即沉向水底"时[41]，他指的是白人，不包括美洲土著和非洲人。

奴隶贩子错误地认为，非洲人像鱼一样天生就会游泳。得出这一结论的理由是——非洲人能游泳，是因为他们像动物一样没有理性思考的能力。直到 1840 年，有关游泳的图书资料还在重复这种谬论：

> 人类无法像许多低等动物那样游泳，低等动物似乎是受本能的驱使，采取适当的行动来保护自己，而理性的生物在意识到危险时，会变得恐惧或不耐烦，开始挣扎，结果使他们沉入水中。[42]

如果理性使游泳变得更加困难，那么显然，非洲人比欧洲人游泳技术更出色的原因是他们不那么理性。这种强调非洲人在婴儿时期就开始学习游泳的观点也有效地强化了一种普遍认知，即非洲儿童比欧洲儿童成长速度更快——就像猴子、鱼、狗或马一样。[43] 欧洲人不仅利用非洲人的游泳为他们的奴役辩护，也将加之于非洲儿童的性虐待和强奸合理化。[44]

欧洲人非人化非洲人的第二种方式是他们将非洲人的游泳变

成一项观赏性运动,就像斗鸡、诱熊或斗狗一样,这些运动在近代早期的欧洲都很流行。18世纪的欧洲奴隶贩子曾鼓动科特迪瓦的西非人进行此类表演:

> 你大概了解这些黑人专业的游泳和潜水技术吧,我曾好多次惊喜地亲眼见证过。每当他们上了船,我把一串珊瑚或别的什么东西扔进海里时,他们中的一个人就会立刻潜入水中,几乎直达海底,把它捞上来。他们绝不会错过这样的机会,他们对自己的回报深信不疑。[45]

当美国旅行者站在船上投掷硬币时,西非人会从7.5米高的船舷上跳下,潜入水下去捡拾。[46]直到1875年,索马里地区的奴隶贩子还在玩同样的游戏。(图62)

非洲人并非没有种族差别的观念。在第一次相遇时,他们也对欧洲人表现出非人化的态度。伊奎亚诺(Equiano)第一次见到白人时就晕倒了,他以为自己会被"这些长相可怕、红脸、长头发的白人"吃掉。[47]另一名西非俘虏说,他的同族"普遍认为,所有被卖为奴隶的人都会被吃掉或杀掉,因为没有人回来过"。[48]双方都觉得对方长相滑稽、古怪、邪恶。[49]和欧洲人一样,非洲人也注意到双方在游泳方面的差异。许多非洲人认为,欧洲人一旦落水便会溺亡,或者吸引鲨鱼,那是他们的神就欧洲人对他们的射杀和奴役做出的惩罚。[50]然而,非洲人无法像欧洲人那样,将恐惧转化为经济利益。不仅在非洲,在世界各地,每当欧洲商船到达一个新的族群所在地时,船长和乘客都重复着这种从惊讶到合理化，再到剥削的过程。

欧洲人到达印度

15世纪末，在瓦斯科·达·伽马到达果阿之前，欧洲人已经往返印度至少2000年，因此他们对印度的习俗并不陌生。欧洲人了解并重视印度的药品、胡椒、钢铁、棉花和蔗糖，他们使用印度的数字系统，玩印度象棋。自奥古斯都时代起，罗马商船就从古埃及航行到古吉拉特邦（Gujarat）和南印度，古罗马雇佣兵也在印度境内参与军事活动。在罗马帝国灭亡之前，罗马船只已经到达缅甸，甚至可能远至泰国和越南。[51]这种贸易活动一直持续到中世纪。1291年，一名方济各会传教士寄回意大利的信中，就详细描述了东印度海岸的景象。[52]欧洲的航海家和商人在经好望角前往印度之前，便已对当地的贸易机会了然于心。

然而，随着欧洲人第一次以征服者的身份来到印度，他们的目标已不局限于贸易，还要控制印度洋。欧洲人很快就通过当地人的游泳能力获利。1522年，葡萄牙海军夺取了对巴林的控制权，以期从那里的采珠业中获利。[53]珍珠在欧洲的上层社会广受欢迎，从奥斯曼帝国的苏丹到威尼斯的显贵，再到伊丽莎白女王和沃尔特·罗利（Walter Raleigh）爵士，是那时欧洲肖像画中不可或缺的元素。几年后，印度东海岸附近的斯里兰卡采珠场也落入葡萄牙海军的控制中。[54]数以千万计的珍珠被开采并运往欧洲。

16世纪初，欧洲人通过武力夺取了印度洋贸易的控制权。1502年，达·伽马俘获了一艘载有四百多名从麦加朝圣归来的朝圣者的船，带走了一些孩子以供自己奴役，而后放火烧了船。船只爆炸时，绝大部分朝圣者还在船上。[55]欧洲商人在国内为自己进行的辩护中，将此合理化为基督徒和穆斯林之间的宗教区别。但就像对待非洲人一样，另一种非人化印度人的方式，也是强调他们的游泳能力。例如，到达印度后不久，达·伽马就袭击了停泊在果阿的印度船只。他的同伙加斯帕·科雷亚（Gaspar Correa）报告说，这些印度人当时"正在海里游来游去"。[56]再往南的科泽科德（Kozhikode），当地抵抗组织计划放火焚烧葡萄牙的船只，如科雷亚描述的那样，"他们跳进海里，乘坐专门配备的船逃生"。[57]

欧洲人把印度人描绘成游泳者并不令人信服。和欧洲人一样，印度人只在职业活动或紧急情况下才游泳，与非洲孩童会在海中欢快地划船或好奇地游向船只完全不同。印度人无法像非洲人那样游泳。即便如此，这种游泳者和非游泳者之间的对比，也突显了种族间的差异，为欧洲商人夺取印度洋贸易控制权时的暴力行为提供了合理化支持。

新的分野正在形成。在欧洲，游泳已不再被视为有教养和成熟的标志，反被重新想象成动物性的行为。欧洲人将游泳者视同动物，认为可以将他们当作动物对待。对于欧洲殖民扩张、奴隶贸易和主宰世界贸易的计划而言，他们贩卖、奴役甚至屠杀印度人和非洲人的行为都被合理化了。这样的自我说服和辩解也为他们征服美洲提供了心理支撑。

第 14 章

美　洲

在西非从事葡萄牙奴隶贸易数年后,热那亚的奴隶贩子克里斯托弗·哥伦布在西班牙的赞助下向西横渡大西洋。[1]他于1492年到达加勒比海,也承认在那里遇到的人具有很强的游泳能力。阿拉瓦克人(Arawak)"可以带着鹦鹉、棉线团、标枪等物品游到船上"。[2]五年后,另一支探险队在报告的信件中说:

> 在我们到达陆地之前,他们中的许多人跳入海中,在距离海岸一箭之遥处游过来迎接我们,因为他们是非常出色的游泳者,信心十足,好像已经认识我们很长时间了。我们对他们的信心感到高兴……他们(游泳的熟练程度)令人难以置信,而且女人比男人更厉害。因为我们多次看到她们不停歇地在海上游了很久。[3]

(如果这封信是伪造的——它很可能就是伪造的,那么,欧洲人对原住民游泳的重视程度就更令人震惊了。)显而易见,大多数美洲原住民当然是游泳好手,但就像在非洲一样,奴隶贸易正潜伏在欧洲人的仰慕之下。

为了进一步凸显美洲原住民和欧洲人之间的差异，早期的欧洲历史学家还刻意强调自己不会游泳。16世纪初，西班牙奴隶贩子报告说，他们只能靠船只才能避免溺水：

> 当我们同时冲向我们的船时，船很快就沉没或倾覆了，我们只好拼命地抓住他们的。我们就这样游着，尽量向那只小船游去，那只小船正急急忙忙地过来救我们。[4]

另一位西班牙奴隶贩子回忆说，1540年，他的同伴"不谙水性，那些必须穿越的河流和水湾，在这片土地上随处都是，他们都颇为畏惧"。他提到，"我之所以在这里停留这么久，是为了带走岛上的一名基督徒……他不会游泳，最后还是我背着他渡过了海湾和沿岸的四条河"。[5]

这群欧洲探险家中，有一些是会游泳的："我们决定派出四个身体最强壮的人去帕努科岛……他们都是游泳好手，还带着岛上的一个印第安人。"1544年，一名西班牙的多米尼加修士回忆说，在前往墨西哥的途中，他们的船只曾在大西洋上搁浅，"年轻的新信徒还跳入水中，绕着一动不动的船游来游去"。[6]不过，大多数早期抵达北美的欧洲探险家都强调他们不会游泳。1565年，五名欧洲探险家为了尽快到达佛罗里达海岸，试图从锚地游过去。他们脱光衣服跳入水中，但"实际距离比看起来要远得多……由于水流湍急，五个人中有两人不幸溺亡"。[7]在这一时期许多类似的故事中，面对溺水、沉船等危险，欧洲人将自己描述成能够勇敢承担风险、无惧困难的勇士，即使他们横渡大洋是为了抢劫和奴役。[8]欧洲人对游泳的无知被解读为英勇，而原住民的游泳能力则成为他们被奴役的正当性辩护理由。

就像在非洲一样，欧洲殖民者也将原住民的游泳活动描述成野蛮的、非理性的动物行为。哥伦布的探险队一上岛就绑架了一些阿拉瓦克人，把他们卖到西班牙为奴（或声称捕获的是水中的人鱼）。[9]1519年，苏格兰神学家约翰·梅杰（John Major）为奴隶贸易辩护：美洲原住民"像野兽一样生活在赤道两侧……第一个征服他们的人理应统治他们，因为他们本质上是奴隶……这就是希腊人应该统治野蛮人的原因，因为野蛮人和奴隶是一样的"。[10]（梅杰将文艺复兴时期的欧洲人与古希腊人相提并论，其观点对游泳的历史产生了深远影响。）1578年，一名法国殖民者发表了一篇关于巴西人游泳的文章，进一步强化了美洲原住民与动物相似的观点：

> 美国人不论男女都会游泳，所以他们可以像西班牙猎犬一样在水中捕猎和觅食；即使是小孩子，只要他们开始走路，就会沿着海岸进入河流和水里，像鸭子一样在水里戏水。

他还讲述了另一个故事：

> 当我们在堡垒的舷墙上散步时，我们看到了一艘树皮船……在大海里翻来覆去；里面有三十多个来看我们的野蛮

人，有大人也有孩子。为了营救他们，我们坐船飞快地向他们驶去。我们发现他们都在水面上游泳和欢笑；其中一个对我们说："你们这么匆忙，要到哪里去呢？"（他们这样称呼法国人）"我们来了，"我们说，"来救你们，把你们从水里拉出来。""的确，"他说，"我们非常感谢你；但你认为我们掉到海里就有溺水的危险吗？我们脚不落地，可以在海面上停留一个星期，就像你现在看到的那样。所以，比起下沉，我们更害怕一些大鱼把我们拖到海底。"随后，其他的人，确实都像鱼一样游得轻松，因为他们的同伴提醒了我们迅速靠近的原因，于是就开起我们的玩笑，并开始大声笑起来，我们都能听到他们像一群海豚一样在水面上喘气和打鼾的声音。事实上，虽然离我们的堡垒还有四分之一里格多的距离，但只有四五个人愿意上我们的船，这与其说是出于对危险的恐惧，倒不如说是为了跟我们说说话。我注意到，在我们前面的那些人，不仅如其所愿那样平稳地游着，而且随时都可以在水面上休息。[11]

这两个故事的重点都是我标注的。其中第二个故事，轻快有趣，似乎揶揄了法国人，但更多的可能是在强调美洲原住民的奇怪之处。

采珠潜水

虽然一些美洲原住民越过大西洋，被贩卖到欧洲和亚洲为奴，但大多数原住民还是留在美洲被欧洲人奴役。早在 16 世纪初，欧洲人从西非海岸和印度洋的珍珠捕捞中获得了巨额利润，这某种程度上激励了奴隶贩子在加勒比海尝试开展同样的商业活动。潜水采珠提供了一种利用游泳者轻松变现的方式，他们不用再承担高昂的成本把奴隶运到亚洲，只需要强迫美洲原住民在当地进行潜水寻珠作业，把珍珠带到大西洋彼岸出售。欧洲各国政府拿走巨额利润的五分之一作为自己的收入份额。[12]

对美洲原住民来说，潜水寻珠并不新鲜。甚至在欧洲奴隶贩子到来之前，他们就会乘船出海，潜水寻找牡蛎、珍珠和其他珍贵的贝壳。欧洲探险家在 1516 年的报告中说：

> 酋长们在海岸附近布下渔网，捕捞珍珠贝。酋长们拥有熟练的潜水员，他们从婴儿时就开始接受这一职业的训练，他们就像在鱼塘里一样作业，但他们只在海面平静、水位低的时候工作，良好的天气使得潜水更容易……要找到埋得更深的贝壳，必须潜到成人三倍有时甚至四倍身高的深度去寻找；但要得到女儿和孙子辈的贝类（较小的牡蛎），就不需要深过腰部，有时甚至更浅也可以。[13]

在墨西哥湾沿岸地区，法国传教士观察到"村庄的居民就拥有从海边的牡蛎中寻得的珍珠"。[14] 和日本一样，巴西采珠的主要劳动力也是女性。20 世纪 40 年代，智利的卡瓦姆斯卡（Kawésqar）妇女潜水捕捉贻贝[15]；在中美洲的其他地区，就像在斯里兰卡或巴林的情况，主要的潜水者似乎都是男性。长期以来，采珠潜水就是印度洋沿岸渔民一种流行的工种，因此对于从印度来到美洲的欧洲商人来说，这是一种自然而然的选择。1500年后不久，到达巴拿马的达·伽马便强迫当地的游泳者潜水寻找珍珠。

瓦斯科决定让游泳者探索恰普斯采集珍珠的那部分海域。尽管天气不好，暴风雨即将来临，酋长为了取悦他，还是命令他的三十个潜水员到牡蛎养殖场去。瓦斯科让他的六名同伴去观察潜水员，但不离开海岸，也没有让他们暴露在风暴的危险中。这些人一起向海岸出发，那里离奇恰普斯的住处不到十英里。尽管由于风暴的危险，潜水员没有冒险潜入海底，他们还是在几天内收集了六袋珍珠，包括在海面附近聚集或因暴风雨而散落的贝壳。他们贪婪地吃这些动物的肉。找到的珍珠并不比一颗扁豆或一颗小豌豆大，但它们的形状很漂亮，因为它们是在动物还活着的时候摘下来的。为了不被指责这些贝壳的大小，西班牙人给国王送去了非同寻常的标本，其中的肉已与珍珠同时取出。[16]

修士巴托莱姆·德·拉斯·卡萨斯（Bartoleme de las Casas）详细介绍了这种"世上永遭谴责的暴行之一"的工作是如何在西印度群岛发展起来的。就像一千年前的欧庇安和清少纳言一样，德·拉斯·卡萨斯在其著作中也写道，"没有哪种悲惨痛苦、令人绝望的生活能与采珠人相比"，即使金矿工人都无法与之相比。虽然后来采珠人每天只需要工作两到四个小时，但殖民者"从早到晚逼他们在水中游来游去，不给一点歇息时间"。他说，后来被奴役的潜水者，出水后经常能得到些酒来恢复体力，而早期，除了"取出珍珠后剩下的蚌肉，以及面包、木薯粉面饼和各种玉米食品"外，什么吃的都没有，他们甚至"从没吃饱过"。他说，他们每天生活在死亡边缘，经常因内出血之类的突发情况窒息而死。[17]实际上，并非所有欧洲人都认为原住民的游泳能力是他们被奴役和遭虐待的理由，也有许多像卡萨斯这样谴责奴隶贸易的欧洲人士。

不过，奴隶贩子还是赢得了胜利。1552年卡萨斯的作品发表时，欧洲商人已经把大多数训练有素的美洲原住民潜水者折磨致死，同时开始奴役西非的潜水者，并把他们运到美洲工作。（图63）德·马里斯（De Marees）在1602年指出，西非人是这项任务不错的选择：

> （因为他们）游得很快，能在水下待很长时间。他们能潜入令人惊叹的距离和深度，还能在水下拥有目视能力。因为他们非常擅长游泳和潜水，所以许多国家都专门饲养他们，在需要他们的地方使用他们的能力，比如西印度群岛的圣玛格丽特岛，潜水员在那里发现珍珠，并把它们从海底打捞上来。[18]

并非所有的非洲采珠人都在西非或西印度群岛工作，还有许多在委内瑞拉周边海域作业，不论男女。[19]（图64）他们越潜越深，据说有人一口气就能潜36米。奴隶贩子通常控制着十几名

图63 加勒比海的非洲奴隶珍珠潜水员。《印度自然史》(也称《德雷克手稿》)中的袖珍画，约1586年

图64 委内瑞拉被奴役的原住民和黑人采珠人。约翰·汉密尔顿·摩尔(John Hamilton Moore)《航海与旅行全集》(*A New and Complete Collection of Voyages and Travels*)第二卷插图，1785年

采珠人，最多可能达50名，他们只需要支付采珠所得的一小部分作为报酬。尽管潜水采珠的死亡风险很高，但仍有部分采珠人已经能够通过劳动赚到足够的钱来换取自由。到17世纪，这些经验丰富的采珠人还参与了西班牙沉船宝藏的打捞。[20]

一些欧洲人反对这种虐待非洲人的行为，时代不同和无知已经不能作为赦免奴隶贩子的理由。在17世纪早期的加勒比殖民地，黑人、白人和原住民儿童经常在一起游泳，"享受游泳的乐趣"，许多白人殖民者因此成了游泳好手。[21] 除了卡萨斯之外，法国出版商庞塞林也在1780年抱怨说，"这种被我们称为野蛮人的技能，给我们带来了很多……正是通过他们的技能，我们才能拥有海绵、珊瑚、珍珠等珍贵的小玩意，这些都是我们珍视的奢侈品"，他反对将这些游泳者视为"野蛮人"。在热那亚，白人会为自己的孩子雇用非洲游泳教练。[22] 欧洲人把非洲人和美洲原住民当作人类来对待的想法是存在的，尽管并不普遍。

非裔美国人

到了18世纪，随着动机恶化，游泳在大部分欧洲人眼里，越来越成为野蛮和非理性的象征。游泳者和非游泳者之间存在本质差异的认知越发显著。欧洲奴隶贩子将西非人运至大西洋彼岸，不仅让他们做采珠人，还让他们在南卡罗来纳州和佐治亚州的农场种植水稻。在西非，种植水稻是世代相传的农作方式，而对大多数欧洲人来说，这还是新兴的农业活动。美国的欧洲殖民者需要非洲人的水稻种植知识。同时，在稻田之间的水道上，非洲人的游泳能力也成为他们被奴役者利用的工具，因为非裔美国潜水者经常需要清理渔网上的杂物。当非洲人在美洲被出售时，游泳能力甚至会提升他们的市场价值，但欧洲人仍然将游泳认定为"不完全人类"的标志。[23]

18世纪末，水稻种植逐渐被棉花种植所取代。尽管如此，奴隶主仍然尽可能地利用奴隶的游泳能力。他们要在水中执行的任务越来越多，如潜入水中清除船上的藤壶，为白人游泳者担任救生员——就像哈里特·比彻·斯托（Harriet Beecher Stowe）在《汤姆叔叔的小屋》（*Uncle Tom's Cabin*）中让汤姆救了伊娃一样，追捕试图逃跑的奴隶，从沉船中打捞失物，等等。[24]

所罗门·诺斯鲁普（Solomon Northrup），1808年出生在纽约州，小时候在纽约州北部的河流和湖泊中学会了游泳，成为"游泳能手，水性极佳"。[25]在加勒比海地区，不论男女，人们都会在闲暇时游泳，并捕捞龙虾、章鱼，采集贝类、海胆、海绵和珊瑚出售。[26]亚罗·马哈茂德（Yarrow Mahmout），一个出生在非洲的黑人，据说是华盛顿波托马克河（Potomac River）上有史以来最出色的游泳者。北卡罗来纳州的比尔·克伦普（Bill Crump）曾是奴隶，经常在野外工作结束后利用晚餐休息时间游泳，有时也会在工作后游泳。[27]

值得注意的是，一些被奴役的非裔美国人通过游泳成功踏上自由之地，也有一些因为试图逃脱而溺亡。[28]事实上，在安德鲁·卡尔（Andrew Kahrl）看来，许多被奴役的非裔美国人将游泳视为自由的象征。对于那些渴望返回故土的人来说，每一次入水和出水都象征着自由。非裔美国人的一些仪式经常使用（现在仍然使用）水作为象征性的元素来暗示回归的旅程——特别是在葬礼上。[29]

游泳也有助于非裔美国人保持与非洲传统文化的联系。在非洲，猎杀鲨鱼和鳄鱼的水上比赛由来已久，被奴役的非洲人将这项运动带到了美洲。1700年，一名英国旅行家在卡罗来纳看到"一些黑人和其他会游泳和潜水的人赤身裸体地持刀下水，和鲨鱼搏斗。他们通常会把鲨鱼杀死，或者把它弄伤，迫使其逃跑"。[30]在加勒比海地区和美国南部腹地，和鲨鱼或短吻鳄搏斗，或（不那么危险的）追鸭子游戏，也都很常见。[31]这些竞技活动将非裔美国人与非洲文化联系在一起，也在一定程度上维护着被奴役的男性对女性及更弱势男性的身体和经济的统治地位（部分是通过提供所需的食物）。但这项运动也被白人观察家曲解，用以为奴隶制辩护。非裔美国人与鲨鱼和短吻鳄的搏斗被用作被奴役者是野蛮人或原始人的例证，"原始人不怕原始生物"。例如，托马斯·杰斐逊（Thomas Jefferson）认为，非裔美国人的"勇气"可能源于缺乏深谋远虑，这导致他们无法预判危险。[32]这些观点都成为美国奴隶主为奴隶制辩护的论点。

直到19世纪60年代的南北战争时期，南方奴隶主都对非裔美国人的游泳能力表示出高度赞赏。在这一时期，南部邦联士兵之间曾有一次有倾向性的谈话，他们谈论被奴役的工人所享有的幸福生活，北方的工薪阶层所面临的糟糕困境。在这些士兵中，有人回顾童年时期，说自己父亲奴役的一名非裔美国人"教会了他使用枪、游泳、打猎、骑马，以及其他千奇百怪的事情"。（请注意，这与伊斯兰教圣训中的射箭、游泳和骑马有相似之处。[33]）

美国白人沿袭了早期葡萄牙探险家制定的模式：他们不会游泳，或者游得不好，钦佩美洲原住民和非裔美国人的游泳技术，却把这种钦佩扭曲成虐待和奴役有色人种的理由。1774年，一名奴隶主甚至把非裔美国人比作动物：

> 在炎热的气候下，沐浴无疑是高级的享受；那他们采用这种做法就不足为奇了，更何况牛、野兽和其他四足动物都通过这种方式来消暑。黑人在孩子很小的时候就教他们游泳，他们因此成为潜水高手，可以在水下待很长一段时间……在这样的气候下，动物会找地方避雨，黑人也一样……妇女分娩时几乎不费什么力气，和雌性猩猩或其他野生动物一样，不需要助产士。一个女人可以在一刻钟内生下孩子，当天就会去海里洗澡。[34]

1804年，一名来自英国的医生在巴巴多斯岛看到一个黑人游泳，他随即就发现了非洲人和动物之间的相似之处：

> 我们在晚些时候的几次散步中……遇到了一个奴隶，他在海上做着异常敏捷的动作，乐在其中。水獭、河狸，甚至海豚，都比不上他。他在水里尽情嬉戏，玩着各种滑稽的把戏。他潜入水底，用各种各样的方式游泳，像狗一样走路或划水，把自己藏在水下很长一段时间，还能在水面上休息。他在海洋里显得那么自在，仿佛他从来没有呼吸过更轻的空气，没有踩过更坚实的土地。[35]

这名医生并不满足于将他们比作一种动物，而是几种。于是，这个奴隶变成了水獭、海狸、海豚和狗。[36]基于非洲裔美国人的游泳能力，将他们定义为非人类，这使得欧洲人更心安理得地像对待动物或奴隶一样对待他们。

殖民主义

在美洲的其他地区，欧洲殖民者同样强调原住民具备游泳能力，而他们自己不会，并以此作为他们殖民行为正当性的证明。与早期的葡萄牙人一样，法国和英国殖民者中也有少数人会游泳，但他们不愿意下水，也游得不好。在17世纪，一些欧洲人其实可以在条件良好的水域进行短距离游泳：

> （一名耶稣会传教士）跳进水里去抓一根树枝，却无法回到木筏上。他……很快就出现在我们这边，游上了岸……德·拉萨尔先生派了两个人游过来帮我们推独木舟，把我们安全地带了进去。

然而，其中一个人溺水了：他"跳进水里，随即便不见了踪影。那是一处深不可测的水域，他瞬间就被吞没了。几个小时后，他的尸体被发现"。[37]水一没过头顶他就溺水了。大多数欧洲商人和移民都不会游泳，最多在紧急情况下狗刨式地划几下。[38]

不过印第安人是游泳好手。在17世纪，他们可以游泳渡河，而法国毛皮商人要靠独木舟。同样，在18世纪初，一名法国传教士的美洲原住民向导能推着他的木筏游过一定深度的河流（因此，他称他们为"野蛮人"）。1724年，当英国军队在密西西比河谷杀害了另一名法国传教士时，美洲原住民就是"部分涉浅滩逃跑，部分游泳逃离"的。[39]

1805年，刘易斯和克拉克的探险队向西行进时，许多欧洲人，包括萨卡加维亚的丈夫、捕鸟人夏博诺，都不会游泳，但非裔美国男子约克和肖松尼族女子萨卡加维亚都是游泳好手。根据克拉克的日记，1805年5月，萨卡加维亚的丈夫不小心弄翻了独木舟，萨卡加维亚捞起了许多船上掉落的重要物品，包括科学仪器、贸易物品和探险日志等。

> 浮起来的东西几乎都被后面的人捡到了。我们本来要为这次意外事故付出惨重的代价，因为船上有文件、仪器、书籍、药品，以及大批货物。概言之，几乎每一件都是必需品，是确保我们事业成功的必需品。

（不过，与许多有关这次探险的资料相反，日记中并没有明确提及萨卡加维亚下水，她可能是从船上捞到的物品。[40]）约克肯定是会游泳的。6月5日，他游到"一个沙洲，为我们的晚餐采集绿色蔬菜"。[41]早在19世纪早期，白人殖民者就认为游泳对原住民和非裔美国人来说是一项实用技能，但对他们自己来说并非必需。

性别与游泳

为了进一步将他们的受害者非人化，许多欧洲殖民者和奴隶主特别强调了美洲原住民和非洲妇女的游泳技能。对这些游泳者的非人化描述不仅为殖民者和奴隶主的性虐待和强奸提供了借口，还进一步拉开了殖民地居民与文明欧洲人之间的距离。这些在欧洲广为流传的殖民时期的记录，也在提醒欧洲女性，那些拒绝接受性别角色分配的女性会有什么样的下场，从而加剧了欧洲女性所遭遇的压迫。欧洲人会对男女混浴和僭越性别界限的行为表现出强烈的反感——那些连基督教道德准则都不懂的人，怎么能享有自由呢？

这种联系始于穆斯林奴隶贩子，他们将中非的裸体与滥交和非人化联系在一起。在12世纪，他们对"苏丹人……赤身裸体，根本不用任何东西遮盖自己"表示鄙夷。在13世纪，他们抱怨马里妇女的裸体和滥交。在14世纪，他们明确将非洲人与斯拉夫人联系在一起：他们都是"愚蠢的动物……而非人类"。[42]在16世纪，非洲人"把所有的时间都花在最淫荡的事情上……他们不穿鞋，也不穿衣服……过着一种原始的生活"。[43]和这些早期故事一样，欧洲的游泳故事强化了种族主义和父权制。早在1512年，一份西班牙的公告就批评了美洲原住民的生活方式，"每个人都赤身裸体，男人娶几个妻子"，女人"总会轻易献身，视节制为可耻"。美洲原住民"无能又愚昧，无法自行管理"，因此必须被奴役：他们"被贴上奴隶标签，因为他们生来就是为了服务存在的，而非作为统治者"。[44]

到17世纪，甚至更早，这种假装出来的对裸体和滥交的担忧已经扩展到游泳方面。1605年，德·马里斯在其日记中说，西非人"每天都在水里度过，无论男女，都毫无羞耻之感"。尽管如此，他仍然认为非洲女性游得不如男性，"她们不能潜水或无法在水下待很长时间"，"虽有些女性游得很好，但不多"，但这种性别差异很快就消失了。[45]17世纪40年代，在加勒比海的巴巴多斯岛上，一位奴隶主的记录显示，"他们——不论男女，都是出色的游泳者和潜水者"，还讲了个故事作为例证：

> 德拉兹上校（他并不严格遵守星期日的规定，允许自己有合法的娱乐活动）为了向我展示运动的乐趣，一天下午，他派人找来一只番鸭，把它放进最大的池塘里，又叫来几个最会游泳的黑人，命令他们去抓住这只鸭子，但禁止他们潜水。因为如果不禁止的话，他们会钻到鸭子下面，在它游动时抓住它，或者在它潜水时出手，这样，游戏就会很快结束。如果禁止潜水，抓鸭子就会成为一个好玩的游戏，因为番鸭尤其强壮，更擅长潜水。

在被奴役的非洲人中，有人了解欧洲人所不知道的游泳技巧，他们和鸭子一样，都是出色的游泳者。（目前还不清楚这款游戏是否受到中国"追鸭子"游戏的影响。）这个故事同时也是在说，非洲人更像鸭子，而不是人，这意味着他们是可以像动物一样被对待的。这和欧洲奴隶主组织的其他游泳比赛一样。在后续的讲述中，他提出了另一个认为非洲人是野兽，因此是天生的奴隶的理由：

> 正当我们观看这场嬉戏，留意着他们各式各样的游泳方式时，有个黑人女仆起初并不在这儿，所以没听到不许潜水的禁令。她在池塘一端的一丛灌木后脱下衬裙，悄然潜入水中，一个猛子来到鸭子旁，把鸭子拽入水下，然后顺着原路一个潜泳回到灌木旁。——一次潜水，解决战斗。[46]

这种对奴隶制的常见辩护，往往建立在古代非游泳者将游泳与不雅和滥交联系在一起的基础上。虽然在当代看来，女孩的行为违反了游戏规则，但奴隶主的意图在于，据此证明非洲人缺乏道德自律，论证他们需要白人的监督来确保行为得体。

在南美洲，奴隶捕手约翰·斯特德曼（John Stedman）宣称，虽然摔跤和其他陆上运动在当地也有一席之地，但"游泳是他们最喜欢的消遣，每天要游个两三次"。他描述了18世纪70年代在荷属圭亚那的苏里南河（Suriname River）上进行的一场比赛，当时南美原住民和非洲后裔进行的仅用脚和腿互踢来模拟游泳的对抗比赛。斯特德曼和他的朋友脱下衣服，加入游泳者的行列。不过，传统游泳比赛及比赛所具有的凝聚社群的作用一定会因为白人、奴隶制观众的存在而受到影响。[47]

斯特德曼还表示，他震惊地发现，"成群结队的裸体男孩和女孩在水中玩耍，像海神和美人鱼一样"。在旅行的后期，他再次看到孩子们三五成群地游泳，男孩女孩都表现出了惊人的勇气、力量和活力。"我不仅看到一个黑人女孩在游科米纳河时打败一个强壮的年轻男子……上岸后，她还挑战他跑两英里，并再次击败了他。他们都赤身裸体，仿佛所有关于羞耻和侮辱的概念都不存在一般。"[48]

斯特德曼关注的问题在于性别身份在水中裸体状态下的模糊，同时也表现出对性别监管缺失的忧虑：他对女孩与男孩比赛，女孩在比赛中击败男孩，而男孩却没有什么愤懑之情感到震惊和愤怒。他认为这样的人很难算是人。他们更像是"特里同（tritons，人身鱼尾的海神）和美人鱼"，当然，并不是正统的。

将近一个世纪之后，即1850年左右，一名年轻的美国外交官在沿着亚马孙河旅行时，遇到了混合裸泳。对此，他表现得既震惊又兴奋：

> 登岸后，最先吸引我们目光的景象是，男女老少毫无顾忌地一同在河水中沐浴，一丝不挂。其中有几个身材曼妙、容貌极为秀丽的印第安少女，她们在水中欢快地穿梭，宛如一群快乐的美人鱼。

尽管这名外交官对原住民儿童有着毫不掩饰的性兴趣，但他还是自诩比游泳者更文明，不像"人鱼"那样滥交。他和其他白人一样，能够控制自己的原始冲动，遵循一定的道德准则来生活："烈日炎炎，我们都想跳入欢快的游泳人群中，以减轻太阳的炙烤。但是我们忍住了！"[49]这个外交官还把拥有游泳技能的美洲原住民视为自然界的异类，认为他们失去了人性。在一张1924年拍摄自巴拿马的照片中，正赤裸身体游泳的原住民女孩是个白化病患者。照片似乎暗示着，这个赤身裸体，正在游泳且被认为有残疾的女孩，在三重意义上都迫切需要欧洲殖民主义的"拯救"。[50]

在欧洲人看来，非洲人和美洲原住民的游泳行为就像是滥交和性别错乱，因此它完美契合欧洲人的观念，即他们遇到的这些人在道德方面与动物无异。而如果说非洲人和美洲原住民是动物，或者近乎动物，那么基督徒不仅有权，而且从道义上也有责任，为了这些人的利益而奴役他们。上帝不是让亚当统治地球上的动物吗？在整个非洲和美洲地区，欧洲探险家经常利用当地人的游泳能力来操控他们，构建一种为奴隶制、剥削和征用辩护的叙事模式。

第 15 章

中国和太平洋

与此同时,在地球的另一边,新的远洋轮船将不会游泳的欧洲人带到了更多人游泳的地方——东南亚、澳大利亚、新西兰和太平洋诸岛。欧洲探险者首先惊叹于当地人的游泳能力,然后用它为自己的殖民和奴役做辩护。约在1520年,当探险家麦哲伦的木制旗舰发生严重漏水时,马来西亚国王(或被欧洲殖民者视为国王的某个人)派出了25名潜水者来帮忙解决问题。但在欧洲人的记述中,还存在另一个故事,印度尼西亚人企图暗杀一名殖民者,却被"一个爪哇女人"破坏了:她在夜里游到船上,给她的水手情人报了信。[1]就像在非洲和美洲一样,女性在这些殖民主义者的故事中以游泳者的身份出现,欧洲的故事讲述者再次强调了女性、游泳和性之间的密切联系。

与在非洲和美洲相同,在太平洋地区,欧洲人首先也是对当地人的游泳能力表现出浓厚兴趣,然后对这一能力进行种族化和性别化解读。1604年,菲律宾的一名耶稣会传教士对当地人"一出生就爱上水感到惊讶。不论男女,即使是幼小的孩童,也会像鱼一样游泳。他们不需要桥就能跨越河流。为了舒适和清洁,他们甚至会随时随地沐浴"。[2]在新西兰,毛利儿童在很小的时候就会接受游泳训练,有时会借助漂浮物辅助学习,如使用空心葫芦,如同古罗马时期的软木和非洲的芦苇束。在18世纪的夏威夷,就有幼儿游泳的相关记述:

> 一只独木舟翻了,舟上有一个女人和她的孩子。其中一个是幼儿,应该还不到四岁。他似乎对发生的事情非常高兴,在水里自在地游来游去,玩着各种花样,直到独木舟被重新扶正。[3]

同样,1817年,一位美国船长声称:

> 太平洋岛屿上的孩子很早就开始学习游泳,无论男女。我曾见过他们的母亲连续二十次把才两三岁的他们扔进水里。他们会手脚并用地划水,快要沉下去时,母亲又把他们捞起来。通过这种方式,当地人掌握游泳技能的时间非常早,这也是在保护他们免于溺水,因为他们都能游得像海豚一样好。[4]

18世纪70年代,英国航海家詹姆斯·库克(James Cook)船长和他的船员公开表达了他们对游泳活动的种族主义观点,认为该活动专属于有色人种。库克当时正驶向南半球的澳大利亚,那是当时世界上最后一个尚未受欧洲殖民统治的地方。他和他的船员都不会游泳，一面对水就紧张。[5]例如，库克的一名船员在1777年被派去参与一项搜索任务时，"试图进入潟湖，开始水只到他的腰部，然而在他靠着涉水几乎穿越时，水突然没过了他头顶，他能活下来简直是个奇迹"。1778年，库克到达夏威夷群岛，他发现那里也有游泳好手。他再次强调了他在女性游泳方面的观察：

> 她们精力充沛、强壮敏捷，是最熟练的游泳者。几乎在任何情况下，她们都可以离开独木舟潜入水中，并游向其他船只，哪怕距离很远也不在话下。时常能看到这样的场景：海浪汹涌，独木舟无法靠岸时，怀抱婴儿的妇女会纵身跳入海中，在不危及怀中幼子的情况下，径直游向那看似骇人的海岸。[6]

18世纪的科学界普遍认同这一观点。1792年，一名法国博物学家绘制并描述了塔斯马尼亚妇女"潜水捕捉鲍鱼和其他海洋生物"的情况。[7]（图65）大溪地的游泳者（无论男女）在"对任何欧洲船只而言都很危险"的水域里冲浪，正如一名18世纪的英国植物学家所感叹的，"如果欧洲最出色的游泳者来到这片水域，他肯定无法免于溺水的命运"。[8]到了19世纪30年代，一名英国殖民者画了一幅画，画中的塔斯马尼亚人一边游泳，一边推着一根粗圆木，而殖民者本人滑稽地坐在圆木上，正抬起双腿保持鞋子干燥。（图66）

图 65　塔斯马尼亚人潜水捕贝。雅克·拉比亚迪埃（Jacques Labillardière）的《寻找拉佩鲁斯旅行记地图集》（*Atlas pour servir à la relation du voyage à la recherche de La Pérouse*）插图，1799 年

图 66　一名塔斯马尼亚人推着欧洲殖民者乔治·罗宾逊（George Robinson）横渡福斯河。乔治·罗宾逊日记中的一幅素描，1830 年 9 月 15 日

第15章 中国和太平洋

在18世纪,冒险小说的兴起尤为引人注目。欧洲作家在其作品中突出了欧洲人和殖民地原住民在游泳技术上的对比:拙劣和熟练。丹尼尔·笛福(Daniel Defoe)的《鲁滨孙漂流记》(*Robinson Crusoe*)和乔纳森·斯威夫特(Jonathan Swift)的《格列佛游记》(*Gulliver's Travels*)都写于18世纪初,这两部作品在很大程度上都受到奥德修斯传说的影响,可能更大程度上受到了当时已被翻译成英文的水手辛巴达故事的影响。鲁滨孙很会游泳,当他发现自己只身一人流落孤岛时,他脱得只剩下马裤和长袜(他是一个冒险家,并非裸泳的野蛮人),游到海湾失事的船那里去拿补给品。而《格列佛游记》的主人公格列佛,就像奥德修斯和辛巴达一样,在一场海难后成功游回岸边。

> 小船上的同伴,以及那些逃上礁石或者留在大船上的人后来怎么样,我说不上来,可我断定他们全都完了。至于我自己,则听天由命地游着,被风浪推向前去。我不时将腿沉下去,却总也探不到底。眼看我就要完蛋而又再也无力挣扎时,忽然觉得水深已经不及灭顶了,而这时风暴也已大大减弱。

几页之后,格列佛"脱去衣服,蹚水前行,一直来到离那艘小船一百码之遥",这时他"没法再蹚水了,只能泅水到达小船边。涉水而过,在中心部位游了约三十码,直到脚能够得着海底",又游了一小段距离去拉回失事的小船,但是当他到达船边时,他说他"发现这一切几乎是白费力气,因为在这么深的水里，我一点用不着力。迫于情势所需，我不得不向岸边游去，一边用一只手尽量不时将小船向前拖一把，幸好潮水也帮了我的忙。我向前游了好久，一直到我的脚踩到了海底，下巴能抬起为止。我歇了两三分钟，然后继续开始推船，就这样，一直走到海水只达我腋窝的位置"。

在这两本书中，原住民的游泳技巧要高得多。《鲁滨孙漂流记》一经出版就在英国获得了巨大的成功，第一年就印到了第四版，书中说到一个摩洛哥土著"游起泳来，活像一个软木塞……他便转过身去，向岸上游去了。我完全相信，他后来毫不费力就游到岸上，他是一个出色的游泳家"。此外，当非洲人登上鲁滨孙所在的岛屿时，他们"还是不把它当回事，一下子就跳了下去，只划了三十来下，便游过河面，爬到岸上"。笛福认为鲁滨孙的游泳能力比他遇到的人要逊色很多。[9]

乔纳森·斯威夫特的《格列佛游记》出版于七年后的1726年，书中讽刺了土著人——因为他们擅长游泳，作者将其拟人化为"野胡"。"野胡"看起来像人类，但未开化（他们中的一些人皮肤黝黑）。斯威夫特告诉我们，"他们像青蛙一样从小就会游泳，还能在水底待很长的时间，在那里他们常常会捉到鱼，母'野胡'捉到鱼之后就拿回家去喂小崽"。当格列佛赤身裸体洗澡时，"正巧有一只母'野胡'……看到……一下子欲火中烧，就全速跑过来，在离我洗澡处不到五码的地方跳进了水里"，吓了他一跳。斯威夫特通过这种描述污名化原住民女性，认为她们过于性欲旺盛且轻佻。[10]在东南亚和南太平洋地区，就像在非洲和美洲一样，原住民都很擅长游泳，而游泳能力较差的欧洲人则总会以此为借口对他们进行殖民和奴役。

爬　泳

在对太平洋、美洲原住民和非洲人的游泳方式进行观察时，欧洲人对原住民的泳姿和欧洲蛙泳泳姿之间的显著差异感到特别震惊。笛福在其著作中特别强调了鲁滨孙的同伴佐立是如何将枪举出水面游泳的——"一只手举着一支小枪，一只手划着水"，推测他采用的是原住民游泳者使用的爬泳或侧泳，这与斯威夫特笔下的格列佛形成了鲜明对比——格列佛必须停止游泳动作才能推船。从智利到加拿大的大多数美洲原住民仍然采用爬泳。18世纪，一名居住在弗吉尼亚州的英国移民这样描述当地原住民的游泳方式："他们不是两只手同时划水，而是交替着划。"[11]

非洲人和非裔美国人也广泛使用上手划水的泳姿。1605年，西非人"以葡萄牙人的方式"游泳，双臂高出水面，一前一后。[12]同样是在17世纪，在巴巴多斯追赶鸭子的非裔美国人展现了多种多样的泳姿，有"一些人采用常见的方式，俯卧游泳；一些人仰泳；还有一些人先伸出右腿和左臂划水，然后转向另一侧，这种游泳方式比其他任何一种都快"。[13]（这可能是非洲裔美国人对仰泳或蛙泳的早期实践。）据说，西非游泳者在水中还会"像青蛙一样"，即模仿青蛙的踢腿动作，这可能意味着他们在侧泳。尽管缺乏这一时期的详细记载，但可以推断，太平洋岛民也使用过上手划水的泳姿。[14]欧洲人注意到，在爬泳或侧泳过程中，游泳者有携带物品或推动船只的可能，而且爬泳速度比蛙泳要快得多。然而,欧洲人仍然认为蛙泳和仰泳更文明,而上手划水的爬泳则是野蛮人和奴隶的天然标志。[15]

中国和日本

在亚太地区,欧洲人心目中的游泳者形象与他们的实际所见并不相符。1516年,哥伦布的堂兄拉斐尔·佩雷斯雷洛(Rafael Perestrello)抵达中国,此时,欧洲人早已通过传闻和来访对中国和日本有所了解。他们已经有一个既定印象中的东亚:拥有古老的文明,受人尊敬也值得尊敬。耶稣会传教士于16世纪40年代抵达日本,他们最初某种程度上也将中国人和日本人归类为北方白人,而非非洲、印度和东南亚的深肤色南方人。1552年,弗朗西斯·泽维尔(Francis Xavier)在访问中国和日本后的报告中写道:"我所见的中国人,以及我所了解的中国人,均皮肤白皙,聪明好学。"[16]1584年,一名意大利耶稣会士在一篇赞美日本人的文章中写到,日本人"不仅优于所有其他东方民族,甚至在某些方面胜过欧洲人"。[17]这里的人肤色白皙,有规模庞大的港口、城市景观、帝王制度和宫廷仪式。

中国人不会游泳的这一发现,让欧洲商人更加确信,中国是个值得尊敬的贸易伙伴。元代对中国游泳的限制和对欧洲游泳的限制一样,大多数中国人都已经忘记如何游泳。尽管中国仍有许多公共浴场,但很少有人游泳了。[18]对中国北方的居民来说,南方人的游泳显得很不自然。曾有文献记载,17世纪中期,海南岛上有一对双胞胎兄弟,"可以在水下潜泳很长时间,并且喜食生鱼胜过熟食"。[19]

在中国南方，只有采珠人和疍民还以水为家。对于穿越印度洋而来的欧洲人来说，他们对明朝时期的采珠活动比较熟悉。在中国，潜水采珠对社会底层民众而言，也是一项艰苦、危险、收入微薄的工作。一些人"葬身鱼腹"，有些人则死于寒冷。也许，欧洲人和中国人在潜水技术方面进行过交流：早在12世纪90年代，欧洲潜水员就在试验呼吸管和潜水钟。1637年，中国的《天工开物》记录了中国采珠技术的新发展，潜水员戴着密封的皮革面罩，通过一根用锡环加固的弯曲长管呼吸。[20] 但这一技术仅限于中国南方。17世纪，耶稣会传教士在朝廷接触的中国北方人，许多都是满族贵族，他们像欧洲人一样，认为游泳是一种野蛮原始的活动。

然而，欧洲人很快就发现，日本的情况完全不同。在日本，游泳普及程度很高，甚至是日本民族认同的一部分，这也许是其对中亚势力排斥的一种表现，也是对不会游泳的蒙古和满族征服中国和朝鲜的反应。对于16世纪的中国文人来说，游泳反倒成为确认日本人为野蛮人和海盗的标签。在欧洲传教士注意到日本人的游泳水平和热情后，他们也试图抑制游泳和沐浴在日本的发展。传教士们禁止学生在为培养日本天主教徒而建立的寄宿学校里游泳，但孩子们的强烈反对和痛苦反应迫使老师不得不允许"在合适的天气下，在河里或海中游泳"。[21] 欧洲与日本的互动并没有持续太久。传教士们还没来得及深入了解日本，日本幕府将军丰臣秀吉便已获悉葡萄牙殖民者在印度的所作所为。17世纪30年代，丰臣秀吉效仿印度莫卧儿王朝，禁止所有欧洲人进入日本。尽管如此，看起来文明有礼的日本人却有着优异的游泳技术，这可能会给欧洲人留下深刻印象，留待他们回国后思考。

在中世纪晚期，欧亚大陆北部的居民普遍把游泳与贫穷和无知联系在一起。游泳被视为危险、怪异、过时，且不受上帝待见的活动，它会导致猥亵和滥交，因此通常被认为是异端人士所擅长的。随着欧洲的奴隶贩子和殖民者开始剥削非洲、美洲和太平洋地区的民众，他们也在利用这些偏见来为自己的暴行辩护。在这些奴隶贩子出版的游记、编年史，以及小说作品中，游泳被认为是异教徒和野蛮人的标志。发现中国人也不会游泳这件事，无形中强化了欧洲人的这种观点。在欧洲和中国，自由、文明且有自尊心的人，都是远离水的。

第 16 章

漂浮测试

就在非洲和美洲的欧洲奴隶贩子以游泳是异类和奴隶的事，为自己的罪恶辩护时，新一轮关于水和游泳的忧虑从俄罗斯和乌克兰传至中欧。这些忧虑源于古老的观念，即水是神奇、神圣的，人们进入水中会玷污水源甚至触怒神灵。当游泳是野蛮行为的观念与水是神圣的观念碰撞时，在 16、17 世纪的欧亚大陆，沉水作为惩罚和水审的情况逐渐增多，尤其是在对巫术的审判中。对洪水的恐惧又一次从北部草原向西扩散到欧洲。在 16 世纪到 18 世纪之间，将女性投入水中以判断她是否为女巫的做法慢慢从乌克兰向西传至德国，随后是英国，再越过大西洋传到美洲的英属殖民地。

水审有着悠久的历史。在古巴比伦的《汉谟拉比法典》中就曾出现，后来许多西亚法典中也有体现。但水审并不是罗马法的一部分，尽管我们倾向于认为英国、法国和德国将女子投入水中进行巫术审判是中世纪的产物，但在中世纪的欧洲，水审并没有被广泛使用。[1] 西欧大多数有关女巫的水审发生在 17、18 世纪，即近代早期，而非中世纪。当然，中世纪也有一些用水审审判异端邪说的例子，比如 900 年德国东南部的那场。²1114 年法国的苏瓦松，1170 年的英格兰，以及大约同一时间的韦兹莱都曾使用水审。但到 1190 年腓特烈·巴巴罗萨溺亡时，这种严酷的审判已经声名狼藉。³1215 年，第四次拉特兰公会议谴责酷刑审判，并禁止神职人员参加。颇具影响力的意大利学者托马斯·阿奎那也拒绝接受严酷的审判，因为审判本身太像巫术了。⁴ 在 15 世纪中期的法国东部和瑞士瓦莱州，以及 16 世纪初的意大利北部卡莫尼卡山谷的猎巫运动中，尽管有数百名妇女被判定为女巫，并遭受火刑或被折磨致死，但她们都没有经历水审。⁵ 然而，在 16 世纪，北欧人又开始向水寻求正义。

源自俄乌

在一向对游泳持抗拒态度的俄国和乌克兰，水审作为一种司法实践似乎一直很流行，甚至并非只用于巫术审判的范畴。根据古代法典，俄罗斯和乌克兰地区发现最早的水审记录可追溯到 1094 年，尽管该方法早至青铜时代便已存在。⁶ 在中世纪的俄国和乌克兰，水审颇为普遍——尤其是对女性而言，早期的相关记载就包含了西欧女巫审判中那些人们熟知的要素。1153 年，一名访问基辅的叙利亚商人记录了当地的一次水审：

> 每隔二十年，这里的老年妇女就会被指控使用巫术（或被怀疑？），这在民众中引发了极大恐慌。人们会抓住在该地区发现的所有这类老年妇女，把她们手脚绑起来，扔进

一条穿境而过的大河……那些能浮在水面上的会被视为女巫，进而被烧死；相反，那些沉入水中的则被宣布与巫术毫无干系，从而重获自由。[7]

该审判重点针对女性，她们被指控有疑似不当的行为后，会被施以漂浮测试，即用一种特殊的方式将手脚绑在一起，身体蜷缩成一个球，随后被扔进水里。若径直沉入水底，则证明是清白无辜的。这些审判细节与后来欧洲水审的做法相同，某种程度上揭示了中欧地区针对巫师的水审可能源自俄国和乌克兰。

在当代俄罗斯，有证据证实了这个商人的描述。1024年，干旱侵袭了今莫斯科东北部的苏兹达尔（Suzdal），随之而来的是庄稼歉收和饥荒。正如叙利亚商人记载的，该地对一些老人进行了审判，并最终处决了她们。1070年和1071年，邻近的罗斯托夫（Rostov）也发生了饥荒，这次该地处决了多个年龄段的妇女。[8]第三次更严重的饥荒从1271年持续到1274年，引发了更为频繁的女巫漂浮测试。在这一时期，当地的主教塞拉皮恩（Serapion）特别强调漂浮测试是异端和迷信，他强烈谴责说：

你仍然执着于异教传统；你相信巫术，烧死无辜之人，给大地和城市带来杀戮……你从什么书或著作中得知，人间的饥荒是由巫术导致的？……在过去的三年里，不仅罗斯地区，拉丁人那里也颗粒无收。女巫是罪魁祸首吗？……你们让水来作证，还说：如果她开始下沉，她就是无辜的；如果她浮起，她就是女巫。难道不可能是魔鬼本人，见你们信仰薄弱，托住她不让她下沉，从而导致你们走向毁灭吗？因为，你们宁愿相信无生命之物的"证词"，也不愿相信上帝创造的人类的话。[9]

这也是后来西方审判的典型特征：一般而言，就算教会官员不认为女巫漂浮测试是异端邪说，也会将其视作无稽之谈。

与此同时，在西亚南端也流传着类似的漂浮测试，同样是把被审判者绑起来，如果他浮在水面上，便表示有罪。一名叙利亚朝臣在1175年记述道：

> 他们往一个巨大的木桶里灌满水，在上面横放了一块木板。然后他们绑住被指控的人的手臂，在他的肩膀上系了一根绳子，把他扔进木桶里。他们认为，如果这个人是无辜的，他就会沉到水里，然后他们会用绳子把他拉起来；如果他是有罪的，他就不会沉入水中。当他们把这个人扔进水里时，他用尽力气想沉下去，但他做不到。因此，被审判者不得不服从判决。[10]

朝臣本人并没有亲历这一事件，他声称自己是从盲人那里听来的。据说，这是法兰克人的刑罚，也就是欧洲人会做的事情。显然，至少部分十字军是知道俄国人使用的水审理论的，后来在西欧也发现了这种理论。中世纪的水审标准与古巴比伦完全相反，漂浮在水面上证明有罪，下沉则为无罪。在古巴比伦的法典中，官员会把妇女投入水中，观察她们是否会沉入水底，从而判断其是否为女巫。他们认为，河神努加尔（Nungal）会抓住女巫，将其溺毙。在西非也是如此，漂浮于水面被视为清白。威廉·博斯曼（Willem Bosman）的记述中说，在贝宁的乌伊达人中，有一条"拥有奇异特性"的河，"把有罪之人扔进去，立即就会淹死"。[11] 但博斯曼强调，有罪之人会被淹死"与欧洲审判女巫的判定标准相反"。事实上，有罪之人会漂浮在水面上的观点在欧洲是慢慢流行起来的。希腊学者菲拉库斯（Phylarchus）在一篇现已散佚的文章中说，有些魔术师比水还轻，是不会沉入水中的。罗马地理学家普林尼赞同菲拉库斯的观点。公元2世纪的旅行作家包萨尼亚（Pausanias）补充了一些与水及漂浮有关的见解。他讲述了希腊城市埃皮达罗斯（Epidauros）的一个习俗：信徒们把大麦面包扔进喷泉，如果奉献被接受，面包就会沉下去；如果被拒绝，面包就会浮起来——这是"极为不祥之兆"。包萨尼亚还提到，"死海与众不同，因为生者不必会游泳就能浮在水面上，而垂死者则会沉入水底"。[12] 换言之，包萨尼亚认为，在正常的水中，普通人是会沉没的。

在6世纪，拜占庭的地理学家也赞同魔术师比水轻的观点，而9世纪法国大主教辛马尔（Hincmar）则解释说，说谎者不会沉入圣水之中，因为他们会遭到"水的纯净本质"的排斥。中世纪乌克兰的一种习俗可能与此观点有关，官员把被指控为女巫的人投入水中，以观察水是否"拒绝"接纳她们，令她们浮起来。他们相信，用于洗礼的水是纯净的，不会接纳罪犯或异教徒。[13] 到了中世纪，从俄国到大西洋，整个欧洲都普遍认为有罪之人会在水面上漂浮（死海除外），而无辜者则会沉入水底。

溺　水

中世纪晚期，中欧人已不再游泳。此时，他们开始将水视为一种实用、有效且适当的处决手段，尤其适于处罚那些冒犯上帝的人。这种做法可能也始于俄国，1497年，沙皇伊凡三世（Tsar Ivan Ⅲ）下令将女巫溺死在莫斯科河中。[14] 在中欧，这一时期的两位伟大的新教改革者，马丁·路德（Martin Luther）和约翰·加尔文（John Calvin），在他们的文章和布道中从未提及游泳，甚至连相关比喻都没有。但他们对有关"溺水"的事情兴趣浓厚。和同时代的其他欧洲人一样，路德认为溺水是一种适用于"处理"异常儿童的方式。他描述了一个"除了吃东西什么都不会做"、被碰一下就哭、家里发生什么坏事反而会笑的孩子，并建议王子"把他扔进摩尔道河"。[15] 1526年，在瑞士，乌尔里希·茨温利（Ulrich Zwingli）认为再洗礼派的异教徒也应该被淹死——至少一些再洗礼派教徒的确被淹死了。[16]

之后不久，天主教徒在法国和英国对异教徒进行了溺毙的处罚。1593年，克里斯托弗·马洛（Christopher Marlowe）在他的戏剧《巴黎大屠杀》（*The Massacre at Paris*）中写下法国天主教徒逼迫清教徒跳入塞纳河的场景：

> 吉斯：安茹大人，有上百清教徒让我们追得逃到塞纳河去了，那些人为了活命四处游动。我们该怎么办？我怕他们

会逃得一命。

> 迪迈纳：派些人带着弓和飞镖到桥上去，看见一个射一个，让他们游的时候就直接沉到河里去。[17]

尽管这是马洛的文学创作，但这一幕中的残酷对话却是根据真实事件改编的——1572年发生在巴黎的圣巴托罗缪之夜大屠杀（St Bartholomew's Day Massacre）。在这一悲惨事件里，许多清教徒淹死在塞纳河。这并非孤例。1641年，爱尔兰的天主教暴徒将一百多名清教徒逼入贝尔法斯特南部的班恩河，大部分人溺水身亡，少数会游泳的幸存者也难逃厄运，被桥上之人射杀。[18]

从俄国和乌克兰向东，我们可以看到中国人对巫术和水的类似担忧，以及对溺水的类似关注。成书于16世纪的《西游记》中，有河妖弄沉船只，把乘客拖下水的桥段。[19] 于16世纪整理改编并于1620年成书的小说《平妖传》，是围绕一个跳井逃跑的妖怪展开的。[20] 1768年，中国也陷入了对所谓偷取灵魂等妖术的恐慌。时值乾隆年间，清政府正在浙江德清重建一座桥梁，有传言称，当地石匠通过一种妖术，可以吸取他人的精神和生命；另有和尚能够通过叫他人名字带走其灵魂的妖术。恐慌的民众想烧死或淹死这些"妖人"，但被上级官员制止了。[21] 在这一时期，从中国到爱尔兰——几乎整个欧亚大陆，溺毙似乎被认为是一种体面且正常的杀死异类、异教徒和女巫的方式。

女巫漂浮测试

从溺死异教徒，到对巫术进行严酷的审判，这只是一小步。随着中欧和西欧人开始认为游泳是件不可思议的事情，这一步很快就迈进了。普通人若会游泳，便被认定拥有超自然的力量，也就意味着她就是女巫，或者是女巫的同伙。水审——将验证她是否会游泳。[22] 宗教领袖逐渐选择回避卷入与巫术和驱魔相关的事务，这使得世俗当局在大众的要求下不得不介入其中。如果神职人员拒绝到居民家里洒圣水，民众可以用巫术指控迫使地方官员采取行动。[23] 继 13 世纪被禁止之后，16 世纪末到 17 世纪期间，被称为"漂浮测试"或"浸水测试"的强行溺死女性（主要是女性）的做法在中欧和西欧人群中又荒谬地流行开来。

波兰和匈牙利

水审的"死灰复燃"最早出现在波兰和匈牙利，两国人民受俄国文化的影响最大。如上文所说，1271 年到 1274 年，乌克兰的暴力人群将疑似女巫者推入河中。然而在 1274 年到 18 世纪，这一地区再也没有关于漂浮测试的逸事了。[24] 究其原因，是记录缺漏，还是情况真的改变了，我们不得而知。但是，不管水审在俄国和乌克兰是否已经消失，它都在波兰和匈牙利重新流行起来——从最靠近乌克兰东南部的地区开始。在波兰，女巫审判开始于 16 世纪 70 年代。[25] 匈牙利的猎巫活动在 16 世纪 80 年代达到第一个高峰。[26]1588 年，一名匈牙利官员付给罗姆人24代纳尔,让他们把"莫诺斯托街上的女人"扔进水里,因为她"被怀疑对一个小女孩施了魔咒"。[27]在匈牙利,人们以能否漂浮为标准来鉴别女巫——把她们的脚和手绑在一起——与中世纪乌克兰的做法相似。与乌克兰一样,匈牙利进行女巫的审判记录显示,人们会将漂浮测试作为一种集体求雨的天气魔法,在干旱时以求降水。[28]

有关巫术的水审,很快从波兰和匈牙利传到了德国。在向西迁移的过程中,女巫审判和天气魔法之间的联系减弱了。[29]但在整个欧洲,包括德国、英国和美国殖民地,中世纪俄国和乌克兰人把女人的手和脚绑在一起的情况依然存在。这种习惯肯定不是独立出现的,它无疑在某种程度上表明,西欧用是否能在水上漂

图67 两个被捆绑起来进行漂浮测试的女性,一个浮在水面,一个沉入水底。赫尔曼·诺伊瓦尔特(Hermann Neuwalt)的《通过漂浮测试对女巫进行研究、试验的认知报告》(*Bericht von Erforschung, prob vnd erkentnis der Zauberinnen durchs kalte Wasser*),1584年

浮来鉴别女巫的方法，正是起源于俄国或乌克兰。

德 国

尽管教会和世俗当局认为纯属无稽之谈，但在 16 世纪的德国，漂浮测试还是流行起来了。1532 年，查理五世的刑法典明确禁止水审——不准进行漂浮测试或浸水测试，这也表明，官员们开始面临将女性作为女巫进行漂浮测试的压力。果不其然，到了 1563 年，一名德国学者对这一过程进行了详细描述，其中还包括俄国和乌克兰的传统做法——将受害者的左手拇指绑在右脚趾，右手拇指绑在左脚趾上。不过，他对这种做法持批判态度。[30]

1583 年，随着辩论在德国愈演愈烈，哲学家威廉·施赖伯（Wilhelm Schreiber）证明了水审的合法性，并认为其符合基督教教义；1584 年，正值女巫审判在匈牙利达到第一个高峰，第一次有明确记述的近代水审在德国进行。[31] 整个 17 世纪，德国官员一直在使用水审，并以官方认可的方式将女性捆绑起来。[32]（图 67）这个姿势的性暗示意味并非偶然。女巫本就是被边缘化的弃儿（或者说被边缘化的弃儿就是女巫），滥交的女性同样边缘，两者很容易混为一谈。早期近代欧洲人越来越多地将游泳与外来者、沐浴和滥交联系在一起，从而性、巫术和水审三者也交织在一起。

在这一时期，大众的要求使得通过漂浮测试来甄别女巫的做法在德国越来越普遍。许多知识分子和宗教领袖公开表示反对：1584 年，德国首次举行女巫审判时，一名著名教授表达了反对；1598年，一名德国加尔文教派牧师再次公开反对。[33]1592年，一名德国法律学者认为通过让女性游泳来甄别女巫的做法是魔鬼编造出来的一种迷信行为。[34]但这逐渐变成少数派的观点，到1643年，莱比锡的医生赫尔曼·康林（Hermann Conring）认为水刑是一种完全合法的鉴别女巫的方法。[35]对科学、实证检验的渴望也导致了以漂浮测试来鉴定巫术的复兴。[36]为了探究人们所做的实验，大约在这个时候，德国军事指挥官约翰·冯·斯波克（Johann von Sporck）怀疑自己部下的妻子在使用巫术。他决定用漂浮测试来检验。与当时主流理论不同的是，冯·斯波克认为无辜的人会浮起来，而不是沉底。他让一个叫勒布（Löb）的志愿者进行测试，（自认为）科学地验证了他的理论。然后他测试了嫌疑女巫，多数都沉了底，她们随后被处死。[37]但这种实验并不常见，大多数女性如果漂浮（或"游泳"）就会被定罪。在德国西部的威斯特伐利亚，整个17世纪，法官们都在将被指控施行巫术的女性丢入水中。大约在1630年的某天清晨，地方长官将30多名被指控施行巫术的妇女从床上拖起来，用传统方式捆绑后投入水中。她们漂浮起来，随后被逮捕。在严刑拷打之下，这些女人承认了罪行，最终被绑在火刑柱上烧死了。[38]

大不列颠和爱尔兰

尽管水刑在近代早期的德国很流行，但在意大利、西班牙、葡萄牙和法国，它从未被接纳。巫术审判在这些国家和德国同样普遍，但在西欧的天主教国家，涉嫌巫术的人通常会在陆地上遭

图 68 游泳的玛丽·萨顿。《遭逮捕、审查和处决的女巫》扉页，1613 年

受酷刑。1587 年至 1588 年，德国流行的鉴定女巫的漂浮测试，为法国东部的地方官员所借鉴，但巴黎的中央政府很快对此进行了禁止，从而终结了南欧的女巫漂浮测试。[39] 类似地，在中国，尽管在 18 世纪发生了许多巫术（妖术）审判，但清朝官员多是依靠打断嫌疑人的腿或用刑具压碎他们的脚踝来逼迫他们招供，而非使用水审，也成功地平息了民众的恐慌。[40]

然而，在荷兰、英国和爱尔兰等欧洲国家，水审的盛行之势迅速压倒了官方的反对，甚至还赢得了统治者的支持。[41] 和法国一样，荷兰的第一次水刑审判发生在1588年。[42]两年后，丹麦的官员开始通过对女性进行漂浮测试来甄别女巫，受此影响，苏格兰国王詹姆斯六世也开始鼓励水刑审判。23岁的詹姆斯和他14岁的丹麦新娘安妮乘坐一艘船从奥斯陆前往苏格兰时，遭遇了一场可怕的风暴。丹麦舰队上将将这场风暴归咎于巫术，一些丹麦名门望族的女性因此被定罪。詹姆斯对这一程序印象深刻，他写道："上帝已经判定……（那些人）抛弃了神圣的洗礼之水，并且故意拒绝洗礼带来的益处，水就会拒绝将她们揽入怀中。"[43]与乌克兰和近代早期德国的女巫审判一样，在苏格兰，人们普遍认为，纯净的水会拒绝有罪的女巫，而无辜的人则会被水接纳，沉入水底。

水的考验带着中亚的风俗来到了苏格兰。与近代早期的巫术审判几乎只涉及女性不同，中世纪英国的水刑审判对象男女皆有。这种对女性的新关注与近代早期英国紧张的两性关系十分契合，但对性别的强调在中亚有更深的历史根源。[44]这些妇女被脱光衣服，手脚绑在一起，就像中亚的水审一样。詹姆斯国王对洗礼的提及也反映了早期的中亚理论。[45]在苏格兰国王的认可下，用漂浮测试来鉴定女巫的做法获得了合法性地位——这在法国或者英格兰从未有过。

詹姆斯的《恶魔学》（*Daemonologie*）第2版出版于1603年，也就是他掌权那年，他鼓励新英格兰臣民采纳水刑审判。到1612年，英格兰首次出现女性因被控涉嫌巫术而遭漂浮测试的情况。1613年的英国小册子《遭逮捕、审查和处决的女巫：其在陆地和水上犯下的显著恶行，以及判断女子是否为女巫的奇特且最真实的审判方法》(*Witches Apprehended, Examined and Executed, for notable villanies by them committed both by Land and Water*：*With a strange and most true trial how to know whether a woman be a Witch or not*)中，讲述了玛丽·萨顿（Mary Sutton）和她母亲的故事。一个名为恩格尔的男士指控她们施咒，导致他的猪和马死亡。小册子里言之凿凿："第一次被扔进水里时，她沉了大约两英尺就浮了起来，像一块木板一样漂在水面上。"第二次被扔入水中时，母女俩的拇指绑在了相反的脚趾上（图68）。最终，母女二人都承认曾施过诅咒，1612 年，她们被处以绞刑。[46]同年，北安普敦郡的法官对一名男子和他的父母进行了漂浮测试，该男子被绞死。[47]

与在俄国、德国和荷兰一样，当地政府也试图对此进行抵制：1616 年，一位备受尊敬的英国医生公开反对水审，认为这是"野蛮的武力和无法无天的暴力"；1653 年，政治作家罗伯特·菲尔默爵士（Sir Robert Filmer）也指出，水审"并非获取证据的最佳方式"。菲尔默知道水审源自德国，他警告说，"这关系到这个国家的人民应该更认真地接受巫术教义的教育"。当时流行"魔鬼最轻，因为它更多地与空气有关，而非水。它们会浮在水面之上，或是置身于女巫之下，又或占据她的身体，令她浮起来"这种观点，他对此嗤之以鼻。[48]但这种戏剧性的场面所引发的狂热，压过了那些基于原则的反对意见。

进入 17 世纪后，针对女性涉巫的漂浮测试在英国越来越流行和普遍。菲尔默详细记录了该测试的常规程序：被指控涉巫的人（通常是女人）会被剥光衣服，用绳子捆绑——通常是将拇指和脚趾绑在一起,然后被扔进池塘或深溪三次。如果沉入水中,她就被认为是无辜的(但有时会溺亡);如果浮于水面,她就被认定有罪,可能因巫术罪名而遭受绞刑。有一个典型案例:

> 这个老妇人被带到镇子附近的一条大河边,看看她能不能沉到水下。她的双腿被绑后投入水中,尽管她(用双手)尽了最大努力往下沉,但她做不到,只能躺在水面上,像一块软木一样浮着。当时有二十多人见证了这一事实,然而仍然无法赢得人们的信任。因此,她再一次被带到水中,这一次,她还是像第一次那样浮着。尽管在场有二百多人在场目睹这一幕,但许多人依然不相信。与此同时,一个年轻女子也被投入水中,她立即就沉了下去,要不是旁边有人施救,早就淹死了。为了让众人信服,不留任何怀疑的余地,这位老妇人第三次被带到河边,像之前一样被投入水中,可她依旧浮在水面上。[49]

人群的规模说明了此类审判发生的原因:涉巫的漂浮测试已成为一种流行的娱乐形式。1717年9月,莱斯特受到指控的母亲、儿子和女儿,"她们(女巫嫌疑人)的拇指和大脚趾分别被绑在一起,就这样扔进水里。尽管她们竭尽全力想要沉下去,还是像软木塞、纸片或空桶一样浮在水面上"。[50]1718年,萨福克郡(Suffolk)伯里圣埃德蒙兹(Bury St Edmunds)的牧师弗朗西斯·哈钦森(Francis Hutchinson)反对这种做法,他说:"乡亲们仍然喜欢用漂浮测试来判断一个女人是否涉巫,就像他们喜欢

逗熊逗牛一样。"从 1734 年举行的一次水审中,我们可以感受到其中的粗俗和骚乱——特别像一场逗熊游戏:

> 伍斯特郡的法官约翰·古德尔,在一次极为反常地参与"漂浮测试"后被免职。在所谓的"漂浮测试"后,古德尔脱去衣服,跳入水中,"仰浮在水面四处游动,在在场的男女面前暴露自己的裸体"。从水中出来后,他当着几位在场女性的面穿上马裤,还问她们"谁想被 kn-kt……"(kn-kt 可能是隐晦的低俗词语)[51]

16 世纪末,苏格兰发生了几次巫术恐慌;17 世纪 40 年代,英格兰也发生了一次大规模的猎巫事件。但这些事件的规模远小于中欧。在近代早期,英格兰因巫术而被处决的大约有 5000 人,而在中欧,数字是它的四到五倍。[52] 这些数字进一步表明,漂浮测试这一中亚传统,在 16 世纪席卷了整个欧洲。

美洲殖民地

水审经过了更长时间才穿过大西洋,到达北美的英国殖民地,也正因为晚,在那里并未普及。即便是美国殖民者对针对女性涉巫鉴定的漂浮测试有所了解时,他们也对其有效性持怀疑态度。1662 年,即德国第一次水刑审判过去近一个世纪之后,康涅狄格州哈特福德(Hartford)的法官曾威胁对伊丽莎白·西格尔(Elizabeth Seager)进行漂浮测试,但最终并没有执行。[53]1684

年,著名的清教徒牧师英克里斯·马瑟(Increase Mather)在谈及哈特福德的猎巫行动时,曾指出:

> 有人想试试女巫不会沉入水中的说法是否属实,于是一男一女……手脚被绑,被扔进水里,他们俩显然像浮标一样,部分在水下,部分在水上。一个旁观者认为任何人以那种姿势被绑都会浮起来,于是主动要求试验。但当他以同样的方式被轻轻放入水中时,立刻就沉了下去。这并不能作为对嫌疑人不利的合法证据,也没有因为其他任何原因对他们进行起诉。[54]

与罗伯特·菲尔默一样,马瑟也对水刑审判的有效性持怀疑态度。八年后,1692年9月,康涅狄格州费尔菲尔德的官员又对两名被指控为女巫的人——默西·迪斯布罗(Mercy Disburrow)和伊丽莎白·克劳森(Elizabeth Clauson)——进行了水审,她们"被绑住手脚投入水中后,像软木塞一样浮着;有人费力地把她们摁进水里,才一松手,她们又浮了起来"。值得注意的是,这与塞勒姆女巫审判是同一年,但塞勒姆没有使用水刑审判。然而,受过良好教育的清教徒牧师根据英克里斯·马瑟的论点提出反对,"通过漂浮测试来判定巫术是不合理的,它不能提供任何证据"。最终,两名女子被无罪释放。[55]

在美洲殖民地,对涉巫漂浮测试功效持怀疑态度的不仅仅是牧师和官员,还包括旁观者,这种怀疑直到18世纪依然存在。1706年7月,弗吉尼亚州的官员对格蕾丝·舍伍德(Grace

Sherwood）进行了审判：

> 她无法提出任何辩解，几近无言以对，只能寄希望于法庭的判决，因此同意接受水审，也同意再次被搜身。检测时，她在被束缚的状态下从水中浮起，这非同寻常，也令所有观众出乎意料。[56]

舍伍德最终还是获得了自由。尽管用漂浮测试鉴定巫术的行为到处都有人尝试，但在美洲殖民地从来没有真正站稳脚跟。

加勒比岛上的人似乎也对水审并不熟悉。1650年左右，马提尼克岛（Martinique）的欧洲殖民者对当地一名（姓名不详）妇女进行了水审：

> 法官……听从了一位名叫雅克先生的外科医生的建议。雅克先生是意大利人，大家都叫他"罗马人"。他告诉法官，自己曾在德国和意大利见过用漂浮测试进行的审判，而且这种方法是被允许的……第二天，他们把她带到"卡尔贝"附近一条相当深的河边，在那里将她衣物褪去……把她的两个拇指和两个大脚趾绑在一起，又在她腰间系上一根粗绳，绳子横跨河面。之后她被推进水里，拉到河中央。她就像气球一样浮在水面，尽管她自己几次试图沉下去，甚至周围的人也无法让她下沉……[57]

在马提尼克岛，相较于北美人，当地人对水审的认同度更低。他们根本就想不到会有这种方法，只是听了一名在德国见过水审的游客的建议，才进行了尝试。（尽管有这样的参考，但我并未发现意大利有类似案例，毕竟在17世纪，德国南部和意大利北部的界线仍然不确定。）

在大西洋殖民地，水审实践是短暂且有限的。17世纪，从俄国和乌克兰兴起，并向西扩散至欧洲的以漂浮测试为方法来鉴定女巫的普遍做法，对大多数美洲殖民者来说仍然太过陌生。但与石器时代和中世纪一样，在近代早期，这种危险和水之间的联系再次从草原向西传播。在被称为启蒙时代的几个世纪里，对于那些与邻居关系不融洽的人来说，水审是一种真正的威胁，这在从爱尔兰到乌克兰几乎横跨欧洲的范围内都有所体现。

第 17 章

浸水椅

浸水椅（也叫澄清椅）是近代早期欧洲人对水的恐惧以及其与女性联系起来的另一个象征。浸水椅是一种水刑的形式：把绑有犯人（多是妇女）的椅子固定在起重设施或长杠杆的一端，另一端有人操纵，反复将受刑者投入池塘或河流中，直到其窒息和濒临溺亡，甚至真的溺水身亡。[1]关于浸水椅的起源时间，目前尚无定论。据载，已知最早使用浸水椅的水刑是一次非正式的惩罚。13 世纪初，就在人们忘记如何游泳的时候，法国国王菲利普·奥古斯都（Philip Augustus）颁布法令，规定将在公共场合亵渎上帝者投入河中。1243 年的阿维尼翁、1228 年的意大利维罗纳、1264 年的维琴察等地都发生过类似的浸水椅事件。到 1286 年，苏黎世似乎已经形成一种特定的惩罚机制，即通过将受罚者置于篮中吊起，悬在池塘上。篮中人只能在众目睽睽下跳进脏水才能脱身。[2]

在英国，地方当局大约也在这一时间开始使用浸水椅。一幅绘制于 1250 年左右的英国手抄本插画中，一名女子高高坐在类似梯子的装置上，一个男子站在下方，这可能是对浸水椅的早期

图 69 疑似最早的浸水椅图。《拉特兰诗篇》（*Rutland Psalter*）中的袖珍画，约 1260 年

描绘，但插画中没有水的存在。[3]（图 69）据推测，早在 11 世纪的资料中，"澄清椅"更像是可移动的颈手枷，并不涉及水。第一个明确有水的案例出现在这首写于 14 世纪初的诗中，正值欧洲不再使用爬泳泳姿之时：

> 向你们这些酿酒妇致敬
> 带着加仑、品脱和夸脱，走遍所有城镇
> 你们靠拇指（作弊）捞到不少好处，那都是可耻的把戏
> 小心那把泼妇椅，和那又深又脏的湖水[4]

正如这节诗中所暗示的，早期的浸水椅主要被用作惩罚欺

诈的酿酒者，特别是制造和销售麦芽酒的妇女。这种情况在欧洲大陆持续存在，受害者主要是男性。然而到了15世纪，随着英国女性酿酒师的生意被男性开的酒馆抢走，在英格兰和苏格兰，人们开始认为浸水椅是针对女性犯罪的适当惩罚。1423年，考文垂切尔斯莫尔格林的"澄清椅"被用来惩罚"责骂者和嘲笑者"。[5] 从此，浸水椅开始变得常见，遭受惩罚的对象主要是行为不符合社会期望的妇女（如与丈夫或邻居打架者，或对父母使用"小偷和妓女"等侮辱性称呼者），这也是对"妓女的惩罚"。[6] 浸水椅的普及还强行强化了男性的特权地位，消解了女性酿酒师的影响，对男性啤酒销售商来说，有很大助益。

尽管早期那种类似颈手枷的浸水椅显然仍在使用，但在近代早期的欧洲，将女性浸入水中的做法变得越来越普遍。在德国和荷兰，旧式的篮子装置已经进行了调整，以便根据指令及时将受刑者——通常是面包师和其他男性——投入水中。在法国，妇女会被关进大铁笼，然后浸入水中。[7]1534年英格兰的桑威奇、1562年诺维奇的费伊桥旁、1576年的林肯等多地，都设有典型的浸水椅。[8]1602年，英格兰北部的一名地方法官下令将凯瑟琳·霍尔（Katherine Hall）和玛格丽特·罗宾逊（Margaret Robinson）"好好地浸浸水"。1657年，同样在英格兰北部，另一批地方法官判处玛杰里·沃森（Margery Watson）以同样的刑罚。[9] 同一时期还有数十个类似的例子，还有相关的插画（图70）。我们还不清楚浸水椅刑罚使用的普遍程度。大多数女性会预料到自己在生命的某个时刻会被上刑吗？大多数欧洲女性都认识某个曾被施以浸水椅刑罚的女性吗？

图 70 在什罗普郡使用浸水椅。威廉·安德鲁斯《旧时惩罚》(*Old-Time Punishments*，最早出现在 18 世纪的小册子中)，1890 年

一些证据表明，这种做法因地区而异，也许就像女巫审判一样，在小村庄更为常见，因为那里的穷人没什么权势，而有权势者更为保守。[10]

当然，在整个近代早期，浸水椅确实是一种用以让女性保持沉默的威胁手段，它被视作"一种能让那些被魔鬼挑唆得口无遮拦、脾气火爆的女性冷静下来的工具，除非好好地浸浸水，没什么办法能够控制她们"。[11] 格里姆斯比（Grimsby）的浸水椅一直使用到 1780 年，但它在让女性沉默方面的成效值得怀疑，这可以从 1680 年左右的一个例子中得到证明：

> 一个名叫简·达奇的女子……反复遭受这种折磨,却丝毫未因这一做法而受益。据记载,即便在隆冬时节,冰冷的河水也无法让她的伶牙俐齿有所收敛。每次从水中被拉起的间隙,她都会向围观者展现自己滔滔不绝的口才。当惩罚结束时,尽管浑身湿透,她还是用一连串激昂华丽的言辞和修辞回敬行刑者,让他们深信她犀利的言辞攻势无人能挡。[12]

在美洲的一些英国殖民地,浸水椅曾被采用。新英格兰地区似乎完全废止了浸水的刑罚,但在更南端的弗吉尼亚州,妇女在整个17、18世纪都在受浸水椅的刑罚。当地法庭记录显示,1626年,玛格丽特·琼斯(Margaret Jones)"被人用船的绳索强行拖拽到'玛格丽特和约翰号'上,然后又拖回河岸";次年艾米·霍尔(Amy Hall)也遭遇了类似的对待,先是"被拖到'玛格丽特和约翰号'上绕了一圈",然后遭受了三次浸水惩罚。[13]通过这两起事件我们可知,当地似乎没有真正的浸水椅,地方官员是临时用船和绳索来凑合的。

随着时间的推移,浸水椅刑罚逐渐规范化。到了17世纪末,英国本土及英国殖民地城镇被要求配备标准的浸水椅。英国城镇17、18世纪的档案中记录了许多付给木匠的费用,他们的工作就是建造或修理浸水椅。而且,那一时期的近代戏剧和通俗文学中,也有关于浸水椅的描述。[14]在美洲,1662年弗吉尼亚州颁布的一项法律要求地方当局"在适宜处设置浸水椅"。[15]第二年,马里兰州也效仿此举。[16]1717年,弗吉尼亚州伊丽莎白城的官员下令"依照威廉斯堡的浸水椅样式"建造一把。1746年弗雷德里克县、1751年奥古斯塔县都建造了浸水椅。直到1767年,弗吉尼亚州乔治国王县的地方长官仍在码头上建造。[17]尽管我们对这种虐待性的惩罚的普遍性不大了解,但它在整个18世纪的持续使用是个不争的事实。在这一时期的后期,人们似乎开始将浸水椅与女巫和辱骂者联系在一起,这毫不奇怪。意大利作家朱塞佩·巴雷蒂(Giuseppe Baretti)在1760年写道:"霍尼顿那些迷信的居民过去常常把他们认为是女巫的老妇人放在(浸水)椅上,无情地浸入水中好几次;有时甚至会把人折磨致死。"[18]事实上,1731年,诺丁汉的一名女子在被施用浸水椅时溺水身亡,市长还因此被起诉。[19]

实际上,从13世纪到18世纪,非游泳者对水的恐惧致使英国和美洲殖民地的居民重新把水想象成一种沉默和压迫的武器。

恶魔与医学

在欧亚大陆,一种促使人们利用水来压制直言不讳的女性、识别女巫以及处理不受欢迎的异端分子和残疾人的恐惧心理,也催生了水的其他相关用途。德国医生赫尔曼·康林——我们已经了解到他对通过漂浮测试鉴别女巫的热衷——还相信有一种古老的习俗,即把新生婴儿投入莱茵河,以判断其父母是否已婚。如果父母未婚,孩子就会沉下去;反之,孩子就会漂浮。[20]这一观点与女巫审判中的相反——难道水不应该拒绝未受洗的婴儿吗?然而,与他同时代的冯·斯波克(von Sporck)似乎也认同水可能将有罪之人拖入水底的观点。

水因其神奇力量在医学治疗领域也有独特应用。即使在中世纪早期，治疗恶魔附体时，泼圣水也是其中一种方法。[21] 在中世纪晚期，随着人们游泳活动的减少，他们对水疗产生了新的热情。这种热情一直持续到近代早期。例如，亨利八世的医生建议他用温水洗澡，以缓解糖尿病引起的顽固性腿部溃疡，而亨利的女儿伊丽莎白一世也曾为疗愈腿部疼痛而寻求具有治疗功效之水。[22] 和女巫漂浮测试与对直言不讳的女性施用浸水椅刑罚一样，水疗也与魔法、巫术和恶魔附体等观念联系在一起。1653年，在英国牛津，一个患有疟疾的青年"被告知这种疾病是由恶魔引起的，正确的治疗方法是跳进河里，然后迅速跑出来，把邪灵留在水里淹死"。[23] 当时欧洲有一种习俗，要求被恶魔附身的人说出派遣恶魔的女巫的姓名，随后对被指控的女性进行水审，这只不过是在原来的水审过程中引入了一个额外的步骤。[24]

在整个欧亚大陆，人们对水妖的热情重燃，可从民间故事以及相关图像中窥见一斑，从日本的河童到苏格兰的马形水鬼凯尔派[1]皆是如此。

尽管有关海怪的故事早已有之，但在17、18世纪，围绕河童的新故事和传说在日本迅速流行起来，不仅融入了当地的民间故事中，还出现在颇受欢迎的插图故事集里，甚至成为动物学研

---

[1] Kelpie，凯尔特民间传说中的一种会变形的精灵。在苏格兰的传说中，每个湖泊、每条河流都有负责守护的凯尔派，这些凯尔派常以骏马的姿态出现在水边，诱惑旅人骑上去后，它们会迅速跳至湖中，淹死不幸的旅人。——编者注

究的对象。河童的行为特征通常带有性暗示（如它们喜欢从厕所里冒出来抓人的屁股，从溺水者的肛门里偷走虚构的器官），这在一定程度上反映了游泳和滥交之间长期存在的联系。1689年，一则斯拉夫民间故事讲述了一个年轻女子被名为沃地溺客[1]的水精灵施展魔法，最后拖到河里淹死的故事。苏格兰的凯尔派是一种会淹死旅行者的精灵，在18世纪中期首次出现在印刷品上，是整个19世纪最常见的故事元素。[25]

自　溺

在17世纪，这些对水的态度的变化可能导致越来越多的欧洲人——尤其是女性——将投水视为一种自杀的方式。长期以来，自缢一直是自杀者首选的方式，其次是自溺。[26]但随着中世纪末人们不再游泳，自溺作为自杀方式的频率有所上升，尤其在女性中更为显著。

在肯特郡（Kent），超过一半的女性自杀案例为投水自杀。与此同时，在伦敦，尽管溺水常被记录为意外死亡，但其高发的案例数量暗示，溺水在自杀总数中所占的比例与肯特郡的大致相当。[27]在瑞典，尽管自缢仍是自杀的首选方式，但在这一时期，自溺的占比也超过了三分之一，特别是在女性自杀事件中，这一比例上升到42%。[28]

---

[1] Vodnik，斯拉夫民间传说中的水中恶魔，由未领洗的溺毙儿童所变，会将人诱入水中溺毙。——编者注

这一现象即使在文学作品中也有所体现。如塞缪尔·理查森（Samuel Richardson）的早期小说《帕梅拉》（*Pamela*，1740）中，女主角也计划通过假装溺死在池塘来逃跑。

> 我将把外面的裙子脱下，跟围巾一起扔进池塘；因为他们没看到我，在其他地方又找不到我时，很可能会向池塘跑去，猜想我已投水自尽了；当他们看到我的一些衣服正漂浮在水面时，他们将会去打捞，而这池塘是很大的。也许在早晨才会发现我不在，这样就会使我有机会离开很远的一段路，因为我相信我一走出门就会拔腿飞跑。这样我相信上帝将会指引我，使我跑到一个安全的地方。

这种从自缢到自溺的转变，可能反映了城市化程度的持续提升，导致人们在树上或谷仓里上吊的机会越来越少。家庭建筑结构的变化，也可能致使房子少有裸露的大横梁。[29] 不过，人们普遍不会游泳可能是将投水作为自杀方式越来越普及的原因。由于很难区分投水自杀和意外溺水，收集到的相关数据以及以此推导出的结论存在不确定性。一些被记录为意外溺水的事件很可能是自杀，另外，在人们普遍不善游泳的背景下，也有不少人的确死于意外溺水。儿童，尤其是家境较差、家长监管不严的男孩，相较于被紧紧看护在家中的女孩，更喜欢去游泳，也更容易溺水。[30] 不断攀升的溺水发生率——无论是意外还是故意，都足以引起人们的警觉。

游泳禁令

对溺水的恐惧，以及水与异端邪说、巫术、残疾和自杀的关联，导致欧洲许多早期现代社区对游泳的完全禁止。到16世纪30年代，德国的学校禁止所有学生游泳，违者将受到鞭打处罚。[31]1567年，剑桥大学的一名学生在查姆河溺水身亡；4年后，副校长颁布游泳禁令：学生"不得在任何时间进入剑桥郡的任何水域"。本科生初犯就会遭受鞭打，研究生将被关禁闭一天，并处十先令罚款；多次违规者会被开除。[32]这项禁令持续了150年，体现了当时对游泳的一种普遍态度：出于公共安全和公共道德的考虑，立法禁止游泳。

在文艺复兴时期和早期现代欧洲，作家及艺术家对游泳的悲观态度反映了这种观念。1518年，荷兰学者伊拉斯谟（Desiderius Erasmus）创作了具有深远影响的《海难》（Naufragium），通过描绘对海洋的恐惧来嘲讽宗教迷信。莎士比亚在1611年左右创作的《暴风雨》（The Tempest）也是类似主题，他在《居里厄斯·恺撒》（Julius Caesar）中将恺撒英勇的游泳行为重构为濒临溺水（但在我们尚未抵达预定的目标，恺撒便喊了起来："救救我，卡修斯，我要沉水了！"），而在《维罗纳二绅士》（Two Gentlemen of Verona）的开篇，他塑造了一个原型为利安德的不会游泳的形象。《皆大欢喜》（As You Like It）中罗瑟琳德（Rosalind）对利安德的游泳能力加以嘲笑：

利安德很可能会好好地多活几年，哪怕他的情人喜萝

（希罗）进了修道院，成了个修女；这全得怪那个夏天夜里天气太热了——好小伙子，你听着，他跳进了赫勒斯滂海峡，本来只想洗个澡，谁知偏是碰上了抽筋，就这么葬身海里了。可当时那些编写历史掌故的文人，真傻，硬说他是为了住在对岸的喜萝而淹死的。这些全都是谎话！男人们一代又一代死去，死了去喂地下的蛆虫，可没一个为爱情而死的。

马洛未完成的《英雄与利安德》（Hero and Leander）也强调了利安德溺亡的悲剧性，而非其游泳的英勇。此后不久，画家彼得·保罗·鲁本斯（Peter Paul Rubens）也描绘了利安德在剧烈的暴风雨中溺水的情景。[33]

16、17世纪，欧亚大陆居民对水的恐惧达到顶峰。人们普遍避免与水接触，只在迫不得已的情况下才会入水，并迅速离开。在许多地方，游泳被视为违法行为。通过漂浮测试鉴定女性是否为女巫的做法，与溺死异端的想法一样，均起源于中亚，慢慢地向西传播，最终传遍欧洲。水审于1584年传入德国，1613年传入英国，全1700年，已经横渡大西洋到达英国在北美的殖民地。浸水椅于13世纪出现在欧洲，在17、18世纪变得常见。水精灵和水魔法大量涌现。当时，水并不用于运动或娱乐活动，甚至不用于清洁——它被视为与灵魂和死亡有关的危险领域。

然而，与此同时，一股逆流开始涌动。

第四部分

改变游泳

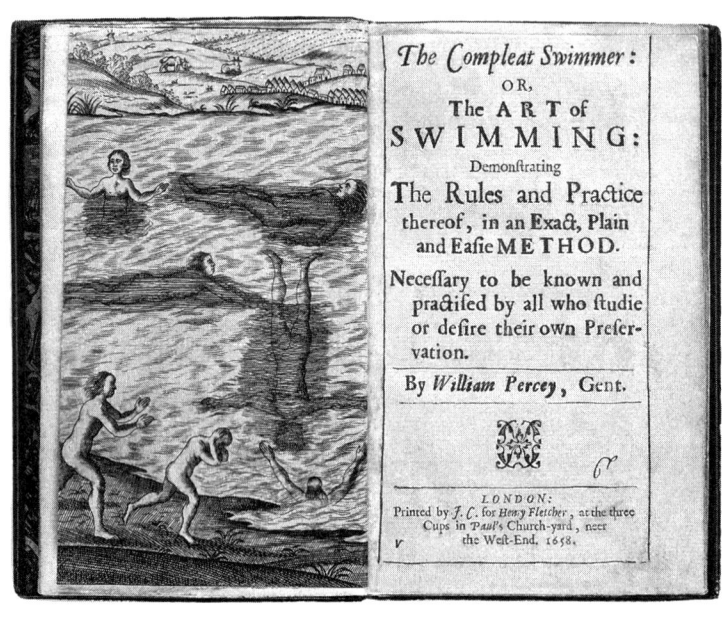

图 83　防止溺水的几种方法。威廉·珀西《游泳的艺术》卷首插画，1658 年

第18章

前卫派

16世纪和17世纪，针对游泳的法规和偏见达到顶峰之时，一股逆流悄然兴起，旨在说服北方那些放弃游泳的人重新参与到水里的活动中。他们并不是受世界各地游泳者在水中的愉悦的启发；相反，欧洲人就将他们对游泳的渴望归因于对古希腊和罗马文化的效仿。这些古代文明建立了早期的欧洲帝国，而当时的欧洲人正致力于构建第一个全球帝国。就像历史记载恺撒是个出色的游泳者，奥古斯都曾教导他的孙子游泳一样，欧洲人（至少是精英阶层）认为学会游泳是必要的。奥斯曼帝国和俄国的精英阶层也有自己帝国扩张的野心，他们也倾向于宣扬自己与罗马游泳传统的古老联系。汉族则用游泳来表达对满族统治者的反抗。但是欧亚大陆的居民并不打算像原住民那样追求自然，而是像罗马人那样，文明、安全地游泳，科学适度，以锻炼身体和治疗疾病为目的。

游泳与古典

在铁器时代，首次掌握游泳技能的希腊人和罗马人，将游泳与更先进的埃及文明联系起来。文艺复兴时期的欧洲人也有同样的想法，他们意欲通过游泳来与希腊和罗马建立联系。早在1513年，第一艘欧洲奴隶船抵达西非后不久，尼科洛·马基雅维利（Niccolò Machiavelli）就重复了罗马作家韦格蒂乌斯所言，即士兵应该学会游泳。[1]此后不久，欧洲首批游泳手册问世，手册中也将游泳与古罗马文明联系起来。（图83）1538年，瑞士学者尼古拉斯·温曼（Nicholas Wynman）在他的游泳手册卷首插画中引用了普罗珀提乌斯的话，他的序言还提醒读者，奥古斯都曾亲自教他的孙子游泳，贺拉斯曾在台伯河游泳，并再次引用了韦格蒂乌斯的话。此外，他还补充说，日耳曼人向来擅长游泳。1555年，奥劳斯·马格努斯（Olaus Magnus）也认同军事训练应该包括游泳，并补充说，只有动物才天生就会游泳，对于人类来说，游泳是一门技艺（arte natandi），这是古罗马意义上的技艺。一代人之后，1587年，埃弗拉德·迪格比（Everard Digby）的游泳手册也强调了游泳与罗马帝国的联系，并声称其著作继承了维吉尔、韦格蒂乌斯、盖伦和查士丁尼的传统。1696年，梅尔基塞德赫·泰维诺（Melchisédech Thévenot）把迪格比的手册译成法语，指出恺撒就是一名出色的游泳者。[2]阅读和游泳之间的联系，在柏拉图时代已经众所周知，而有关游泳书籍的新精英阅读进一步强化了这种联系；1660年左右，罗宾汉故事中首次出现游泳情节，可能便与此有关。[3]

这种将教育和古代文明联系起来的方式，促使欧亚人将游泳与财富相提并论。像12世纪一样，在父亲教授儿子的技能清单中，游泳再次被纳入。1531年的一份广为流传的关于"绅士养成"的清单里，除了摔跤、跑步等传统项目，游泳也被列入其中（同时提到了当时兴起的网球）。摔跤的列入在某种程度上是受到了蒙古文化的影响；至于游泳，则是基于罗马作家韦格蒂乌斯和盖伦的论述，以及贺拉斯和恺撒的例子。此外，法国国王弗朗索瓦一世位于枫丹白露宫殿里的一幅壁画（约1535年），描绘了半人马基戎教授年幼的阿喀琉斯摔跤、骑术和游泳的场景。一代人之后，类似的清单包括了中亚的骑术、射箭、摔跤、音乐和猎鹰，同时又增加了游泳和网球。[4]1689年春，俄国沙皇彼得大帝在参观了英国新兴的体育项目后，也将游泳纳入了其航海学校的课程体系中。[5]

英国哲学家约翰·洛克（John Locke）在其1692年的著作中说："罗马人很看重游泳，把它和文化教育并列。他们有一句谚语，形容一个人没有受到良好的教育是无用之辈，就说他既不会读写，又不会游泳。"洛克坚持认为，一旦"精英阶层的男孩"年纪足够，便应立即接受游泳教育。[6]1721年，奥斯曼艺术家海鲁拉·海里·卡武扎德（Heyrullah Heyri Cavuszade）用一幅现代画表达了同样的观点。图画中，一位虚构的中国统治者看着他大臣的儿子在铺着瓷砖的游泳池里游泳。（图77）次年7月，沙皇彼得在里海沿岸作战时，命令所有未曾在里海游过泳的军官下水。尽管有些不会游泳的老军官很不情愿，但最后都服从了。彼得其实也不会游泳，但他更能克服恐惧——他坐在一块木板上，被部下抬进了水里。[7]就像在罗马帝国时期，游泳是精英地位的象征。

不过大多数精英仍然不会游泳，但此时的年轻人开始羞于承认这一点。大约 1700 年，十几岁的瑞典国王查理十二世不愿承认自己不会游泳，差点儿淹死自己。

> 霍恩跳进水里，从容地游到皇家船只的另一侧。查理倚在栏杆上，大声询问他的朋友游泳是否困难。"不，"霍恩喊道，"只要你不害怕就行。"查理被这番挑战激怒了，他立刻跳进水里……他拼命扑腾，却仍在下沉，这时霍恩抓住他的衣服，把他拖上了岸。[8]

像查理一样，整个大英帝国上层阶级的学生都在尝试游泳，然而时常有悲剧发生。1773 年 7 月，一名 15 岁的哈佛学生溺水身亡。当时，约翰·帕多克正在波士顿查尔斯河戏水，结果激流把他冲到深水处。尽管当时他距离岸边只有几码远，但没过头顶的深水让他无能为力。慌乱中，他抓住了另一个男孩，甚至"把他拉下水一两次"，但这个男孩挣脱了，不然很可能会同帕多克一同溺亡。帕多克不会游泳，但其他一些男孩会。帕多克的尸体是被"帕克，一个威尔士的年轻画家"（可能是个非裔美国人）和另外两个会潜水的学生（大概是白人）打捞上来的。[9]

在欧洲，男孩们也开始游泳了。尽管在 1571 年，剑桥大学的副校长曾以严厉惩罚禁止游泳，但到了 1794 年，伊顿公学的男孩在泰晤士河里玩耍已经成为常态，他们有时甚至会从低矮的木桥上跳水。尽管曾有年轻的勋爵溺水身亡，但是伊顿公学的一些男孩的确是会游泳的，比如有学生叼着偷猎来的野兔，依然能够安全游回对岸。[10] 后来成为他那个时代欧洲最前卫的潮流先锋团体的领袖的著名诗人拜伦勋爵,十几岁(19世纪初)在哈罗公学就读时就已经非常擅长游泳了。

游泳在富裕家庭的男孩中变得流行,甚至学校都开始认为有必要提供更安全的游泳环境。到1798年,德国教师约翰·古茨穆茨(Johann GutsMuths)主张游泳池是"公立学校不可或缺的配套设施"。[11]1811年,还未成名的诗人亚历山大·普希金(Alexander Pushkin)就读的位于俄国圣彼得堡附近的由皇家资助的高中,就开设了游泳必修课。[12]

大约在这个时候,伊顿公学兴起了一股划船热,但老师们并不赞成,因为划船本身就很危险,而且泰晤士河相当于一个露天下水道,卫生状况堪忧。尽管教师们未正式承认划船俱乐部,但这一运动仍在流行。值得注意的是,许多伊顿公学的划桨手都不会游泳,因此溺水事件时有发生。例如,1820年,一个男生在划船过程中溺水身亡,而他的朋友只能眼睁睁地看着,因为他们不谙水性。1840年,又一起溺亡事件促使两名老师推动了政策变革。而后,划船被正式认定为一项正规活动,但学生必须通过游泳考试才能参与。官方为此还专门修建了游泳场所,并聘请了船工作为游泳教练和救生员。[13]

同样,尽管1826年哈罗公学发生了一起溺亡事件,但校长并不认为应该禁止游泳。他不久后采取了积极措施,包括让人在水池里铺上砖,并引入洁净水源——这被认为是一个很大的进步。[14]这反映出社会对游泳的态度已经转变,人们开始认为不仅应该允许游泳,在某些情况下还需要提供游泳课程。

年轻的绅士们在离开学校后会继续游泳,并通过参与高风险的游泳活动塑造自己独特的形象。拜伦在剑桥就读的时候，和朋友在康河（深达14英尺）和格瑞特河（Greet）进行跳水比赛。大约在同一时间，他和一个朋友在酒精的刺激下，于深夜举行了一场比赛，看谁能在不上岸的情况下在泰晤士河中游的来回多，最终拜伦胜出。[15]像迪格比和洛克一样，拜伦也把游泳活动和古罗马文明联系在一起。这就是为什么在1810年5月3日，22岁的他和一个朋友模仿利安德，成为已知的第一批真正游过5公里（3英里），从欧洲横渡赫勒斯滂海峡到亚洲的人。拜伦在日记中记录了这一事件：

> 今天早上我从塞斯托斯游到了阿拜多斯。直线距离不超过一英里（原文如此），但水流湍急，十分危险，以至于我怀疑利安德在游向"天堂"（此处指与爱人希罗相会）的途中，他那夫妻间的深情是否都被冷水浇灭了几分。一周前我尝试过，但失败了——尽管我自幼就是个游泳健将，因为北风呼啸，潮水速度惊人。不过，今天早上风平浪静，我成功了，在一小时十分钟内游过了"宽阔的赫勒斯滂海峡"。[16]

几年后，普希金也成了一名游泳爱好者，他对拜伦的仰慕之情甚至促使其与拜伦的一个情人上了床。[17]年轻人对游泳的热忱导致了多起悲剧事件：1811年，拜伦的朋友在康河游泳时被水草缠住而溺亡；1808年，拜伦在布莱顿（Brighton）的海边游泳时差点儿溺水。[18]然而，随着年龄的增长，拜伦对游泳的热情从未减退。1823年，时年35岁的拜伦在意大利海边参加朋友雪莱的火葬仪式时,他游到附近的游艇上,又游回岸边。

当伊顿公学和哈罗公学的毕业生被派往印度殖民时,他们也将对游泳的热情一并带了过去。游泳可以帮助他们认同殖民的罗马帝国。1809年,年轻的英国人约翰·赫西(John Hearsey)说,他和一个同伴"横渡运河或小溪,游到沙洲",以此为乐。但一些年轻的行政官员仍在努力学习游泳。在另一个场合,赫西的朋友迫于同伴压力假装自己会游泳:"我问他为什么骗我说他会游泳,他回答说,他是发现水比他想象的深得多后失去了信心,才沉下去的。"赫西为自己的游泳能力感到自豪,他还讲述了另一件事,当时两个愚蠢的同伴拼命摇船,将船摇晃得非常危险,但后来"彼此承认他们都不会游泳"。另一件事中,赫西拯救了一个年轻的军官,这个军官不会游泳,却贸然走入了没过他头顶的深水中。[19] 游泳对这些英国军官的自我形象来说影响如此之大,以至于他们宁愿冒生命危险,也不愿承认自己不会游泳的程度。

游泳也被俄国人用作证明自己也属于文明世界的一种方式。同样,游泳能力上存在差异。俄国哥萨克士兵,独立且有组织,他们驻守边境地区,拒绝纳税,"不承认国家管辖权",在18世纪初开始学习游泳,并一直积极坚持。1709年,他们被称为"游泳能手",尽管他们实际上是"抓着马尾巴游过第聂伯河"的。[20]

俄国的游泳活动并不局限于士兵。18世纪60年代,一名出身富裕且受过良好教育的11岁俄国女孩,夏天时每天早餐前都会去游泳,并且"可以在没有任何辅助的情况下游过一条又宽又深的河"。[21] 1784年,叶卡捷琳娜大帝(Catherine the Great)下达指令,要求她孙子的家庭教师确保他们学会游泳。1800年左右，后来成为诗人的某人，其父母采取了一种极端的教育方法，即"在一个傍晚把孩子扔进池塘"，以此来教他游泳。同样，大约在1840年，年轻的列夫·托尔斯泰为了给女孩子留下深刻印象，穿着衣服潜入池塘，差点儿淹死，最后被附近捡干草的农妇救起。[22] 成年后，诸如托尔斯泰、陀思妥耶夫斯基和契诃夫等作家都热衷于游泳。在一次横渡印度洋的航行中，契诃夫曾"在船全速航行时，从船头跳水，抓住船尾悬着的一根绳子"来消遣。[23] 在整个欧亚大陆，开明进步的人都热衷于游泳。

在新成立的美国，游泳同样与进步思想、成熟和现代联系在一起，无论性别。到1706年，弗吉尼亚州里士满市的开拓者，威廉·伯德（William Byrd），经常在晚餐后前往詹姆斯河游泳，并鼓励同席宾客同他一起。[24] 就像在印度一样，美洲的殖民者有时也会在自己不会游泳的情况下，迫于社会压力而尝试游泳。1760年前后，卫理公会牧师约翰·卫斯理（John Wesley）转述了一个朋友的不幸遭遇：她的丈夫被一个游泳技能高超但人品不端的熟人诱骗下水，这个熟人明明在踩水，却做出站在浅水中的样子，结果她丈夫在深水区溺亡了。[25]

本杰明·富兰克林大约在十岁的时候学会了游泳，他"在水边居住，常在水里进进出出，熟悉水性，很早就学会了游泳、划船"。在阅读了洛克和泰弗诺的著作后，他对游泳更加重视："我从小就喜欢这项运动，研究练习了泰弗诺所有的动作和姿势，还自创了一些，既追求实用，也注重动作的优雅与轻松。"[26] 其他一些男女革命者也会游泳，如亚历山大·汉密尔顿（Alexander Hamilton）、军事信使安·贝利（Ann Bailey），还有一名美国中尉

"脖子上系着剑，帽子上别着表"，在夜里游过哈德逊河，逃脱了英军的追捕。[27]

独立战争后，游泳在美国社会与自由精神、前卫思想以及精英阶层紧密相连。19世纪20年代末，美国总统约翰·昆西·亚当斯（John Quincy Adams）以清晨在白宫附近的波托马克河裸泳的日常习惯而闻名，据说，他可以连续不停地游一个多小时。后来成为总统的乌里塞斯·S.格兰特（Ulysses Simpson Grant）曾回忆说，他在19世纪40年代青少年时期也经常游泳："我的父母对合理的休闲活动并无异议，比如……夏天去一英里外的小溪游泳。"[28] 1845年，年轻的哲学家亨利·梭罗（Henry Thoreau）也在马萨诸塞州康科德的瓦尔登湖游泳：

> 上午，锄地之后，也许还读了书写了字，接着，我通常在湖里洗个澡，照例游过其中的一个小湾，把身上劳动的尘土洗掉，并使读书留下来的皱纹释然平滑，下午我便完全自由自在了。[29]

梭罗的年轻朋友路易莎·梅·奥尔柯特（Louisa May Alcott）的父亲对时尚和前卫艺术特别热衷，19世纪40年代，在她还是一个小女孩时就开始教她游泳。[30] 从拜伦到富兰克林、汉密尔顿、梭罗和奥尔柯特，这些前卫、具有前瞻思维的人，都热衷于游泳。

第 19 章

中产阶级

这些前卫的年轻人开始游泳后，保守者也开始跃跃欲试。但游泳安全吗？在欧亚大陆北部，大多数人仍然怕水，许多人仍然相信海怪和人鱼的存在。例如，1736年，本杰明·富兰克林在《宾夕法尼亚公报》（*Pennsylvania Gazette*）上发表了一篇关于人鱼的文章（可能是恶作剧）。一些学者认为，水对于人类来说是自然元素，人是从水生生物进化而来的，而人鱼可能就是进化过程中缺失的一环。也有人对人鱼和海怪的存在持怀疑态度，他们认为这只是人们对水的恐惧的反映。[1] 尽管游泳越来越普及，但许多人仍心存畏惧。

游泳安全

游泳倡导者试图通过强调水上安全来缓解人们的恐惧。他们表示，新的预防措施显著提高了游泳的安全性：游泳手册、课程、安全绳和救生衣，以及训练有素的救生员。他们坚持认为，在这些保护措施下学习游泳，更有助于防止溺水。在强调水上安全方面，近代早期的现代欧亚人重拾了铁器时代出现的北方非游泳者的观念：如中国周朝的谚语警告游泳者，试图拯救溺水的朋友是危险的；希腊医生建议游泳前在皮肤上涂上橄榄油，可以保护皮肤免受水的侵害。16世纪编写游泳手册的作者温曼和迪格比都强调了水上安全的重要性。温曼提倡通过游泳来防止溺水："如此一来，在陷入危险时，你就可以更轻松地从海浪里脱身。"他给学生们提供了明智的建议：不要在醉酒的状态下游泳；不要过分自信，要在自己力所能及的深度游泳；绝对不要独自游泳；不要试图去救溺水的人——至少在没有采取预防自己被拖下水的情况下，不要去救溺水的人。迪格比推广游泳可能有其特定目的，他是在剑桥大学禁止游泳后不久出版的相关著作。尽管如此，他对大学生溺水问题也有类似的担忧。他建议他们不要在寒冷或多风的日子游泳，也强调了不要独自游泳。[2]18世纪80年代，出于安全考虑，维也纳禁止在多瑙河的部分河段游泳，"因为（裸体）被认为是冒犯性的行为，而且有溺水的危险"。几年后，处于革命时期的巴黎，塞纳河也实施了类似的禁令。为了取代游泳，人们在多瑙河上的船只里建造了公共浴场，人们可以悬在一种格子框架上，将身体浸入"多瑙河天然流动的水流"之中；塞纳河上也有类似的场所。大约在1835年，圣彼得堡的涅瓦河畔也出现了公共浴场，甚至有教师专门负责教授"游泳艺术"。[3]

就像亚述人和罗马人用充气的山羊皮和软木漂浮一样，近代早期的许多游泳者也觉得使用人工漂浮装置更安全。温曼和迪格比推广使用救生衣，达·芬奇也是如此。达·芬奇绘制了各种各样的设计草图，旨在帮助不会游泳者在水中保持浮力（图84）。[4] 温曼在其手册中提及充满空气的牛膀胱和软木制成的腰带。画家彼得·勃鲁盖尔（Pieter Bruegel）在16世纪60年代描绘了一个戴着充气水翼游泳的孩子，这可能就是温曼所说的牛膀胱（或猪膀胱，图78）。大约1613年，莎士比亚同样提到了"一个顽童举着吹足气的猪尿脬"（《亨利八世》），令"他"在远远超过力所能及的深度冒险游泳。瑞典也使用类似的膀胱，以及用灯芯草束捆扎的老式浮具。1624年，弗朗西斯·培根在他的乌托邦小说《新亚特兰蒂斯》（New Atlantis）中配备了"游泳腰带和支撑物"[5]，这可能类似于丹尼尔·施文特（Daniel Schwenter）在1636年描述的游泳用浮袋（schwimmgurtel）。它分为两种类型，一种是裹在腰上，里面有管子供佩戴者吹气，类似于现在飞机上的救生衣；另一种是带有两个小桶或几组管子的腰间装置。在美洲殖民地，本杰明·富兰克林描述了一种"游泳背心"，"由双层帆布制成，中间装有小块软木"。[6] 就像游泳手册一样，这些漂浮装置为游泳者提供了心理安慰，可以令他们在入水时安心。

19世纪类似的游泳辅助设备开始大规模生产和销售。数十家公司都在宣传和销售这些据称可简化游泳学习过程的装置。19世纪40年代，早期亚述游泳者使用漂浮装置的发现进一步推动了这种装置在欧亚大陆的普及，也促使奥斯曼帝国的精英阶层将游泳与他们强大的祖先联系起来。（图24、图25）19世纪末，即使在游泳普及程度不高的中国，船只也配备了救生圈。[7]20世纪初，一名英国竞技游泳运动员对这些专利漂浮装置表达了蔑视：

图84 穿泳衣戴泳镜的游泳者。达·芬奇巴黎手稿中的素描，1486—1490 年

游泳初学者几乎都会有这样的想法：如果在腰间围一条软木带，或者在脖子上系几个气囊，游泳就会轻松许多；或者，他还会想拥有一副蹼手套，戴上它就能像鸭子一样划水……

的确，这些装置能让人浮在水面上，但它们永远也教不会任何人游泳，也无法让人真正学会游泳……使用这些装置时，人的脚一离开地面，初学者……脚刚一离开池底，立刻就会翻个底朝天，水面上只能看到他的双脚在疯狂地扑腾。当然，大家会立刻把他从这狼狈的处境中救出来，而那个所谓的专利产品,也会马上被扔到大多数这类"发明"和"辅助工具"该去的地方——垃圾桶。[8]

尽管受到专家的批评,但中产阶级对游泳的兴趣,与19世纪消费品生产的兴起相结合,促使游泳设备直到20世纪还在大量涌现。

正规的游泳课程也作为一种科学而安全地重返水中的方式流行起来。在古罗马,加图和奥古斯都曾教他们的孩子游泳;1724年,本杰明·富兰克林来到英国,他在自传中有这样的记述:

> 使我感到惊讶的是,我只知其名的一位伟人,一位威廉·温德姆爵士派人来找我。我便去拜访他。他不知道从什么渠道听说我从切尔西游到了黑修士桥,还听说我几个小时就教会了威盖特和另外一个年轻人游泳。他有两个儿子正准备出门旅行,他希望他们俩先学会游泳,如果我愿意教他们,他会以重金酬谢。他们两个还没有到伦敦,我的行期又尚未确定,所以我无法担当此任。不过我从这件小事想到,如果我留在英国开办一所游泳学校,说不定我会大赚一笔。这件事使我感慨万端,要是这一建议早一些向我提出,我就不会这么快地回美洲了。[9]

尽管富兰克林不愿教人游泳,游泳课程还是开始兴起并迅速发展起来。1810年,布拉格开设了一所游泳学校;1817年,柏林也开设了一所。1844年,美国散文家拉尔夫·沃尔多·爱默生（Ralph Waldo Emerson）提到了"游泳学校"，如上文所说，他年轻的学生路易莎·梅·奥尔柯特小时候就曾接受过游泳训练。[10] 1906年，孩子们通过被放在鱼竿上漂浮的方式在泰晤士河学习游泳。[11] 到了20世纪第二个十年，中产阶级家庭的子女普遍认为在家中和夏令营学习游泳是理所当然的事情。

游泳手册和游泳课程的出现，有助于帮助人们重新回到水中。欧洲人花了两个世纪的时间让自己相信，游泳是兽性和未开化的标志，文明人不应该，也不可能学会游泳。然而，他们现在正寻找一种适当的方式来转变这一观念。通过游泳手册、辅助设施和课程的推广，他们将游泳这一新活动科学化，如此一来，欧洲人就将他们的游泳（和古罗马人的游泳）理念化为一种理性的、文明的活动，与有色人种未经训练的、自然的游泳完全不同。

游泳与健康

科学游泳的另一个方面，也源自古希腊罗马时代，是把游泳更多地视为一种义务或责任，而非纯粹的娱乐活动。相较于野蛮的非洲人和美洲原住民将游泳作为消遣，文明的欧亚人则将游泳视为确保安全、维护清洁、增进健康以及进行体能锻炼的手段。早在1581年，一名英国校长就已经在宣传游泳对健康的好处。格比声称，游泳可以清除皮肤上的所有外部污染和不洁之物。约翰·古茨穆茨还把游泳与清洁联系在一起。[12] 17世纪的约翰·洛克在《教育漫话》中提出，游泳是一种健康的选择："游泳不仅可以使一个人获得一种应急的技能，而且能使他在炎夏经常在冷水中洗浴，对健康很有益处，所以是不必由我来提倡的。"但洛克也表达了对可能产生的后果的紧张："只是有一点要注意，当运动使得全身发热的时候，或在血脉偾张的时候，不能下水去游泳。"富兰克林也有类似的担忧："当身体因在太阳下运动而被加热时，跳入冰冷的泉水中，是一种可能致命的轻率行为。"尽管如此，他依然认为，"游泳运动是世界上最健康、最令人愉快的运动之一"。[13]

这种认为游泳有益于健康的观点与当代医生关于洗澡的建议高度一致。虽然在16世纪，水的治疗能力被认为与魔法或神灵有关，但到了18世纪，人们开始相信水本身就有疗愈作用。17世纪，巴斯等地开设了"水疗浴场"，到18世纪，正如我们在简·奥斯汀的《劝导》(*Persuasion*)等作品中看到的，这些浴场已经成为精英阶层的社交中心。而且，越来越多的医生建议将冷水洗浴作为健康生活方式的一部分。[14]

游泳者积极地接受了这种游泳有益健康的观念。拜伦喜欢游泳的部分原因是他有一只畸形足，拜伦写道："我可以在海里待上几个小时……我乐在其中，出来时精神抖擞，这是我在其他场合从来没有过的。"[15]1817年，一个14岁男孩的朋友评价说，游泳是他"完美健康和活力"的标志。[16]19世纪70年代，托尔斯泰家族的成员每天都会在泳池里一起游泳。[17]早期接受游泳的民众将健康游泳这一理念扩展到更高风险的活动中，比如古罗马医生盖伦建议的那种在极冷的水中的游泳。18世纪初期的弗吉尼亚州，威廉·伯德会在冬天游泳，"不惧霜雪"。19世纪初严冬的俄国，普希金"会早起破冰，然后跳进冰冷的水中"。这种极端行为并不总能收获健康。1835年5月，缅因州的一名大学生在河面还有"两英尺厚"的冰时下水游泳，结果受凉，导致"长时间咳嗽不止"，毕业时体重只有97磅（约44千克）。[18]

这种极端行为也在一定程度上使得有些人不相信游泳对健康有益，游泳者遭遇了相当大的阻力。比如，俄国的叶卡捷琳娜大帝要求她的孙子"每四到五周"洗一次澡，即使是在以桑拿和冷水浴而非浸浴为主的俄式浴室里。[19]在美国独立战争期间，许多将军试图阻止士兵游泳，理由是"对健康有害"，"水很脏"，或者游泳这一行为"不符合礼仪"。的确，那里的水域又脏又充满危险。尽管如此，许多士兵还是会去游泳——只要有机会。美国独立后不久，约翰·昆西·亚当斯（John Quincy Adams）的妻子路易莎反对他游泳，还说服家庭医生以游泳可能对肝脏有害为由劝阻。但游泳者很快就驳斥了这些理由，亚当斯对医生所做的"水里的空气会被内脏吸收的论证"，不理解也不认同。[20]19世纪早期的俄国人仍然害怕那种名为沃迪亚诺伊（vodianoi）的水怪，认为它们会将游泳者拖入水中淹死。在小说中，俄国农民"不喜欢水的触感，那种陌生的、不可思议的感觉，使他们不寒而栗"。[21]尽管在马克·吐温的《汤姆·索亚历险记》中，游泳是一个重要情节，但在19世纪末，美国小镇上保守的老妇人——一如小说中的波莉姨妈——可能仍然认为游泳是危险的、不健康的。波莉姨妈对游泳的强烈反感，以及镇上男孩似乎都对游泳有着强烈冲动的情节，反映了当时美国普遍存在的态度。书中有一处暗示了非裔美国人和美国白人关于游泳的密切关系：汤姆像非洲游泳者一样，脚踝上戴着一串响尾蛇的响尾轮———一种防抽筋的护身符。[22] 尽管如此，认为游泳是一种健康锻炼方式的观点还是十分普遍，这使得欧洲人能够将他们的游泳与原住民和奴隶的游泳区分开来。

游泳手册、种族主义和游泳场所

区分科学游泳与原住民游泳的种族主义观念，可能是18世纪游泳手册大量出版的潜在动因。泰弗诺的《游泳的艺术》首先于1696年以法语出版，1788年挪威语版本面世；《年轻人的运动》(Exercise for Young People) 于1793年在德国出版；《漂浮之人：理性的游泳科学》(The Floating Man; or, The Rational Science of Swimming) 于1794年以意大利语出版；四年后，古茨穆茨 (GutsMuths) 的《游泳自学简易教程》(A Short Course in Teaching Yourself the Art of Swimming) 出版。[23] 这些手册倡导的"理性"游泳，将白人的游泳与原住民和非裔美国人的游泳区分开来。

欧洲人把游泳定义为一门科学，部分原因是为了将其商业化，以便游泳教练和手册作者从中获利。但科学游泳运动也试图削弱欧洲游泳与原住民的联系。迪格比在16世纪编写的游泳手册之所以成功，部分原因在于他把游泳呈现为一门科学，让游泳者相信他们是现代的、高雅的、（在他看来）与原住民和非裔游泳者不同。[24] 正如迪格比所说，"如果我们充分尊重这门技艺的本质，我们就能轻易察觉并发现，它与其他自由科学没有太大差异"。[25]

在迪格比之后的几个世纪，欧亚人仍然在关注游泳对于文明人来说是否合适。1820年，一名俄国旅行者看到莫斯科以南的一条河里有工厂工人——枪械匠——在游泳时，表达了自己的担心。他认为那不是正确的游泳方式，缺乏科学指导：

> 他们大部分时间都在工厂、车间或炽热的锻炉前度过，在炎热的夏日，他们会在业余时间去游泳。当他们从四五俄丈（约8—11米）高的桥墩、桥梁或船闸上一头扎进河里时，你不禁会对他们的勇气感到惊叹。在水中，他们相当自信，几乎会所有已知的泳姿……尽管他们不按规则学习，甚至不知道有规则和游泳学校。[26]

9年后，法国漫画家J. J.格兰维尔（J. J. Grandville）创作了一组名为《游泳课》（*The Swimming Lesson*）的漫画，画中的人长着青蛙、鸭子、鱼和狗的头。游泳把人变成动物了吗？1834年，《都柏林便士日报》（*Dublin Penny Journal*）仍然有相关忧虑，原住民的游泳技术更娴熟："没有任何一个未开化的民族缺乏掌握游泳的能力，事实上，他们的游泳水平远超文明人……（只是因为）他们模仿了那些天生具备游泳能力的野生动物。"几年后的1840年，一篇匿名序言写道：

> 人类无法像许多低等动物那样轻松自如地游泳。低等动物似乎受本能驱使，能做出恰当动作以自保，而理性的人类意识到危险时，会心生恐惧或变得急躁，进而开始挣扎，结

果就是沉入水中。[27]

在欧亚大陆的另一边，19世纪晚期中国北方的游泳者不像南方的传统游泳者，也不像邻国的日本人，他们也希望能有这样一套逻辑使自己安心。[28]文明的欧亚大陆北方的居民自认为无法"自然"地学会游泳，他们需要一套不同的学习方法。

欧洲人相较于被他们殖民和奴役的民族更理性的错误观念得到了广泛传播。游泳手册在用适合理性读者的方式来阐释游泳技巧，除了已有的辅助漂浮装置和鱼竿外，专家还建议在水中和水外分别进行动作练习，以熟悉各种泳姿。在19世纪的英国，有一种经常被推荐的"科学"的游泳学习方法，就是"将一个装有半盆水的盆置于地板上，里面放一只青蛙，脸朝下趴在凳子上，模仿青蛙的动作"。[29]

同样地，《都柏林便士日报》上的一篇文章试图用牛顿运动定律来解释游泳："游泳的理论基础源于一个非常简单的原则，即对任何物体施加力，该物体将趋向于阻力最小的方向移动。"该文章随后提供了这些富有启发性善意（尽管略显滑稽）的指导，以学习"所谓的划水动作，或者产生渐进运动所需的手和脚打水的方式"：

> 选一处水逐渐变深的地方，从容地走进去，直到水没过胸口，然后转身面向岸边，往水里扔一枚鸡蛋。如果水是清澈的，鸡蛋就会沉到水底，很容易被看到。鸡蛋必须在你不潜水就够不着的深度……在这个尝试中，你会发现水违背你

的意愿将你托起；下沉并不像你想象的那么容易；你必须主动用力才能沉到鸡蛋所在的位置。这样，你就能感受到水对你的支撑力，并学会信任这种力量；而你为了够到鸡蛋、克服水的浮力所做的努力，会教会你如何用手脚在水中发力，这种动作随后在游泳时就能派上用场，让你的头在水面上抬得更高，或者推动你在水中前行。[30]

随着欧洲游泳者表现出远离自然和原住民的强烈意愿，商业利益集团发现了从这种需求中获利的新途径。到1741年，伦敦的报纸便开始为付费的人造游泳池刊登广告，宣传其为"游泳或供绅士学习游泳之用"，并提供付费教练服务。[31]1828年，利物浦建成了一个人造游泳池，伊顿公学和哈罗公学也开始为学生建造贴有瓷砖的泳池。1849年1月，伦敦首个公共游泳池在圣马丁-菲尔德教区莱斯特广场附近的奥兰治街开业。三年后，伦敦已有七个游泳池，每一个都挤满了游泳者。[32]

在整个欧亚大陆，游泳者还通过成立救生俱乐部和游泳俱乐部来展示他们的文明地位，这些俱乐部有正式的章程，付费入会，就像当时其他类似的协会一样。最早的救生俱乐部出现在中国，可以追溯到1708年，其初衷并非监督游泳者，而是救助意外落水的人。长江下游，毗邻南京的镇江，有救援会负责打捞溺水者的尸体，并救助落水者。大约在1737年，救生船开始在长江上游的重庆使用。朝廷提供了五艘救生船，但该救生组织没过几年就解散了。[33]很快，这些组织就把工作重点从溺水转向了游泳。

1767年左右的阿姆斯特丹和1772年的哥本哈根成立了面向游泳者的救生俱乐部，两年后，在英国也出现了。1834年，由一群贵族出资，俄国成立了涅瓦游泳学校。德国新兴中产阶级对游泳和游泳课程的兴趣也随之兴起，19世纪甚至有专门纪念游泳教练集会的照片。[34]随着游泳者人数的增加，游泳俱乐部也相继成立。1796年，瑞典的乌普萨拉（Uppsala）成立了一家游泳俱乐部，这些俱乐部很快便风靡欧洲。在19世纪五六十年代，英国成立了大量的游泳俱乐部。起初，这些俱乐部主要集中在伦敦和海滨城镇，但很快就扩展遍布英国的较大城镇。[35]1912年，莫斯科成立了一个业余游泳协会，进而激发了萨尼塔斯（Sanitas）和斯霍德尼亚（Skhodnya）的游泳俱乐部以及高山滑雪和水上运动协会的成立。柏拉图曾把阅读和游泳联系在一起，这也促使企业家出版了大量"短命"的游泳期刊：《运动场与游泳世界》（*The Athletic Field and Swimming World*）、《游泳笔记》（*Swimming Notes*）、《游泳与网棒球》（*Swimming and Lacrosse*）等。[36]加入正规的游泳俱乐部，订阅游泳杂志，都可以表明自己不是像原住民和奴隶那样自然地游泳，而是为了锻炼、清洁和健康进行的理性游泳。

沐浴车及泳装

在游泳推广的早期阶段，倡导者主要关注的问题是预防溺水。为了获得中产阶级的支持，他们必须向公众证明，游泳在道德和身体上都是安全可靠的。在解决游泳和性之间长期存在的古老关联之前，游泳在欧亚大陆难以获得广泛认可，而原住民和非洲女性的性别化表现在此时又进一步强化了这种联系。早期游泳者对稳重端庄并不重视，他们在性、裸体方面也同游泳一样激进。文艺复兴时期的温曼在16世纪撰文，主张让男孩和女孩一起游泳，据说在瑞士就是如此。他以罗马女孩克洛莉亚（见第5章）为榜样。[37]在拜伦、梭罗和奥尔柯特的社交圈里，自由恋爱也是一种重要的价值观；富兰克林提倡"空气浴"（air bathing）和海浴。不过，也有人建议绅士们不要游泳，因为"游泳时必须裸体"。[38]为了获得中产阶级的认可，游泳倡导者不得不放弃激进主义思想，向公众保证严格遵守礼仪规范。

沐浴车作为一种早期的水上娱乐设施，其设计初衷是确保人们可以享受水上运动的乐趣而不损害声誉。第一台沐浴车的原型最早可追溯至约1736年的英国，是由马牵引的小型封闭式车体。人们在海滩上进入车厢，马儿会退着推动车厢入海，人们就可以换上宽松的法兰绒长袍，从相对隐秘的车厢里进入水中。在后来改进的版本中，车厢后部增设了一个遮挡设施，以防止人们在沐浴时被看到。[39]结束后，使用者回到车厢穿好衣服，马儿会拉着车体回到海滩。

沐浴车不仅保证了游泳者的隐私，而且与"理性的"欧亚游泳应包含复杂设备和成本高昂的理念非常吻合，从而将游泳限制在较富裕的阶层，提供丰厚的商业利润。虽然使用沐浴车的行为略显荒谬，但这样一来就能够令使用者表明自己既不是"天生的"游泳者，也不是激进分子。沐浴车很快流行起来。到1768年，在荷兰的席凡宁根（Scheveningen）和比利时，人们开始定期使用沐浴车去海中沐浴。[40]1793年，德国一个海滨度假胜地迎来了波罗的海海岸的游客。尽管在法国,所谓的沐浴车大多是固定的更衣小屋,但法国的度假者也开始涌向海滩:1812年,四岁的拿破仑三世就曾在迪耶普享受海水浴。[41]

在伊斯兰世界,也存在类似的沐浴设施。1781年,伊斯坦布尔周边地区已经建有封闭式的木制海上浴池,最初只允许男性使用,后向女性开放,以供人体面沐浴。这些浴场小屋和木制围栏围绕一片海域建造,里面"大到足以让三四个人挥舞手臂"。[42]在北非,突尼斯的穆斯林和犹太女性会出于健康考虑,在海边的凉亭里沐浴,有些人无力承担白天的费用,就选择晚上穿旧夏装,佩戴浅色面纱,浸身于海水中。随着欧洲人对伊斯兰国家的访问越来越频繁,他们也与当地人一同出现在沙滩上享受日光。突尼斯的拉马尔萨(La Marsa)和摩洛哥的丹吉尔(Tangier)都发展成迎合欧洲游客需要的健康水疗中心。[43]

1783年,威尔士亲王在布莱顿避暑,不久之后,国王乔治三世也出现在韦茅斯海滩享受假期,这些事件都被报纸广泛报道,进一步推广了海水浴这一新风尚。[44]然而,1790年的一幅描绘布莱顿沐浴车的油画中,是暗沉的色调和遍布的荒凉,可见海水浴这种风尚仍然很新,而且相当另类。(图85)这里的海滨并非为度假者而建,画中可见海滩上有一座风车和一艘渔船,甚至还有渔民在工作。大海本身也显得不怎么宜人,云层低垂,海浪汹涌。欧洲人仍对游泳抱有疑虑,大多数人仍把海岸与走私者、海盗和渔民联系在一起,而非度假和娱乐。

当时的报纸也反映了人们对海水浴是否体面的担忧。1790年,英国漫画家托马斯·罗兰森(Thomas Rowlandson)发表了

图 85 《沐浴车（布莱顿赫尔姆斯通之旅）》，托马斯·罗兰森（Thomas Rowlandson），蚀刻画，1790 年

一组具有讽刺意味的手绘蚀刻画，名为《维纳斯的沐浴（马盖特）》，其中就有度假村的沐浴车，反映了欧洲人面对这一时尚时内心的矛盾。（图 86）一方面，罗兰森展示了人们愿意冒着被嘲笑的风险去学习游泳。正如他所言，使用沐浴车下海是一种"时尚"。但另一方面，罗兰森的读者认为游泳是荒谬的，他们尤其将女子游泳视为带有色情意味且有伤风化的行为。

在罗兰森于 1790 年创作的另一幅蚀刻画中，描绘了一个女人在马盖特游泳，她一丝不挂，完全没有使用沐浴车——她独自一人在开阔的大海中游泳，远离海岸。这并不寻常，但符合 18 世纪晚期人们对进步女性和独立女性的担忧。1815 年，罗兰森

图 86　一名女子从她的沐浴车上跌入水中。托马斯·罗兰森《维纳斯的沐浴（马盖特）： 一次时髦的跳水》，蚀刻画，约 1800 年

又创作了新的蚀刻画，题为《窥视美人鱼》，画中是好色的老男人在偷窥裸泳的女性——尽管这幅画中使用沐浴车的女人已经谨慎地使用了遮羞罩，并有随从陪同。当然，画中场景并非现实，但它反映了这股新兴的潮流带来的恐惧。

为了消除这种联想，18 世纪末，男女都开始穿泳装。尽管在罗兰森的讽刺漫画中，使用沐浴车的妇女身上穿的通常是法兰绒睡裙。古茨穆茨在 1793 年出版的游泳手册中建议，男性最好穿"亚麻内裤，长度要到大腿中段"。[45] 在一幅大约 1810 年的法国游泳者画作中，男性穿着短裙，女性身着薄罩衫。[46] 到 1819

年，一本意大利游泳手册效仿了法国的这种风尚，建议男性用一块精致的布料来遮住下身，并用腰带束紧。[47]这一时期，尽管人们在某些情况下仍然会裸泳，但他们的裸体已经成为一种特权，以及对古罗马精英阶层的认同方式，在海滩上也不再常见。

与巴斯以及波吉奥参观巴登温泉时所看到的一样，中世纪晚期，欧亚人已经倾向于穿着衣物下水了。在中国，男人们一直都裹着腰布进入公共浴室。1538年，温曼就曾设想女性穿着宽松的短裤游泳。如今，这种做法变得更加普遍，并最终从简单的衣物变成了精致的泳装。[48]泳装的流行与富人越来越多地穿着内衣这一普遍趋势有关。随着19世纪早期商品棉的引入，服装变得更便宜了。这些棉花是由美国南部和印度的奴隶劳工种植，由英国纺织厂的童工织就的，劳动力廉价也使得它的价格低廉。精致的泳装也迎合了欧洲人在游泳方面想将自己与原住民和非洲人划清界限的愿望。

小冰期结束

如果说小冰期凉爽的夏季在中世纪晚期阻碍了游泳运动的发展，那么1850年左右小冰期结束，以及19世纪下半叶温度逐渐升高的夏季，无疑在一定程度上对人们重新投身于水中活动起到了促进作用。1868年7月22日，肯特郡的汤布里奇（Tonbridge）创下了38.1℃的夏季高温纪录，且多日气温超过30℃。尽管并非每个夏天都那么热，但气温上升的趋势仍在继续。[49]在小冰期结束之前，人们已经出于文化因素开始尝试游泳。但19世纪欧洲公众对游泳的兴趣显著增加，似乎与当时更有吸引力的游泳环境和条件密切相关。

中产阶级

到 19 世纪中叶,所有这些设备——泳装、沐浴车、漂浮装置和人工游泳池,以及救生员的出现,再加上游泳俱乐部的日益普及和逐渐升温的夏天,游泳似乎对欧洲日益壮大的中产阶级更具吸引力。随着这些条件的成熟,曾经把海水浴和疾病联系在一起的旧说逐渐被新知所取代:游泳是富有、年轻、外貌出众的健康人士所青睐的活动。[50] 原本前卫、异于常规的行为模式渐渐转化为大众流行的消遣方式,也鼓励了中产阶级参与游泳活动。

随着早期小说的流行,一批作者频繁将游泳作为情节设置,再次将游泳与阅读联系起来。在《鲁滨孙漂流记》和《格列佛游记》中,游泳对主人公而言十分重要,然而在 19 世纪,游泳已从冒险家的专属活动转变为中产阶级的普遍活动。1817 年,简·奥斯汀未完成的小说《桑迪顿》(*Sanditon*)以海滩为故事背景。威廉·梅克比斯·萨克雷(William Makepeace Thackeray)在 1847—1848 年出版《名利场》(*Vanity Fair*)时,笔下的角色贝基·夏普(Becky Sharp)自诩"游泳本领很好",并计划在她克劳莱(Crawley)姑妈的女伴布立葛斯(Briggs)洗海水澡时潜入她的浮篷,"在水里逼着她跟我讲和"。夏普在海里"游泳时"和虎克·伊格尔思太太见了第一面。这些作家和他们笔下的角色一样,都热衷于游泳。查尔斯·狄更斯(Charles Dickens)在 1842 年学会了游泳;1844 年,他带着家人去意大利的海滩度假(当时意大利刚摆脱巴巴里海盗的侵扰），他的兄弟"游至海湾深处"，却险些溺水，最终被人救起。英国第一条客运蒸汽铁路于1841年开通，从伦敦开往布莱顿，使得人们前往海滨更加容易，也刺激了休闲旅游的发现。游泳逐渐成为时尚的象征，"in the swim"（赶时髦）这一短语首次出现在公众视野面前可以追溯到1869年。[51]

与大多数被中产阶级接受的上流社会的时尚一样，18世纪末到19世纪末，游泳者遭受了诸多讽刺和嘲笑。起初，漫画中把游泳好手画成动物。在1784年的一幅政治漫画中，英国政客被描绘成裸体的非洲游泳者，正在玩"追鸭子"游戏。（图87）19世纪，讽刺漫画家将那些新近受到启发的中产阶级游泳者作为笑料赚了不少钱。1828年，一名英国漫画家描绘了一个年轻的游泳者因虚荣脱掉了漂浮装置，最后不得不绝望地抓着一根树

图87　将英国政客讽刺为非洲游泳者的漫画。J. 巴罗《追逐鸭子的国家猎犬》，蚀刻画，1784年

图88 有关法国中产阶级游泳的讽刺画。《旱地游泳课》，奥诺雷·杜米埃，《喧闹》"游泳者"系列，石版画，1841年5月30—31日

枝的画面。1812年的一幅法国讽刺漫画同样描绘了一名因儿子学会游泳而高兴的母亲。这些讽刺漫画的潜台词无疑是——游泳是危险的，当前的游泳热潮是不明智的。[52]

围绕游泳，上层阶级和中产阶级之间的紧张关系成为19世纪四五十年代流行杂志和报纸上第二批讽刺漫画的主要素材。在1841年的一幅法国漫画中，一个看起来傻傻的年轻人被绳子吊在半空，实践"一秒"学会蛙泳法，甚至都没有在水里。[53]（图88）四年之后，另一幅漫画描绘了一个学游泳的女人，她浑身湿透，腰上系着一根粗绳，岸上的游泳教练握着绳子另一端——画中的她有着明显的中年特征，而且肥胖，作者似是借此表达她对游泳的不恰当的渴望。（图89）1856年，比利时出版的一幅石版画延续了这一讽刺主题：两个站在浅水里的游泳者十分紧张，却要保持自己贵族身份的自矜。漫画中，一名女子在说："该死，菲诺埃侯爵，我还没穿束身衣！"另一个人说："我也是，克鲁皮特伯爵夫人，我没带衬垫西装！"[54]温斯洛·霍默（Winslow Homer）也有类似的讽刺漫画，画中是一群时髦的美国男女，身

图89 《拉布尔多夫人第一次游泳课》。奥诺雷·杜米埃，《喧闹》"游泳者"系列，石版画，1847年8月5日

穿复杂厚重的泳装，在罗得岛州时尚度假胜地新港海岸附近的浅水区笨拙地划水。(图90)

到19世纪70年代，随着新泽西州的大西洋城、纽约的科尼岛和马萨诸塞州的里维尔海滩等较廉价的海滨度假胜地的流行，工人阶级也开始对游泳产生了兴趣。温斯洛·霍默的另一幅漫画就有关新泽西州长岛工人阶级的游泳者：三个衣着精致的女人站在齐膝深的水里，有人惊呼："好冷啊！"这些女人并不是赶时髦者，她们可能是店员、纺织工人或仆人。不寻常的是，工人阶级也开始热衷于游泳了。[55]

这些漫画在某种程度上可能是在嘲弄正在兴起的女权运动，

图90 嘲讽美国游泳者。《纽波特的沐浴》，温斯洛·霍默仿作，版画，《哈珀周刊》1858年9月4日

该运动在游泳和自行车骑行中都有体现。到了1894年，流行的女性杂志将"新女性"描绘成充满活力的运动型。对"水上运动"感兴趣的她们与维多利亚时代那种苍白、脆弱、虚弱的女性形象形成了鲜明对比。游泳教练夏洛特·爱泼斯坦（Charlotte Epstein）提倡女子长距离游泳，并建议为女性提供更实用的泳衣。她组织并领导了美国妇女救生联盟，并利用该组织为妇女争取选举权。1915年，她在纽约曼哈顿海滩举办了女子游泳比赛，挑战性别壁垒。[56]19世纪80年代的香烟卡（棒球卡的前身）中，就有白人女孩游泳的卡面，这也是在鼓励她们吸烟。[57]泳装，就像骑自行车时穿的灯笼裤（也像吸烟）一样，成为女性摆脱维多利亚时代的束缚、获得自由的象征。

然而，这并不意味着欧洲人或美国白人真的学会了游泳。他们中的大多数人仍然像北方那些非游泳者一样害怕水，也不愿在水里待太长时间——就算他们待在水里，也不愿意游泳。简·奥斯汀喜欢在海里沐浴，她有一台沐浴车，还有专门的女仆伺候。她和她的家人，以及她笔下的人物，经常去正在成为年轻人时尚度假胜地的海滨，但她们似乎都不会游泳。[58]安徒生于1837年创作的《小美人鱼》（The Little Mermaid）反映了人们对游泳的新兴趣，但它仍然是一个关于溺水的故事：英俊的王子不会游泳，会游泳的美人鱼不是人类。[59]狄更斯小说中大部分关于游泳的描写也都在说溺水。《老古玩店》（The Old Curiosity Shop，1841）中，小男孩救了一只溺水的狗，而奎尔普却淹死了；在《我们共同的朋友》（Our Mutual Friend，1865）中，情节围绕在泰晤士河上捞尸体的船夫展开；在《埃德温·德鲁德》（Edwin

Drood，1870）中，罗莎的母亲溺水身亡，主人公也是。[60] 亨利·詹姆斯（Henry James）笔下的人物也不会游泳，甚至他关于水的隐喻也都以困难和溺水为主。[61]

到处都一样。1801年，体育撰稿人担心人们不会游泳，而在1879年，安全专家仍在抱怨，"绝大多数"欧洲人不会游泳，而且，"尽管这听上去很奇怪，但的确有许多以航海为职业的人也完全不会游泳"。[62] 如历史学家凯文·道森（Kevin Dawson）所说，"大多数白人女性不会游泳"，白人男性的游泳能力其实也很弱。在1828年和1829年的巴西，很少有白人"出现在水中"。同样，在1884年的阿富汗，土库曼入侵者认为游阿姆河意味着"必死无疑"，而骆驼商贩的死亡是因为他们"像大多数帕坦人一样"（今普什图人）不会游泳。人们曾对"哥萨克人考虑游过一条河"印象深刻，但英国殖民官员怀疑他们的游泳能力。甚至到了1900年，记者莉莲·格里芬还惊奇地发现：

> 游泳是炎热天气里唯一真正舒适的运动，然而却没有更多人（白人）会，这似乎很奇怪。在沿海地区，海水浴算是比较受欢迎的休闲活动，有些人能够让鼻子露出水面，并稍微向前游动，但真正能在水中如鱼得水，能漂浮一小时，且必要时还能救助他人的人寥寥无几。去任何一个热门海滩转一转就能发现这一点。涨潮时，成千上万人涌入浴场；他们紧紧抓住绳索，上上下下翻腾，互相泼水，歇斯底里地尖叫，而这就是他们最接近游泳的方式了。[63]

八年后，美国童子军创始人罗伯特·贝登堡（Robert Baden-Powell）也鼓励男孩学习游泳："那些只能在浅水里扑腾，不能和朋友一起去海上或河中玩耍的人看起来多愚蠢啊！"不过他承认，他自己一开始也很怕水，"无法掌握窍门"，但后来他发现"对待水的方法就是要沉着、冷静"——也就是说，保持理性。1914年，一位英国游泳运动员抱怨说，"令人惋惜的是，有太多人只满足于在浅水区戏水，哪怕往外多走一尺都不敢。每有一个会游泳的人，就会有三十个不会的"，他补充说，根据他的经验，女性学游泳比男性快。[64]

因为游泳在当时是一种时尚，又能作为画裸体的很好的借口，许多19世纪后期的画家都热衷于描绘游泳的场景。然而，这些画作中几乎没有模特在真正游泳。法国画家弗雷德里克·巴齐耶（Frédéric Bazille）画过穿着泳裤懒洋洋地躺在岸上或站在水里的男人，美国的托马斯·埃金斯（Thomas Eakins）画过悠闲地躺在一块大石头上的裸体男子。在德国，马克斯·利伯曼（Max Liebermann）画过从码头跳水的裸体工人男孩。法国的埃德加·德加（Edgar Degas）画过裸体涉水的农妇。人们在水边穿衣，脱衣，用毛巾擦干身体，晒日光浴，但没有任何一幅画中有人在真正游泳。华金·索罗拉（Joaquín Sorolla）画笔下的孩子们穿戴整齐，在瓦伦西亚涉水。保罗·塞尚（Paul Cézanne）和亨利·马蒂斯（Henri Matisse）的裸体模特只是站在沙滩上。巴勃罗·毕加索画的是沐浴者，但不是在沙滩上便是在蹚水。[65]去海滩度假和涉水的人，总是比真正游泳的人多得多。

在中世纪的中国，即便那些不会游泳的人，也会通过各种方式表达他们对游泳的认同和兴趣，并不用亲自下水。与之相同，许多欧洲人和欧洲裔美国人家庭都会在海岸度假,哪怕他们不会游泳。他们可以坐在沙滩休憩,或在浅水区悠闲地蹚水,以此来追逐时尚潮流。[66] 在土耳其,类似的海滨度假胜地成为展示个人欧洲化风格的场所,人们可以穿戴法式风格的泳装和护目镜。[67](图91)在19世纪90年代的北非地区,时髦的突尼斯人和欧洲殖民者都建造了精致的浴室:

> 拉马萨和西迪布赛义德的妇女会来这里洗海水浴,远离窥探的目光。她们乘坐着马车前来,窗遮得严严实实。建筑中央有一个游泳池,海水可以自由流入。贝伊家族的公主们

图91 位于伊斯坦布尔海峡利安德塔附近的沐浴设施。巴西尔·卡尔戈普洛摄,1865—1875年

在不远处也有一座类似的浴室。（图92）

度假区把海滨宣传为一个自由的地方，是远离日常事务的胜地，浪漫可以在这里绽放。[68] 他们竞相展示比其他度假区更好的浴室配套。精致的更衣室、沐浴车、海水浴场、水上滑梯和跳水板遍布欧洲、北非和美国。（图93）这些设备都显示出欧式游泳的科学性。同早期与走私者和海盗的联系截然不同的是，如今海滩已成为上层阶级夏季休闲的目的地。

游泳也被视为一项观赏性的运动。游泳比赛在中世纪的中国、日本，以及美洲原住民、澳大利亚游泳者、非洲人、被奴役的非裔美国人中有着悠久的历史，但英国的倡导者如今声称是他们发明了竞技游泳。欧洲人喜欢游泳比赛和假美人鱼类的展

图92 拉马萨海滩的女性浴场。查尔斯·拉勒芒德《突尼斯及其周边》插图，1892年

图93 不游泳也能享受水上乐趣: 康涅狄格州布里奇波特附近的海洋滑梯。《科学美国人》第59卷第4期（1888年7月28日）

览，如此他们就可以在自己不被弄湿的情况下支持游泳运动。[69] 许多职业游泳选手，比如19世纪中期的弗雷德·贝克维斯（Fred Beckwith），通过推广游泳比赛、出售门票或为游泳特技（如在玻璃缸中潜水几分钟或长距离游泳）举办慈善活动来创造商业机会。贝克维斯的女儿艾格尼丝（Agnes）在14岁时就开始了她的职业游泳生涯，她完成了从泰晤士河伦敦桥到格林尼治段的5英里游泳比赛，这一活动被大力宣传。很快，她就参与"水上表演"，并开始教授游泳课程。[70] 托尔斯泰的《安娜·卡列尼娜》讽刺了一个类似的游泳展，嘲笑表演者"红色的游泳衣，又老又丑"，而与此同时，现实中的俄国游泳运动员列昂尼德·罗曼琴科（Leonid Romanchenko）创造了游泳马拉松的世界纪录。[71]欧洲游泳比赛在1896年现代奥林匹克运动会举办时达到顶峰。第一届奥运会包含四个游泳项目（与古希腊时期不同）。来自奥地利、匈牙利、希腊和美国等四个国家的游泳运动员参加了比赛。到1900年，参赛国家的名单已经扩大到12个（包括欧洲或欧洲主导）国家。[72]

国际比赛的兴起也激发了其他欧亚国家夺取金牌的雄心：1902年至1903年，梁启超强调了游泳比赛对增强体力的重要性。竞技游泳逐渐成为中国民族主义计划的一部分，旨在提升中国在国际舞台上的影响力，对抗欧洲的殖民统治，同时，将中国北方的游泳与南方的"自然"游泳区分开来。在俄国，为了促进竞技游泳的发展，成立了体育联合会，这保证了俄国能够派出三名游泳运动员参加1912年奥运会。然而，由于这些游泳运动员未能带回任何奖牌，所以直到第二次世界大战结束后，俄国才再次派出游泳运动员参加奥运会。[73]

到20世纪初的几十年，欧洲人和欧洲裔美国人中涌现出一批游泳技艺精湛的人，还有许多人对游泳兴趣浓厚，愿意穿上泳衣在海边或游泳池里嬉戏玩耍。成千上万的民众选择在海滩度假，或者去观看游泳比赛——尽管他们从不下水。虽然只有极少数人掌握了复杂的潜水技巧或侧呼吸技术，但游泳作为一项运动，已经被普遍认可，并有效地常态化了。

第20章

去旧迎新

随着亚欧大陆越来越多的非游泳者开始在海滩度假，他们对新游泳观念的态度也越来越开放，慢慢接受了上手爬泳作为标准的泳姿之一，尽管在欧洲和亚洲，爬泳从来没有像蛙泳那样普及或流行。同时，人们也逐渐接受了这样一个事实，无论裸女在池塘中漂浮能为观赏者带来什么样的观赏性，该行为都不能作为巫术存在的证据。在20世纪初期，游泳在亚洲仍是一种相对新鲜的事物，以至于被年轻的共产主义者看作他们革命运动的一种象征。

从蛙泳到自由泳

进入19世纪，欧洲游泳者仍在普遍使用蛙泳和仰泳，并在游泳过程中保持面部露出水面，即使在竞技比赛中也是如此。换言之，他们的游泳技术甚至都不如古亚述人、古希腊人和古罗马人，至少古代的游泳者还会使用爬泳。一些欧亚人观察到，原住民和非裔美洲游泳者使用的过手爬泳泳姿，比蛙泳具有更显著的速度优势。他们还发现这些"自然的"游泳者使用侧呼吸，而不是把面部探出水面。但几十年来，从英国到中国的游泳者都对爬泳持抵制态度。他们认为蛙泳是稳定且合理的，而爬泳则过于花哨和消耗体力。然而，随着游泳比赛的竞争越来越激烈，爬泳的优势逐渐显现，越来越多的游泳者开始采纳此技术。

16世纪初，迪格比游泳手册中的插图显示，欧洲人游泳时通常将面部保持在水面上。尽管当时的欧洲奴隶贸易者已经出版了描述非洲和美洲原住民游泳者使用爬泳泳姿的书籍，但温曼和迪格比只介绍了四种泳姿，包括蛙泳、仰泳、侧泳和狗刨式，以及如何踩水和潜水，他们并不知道原住民使用的是上手爬泳。

到18世纪初，美洲殖民者已经观察到原住民使用上手爬泳的泳姿，便开始产生了模仿他们的兴趣。[1]弗吉尼亚的威廉·伯德就曾向当地原住民学习，他在1733年的日记中写道：

> 这天是周日，我们很高兴可以撇下手头的工作歇一歇。为了恢复体力，我们几个人不顾早晨寒气袭人，跳进了河里。有个印第安人和我们一起，还教了我们他们的游泳方法。他们游泳时双手不是同时划水，而是交替划水，这样一来，他们游得比我们更远、更快。[2]

伯德改学爬泳后，这一泳姿并没有立即受到其他美洲殖民者的欢迎——也许约翰·昆西·亚当斯和本杰明·富兰克林都还在游蛙泳。但到了19世纪30年代，美国的其他游泳者开始模仿伯德，学习美国原住民的游泳技巧。美国画家乔治·卡特林

（George Catlin）在兄弟朱利叶斯溺亡后，开始研究美洲原住民的游泳。像其他美洲原住民一样，北达科他州的曼丹族男女也使用上手爬泳，将脸埋在水里，并使用侧呼吸。卡特林对此感到惊讶并印象深刻，他认为爬泳比欧洲人使用的蛙泳更胜一筹：

> 这种大胆有力的游泳方式，或许欠缺很多人期望看到的优雅，但以我的经验，我确信，通过这种方式，能很大程度避免胸部和脊椎承受过多疲劳与压力。而且，相较于上流社会常见的游泳方式，这种交替滚动的动作能让人更长久地保持体力和呼吸。[3]

其他美国画家也描绘了原住民游泳的画面，特别注重表现原住民游泳者如何头部先入水，以及他们是如何一直脸埋在水中游泳的。[4]卡特林担心，与蛙泳相比，上手爬游算不上优雅，毕竟蛙泳是"上流社会常见的游泳方式"，这种担忧可能是他那个时代美国白人的主流态度。直到19世纪70年代，一位美国旅行者还在嘲笑他在苏丹看到的爬泳，那里的努比亚游泳者拖着美国人的船，"手臂交替划水，从肩部挥出水面向前挥动，像侧轮船一样溅起水花"[5]。

然而，到了1880年，爬泳已经在美国白人游泳者群体中普及。如《哈珀周刊》(Harper's Weekly)的一幅插图显示，两名女子在河中的游泳比赛上使用了上手爬泳。她们还掌握了像"自然"游泳者一样把脸埋在水里，头侧向一边使用侧呼吸的游泳方式。（图95）图片的标题是"游泳时尚"，强调这些女性使用的

图94 《印第安女性:游泳》,雅各布·米勒,1858—1860年

是时下正流行的泳姿。

美国人对这种新兴的上手爬泳泳姿的接受过程充满挑战,对欧洲、中亚和中国的游泳者来说,接受难度更大。蛙泳、仰泳和侧泳在很长时间里仍然是他们的全部选择。18世纪早期,奥斯曼艺术家描绘了蛙泳和仰泳的画面;同一时期的印度绘画也表现了游泳者将双臂僵硬地伸在身前的姿势,像是在蛙泳。[6]到18世纪90年代,英国的前卫游泳者开始尝试侧泳和跳水,但尚未尝试爬泳。在罗兰森(Rowlandson)的第一幅讽刺画中,一个女人正尝试头朝下跳水;在另一幅画中,她使用的是侧泳泳姿。画作的标题特别指出了这一点:侧泳或其他泳姿。[7]1819年,一位瑞士体育撰稿人将侧泳或类似的泳姿描述为他所知道

图95 美国游泳者采用上手划水的泳姿。《游泳时尚》，版画，《哈珀周刊》1880年9月25日

的最快的泳姿：

> 身体向右侧或左侧翻转，双脚进行常规动作。在双脚蹬水的同时，肩部下方的手臂快速伸展。另一只手臂在双脚发力推进的同时划水……因为侧身游泳时身体在水中的接触面比正位泳姿时小，所以，在需要速度的时候，前者往往比后者更可取。[8]

拜伦自称是个"游泳好手"，但他和他的朋友在游泳时并不使用爬泳泳姿，只有在潜水时才会把头埋在水下。[9]到1815年，杂志插图显示，法国一些先进的游泳运动员已开始使用爬泳技术，但他们仍然谨慎地将面部露出水面。[10] 科尔蒂在1819年出版的意大利游泳手册中，收录了一幅他称为"法国和俄国划水"游泳技巧的图片，看起来像是爬泳的早期形式。他建议人们在俯卧姿势下，交替使用双手向后划水[11]，并指出游泳者应保持面部露出水面。尽管如此，科尔蒂仍然认为上手爬泳是新颖的泳姿，他本人更加倾向于使用"像青蛙一样"蹬腿的泳姿，即"蛙式泳姿"。蛙泳成为欧亚大陆最主流的泳姿。

19世纪40年代，美国游泳者试图将爬泳推广到英国，却遭遇了很大的阻力。乔治·卡特林（George Catlin）对美国原住民游泳者印象深刻，他从苏必利尔湖邀请了两个奥吉布瓦人前往英国进行游泳示范。然而，当这两名化名为维尼诗克韦布（Wenishkaweabee）和萨哈玛（Sahma）的男子在伦敦的一场游泳表演中亮相时，英国观众对爬泳溅起的水花表达了震惊。他们认为，英国游泳者更喜欢蛙泳，因为蛙泳更为得体和文明。《泰晤士报》对奥吉布瓦人的泳姿进行了贬低，认为"完全不欧洲"，游泳者"用手臂猛烈击打水面，就像风车的帆；脚还在用力踢水，呼吸方式也很奇怪，整个动作又滑稽又怪异"。

为了取悦前来观看活动的广大观众，凯特林组织了几场游泳比赛。这两名奥吉布瓦人在家乡可能并不是最出色的游泳者，他们先是彼此间比赛了几次。尽管《泰晤士报》对爬泳抱有偏见，但还是以赞赏的口吻报道说，两人都游得"像箭一样快，身体张力十足，四肢几乎笔直"。在第一场比赛中，其中一人在不到半分钟的时间里就游出了130英尺（约40米），这在当时是非常快的成绩。他们还没来得及休息，就又与英国最优秀的游泳运动员进行了比赛，结果这名运动员"轻而易举"取得了胜利。《泰晤士报》的记者最终选择无视奥吉布瓦人的出色表现，转而支持英国运动员，认为英国选手技高一筹。[12]

和那位记者一样，许多英国游泳者对这种新泳姿及其与原住民之间的联系感到震惊，他们寻找各种理由来贬低爬泳，支持他们更为熟悉的蛙泳。他们认为，对游泳来说，"动作优雅，水花小"是最重要的；而蛙泳"就像舞蹈一样，是运动的诗歌"。爬泳则被贬斥为"姿势丑陋"和"杂耍式"。[13]因此，竞技游泳者和休闲游泳者之间出现了分歧：前者希望利用这种新的速度快的泳姿赢得比赛，而后者则十分反感这种有关他们的游泳技艺得益于原住民的暗示。

正如我们所见，即使在奥吉布瓦人做展示之前，爬泳对欧洲人来说可能也不是完全陌生的。在展示之后，交替划水的上手爬泳泳姿逐渐流行起来，这得益于英国殖民澳大利亚时，英国人对澳大利亚原住民游泳方式的熟悉。1855年，一位英国旅行者在伦敦展示了澳大利亚原住民的游泳姿势，几年后，这些姿势帮助弗雷德·贝克威斯赢得了一场比赛的冠军。[14]1861年，一名英国游泳者和一名美洲原住民（来自伊利湖的塞尼卡人）之间的比赛颇受瞩目，尽管最后并未举行。[15]这些活动带来的宣传效应使得更多的欧洲人在19世纪后期开始使用前爬泳泳姿，又被称为"印第安式泳姿"。1867年的一本游泳手册抄袭了卡特林对爬泳的描述。[16]到了19世纪90年代，英国休闲俱乐部的游泳者也开始使用爬泳和侧呼吸。[17]1906年的法国，一位名叫塔塔科夫的澳大利亚原住民进行了一场令人印象深刻的游泳表演,此后,爬泳泳姿开始流行起来——尽管当时法国的游泳者仍然保持面部在水面之上。[18]

卡维尔(Cavill)兄弟推广了爬泳的各种变体,包括他们创造的"澳大利亚爬泳";约翰·特鲁根(John Trudgen)推广了一种他从阿根廷原住民那里学到的泳姿。特鲁根泳姿之所以受欢迎,是因为游泳时仍然可以保持头在水面上,而且它使用的是一种避免溅水的剪式踢腿动作。1873年,特鲁根使用这种"印第安人特有"的泳姿赢得了一场比赛,尽管如此,特鲁根泳姿还是比传统的摆动踢腿式爬泳慢得多。[19]另外,澳大利亚人的摆腿式爬泳比美洲原住民的版本更快,很快就在比赛中流行起来。(卡维尔的弟弟后来发明了蝶泳,这是一种速度更快的蛙泳变体。)

然而在欧洲和美国,爬泳仍然遭到了怀疑和抵制。即使是职业的游泳运动员也在抵制这种转变。1906年,一位著名的美国游泳教练对"流行于夏威夷群岛居民、南美洲印第安部落和海滨度假胜地救生员中"的特鲁根泳姿的各种变体表达了谴责。他不认可这种"非常耗费体力"的泳姿与原住民和年轻人之间的关联。尽管他不得不承认,普通的侧呼吸式爬泳是"所有已知泳姿中最快的"。但他仍然表示反对:

> 对于长距离游泳而言,这种泳姿几乎没什么用,因为它非常消耗体力,主要原因是除了偶尔向前抬头或侧头换气之外,游泳者必须憋气。此外,以这种泳姿游泳时,游泳者还

很难保持直线。[20]

这一时期，欧洲和美国的许多优秀游泳运动员已普遍使用上手式爬泳，但 1914 年的一本游泳手册中仍然提供了蛙泳的指导——要求头部高抬于水面之上。[21] 大多数美国儿童为了追求速度，最终学习了爬泳，但时至今日，蛙泳仍是欧洲最常见的泳姿。

上手爬泳在欧洲人和欧洲人后裔中普及的过程十分漫长，以至于 18 世纪初的伯德、19 世纪 30 年代的卡特林、19 世纪 80 年代的《哈珀周刊》都把它作为一种新奇事物来介绍，直到 1906 年，它仍然被认为新奇。一名出生在英国的游泳教练回忆说，在 1906 年，大多数教练在教授初学者时，仍然首先选择蛙泳。他认为，"那时太平洋岛民所采用的这种独特的爬泳方式还没有得到完善，事实上，它在文明世界里几乎无人知晓"。[22] 这名教练忽略了太平洋岛民在自己数千年的练习中已经完善了他们的泳姿。他可能不知道，这种泳姿至少在古埃及就已为人所知，而且在古希腊和古罗马也很常见。[23] 即使是现代的欧洲人，对爬泳认识也已有至少两百年。

他的论断尽管并不准确，但对他而言却是真实感受。像他那个时代的许多人一样，他仍然认为蛙泳是标准泳姿，并将爬泳和外来的、危险的事物联系在一起。尽管早期各种关于游泳的书都在很努力消除这种观念，但这种观念还是一直盛行到 20 世纪。[24] 1926 年，当克拉贝尔·巴雷特（Clarabelle Barrett）尝试横渡英吉利海峡时，至少有一家报纸将她使用爬泳的行为描述为一项大胆的创新。[25]1928年,一名美国游泳教练"惊讶地"发现,古希腊就已有人使用爬泳"这种现代泳姿"了,而且古希腊人很可能是从埃及人那里学来的。[26]20世纪60年代,当我学习游泳时,尽管"澳大利亚爬泳"是美国儿童首先学习的泳姿,但它仍然被认为是稍带前卫性和实验性的。即使在今天,欧洲儿童还是首先学习蛙泳。除非他们表现出成为游泳运动员的潜力,否则他们不会学习爬泳。[27]

水审终结

令人惊讶的是,当欧洲人和欧洲裔美国人重新学习如何游泳、争论爬泳和蛙泳的优劣、建造游泳池、发明泳衣时,他们的同胞却还沉迷于验证他人是否使用巫术,甚至对敢于说出自己想法、表达意见的女性进行水审。在本杰明·富兰克林时代的美洲殖民地,人们仍然将女性当作女巫进行漂浮测试。潮流在转变。随着越来越多的人学会游泳,水审逐渐失去了流行性。

在美洲,最后一批被指控为女巫的人是在1730年左右进行水审的,富兰克林创办报纸《宾夕法尼亚公报》同年10月22日发表了一篇嘲讽这种做法的文章。这篇文章很可能出自富兰克林本人之手,它清晰地描述了这一过程:

> 伯灵顿,10月12日。上周六,在距此地约8英里的霍利山,近300人聚集在一起,观看针对一些被控使用巫术的人进行的实验……指控者坚信,如果被告……被捆起来扔进

河里，他们会漂浮；上述被告渴望证明自己的清白，自愿提出接受上述审判，条件是两名最激烈的指控者须与他们一起受审。于是，时间和地点确定，并在全国范围内进行了公告。指控者是一男一女；被告也是……但指控者和其余暴民对这次审判不满意，要求进行水审。于是，他们前往磨坊池塘。在那里，被告和指控者都被剥光了衣服（只为女性保留了衬裙），手脚被捆绑起来，分别投入水中……旁观者中更理性的人认为，任何一个被这样捆绑并放入水中的人（除非只剩皮包骨头），一定会一直游到喘不上气，肺里充满水为止。但民众普遍认为，妇女的衬裙和绑她们的绑带在辅助支撑她们。据说，他们将在下次天气暖和时再次进行审判，届时，被审者要赤身裸体。[28]

这一时期，浸水椅在北方殖民地也已经不再流行，但1767年的弗吉尼亚州和1819年的佐治亚州，仍有女性在遭受此刑罚。直到1824年，在法官最终裁定浸水椅惩罚过时之前，美国人仍可以正式提议对女性施此刑罚。[29]

在英国，对女巫的迫害更为普遍，持续的时间也更长。直到19世纪，人们还在通过漂浮测试来鉴定巫术，并将那些言辞不雅的女性浸入水中作为惩罚。即使那个时候拜伦已经成功横渡达达尼尔海峡，英国救生俱乐部也开始在各地成立。然而，到18世纪中期，随着刑事处罚的加重和城市化进程的加速，水审逐渐退出历史舞台。[30]1751年，一群人在赫特福德郡特林的一个池塘边观看对露丝·奥斯本的水审，她不幸溺亡后，发起这一审判的一个主谋最终也因谋杀罪被绞死。[31] 几十年后，民众的态度发生了显著变化：1776年7月，在萨福克郡一个名为法纳姆的小镇，一群人怀疑一名男性使用了巫术而对其进行漂浮测试，但他们最终深感"羞愧和失望……他们为自己的行为感到羞耻，为自己的软弱和轻信而恼怒"[32]。1825年7月，也就是简·奥斯汀完成《桑迪顿》几年后，萨福克郡的地方官员仍然对艾萨克·斯特宾斯进行漂浮测试。但到了1856年，一个在霍克汉姆耕种40英亩土地的农民要求地方法官对一名老妇人进行漂浮测试时，遭到了法官和陪审团的嘲笑。英国最后一次有关女巫的漂浮测试发生在1864年，地点是埃塞克斯郡布莱赫丁厄姆，一群人强行将一个人们通常叫她"哑巴"的失聪且可能有智力缺陷的80岁算命老太太浸入水中，导致她溺水身亡。肇事者最后被判有罪，并服了六个月的苦役。约翰·肯德里克·邦斯（John Kendrick Bangs）于1894年出版的短篇小说《哈罗比庄园的水鬼》（*The Water Ghost of Harrowby Hall*）体现了有关水的现代主义的态度：一个被水鬼缠身的男人将水鬼冻成冰雕，保存在冷藏仓库中。[33]

整个18世纪，英国广泛采用的水审逐渐退出历史舞台。在约克郡，1745年之后再无水审的记录，不过在伦敦布莱德韦尔监狱，至少1779年时，刚入狱的女性还要经历例行的浸水惩罚。1808年的普利茅斯和1809年的莱明斯特，都有使用过水刑的记录。甚至1817年，莱明斯特的地方官员还试图对萨拉·利克使用浸水椅，但池塘的水太浅了。[34] 在那以后，英国在公开场合再没出现过此类惩罚的记录。

在欧洲其他地方，水审开始得更早，结束得也早。水审在

17世纪和18世纪初达到顶峰,尽管当时丹尼尔·施文特正在推广他的漂浮装置,第二批游泳手册也正在出版。有关水审的最后几次记录发生在18世纪末。水审在荷兰结束得最早。1675年,玛丽·霍尔曼斯被判无罪后,荷兰再也没有进行过水审。[35]1709年,德国一位著名法律学者公开反对水审,18世纪,该做法在德国也逐渐停止——不过与英国一样,它以非官方的形式持续了更长时间。[36]德国最后一次正式的女巫审判可能发生在1775年,地点在德国西南部的士瓦本,时间正好在古茨穆茨出版《青少年锻炼》和《游泳自学简易教程》之间。[37]阿姆斯特丹和哥本哈根分别于1767年和1772年成立了救生俱乐部,波兰最后一次司法批准的巫术处决发生在1776年,此后,水审走向终结。[38]

在乌克兰和高加索地区,人们保留了漂浮测试,但这种方法在19世纪晚期也消失了。18、19世纪,乌克兰农民还经常使用漂浮测试,就像玛丽耶克·吉斯维特-霍夫斯特拉(Marijke Gijswijt-Hofstra)所说,使用漂浮测试"通常是为了确定哪一个(女村民)是造成持续干旱的原因"。直到1885年,在乌克兰的部分地区和更东边的格鲁吉亚,这种情况还在大规模发生。有时,村民会要求被指控的妇女定期接受标准的漂浮测试,将脚趾和手腕绑在一起;在其他情况下,他们会采用便捷的方式——让女性提一桶水走一段距离,但一滴都不能洒。女巫和水之间的密切联系反映在19世纪末乌克兰部分地区小农场主的做法上。为了结束干旱,他们会挖出疑似女巫或巫师的尸体,然后往墓穴中灌满水。[39]

和西欧一样,俄国从未对被指控为女巫者进行漂浮测试表现出什么兴趣，甚至最终明文禁止了这一行为。到1811年，被迫遭受此对待的妇女写信向地方总督投诉；例如，1839年，一个乌克兰人写信抱怨说，"干旱时期溺死女巫的事情并不久远，这种做法在邻近的省份仍然存在"。1872年，当地牧师和地方当局都反对水审这一做法：

> 所有来自朱尔克沃村（Dzhurkovo）的妇女……被聚集在一起带到河边。尽管教区牧师明确反对，她们还是被剥光衣服，按照传统的方式捆绑起来，扔进了水里。其中一人永久性地丧失了听力，另外几人也因此患上重病……当地政府展开调查。最终，事件发起人被送上法庭，判处监禁。[40]

这与大约一个世纪前英美两国的立场相似。显然，刑事诉讼浇灭了人们将女性投入水中的热情——乌克兰已知最后一次漂浮测试发生在1885年。在那之后，就像早些时候在英国发生的那样，传统做法逐渐被遗忘：1893年旱灾期间，农民怀疑亚历山德拉·洛波什琴科娃为女巫，他们把她浸入池塘三次，最后扔进一个坑里，往里面灌水。[41]

18世纪末到19世纪初，游泳在欧洲及其殖民地逐渐成为一种大众运动，这导致古老的水审和浸水惩罚等逐渐被淘汰。以往，人们将水视为恶魔领域，而如今，欧洲人和全球的欧洲殖民者开始将游泳视为一种与罗马帝国所崇尚的科学理性和法律敏锐性一致的象征。在游泳的帮助下，欧洲人利用罗马的声望支撑了他们帝国扩张的野心。

游泳与革命

20世纪初,亚洲的政治领袖接受了欧洲理性游泳的理念,将游泳作为进步、现代性和民主革命的象征来推广。游泳象征着自由、独立,与亚洲绝大部分地区的传统截然不同。清政府灭亡以后,革命者把游泳作为一种公开体现政治倾向的方式。1910年,毛泽东尚处青少年时期,便掌握了游泳技能,当时他正与坚持儒家"中庸"观念、不提倡体育锻炼的父亲进行抗争。在俄国,1917年共产主义革命的领导人列宁就热衷游泳(并倡导裸泳)。20世纪20年代,随着奥斯曼帝国的崩溃,凯末尔·阿塔图尔克也将游泳作为展示其政治意图的象征。他通过在公共场合游泳来向世人展示自己与古奥斯曼帝国苏丹的不同——尽管他和苏丹一样属于上层阶级,拥有权力和影响力。为了推广这一运动,阿塔图尔克在阿达纳建造了一个巨大的游泳中心,配备了两个奥林匹克规格的户外游泳池,一个跳水台和一个较小的室内游泳池,俨然是罗马帝国浴场的现代版本。[42]1956年5月,时年62岁的毛泽东成功横渡长江,游了大约1.5公里;10年后,他依然体格健硕,再次完成横渡。这两次,他采用的都是蛙泳。[43]最近,俄罗斯总统普京多次被拍到游泳,他甚至还在西伯利亚寒冷的湖泊中蝶泳。

大多数亚洲的政治家从未真正学过游泳,但游泳仍然成了一个重要的政治隐喻。中国早期的民族主义者将即将到来的革命形象地描述为不可阻挡的浪潮,这一意象,至今仍广为流传。早在1903年,一份反清的革命报纸便以《浙江潮》为名,将"席卷中国的不可阻挡的革命变革浪潮"浪漫化。另有一份同名期刊于1913年创刊。1912年，孙中山曾预言："世界潮流，浩浩荡荡，顺之则昌，逆之则亡。"[44]在俄国，列夫·托洛茨基从未学过游泳，但在1939年，他也用潮水来比喻俄国革命："逆流而行的人无法和大众建立联系。"[45]20世纪50年代，毛泽东如此建议道：

> 不要怕群众，要跟群众在一起……人民就象水一样，各级领导者，就象游水的一样。你不要离开水，你要顺那个水，不要逆那个水。

早期的道家把人比喻成水，所谓"上善若水，水善利万物而不争"，而在1949年后的新中国，这个比喻有了新的变化：人们不再仅仅是顺应水流，而是主动地在水中游泳，成为社会变革的积极参与者。[46]

新中国政府大力鼓励游泳，还发布了几项通知，鼓励军人和群众，特别是全国各地的青少年，学习游泳。部队还将游泳列为士兵需要学习的第六项"大技术"。1934年，体育教育家吴德懋建议将游泳作为中国的国民运动，理由是大多数运动都是"舶来品"，但游泳属于中国的传统运动。20世纪40年代，中国的妇女组织通过组织游泳活动响应了这一倡导。[47]中国古代的缠足使大约一半的中国妇女在近一千年的时间里无法游泳，革命使妇女入水游泳成为可能。即使在今天，中国的作家和企业仍然会使用"潮流"一词来指代一些革命性的、前卫的或先锋的事物。[48]

事实上，中国人并没有那么喜欢游泳。和欧洲人一样，他们中的大多数都不是游泳爱好者，同样倾向于雇用教练，使用"橡胶救生圈"。他们认为游泳太危险，不愿意游入深水。

在苏联，政府很快就放弃了推广游泳，理由是这项运动过于西化，过于个人主义。斯大林也拒绝推广游泳，理由是"山地民族不游泳"——他转而支持民间游戏和团体运动。1953年，斯大林去世时，莫斯科没有一所学校有游泳池。[49]在土耳其，海滨度假文化逐渐兴起，今天许多土耳其家庭都会选择在海滩度过夏天。但是，在地中海和黑海沿岸的土耳其海滩附近，由于有危险的水流和暗流，游泳难度较大，而且公共游泳池也很少。直到1992年，土耳其才派出游泳运动员参加奥运会，三名游泳运动员都是在美国接受的训练。尽管游泳在亚洲是自由、民主和现代化的象征，但大多数人对参与游泳活动的意愿仍然不高。

正如突厥和蒙古在中世纪后期的大规模扩张终结了欧洲和中国的游泳运动一样，18、19世纪中亚势力的缓慢瓦解也让生活在欧亚各地的民众开始重新学习游泳。随着奥斯曼帝国、萨法维王朝、莫卧儿王朝和清王朝的崩溃，欧洲得以崛起。游泳就是这种转变的表征之一。18世纪，欧美的游泳者主要是先锋派诗人和精英阶层，但到了19世纪，中产阶级开始学习游泳。到1900年，欧洲的工人阶级和欧洲裔美国人也开始游泳，以此来证明他们"跟得上潮流"。他们去海滩度假，去公共游泳池，关注报纸上的游泳比赛，为尝试横渡英吉利海峡的运动员欢呼。很快，这

种对游泳的新热情就扩展到了中国。

然而，来自古老的缺乏游泳传统的地区的人，大多数仍然不怎么游泳。他们在浅水区戏水，游泳时头完全露出水面，或者站在深水区；他们穿着漂亮的泳衣躺在沙滩上；他们花钱为子女报游泳班。但无论是欧亚人还是其殖民后裔，都没有达到美洲和非洲古老原住民那几乎全民普及的游泳水平。

第 21 章

游泳已不再流行

最终，19世纪的游泳热潮并没有使欧亚北部民众克服自古以来对水的恐惧。他们很快就失去了对游泳的兴趣，甚至还用他们古老的理由作为借口，迫使其他人远离水。旧观念中"水是神圣的"与"游泳是不雅的"两个想法结合在一起，成为他们禁止裸体游泳和将海滩隔离的理由。旧有的对游泳危险的恐惧促使殖民者在各处张贴"禁止游泳"的标志。在欧亚北部，游泳教育主要是为了防止溺水。随着希腊和罗马将游泳作为文明的象征，并将不会游泳的波斯人视为野蛮人和奴隶的观点扩散开来，所有有色人种都被禁止进入游泳池。如今，大多数人像柏拉图和恺撒一样，认为游泳是一项贵族技能，是为上层社会和统治阶级准备的。

首先是奴隶和殖民地

社会底层的游泳者是最先被赶离水域的，其中又以作为奴隶被带到美洲的非洲妇女首当其冲。非洲女性和男性一样擅长游泳，但奴隶主的性别偏见常常阻止她们入水。[1]到19世纪初，被奴役的非裔美国人也被禁止学习游泳，因为白人奴隶主担心他们逃跑。事实上，一些非裔美国人确实通过游泳成功逃亡，就像加勒比和巴西黑人奴隶的逃亡故事以及所罗门·诺斯鲁普（Solomon Northrup）和雅各布·格林（Jacob Green）的故事中所写，他们都是从南方的奴隶制地区逃来北方的。[2]在马克·吐温的小说《哈克贝利·费恩历险记》（*Huckleberry Finn*）中，被奴役的吉姆也是通过游泳逃向了自由。

游泳和水象征着自由，也成为非裔美国人身份的标志。[3]但据诺斯鲁普说，被奴役的非裔美国人"不被允许学习游泳"，且"连最不起眼的溪流都无法跨越"。安妮·戴维斯（Annie Davis）在被奴役期间因游泳而遭到殴打。被奴役的非裔美国人可能也没有时间学习游泳。例如，废奴主义者弗雷德里克·道格拉斯（Frederick Douglass）在他被奴役的童年时代有过在水潭里戏水的美好回忆，但他不会游泳。其他非裔美国人也表示他们并不会游泳，尽管他们认为大多数被奴役者都会。[4]此外，非裔美国人越来越多地受到周围文化的影响，如他们在欧洲裔奴隶主的影响下产生了对水的恐惧，以及对自己裸体的羞耻感。在1865年美国奴隶解放之时，尽管非裔美国人仍然有自己是游泳者的意识，但他们中的许多人已经不会游泳了。

不久之后，不仅被奴役的人，所有被边缘化的人都失去了游泳的权利，因为世界各地的殖民者占领了优质海滩，把当地的游泳者驱赶到环境差的游泳场所。隔离海滩最早出现在大约1888

年，南非白人先是禁止黑人进入海滩，然后禁止了南亚移民，比如 19 岁的甘地。隔离从南非蔓延到邻近的南罗得西亚（今津巴布韦），并于 1894 年蔓延到新加坡。1901 年，这种隔离扩散到北非，1920 年左右抵达莫桑比克——尽管从法律上讲，每个莫桑比克人都是平等的葡萄牙公民。[5] 从 1913 年开始，美国白人把黑人赶出公共游泳池。到了 20 世纪 20 年代，随着俄国革命的难民涌入西欧，吉卜赛人和犹太人先后被禁止进入欧洲的公共浴池、游泳池、海滩和水疗中心。[6] 日本对新加坡的殖民统治并没有恢复当地的海滩或游泳池，如今只有 8% 的新加坡人经常游泳。[7] 由于越南和孟加拉国的溺水率飙升，这两个国家传统的游泳比赛被搁置。18 世纪越南的民间英雄阮有求（Quận He）水性极好，19 世纪中期的一个村庄还在用含有他名字的谚语指称游泳比赛。[8] 然而今天，越南、柬埔寨和孟加拉国的大多数成年人都不会游泳。[9]

在印度，许多人都认为自己会游泳。因此，在罗辛顿·米斯特里（Rohinton Mistry）的一篇短篇小说中，印度叙述者声称"大多数印度人像鱼一样游泳……我是个例外"，即使面对的是已经注意到许多印度人不会游泳的加拿大人，他仍坚持这么说。[10] 米斯特里显然知道，在遭受殖民统治之前，许多印度人就已经不会游泳了，如今会游泳的人更少。（这是鲁德亚德·吉卜林 1901 年的小说《吉姆》中的一个殖民主义笑话：喇嘛正在寻找一条圣河，但当他找到时，他差点儿淹死在河里——他不会游泳。）同样，大多数北非人在中世纪就已经失去了游泳的能力，在 19 世纪英法的殖民统治下也没有恢复。在整个北非海岸，大多数人都不敢前往水深的地方。欧洲殖民者看到游泳的阿尔及利亚妇女时会格外震惊。[11] 在南非，当地人曾经是游泳好手，但今天只有大约二十分之一的人会游泳，其中大多数是白人。[12] 在殖民地国家，大多数原住民已经不会游泳了。

在20世纪早期，一些偏远地区的农民仍设法控制着附近的河岸和池塘。有一段时间，越南农村的农民可能还会"到河边教儿子游泳和潜水"。19世纪30年代，当乔治·卡特林在密苏里河沿岸画曼丹人时，美国原住民还会游泳，威斯康星州的索克人家庭在遭遇美国军队袭击时还可以通过游泳逃走。[13] 到了19世纪80年代，他们仍在游泳，当时希达察部落成员利安·沃尔夫画了一幅画，是自己在密苏里河徒手将一头野牛溺毙的场景。1904年，怀俄明州的夏安族儿童依旧在河里游泳，甚至还前滚翻式跳水。（图97）1918年，一名参加第一次世界大战的美国原住民士兵在扛着一根沉重缆绳的情况下都能轻松游泳过河。19世纪后期，澳大利亚原住民也是游泳能手。1911年，一个名叫马里亚莱加的澳大利亚男孩，戴着手铐都能游得很好，甚至还救了一名溺水的白人警察。[14]20世纪初，在有游泳机会的地方，原住民仍然是充满热情的游泳能手。

但世界各地的原住民正在迅速失去接触水的机会。1914年，澳大利亚白人甚至对夏威夷人游泳游得很好感到惊讶。[15] 美国原住民和南美人已经失去了对大部分游泳地点的控制。如今，在美国，只有不到三分之一的美国原住民、亚裔美国人和非洲裔美国人的孩子认为他们能游过一个标准游泳池长度。14%的非裔美国儿童根本不会游泳。[16] 只有不到一半的拉丁裔儿童能游一段距

图 97 夏安人的孩子在河中游泳。夏安画家查尔斯·墨菲，1904—1906 年

离。溺水率也相应飙升：有色人种，尤其是非洲裔美国人和美洲原住民的溺水率远高于美国白人，生活贫困者更高。如今，南美洲的大多数人都游不了很远。[17]虽然来自西非的马里人在 18 世纪是游泳好手，但在 2013 年一艘尼日尔河上的行船翻覆时，船上的大多数人都因为不会游泳而淹死了。近期，南非的军事顾问在训练乌干达特种部队时，还要教他们游泳。[18]

20 世纪初，白人对游泳池和海滩进行了隔离，拒绝有色人种在其间游泳。[19]如此一来，即使是原本属于北方非游泳者的亚洲人也失去了接触水的机会。尽管人们努力寻找替代的游泳场所，但大多数有色人种，尤其是穷人，还是失去了游泳的能力。

然后是殖民者自己

仅仅几十年后，大多数欧亚人也失去了对游泳的兴趣。很少有中亚人会游泳，尽管同样身处内陆和寒冷之地的曼丹人是热情熟练的游泳者。（孤独星球网站上题为"蒙古游泳"的页面完全是空白的，这无疑算得上一个有趣的发现。[20]）苏联后来的官方政策是推广游泳的：大约在1960年，领导人赫鲁晓夫宣布将"在未来三到五年教会所有儿童游泳"。苏联的确也在20世纪六七十年代建造了一些公共游泳池。在勃列日涅夫的领导下，一支名为契卡（此处与早期苏联的肃反机构同名，但应不是同一概念）的青少年业余警察队伍要求成员学习游泳，就像很久以前的哥萨克人那样。但泳池总是不够用，而且它们总是"为体育或政治精英预留"。一些苏联人度假时确实会在黑海海滩，或乡间宅邸的河边、池塘边游泳，但"很少有人学蛙泳或爬泳"。他们可能主要是为了作秀，而不是定期游泳。[21] 如今，在社交媒体上发布自己的游泳照片是一种快速获"赞"的方式；而为其他人的游泳照片点赞是更简单的方式，可以向关注者展示你对自己的定位。[22]

如今，欧洲人将游泳与学校、安全、锻炼联系在一起，而不是娱乐。大多数欧洲学校都开设游泳课，但是在德国，只有不到一半的孩子在10岁之前学会游泳，尽管"过去，几乎所有孩子在学龄前都会游泳"。而且，当前"溺水儿童的数量正在急剧增加"。在英国，情况稍微好一些，但仍然只有大约60%的孩子能游完泳池长度。[23] 尽管南欧天气炎热、海滩美丽，但几乎没有人会游往深水。在美国，只有略多于一半（58%）的白人孩子认为他们能游完标准泳池的长度。许多大学曾对学生提出学习游泳的要求，可如今也只有少数在坚持，而且数量也在逐年减少。[24] 在投入大量精力布置后院的私人游泳池后，美国人对游泳逐渐失去兴趣。私人游泳池似乎变得又危险又无聊。富有的巴西人在海滩上消磨了很多时间，但他们游泳的次数比美国人还少，"即使是在阳光明媚、海水平静、海浪微弱的日子"。[25] 如今的英国也是如此："对于游泳水平相对较高的人来说，秋天在海里短暂畅游是难得的社交机会，之后可以享受一块蛋糕或来点儿威士忌。"艺术家班克西（Banksy）2015年的"灰暗乐园"（暗黑版迪士尼乐园）是对"英国破旧海滨度假胜地独特忧郁"的悲伤注释。[26]

没有人确切知道有多少人不会游泳，或者全球有多少人溺水身亡。世界卫生组织表示，他们对全球溺亡人数的估计存在很大的不确定性。但即使没有可靠的统计数据，我们也可以看到世界各地游泳能力的急剧下降。据世界卫生组织的报告，中国、俄罗斯、孟加拉国和柬埔寨的溺水率很高[27]，他们估计，有一半以上的溺亡发生在西太平洋和东南亚，非洲的溺水死亡率最高。[28] 如今，只有少数欧亚人还在游泳，而世界其他地区的大多数游泳者已经忘记了如何游泳。

通常的解释

历史学家通常将种族主义视为有色人种停止游泳的主要原因。但是，在解释欧洲人和欧洲人后裔不擅长游泳的原因时，他们提出了一些现实因素。比如桥梁和船只的普及减少了他们游泳过河的需要？抑或城市化进程的加快，以及建造和维护游泳池的成本过高？当然，的确有许多游泳池都关闭了，桥梁也大大提高了人们过河的便利。[29] 但这些都不太可能是主要原因。人们进行游泳活动，实际上既出于实用目的，也出于社交需求。在古埃及，法老的子女会上游泳课；两千年后，埃及女奴会与朋友一起在尼罗河游泳，男孩在河马湾进行游泳竞技。中世纪的印度，女性在水中嬉戏，柬埔寨家庭会共用游泳池。在18世纪的加纳，男孩和女孩一起在水中玩耍，他们或在夏威夷冲浪，或在达科他州跳入密苏里河。当欧洲人在19世纪再次学会游泳时，他们也成立了游泳俱乐部，并在水中社交。游泳的主要功能从来就不是实用，游泳过河需求的降低并不是如今人们较少游泳的原因。

游泳人数的减少也不是城市化的结果。埃及、东非和印度尼西亚的城市并没有禁止游泳。事实上，罗马帝国时期，城市化进程伴随的是人们对游泳兴趣的增加，而且中世纪中期，欧洲人最后一次放弃游泳时，几乎每个人都生活在农村。当时城镇规模很小，步行即可到达可以游泳的地方。巴黎和热那亚各有大约10万人，马赛大约有2.5万人。[30] 即便如此，人们还是停止了游泳。

19世纪末，城市化加速发展，欧亚大陆也再一次迎来游泳狂潮。热情的游泳爱好者并没有被城市生活所阻碍，他们建造了数千个游泳池，几乎每个社区，甚至每个家庭的后院都有一个。例如，仅在英国伯明翰这座中等大小的城镇，从1852年至1937年就新建了13个公共游泳池。[31] 这些游泳池无法满足新城市工人阶级的需要，他们还组织了乘公共汽车或火车前往海滩的廉价周末短途远足。他们坚持要求更长的假期，以便在夏日去海滩度假。为了方便母子游泳，男人会把他们送到湖边；或者把孩子送到湖边的夏令营。如今这些选择依然存在，但我们已不再关心。

我们很难将这种成本廉价，连尼安德特人都能参与的消遣方式的消亡归咎于高昂的花费。当前无疑是自石器时代以来全球最为繁荣的时代，人们对骑自行车和越野滑雪的兴趣日益浓厚，却负担不起一项无须装备的运动？[32] 其他原因，比如第一次世界大战和1918年的流感疫情，也不是一个合理的解释。英国战后的财政紧缩政策并没有波及美国，然而在美国，公共游泳池的建设也陷入停滞。在伯明翰，20世纪初建造了许多游泳池，但自第二次世界大战以来就再没有新的游泳池投入使用了，一些老旧的游泳池已经关闭，且没有新的替代。[33] 诚然，其他需要昂贵设备和严格规则的运动，如轮滑和溜冰场，似乎也过时了。一百年前代表了先进且文明的人造游泳池，如今却已显得与自然环境格格不入，荒谬至极；此外，池水中的氯似乎非但没有起到消毒作用，反倒有毒。游泳池的许多小规则在20世纪四五十年代，那个更受规则约束的社会中似乎是合适的，放到现在来看无疑既琐碎又荒谬。然而，人们并没有转向在开放水域如海滩、湖泊和溪流中游泳，哪怕这些地方的维护成本低，规则也少，且对所有人开放。[34] 成本和便利性的问题几乎适用于任何活动，但有一个问题：为什么游泳是那个适合削减预算的运动呢？

老生常谈

对游泳活动衰退现象更好的解释，是自青铜时代以来欧亚大陆非游泳者一直使用的老借口。第一，欧亚大陆北部的非游泳者一直认为水是神圣的，进入水中或在水里放任何东西都会使水不洁净。第二，他们总是把水和不雅联系在一起，对裸露身体持保守态度。第三，北方非游泳者认为水具有危险性。第四，他们将游泳能力视为一种种族差异，反映着文化乃至生理上对不同群体的区分。在19世纪末和20世纪初，这些观点再次出现，将欧亚人自己，连同许多原住民游泳者从水中赶离。

神圣之水

早在赫西奥德和琐罗亚斯德教的赞美诗中，北方非游泳者就认为水具有神性，这种神性是宗教意义上的。如今，游泳者有时看上去超凡脱俗，就好像只有神才会游泳一样。[35]这是人们在涉水时本能反应甚至暴力情绪的心理基础。像赫西奥德和琐罗亚斯德教信徒一样，许多欧亚人对他人在水中小便的行为深感厌恶。许多人不喜欢在海里游泳，就是因为害怕接触别人的尿液。[36]新的细菌和病毒知识，再加上19世纪肆虐的霍乱疫情，将这种对水的恐惧赋予了医学化表征，使其看起来合理甚至是科学的。早期的肥皂广告商利用这种恐惧心理，将肥皂与清洁、洁白和种族观念联系起来进行商品推广。(图98)同样，欧亚人也不喜欢把面部浸入水中。北方人更喜欢蛙泳，虽然比爬泳慢得多，但可以

图 98　游泳，清洁，白皙。宝洁公司在《国家地理》杂志上的象牙皂广告，1915 年 8 月

保持面部露出水面。蛙泳还能减少溅水，动作更为平缓，似乎对水更为尊重。即便英国激进的"野泳爱好者"（他们更喜欢池塘而非游泳池）也反复强调游泳时"不踢腿、不乱扑腾"，"考虑对他人的影响"，以及游泳的"冥想"属性；他们更喜欢"缓慢入水，保持面部露出水面"。英国游泳者抱怨"鲁莽、动作粗暴的蛙泳"，更喜欢"悄无声息地入水"。[37]这种对干扰水体的厌恶无疑源自青铜时代的宗教规范。

除了尿液和细菌，欧亚大陆的非游泳者也担心人体会把水弄脏。[38]人们从水中被驱离，理由包括身上有异味（中世纪的穆斯林和现代的土耳其人）、身体不洁（欧洲传教士）、携带疾病（美国人）、不卫生（澳大利亚原住民）或者被认定污染了水（意大利犹太人）。[39]在东欧和俄罗斯，游泳场所还要求游泳者提供医生出具的健康证明。[40]游泳者认为黑人可能在水中脱落污垢，甚至在2009年，费城的白人女性还会直接把孩子从水里拽出来，不让他们和黑人儿童一起游泳。[41]铁器时代认为波斯人和斯基泰人是"野蛮人"不宜接触水的观念，在20世纪扩展到任何被认为"非我族类"的人群。

除了种族问题，欧亚大陆非游泳者的担忧还包括身体和精神残疾。他们嘲笑泳池中患有脑瘫、小儿麻痹症或肢体残缺的人，认为截肢的游泳者会"吓坏孩子"。20世纪60年代，许多专家认为智力障碍人士无法掌握游泳技能，因为他们"身体畸形"，会沉入水底。人们甚至对略胖或年长的游泳者也存在偏见。旅游海报上呈现的游泳者形象往往是身材高挑、金发碧眼、皮肤白皙、体态苗条、年轻健康的，而讽刺漫画中则经常出现超重的中年游泳者（图79、图89）。杂志文章也会提醒读者反思自己是否已为前往海滩做好准备。[42]除了身体和精神上的理由，道德层面的问题也被提出：印第安人、夏威夷人和非裔美国人被认为太懒而不愿去游泳，学游泳只会使他们失去工作的积极性。[43]游泳池甚至还会因游泳者使用了不当的防晒霜、留有不合适的发型或穿了款式有问题的泳衣而禁止他们入内。

在欧亚大陆，游泳者和非游泳者一方面心有对污染水体的恐惧，另一方面又相信在水中沐浴具有治愈功能，两者尴尬地共存。从铁器时代开始，世界各地的治疗师就建议使用沐浴（不论是热水浴还是冷水浴）来治疗各种疾病，如关节炎、哮喘、牛皮癣、精神病、肺结核、瘫痪等。在整个20世纪，人们对水疗功效的信念有增无减。这两种想法在残疾人权益运动中相互融合，旨在为残疾人争取平等使用游泳池和海滩的权利。聋奥会（始于1924年）、残奥会（始于1948年）和特奥会（始于1968年）均设有游泳比赛。20世纪90年代，《美国残疾人法案》强制要求游泳池安装座椅升降机或斜坡通道，以帮助轮椅使用者进入游泳池；一些欧洲游泳池也增加了无障碍设施。肥胖人士也会加入"大码专属"的游泳俱乐部，来对抗偏见和排斥。

如今，公共游泳池通常会预留特定时间用于康复和理疗课程，以及"大码专属之夜"，但许多游泳池仍然不对残疾人开放，或者将"特殊之夜"和治疗时间与常规游泳时段分开。公共游泳池常见的时间安排，往往会预留大约一半的时段用于游泳（包括课程和团队训练），另一半则用于水中有氧操及其类似活动。[44]现代游泳爱好者表示，人们游泳首先是为了"生存"，其次是"治疗和保持健康"。英国的"野泳者"通过游泳来"增强免疫系统"和提升自己的道德品质，他们将冷水游泳后洗热水澡视为"堕落"。同样，美国的冬季冲浪者形容海水是"残酷的"，需要有"坚定的意志"来面对。[45] 许多人似乎并没有意识到，游泳是一件充满乐趣的事情。

水与性别

另一种让游泳者羞于下水的理由是水和性之间的古老联系，让人们觉得脱下衣服去游泳是不雅的。和早期旅行者一样，欧洲的奴隶贩子以及在非洲和美洲的旅行者也都对原住民裸体游泳的行为表达了震惊。[46] 游泳还阻碍了男性对原住民女性身体的控制，因为她们可以利用游泳来逃避欧洲男子的性侵犯。[47] 随着基督教传教士在夏威夷禁止教众游泳和冲浪，夏威夷人开始认为游泳本质上是一项与基督教教义不符的活动。很快，许多夏威夷人不再游泳。西班牙殖民政府同样以有伤风化为由，强迫原住民游泳者离开亚马孙河及其支流。[48] 尽管从18世纪开始，日本艺术家就对阿玛人或阿伊努采珠女进行了情色化描写，但在19世纪后期，他们发现这种观念反倒对自己不利，因为当时的欧洲人用有伤风化的罪名将日本人视为未开化之人。[49] 欧洲人声称，他们为原住民游泳者的裸体感到羞耻，却并未提供任何替代裸泳的实际可行的方法。他们希望原住民游泳者不再游泳，而不是设置遮挡物或穿着泳衣。

此外，欧洲人知道古希腊人和罗马人有裸泳传统，试图效仿，也的确这么做了。就在他们抱怨原住民游泳者不雅时，自己已经在亚马孙河和全球各地裸泳了，"自由、洁白、赤裸，像快乐的美人鱼"[50]。19世纪，伊斯兰国家的女性会穿传统长裙甚至佩戴长面纱游泳。[51]就像古希腊人嘲笑斯基泰人和波斯人的长筒袜和长袖，以隐喻的方式将波斯的奴隶制与希腊的自由和裸体进行对比一样，现在欧洲殖民者嘲笑伊斯兰国家的保守为奴隶的标志。对穿泳装的外国人的暴力攻击和对穿比基尼的女性的骚扰未能阻止欧洲人到海滩度假，却导致许多北非人和印度尼西亚人停止了游泳。[52]同样，虽然对日本人而言，集体裸浴是种常态，但在日本的韩国人却有不同的感受。在韩国人看来，那是公共浴室对他们的排斥，一如在非裔美国人眼中，大海代表着他们回不去的故乡。[53]式亭三马19世纪早期的畅销小说《浮世澡堂》以澡堂为背景，进一步强化了沐浴在日本人身份认同中的核心地位。然而，随着时间的推移，美国人对日本男女混浴现象的震惊表态，某种程度上导致了这种现象的减少。[54]殖民者对裸体的态度迫使许多游泳者离开了水域，无论他们是否穿着衣服。

这种对游泳的性别化处理也导致北方非游泳者的文化按性别将游泳池隔开。美国和英国早期的游泳池都是男女分开的。尽管人们普遍认为，19世纪时欧洲和美国女性游泳者比男性更少，但缺乏相关证据。[55]现在，大多数欧洲、亚洲和美国的游泳池都允许男女混游，但在阿富汗和伊朗，女性仍然只能在女性专用的海滩上活动，或者在开放时间有限且价格昂贵的女性时段使用游泳池。因此，这些地方的女性不太可能学会游泳，即便学会也难以尽情享受游泳的乐趣。[56]甚至在如今的欧洲,许多英国的"野泳者"也更喜欢"女士泳池"。[57]从迪士尼的《小美人鱼》到星巴克的标志,这些带有性别暗示的美人鱼形象将游泳和性别联系在一起,并在世界范围内传播。[58]有伤风化是一个古老的借口,可以追溯到青铜时代,但欧亚地区的居民对游泳的恐惧更为根深蒂固。

游泳的性别化与希腊文化的理想化碰撞,在19世纪使同性恋与游泳产生了关联,这也可能导致一些20世纪的游泳者对游泳望而却步。拜伦和他的同性爱人一同游泳,而普希金对拜伦的钦佩也使他对游泳满怀热情。[59]在美国,托马斯·埃金斯(Thomas Eakins)创作了裸体男子从石头废墟上跳水的画作,以唤起人们对游泳、裸体与古典之间联系的联想。[60]伦敦的男同性恋者常在游泳池相会,多是陪伴对方游泳[61];但是在如今的澳大利亚,恐同的冲浪者会将所有男性游泳者视为同性恋,并出言讥讽;而在美国,异性恋男性可能会因穿泳衣暴露身体而担忧。[62]这种恐同心理令许多男性对游泳产生了抵触情绪。在欧洲人及其后裔群体中,游泳的性别化被欣然接受,并且泳池被视为约会场所,他们因此开始排斥白人女性与肤色较深的男性共享水域或海滩。根据19世纪末南非的种族观念,男女混浴的流行导致了海滩的种族隔离。[63]

1901年的北非地区,种族隔离取代了性别隔离。[64]1913年,圣路易斯开放了首个男女混合的游泳池,此举加速了美国的种族隔离。[65]在全球范围内,海滩隔离以及游泳俱乐部隔离,都被认为是必要措施,旨在"维护公众的利益和道德"。[66]可悲的是,白人女性主义者在为自己争取进入游泳池的权利的过程中，却表现出把黑人男女从水中赶出去的迫切愿望，并带有种族主义倾向地称其为"黑脸暴徒"。即使在今天，澳大利亚白人群体仍然把性和游泳联系在一起，迫使移民离开他们的海滩。2005年12月，大约5000名澳大利亚白人在悉尼附近的海滩袭击了具有"中东外貌"的人群，理由是他们"'冒犯了'我们的女性"。[67]

游泳、性别和种族之间的古老联系，至今仍阻碍着许多人参与游泳活动。

水与危险

自青铜时代以来，游泳似乎一直都存在潜在危险。在古人的观念里，水和游泳固有的危险使得许多非游泳文化背景的管理者采取了将池塘和河流划为禁区的策略，来应对溺水和污染的现实威胁，而非进行水域清理。例如，英国的游泳者曾表达对公共水域私有化的不满。种族主义立法迫使原住民游泳者离开优质海滩和公共游泳池，而曾经可以自由游泳的河流已被水电站大坝、防洪设施或污染所阻断。在布宜诺斯艾利斯，拉普拉塔河的河岸曾是人们游泳和日光浴的热门地点，如今已被正式改造成钢筋混凝土码头，禁止游泳者进入。俄勒冈州波特兰市附近的哥伦比亚河和威拉米特河沿岸，从19世纪60年代开始也进行了类似的改造。三十年前，中国台北有个老人回忆说："我年轻时，经常在淡水河里游泳。河水清澈见底，尤其在涨潮时，潜入水中能看到色彩鲜艳的鱼群。"可如今由于污染，在河中游泳已"完全不可能"。其他许多深受当地游泳者喜爱的地方也是如此。[68]

游泳者不得不转向不太理想的游泳场所，如废弃的采石场、小溪和池塘，或人迹罕至的海滩。[69]其中一些地方存在潜在的危险，如可能会被水母蜇伤或遭遇水下暗流，而其他地方则污染严重。菲利斯·阿诺德（Phyllis Arnold）回忆20世纪初的英国伯明翰，"许多当地的年轻人都会在星期天去运河游泳，经常听到那些得知自己的孩子溺水身亡的母亲发出的哀号"。1980年，根据欧盟标准，英国还没有适合游泳的内陆水域，不过此后部分水域有所改善。在世界范围内，非旅游景点的海滩经常充斥着污水和工厂排放物，或被用作非正式的垃圾场。[70]正如米斯特里的印度叙述者所说：

> 我家离孟买的乔帕蒂海滩走路只要五分钟。在这片海滩被垃圾污染之前，它曾是孟买最美的海滩之一……罪魁祸首是钱，钱总是不够花，这让私人游泳俱乐部遥不可及；乔帕蒂海滩那原本湛蓝的海水，如今因垃圾变得灰暗浑浊，脏得根本没法游泳。妈妈偶尔会鼓起勇气，尝试去海滩教我游泳，但我们在水中只能待几分钟。不多久就会有什么东西漂到我们的小腿、大腿或腰上——取决于我们待在什么深度，这让我们感到厌恶，恨不得立刻飞回沙滩。[71]

在缺乏游泳传统的文化背景下，当局经常对人们的游泳活动加以限制，这就导致"禁止游泳"告示牌数量激增——就像诺曼·洛克威尔（Norman Rockwell）于1921年绘制的那幅画所描绘的。[72]许多游泳场所都存在安全隐患，"几乎每年夏天"都会有几个非洲裔美国儿童在南卡罗来纳州查尔斯顿的马洞（Horse Hole）溺水。这种危险还成为种族主义漫画嘲弄的对象，比如"鳄鱼诱饵"主题，描绘的就是年轻的非裔美国儿童在小溪或池塘游泳时遭到鳄鱼袭击的情形。"鳄鱼诱饵"主题的瓷器小像、笔筒、T恤和开瓶器等商品在19世纪末开始出现在市场上，至今仍在销售。儿童溺水或因非法游泳被捕，以及父母因让孩子游泳而被指控疏于照顾等多重风险，迫使非裔美国父母告诫孩子不要游泳。[73]

像古代和中世纪一样，人们往往会在原本没有危险或危险程度远低于游泳乐趣的地方想象出危险。到19世纪晚期，游泳者已不再害怕美人鱼或海怪，转而开始担心抽筋、鲨鱼和离岸流。就连游泳的支持者也开始提及"水是生命之源，也是夺命之物"。瑞典游泳者视游泳为"一种人寿保险"，更多是出于安全考虑而非娱乐目的。德国报纸警告说，在炎热的天气跳进冷水、独自游泳或游泳时注意力不集中都是危险的，而美国的流行文章则报道了一个男子因在冷水中游泳导致心脏病发作的故事。日本游泳者也提醒人们注意在冷水中游泳的风险。[74]从日本到苏格兰，浅肤色人群以及他们在世界各地的后代，因为担心晒黑，越来越不愿意在海滩或游泳池裸露皮肤。这既可能是出于对皮肤癌的恐惧，也可能是迫于社会压力，希望自己的肤色尽可能白皙。出于安全考虑，许多现代游泳池都建得较浅，无法提供畅游的体验：日本学校的游泳池，中国的大部分游泳池以及美国许多城市的公共游泳池，水深通常都只有约一米。孩子们明白，在游累的时候，只

要站起身就可以。而成年人只会在水中消暑,并不游泳。(图81)

将防止溺水作为教孩子游泳的主要目的,这让游泳看起来像是一件苦差事,而非有趣的社交活动。20世纪30年代的游泳教材强调,"游泳教学专业课程的发展催生了对该领域科学教材的需求",包括"机械学、生理学、心理学和社会学"等方面的知识。[75]那些旨在通过确保每个人都能够科学地掌握游泳技能来防止溺水的政策,让人们误以为"游泳是人小时候必须学会的事情,长大后可以尽早放弃"。出于善意,欧洲当局鼓励来自没有游泳传统的巴基斯坦和印度的移民儿童学习游泳,以便他们融入当地社会。尽管一个从巴基斯坦移民到曼彻斯特附近小镇的孩子明确表示自己"讨厌冷水和游泳",但当他能"游一段距离"时,他的老师和同学也都会为他欢呼。在伯明翰南部,一个移民社区的小学每周会组织孩子到当地的公共游泳池游泳,他们同样讨厌冷水。[76]同样,在塞内加尔的法属殖民地,以及苏丹和印度的英属殖民地,殖民学校也会教当地儿童游泳。[77]不过这些孩子视这种课程为折磨,成年后自然不会继续游泳,更何况他们在优质海滩上根本就不受欢迎。

对于家庭经济条件相对较好的白人儿童而言,游泳时必须有父母监督的要求,尽管能保证他们的生命安全,却也大大剥夺了游泳的乐趣。如今,在得克萨斯州休斯敦,泳池要求所有10岁以下的儿童入水时身边必须有一个成年人。他们还禁止背着儿童游泳,在水中翻筋斗或"任何形式的戏水"。跳板,尤其是高台跳板,也已从大多数游泳池拆除。以安全之名,地方政府对游泳施加了各种规则和监督,这也使得游泳变得枯燥乏味。相比之下，其他运动项目，即使是面向儿童的，也可以接受更高程度的风险，比如足球、高山滑雪、骑马、攀岩等。但游泳不行。几乎所有游泳书籍在列出游泳的优点之前都会再三强调，"游泳是危险的""游泳是危险的""游泳是危险的"。[78]

无论对原住民还是没有游泳传统的殖民主义者，游泳都已被束缚在预设的恐惧和法规之中，人们再也无法通过游泳获得冒险的刺激和乐趣。

游泳和种族

游泳曾是文化或种族差异的标志，这种观点可以追溯到青铜时代。在青铜时代，游泳是非洲人和东南亚人会进行的活动，而北方民族则不会。在近代早期，殖民者利用游泳种族化的认知，为他们殖民并奴役南半球和整个北美原住民的行为辩护。直到20世纪，殖民者还在强迫原住民游泳者从事珍珠采集、海绵采集、摆渡等危险又低薪的工作。"黑奴诱拐"（blackbirding）一词，特指强迫澳大利亚原住民从事潜水工作的行为，反映了这一行业的本质。[79] 类似地，苏丹和埃及的纤夫也在尼罗河上拖着美国游客的船只逆流而上，他们的部分收入是美国人扔入水中的硬币，需要靠潜水取回。在印度尼西亚，当地儿童也会在港口潜入水中寻找硬币。不过，印度尼西亚的父母会刻意让肤色较浅的孩子远离水，以此明确他们的种族特权。[80]

但是，近代早期这种将游泳视为奴隶活动因而予以排斥的观念，与希腊罗马的文化复兴正面相逢。希腊罗马的文化复兴使欧洲贵族认识到，游泳是上层阶级文明的标志。他们了解到，恺撒是个游泳好手；自由的希腊人会游泳，而波斯人不会；柏拉图曾将游泳与阅读相提并论。尽管近代早期的观点不时浮现，但19世纪将游泳作为权力象征的做法，在很大程度上已经取得了胜利。到19世纪60年代末和70年代，英国游泳者声称"没有任何外国人——无论文明与否——在水中的成就可以超过英国人"，而且"我所认识的黑人中，也没有谁的水平接近一流的英国游泳运动员"。[81] 自2000年以来，有作家坚称19世纪的英国是"世界领先的游泳国家"，另一位则声称"是英国将竞技游泳变成一项运动"。[82]

一旦欧洲人和殖民者将游泳与文明、文化、殖民主义和权力联系起来，他们便认为自己完全不可能与他们殖民和奴役的人一起游泳。他们构建了一个以沙滩和游泳"白人化"为核心的旅游业。宣传海滨度假胜地的海报上只有白人，而且大都金发碧眼。海滨度假小镇成为高度种族化的场所，在这里，白人可以"逃离"城市日常生活中复杂的多元文化。[83] 从加勒比海地区到东南亚，白人度假者要求度假胜地满足他们对白人天堂的幻想：所有的白人都富有，所有的黑人都是《乱世佳人》中奴隶似的"友好、高效、低调"的仆人。如果生活在度假胜地附近的有色人种原住民想游泳，他们就只能去偏远、条件差且充满危险的海滩。[84] 正因如此，第二次世界大战后，夏威夷冲浪者的海滩被开发商收购，建造了旅游酒店。1959年夏威夷成为美国新的一个州时，夏威夷人几乎完全被赶离海边。哪怕在那些并不优质的海滩，比如海水比较冷的不宜游泳的纳米比亚海滩，德国殖民者也向白人度假者推广,将白人描述成"享受舒适生活,拥抱休闲时光"的唯一合法者。[85]如今,在度假胜地,游泳者依旧以白人为主,深肤色的多是服务人员,而"多为中老年"的英国游泳者,通常假定他们是白人。[86]

北非人试图融入这个享有特权的游泳者群体。然而,欧洲殖民者因北非人(包括埃及人)皮肤黝黑而将他们边缘化,禁止他们进入自己的海滩。在20世纪40年代的阿尔及利亚,法国人和阿尔及利亚人使用的海滩是完全分开的。在阿尔及尔郊外的海滩上,"每个人都知道"法国人坐在哪里,阿尔及利亚人坐在哪里。摩洛哥国王穆罕默德五世试图通过培养女儿及其同伴掌握欧洲人的技能(包括游泳)来获得进入欧洲特权阶级的机会,但未能如愿。[87]在突尼斯,欧洲的性旅游迫使政府将突尼斯游泳者与游客分开,把最佳海滩留给能带来收入的游客。从巴西到北非再到南太平洋,如今最好的海滩上,只有卖软饮和防晒霜的小贩是深色皮肤。[88]

在人们对游泳丧失兴趣的过程中,最引人注目的原因是它的传统性。自冰期以来,非游泳者解释他们不愿下水的原因一直是老生常谈。游泳再次被描述成危险的活动,即使当前所说的危险指向无人监护的孩童、在水中嬉闹和跳水板。游泳也再次遭遇性别化问题,如今对同性恋者和跨性别者的恐惧情绪比过去更为强烈,性别歧视与种族主义的联系也更为紧密。种族主义如今以生

理和基因的主张更加清晰地显现，尽管它本质上与早期将游泳视为外国人专属活动的观念相同，更多地是一种社会虚构和文化建构。此外，尽管我们不再公开谈论对触怒神明的恐惧，但我们仍然试图阻止他人在泳池戏水或小便。

第22章

在水一方

尽管欧洲人和欧洲后裔对游泳的兴趣日趋减弱，但他们仍然保持着与海滩别墅、泳池会员和权力之间的密切联系。在广告、电视节目和电影中，游泳活动仍然代表着成功。因此，那些被他们边缘化的群体一直在努力争取进入这些象征财富和特权的堡垒。有些人试图变"白"，以期被接纳进入白人专用的场所；还有人利用法律途径来消除泳池和海滩的种族隔离。一些具有经济实力的人已经拥有了自己的私人泳池或海滩度假村，他们中的一部分甚至开始歧视起那些经济条件一般的群体。虽然很少有人真正跳进游泳池，但获得游泳池的使用权仍然是明确文化身份的重要手段。

在日本

19世纪，欧洲人试图将游泳运动纳入他们的文化范畴，并开始边缘化东亚及原住民游泳者。然而，一些东亚人成功重回泳池。

在日本，人们已经热衷游泳近五个世纪。（图80）随着蒙古人和满人征服中国和朝鲜，游泳成为日本展示其独立于中亚统治、维护独立自主的一种方式。[1] 18世纪，日本人仍在游泳，甚至至少在使用五种不同的泳姿。1810年，日本幕府将军组织了一场为期三天的游泳比赛，有五十名选手参加。太田舍藏编撰了一本规范日本泳姿的手册。到19世纪末，日本学校开始将游泳纳入体育课程，而从1903年开始，东京所有学校的教师都必须会游泳。[2] 与英国一样，日本也强调在水中的优雅和从容[3]，而且，日本人游泳的科学性一点儿也不比欧洲差。

19世纪末，当第一批现代欧洲游客来到日本时，看到更多的是当地游泳者。他们嘲笑日本的泳姿"像棕色的大青蛙在水中扑腾"，并向水中投掷硬币让日本游泳者捡拾。从美国的加利福尼亚到加拿大，移居北美的日本人发现自己被禁止进入游泳池和海滩："有色人种禁止入内。"[4] 为了重塑自身的文明人形象，而非被殖民者，日本游泳者会模仿欧亚上流社会的游泳礼仪。他们穿着最新款的欧洲泳衣，遵从海滩上的男女隔离。而且，传统上并不游泳的日本女性也开始学习游泳。[5]（图99）到20世纪初，日本的游泳俱乐部开始像欧洲和美国那样建造公共游泳池，并且和英国一样，他们强调自己"自古以来"就会游泳。他们声称，"对日本人而言，游泳就像走路一样自然，因为日本四面环海"。[6]

起初，日本游泳者技术精湛的说法是令人信服的。日本传统的上手式游泳，如拔手泳（*Nukite*, 两臂轮换出水游泳法）比当时欧洲使用的泳姿更有速度优势。1898年，日本游泳运动员在横滨举行的第一届国际游泳比赛中夺冠,并在整个20世纪早期蝉联这项赛事的冠军,无疑足以证实这一点。游泳逐渐成为日本人能够击败欧洲人的证明,也因此,游泳在日本的受欢迎程度与日俱增。[7]然而,1920年奥运会,夏威夷选手杜克·卡哈纳莫库(Duke Kahanamoku)展现的现代自由泳技术主导了比赛,导致日本在那一年没有获得任何游泳项目的奖牌。20世纪20年代,一如世界各地的游泳运动员,日本游泳选手也开始采用侧呼吸的自由泳泳姿。20世纪30年代,日本游泳者成功将本土泳姿的元素融入新的泳姿,使得日本在自由泳和蛙泳项目上重新获得了世界级的竞争力,但此后,他们也不怎么使用本土的传统泳姿了。[8]

如今,大多数日本学校都有浅水泳池,且大多数学生都要学习游泳。理论上,会游泳是从日本高中毕业的必备条件。然而,曾经在日本教授的那些游泳技巧如今几乎失传。[9]日本父母现在

图99 穿着欧洲风格泳衣的日本女人。歌川国政《大矶游泳》,三联浮世绘木版画,"富士远望"系列,1893年

给孩子报名游泳课的主要原因,已经是这项运动"可以救命",或者认为它可能有助于缓解哮喘症状。大多数日本游泳者不再冒险游出超过自己能力的水深。此外,皮肤白皙成为成年人的追求,为避免晒到太阳,他们躲入水中,溺水率也随之升高。[10] 日本人现在已经被美国游泳池接纳,但他们的游泳水平早已不如三个世纪前了。

仍不游泳

朝鲜半岛和印度的游泳状况反映了19世纪后期人们对游泳的复杂态度。在长达三千年的历史中,朝鲜人和印度人一直是欧亚大陆非游泳文化圈的一部分,游泳在这两个地区并不普及。然而,随着欧洲人进行种族区分,朝鲜人和印度人成为被殖民者,甚至被视为天生的游泳者。在日本,生活着许多朝鲜移民和劳工,因为他们不会游泳,经常被日本游泳者看不起。日本在开放游泳池并规范游泳活动时,也将朝鲜人排除在外。[11] 日本人通过游泳展现出其文明、强大及与西方接轨的形象,与他们受压迫、不会游泳的中国和朝鲜邻居形成鲜明对比。[12] 即使在20世纪80年代,在日本长大的朝鲜人也不常游泳。[13]

在印度情况也是如此,至少从公元前1500年颜那亚人定居印度以来,他们就没怎么下过水。现代印度人也不太游泳。英国殖民者不允许印度人使用游泳池和海滩,还因其不会游泳而嘲笑他们懒惰无知。吉卜林的《吉姆》一书中,喇嘛掉入他一直在寻找的圣河,差点溺水。如今,依然只有少数印度人会游泳,他们甚至认为自己不会游泳是因生理原因。[14] 因此，作为欧亚大陆非游泳文化的一部分，即使在欧洲人学会游泳后，朝鲜人和印度人也仍然没有学会——更有权势的群体将他们阻挡在泳池之外。

被迫离开

在北美，种族主义也使许多有色人种族群无法学习游泳，海滩度假胜地和游泳池也被严格隔离。富裕的非裔美国人试图开辟自己的海滩度假村时，遭到了美国白人的暴力抵制，白人甚至将出现在沙滩上的黑人视为闯入者。他们的海滩俱乐部被烧毁，土地也被加利福尼亚州以"公共征收权"为由收回。白人开发商将非裔美国人描述为"海湾地区的威胁"，而白人房地产经纪人也拒绝向黑人出售海滨别墅。[15]

美国白人以种族主义为借口，将自身的游泳行为描述为道德优越性的体现，并以此证明其合理性。正如英国人在印度做的那样，许多美国白人坚持认为造成非裔美国人贫穷的原因是他们懒惰、不务正业。当非裔美国人试图进入海滩或游泳场所时，白人会傲慢训斥，声称黑人如果不努力工作就别指望出人头地。[16]

到20世纪中期，美国白人和欧洲人甚至"错误"地声称，从生理和基因上来说，非裔美国人就不能游泳。这颠覆了先前的说法，即基因有助于非洲人和夏威夷人游泳。根据19世纪美国旅行者的记载，苏丹男女甚至可以在"哪怕软木制成的人都必死无疑"的极危险的情况下游泳。据说夏威夷的奥运游泳选手卡哈纳莫库"天生"就会游泳，他的"历代祖先都是游泳好手"，他的脚"形状如桨"。报纸写道:"面对这条海中长大的'人鱼',没有哪个白人会有胜算。"直到1927年,还有美国旅行者认为,塞拉利昂人游泳的方式是白人永远无法效仿的,因为白人"不是天生如此"。[17]

但在20世纪五六十年代,新的科学研究(研究者是人类行为学专家)推翻了这一观点,认为非裔美国人就不擅长游泳。研究表明,黑人运动员的平均体脂率比白人运动员低,导致他们在水中的浮力较小,因此在游泳竞技中没有什么优势。尽管这一理论完全错误,但许多白人还是认为它很有说服力。白人"专家"在各种场合宣扬这一理论,诸如电视、学术期刊、体育书籍等,甚至在2012年,仍有此类观点流传。[18]研究者还提出了一些其他观点,如认为黑人不擅长游泳是因为"水会封闭他们的毛孔,导致二氧化碳无法排出,容易疲劳",或者因为黑人的骨密度比白人高。[19]这些观点无疑都缺乏理论依据。在人类历史的大部分时间里,相较于欧洲人,非洲人的游泳能力一直都好得多;在过去的一个世纪,非裔美国人至少赢得了五枚奥运会游泳奖牌。[20]白人获得的奖牌数量更多,但与基因无关,而是与种族主义有很大关系。

基于对游泳的古老恐惧,美国白人坚持在游泳池进行种族隔离,其激烈程度超过了以往。当法院勒令取消游泳池的种族隔离时,美国城市采取了各种手段来规避泳池混用,包括把游泳池和海滩卖给私人(白人)组织,直接关张,或者用混凝土填平。[21]数以千计的白人暴徒殴打黑人,只因这些黑人试图在名义上属于公众的游泳池游泳。

（20世纪50年代）如果非裔美国人尝试前往密西西比州比洛克西地区享受海滩，他们通常会遭到高速公路对面的白人暴徒或业主的言语侮辱、骚扰、唾骂、踢打或驱逐。执法人员往往只会袖手旁观，无所作为。更有甚者，执法人员还会亲自下场将黑人赶离。1959年，一名在非裔天主教学校教书的白人修女带着学生前往格尔夫波特的海滩开展教学活动，才一踩上海滩，就遭到了当地警方的驱逐。[22]

这种情绪比午餐柜台和火车上的种族隔离要强烈得多。1962年，一个美国白人抱怨说，除了游泳池，他可以容忍任何地方的种族融合。美国白人专门利用游泳池来建立和维持种族差异。1964年，在佛罗里达州的一家汽车旅馆，当非裔美国人试图跳入游泳池以挑战种族隔离时，旅馆经理采取了极端措施，往游泳池中倒入盐酸。1977年8月，白人游客与一群非裔青少年发生冲突，在联邦调查局和当地警察的帮助下，非裔青少年被赶离波士顿的卡森海滩。[23] 1965年，在澳大利亚原住民试图打破矿泉浴场的种族隔离时，冲出一群白人"向他们扔鸡蛋和西红柿，一些学生被打倒在地"。即使在最近几年，生活在欧洲各国、澳大利亚和美国的有色人种在去游泳池或海滩时，还要遭受来自白人男女的带有种族侮辱的称呼，甚至攻击。[24]

有些白人不仅拒绝与有色人种一起游泳，他们还坚持认为有色人种根本不应该游泳，游泳是只属于白人的活动。当城市被迫为非裔美国人提供海滩或游泳池时，市政人员会尽可能把他们安排到条件最差的地方。例如，1925年的芝加哥，非裔美国游泳运动员抱怨说，指定给他们用的海滩"没有浴室或淋浴间"，而且鼠患严重。随着白人迁往郊区，美国城市的游泳池数量开始减少，城市的高中也不再设有游泳池。20世纪60年代建造的城市公共游泳池空间狭小，形似混凝土监狱。这些泳池大部分深度只有90厘米，实际上无法开展游泳活动，只能站着晒太阳和戏水。同样，澳大利亚政府也经常忽视澳大利亚原住民居住地附近的游泳池建设。[25]如今，公共泳池免费开放的时间段屈指可数，且往往人满为患，根本无法正常游泳。在19世纪，游泳已经成为一种相对昂贵的活动，因而成为上流社会娱乐或锻炼的方式。

游泳与权力

尽管存在诸多顾虑，但值得注意的是，世界各地最有权势、经济条件优越的人一直在坚持游泳。也许早在埃及古王国时期，游泳就已被视作阶级划分的象征；至铁器时代，它无疑成为阶级标志，将穷人和成长过程中有闲暇学习游泳的人区分开来。正如柏拉图所指出的，游泳一如阅读，需要投入大量时间，而且无法作假。就算赤身裸体，人们依然可以通过口音、读写能力，以及游泳能力来判断一个人是否真正属于上层社会。这种阅读和游泳的关联在20世纪20年代弗吉尼亚·伍尔夫的隐喻中有所体现，并延续到20世纪后期，反映在一位苏联教授20世纪70年代的论述中：列宁对共产主义公共图书馆的支持同样适用于游泳池。

即使像珍妮·兰德雷斯（Jenny Landreth）这样的当代作家也将游泳与阅读相联系："我无法记起自己不会阅读的时光……但我对我不会游泳的时光印象深刻。"[26]

在某些情况下，富裕的欧亚人希望通过游泳来区分贫富，其风气之盛，甚至可能超过泳池中的种族隔离。在新加坡，欧洲殖民者于1894年对海滩设限时，他们不仅排除了新加坡本地人和所有女性，还将贫穷的白人男性拒之门外。在20世纪20年代的塞尔维亚，罗姆人经常被禁止进入公共游泳池，但那些"拥有体面职业和规律生活方式"的富有的罗姆人则被勉强允许进入。[27]1964年，富有的科赫比哈尔邦王公成为加尔各答游泳俱乐部的第一位印度会员。青铜时代将游泳与种族联系在一起，此观点与铁器时代将游泳视为阶级标志的观点大体一致，但当这两种观点冲突时，尴尬的折中方案出现了。

19世纪，游泳与社会阶层之间联系的复兴，与寻求将游泳商业化的探索不谋而合。例如，利物浦有一等、二等和三等游泳池，并相应按泳池等级收取费用。廉价的游泳池往往因为拥挤而很难游泳。走廊和更衣室的复杂布局也将富裕的游泳者与贫穷的游泳者从空间上分隔开来。游泳教练认为"贵族比下层阶级更应该学会游泳"，因为富人会经常旅行，溺水的风险更大；然而，富人付得起高额学费可能也是这种观点形成的因素之一。[28]美国人为富裕的基督教青年会和社区中心配备了游泳池，而贫穷社区则没有。基督教青年会每周允许其他社区的游泳者来游几个小时，那时他们会让来客从侧门进入，这其实就是二等游泳者的标记。[29]

图 71 一名猎鹰手笨拙地游泳追回猎鹰。腓特烈二世《驯鹰狩猎术》中的袖珍画，1258—1266 年

图 72 已知最早的仰泳图。伊本·希尔拉兹的《慈善》，伊朗，约 1330 年

图73 欧洲最早的仰泳图以及蛙泳动作。《贝里公爵的豪华时祷书》中的袖珍画，图为收割作物的人在休息时游泳，1411—1416 年

图 74　利安德在游向爱人希罗时溺水。意大利法扎恩陶瓷盘，约 1525 年

图 75　特立尼达岛附近的阿拉瓦克或加勒比游泳者。《印度自然史》（又称《德雷克手稿》）中的袖珍画，约 1586 年

图 76 双臂伸直游泳的仆人。印度《阿克巴纳玛》插画,巴西万和切塔尔绘,1590—1595 年

图 77 虚构的亚洲某国统治者看他大臣的儿子在泳池中游泳。《哈姆塞－伊阿塔伊》(*Hamse-i Atâyî*)中的袖珍画，Heyrullah Heyri Cavuszade 绘，1721 年

图 78 男孩借助充气胆游泳。彼得·勃鲁盖尔《儿童游戏》局部，木版油画，1560 年

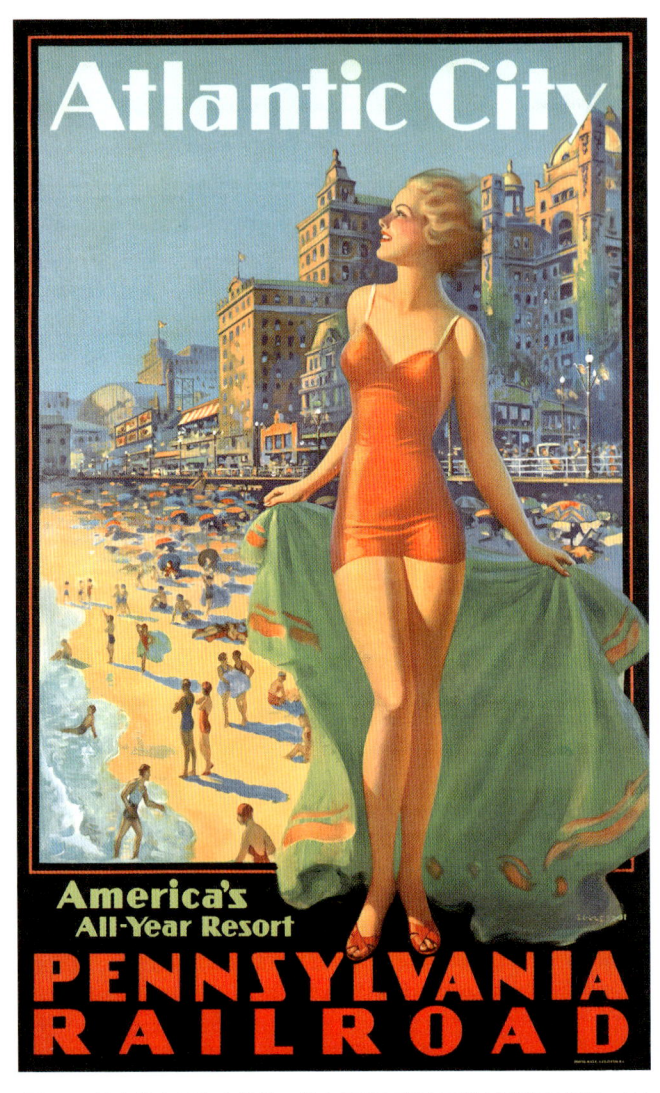

图 79 以金发女郎为主视觉，推广新泽西州大西洋城沙滩度假地。宾夕法尼亚铁路的宣传海报，1936 年

图 80 《游泳的孩子们》。河锅晓斋,《晓斋百画》,木刻版画,1863—1866 年

图81 戏水休闲。广州长隆水上乐园，2014年8月30日

图82 刚果民主共和国难民营的孩子在基钦加附近的卢湖卢河中游泳，2008年

海滩也将富人和穷人分隔开来。在20世纪20年代的英国，廉价的"低端沙滩"意味着肮脏，衣衫褴褛的儿童和"一车车喧闹的旅行者，风尘仆仆，他们在炎热的季节穿着得体的衣服，喝着一壶又一壶的啤酒"。昂贵的"高端沙滩"则号称有"散步长廊、热水沏茶、沐浴帐篷和干净的沙子"。法国通过组织贫困城市的儿童参加海滨夏令营来体现他们对平等的关注，但大多数海滩还是服务于排外的资产阶级。[30]

游泳与财富的联系在商业广告中得到进一步强化。爽身粉被宣传为治疗海滩度假晒伤的良方，肥皂广告则欢乐地展示女孩在海滩上沐浴的画面。克莱斯勒公司的汽车广告以游泳池为背景，百事可乐公司的广告则展示男子在游泳池边喝汽水的画面。[31]游泳运动员安妮特·凯勒曼（Annette Kellerman）也进行游泳推广，表示游泳"适合那些在厨房里汗如雨下或懒洋洋地躺在客厅的女性，以及那些一生中有一半时间坐在办公室椅子上的男性"，但不适合保姆或售票员。[32]杂志将游泳描绘成少数富人的活动，这些人有能力成为乡村俱乐部的会员，或在自家后院建造游泳池，甚至可能购置新车。为了进一步强化阶级差异，大约从1910年开始，即游泳热潮的高峰时期，许多美国大学要求本科生必须学会游泳才能毕业。20世纪40年代，更多大学增设了这一要求。游泳测试名义上是国家军事战备目标的一部分，但美国陆军从未将游泳纳入基础训练；第二次世界大战前，美国海军也未有此要求。尽管很少有大学生会去直接参与前线作战，但无论男女都必须参加大学的游泳测试。显然，这一测试更多出于社会阶级的考虑，而非战争需要。[33]

少数派游泳俱乐部

那些因种族被拒之门外的较富裕的移民群体,建造了属于自己的游泳池或海滨度假村,并尽可能地将其他人排除在外。尽管经常遭到反对,非裔美国人还是购置了海滨房产,建立起自己的游泳俱乐部。1893 年,废奴主义者弗雷德里克·道格拉斯(Frederick Douglass)的儿子查尔斯和儿媳劳拉在马里兰州的高地海滩创建了一个黑人海滨度假村。当时许多黑人富人、名流都前去度假,包括政治活动家哈里特·塔布曼(Harriet Tubman)、歌手保罗·罗伯逊(Paul Robeson)、社会学家 W. E. B. 杜波依斯(W.E.B. Du Bois)、诗人兰斯顿·休斯(Langston Hughes)和保罗·邓巴(Paul Dunbar),以及弗雷德里克·道格拉斯本人。这个度假村很成功,至今招待的客人仍以非裔美国人为主。[34] 而在历史上以黑人为主的霍华德大学——成立于 1867 年(《解放黑人奴隶宣言》发表后五年)——将游泳列为最早的体育活动之一。

在 20 世纪的大部分时间里,很多游泳池都禁止欧美犹太人进入,不过他们往往会建造属于自己的。在 20 世纪前二十年,犹太人被排斥在波兰的游泳俱乐部和布拉格的游泳池之外。1933 年,德国的犹太人被禁止进入游泳池和海滩;1941 年,这一禁令扩展到整个东欧。即使是富裕的犹太人,也被禁止进入美国乡村俱乐部。尽管如此,许多无法在基督教青年会游泳池游泳的犹太人,依然拥有足够的资源和社会力量来为自己建造。纽约的犹太人创办了希伯来女青年协会(YWHA),并在 1916 年建造了第一个属于她们的游泳池。犹太夏令营如雨后春笋般在纽约州北部涌现，许多富裕郊区也配备了带游泳池的犹太乡村俱乐部。[35]旅居新加坡的中国富商也于1909年开始创办自己的海滩俱乐部。而定居美国的华人被禁止进入白人游泳池后，在旧金山建造了自己的基督教青年会游泳池。[36]因此，尽管受到种族主义排斥的现象普遍存在，但许多不同种族和民族背景的富裕人士仍然找到了接触水的方法，并通过游泳获得了较高的社会地位。

这些群体也都将自己遭受的排斥加诸其他群体。定居日本的韩国人强制实行内部阶级和性别的区分。在肯尼亚和乌干达，印度移民通过参与海滩度假和晨泳活动，来彰显他们与欧洲人的亲近，却将非洲原住民排除在外。[37]美国犹太乡村俱乐部的成员几乎全部由德裔犹太人组成，东欧犹太人和地中海地区的西班牙裔犹太人则被排除在外。[38]新加坡华人游泳俱乐部不接纳中国女性或新加坡本地人。中国女性也被禁止进入美国华人基督教青年会的游泳池，她们只能偶尔前往旧金山基督教青年会的主游泳池，还必须走侧门。[39]许多犹太乡村俱乐部都禁止女性游泳。在高地海滩及其他黑人度假胜地，富有的非裔美国人制定了旨在阻止贫穷的黑人游泳者进入的规定。[40]在世界各地，人们都在用游泳巩固自己的社会地位，排斥其他人。

由于贫穷，世界各地许多被排斥的人无法拥有自己的游泳池。20世纪60年代以前，非裔巴西人即便开设了自己的私人运动俱乐部，也因经济问题无法建造游泳池。[41]由于拉丁裔群体被排除在加州和得克萨斯州纳税人资助的游泳池之外，他们同样缺乏资金或者无法获得银行贷款来建造自己的游泳池。游泳池和海滩的管理规定进一步将贫困者排除在外：亚特兰大的公共游泳池不接受现金支付；洛杉矶的公共游泳池要求七岁以下的孩童必须有一名成人陪同，并且需要按要求穿着泳装；罗得岛的许多海滩都是收费的。在欧洲，对于低收入家庭来说，公共游泳池的门票往往过高。因此，在世界范围内，高收入人群更有可能享受游泳这一活动。[42]

游泳的形象

如今，游泳活动已经成为上层阶级展示身份的体现，具体表现为家长让孩子接受游泳课程，而成年人则致力于长距离的游泳锻炼。在美国、澳大利亚和英国等国家，竞技游泳仍然受到国家的重视，主要目的是在奥运会上赢得游泳奖牌。[43]然而，许多人对游泳的需求是可以通过其他简单事物来满足的。尽管大多数美国人表示自己在过去一年内有过"游泳"经历，但大多数人都只是停留在让他们感到安全舒适的浅水区。他们只是在涉水，而非游泳。英国的"野泳者"也承认，他们中的许多人并不是真的喜欢游泳，而是喜欢周围的风景。许多"野泳者"的热情只能支撑他们"跳进水里，游一会儿"而已。[44]即便是这些浅尝辄止的业余爱好者，也在热情地购买游泳装备，如比基尼、游泳圈、泳帽，甚至海滨别墅。他们乐于去海滩度假，即使根本不会游泳；也会购买游泳相关的书籍，即使不会读——伦敦的书店里，往往有专门的书架用来摆放游泳主题的图书。更多的人是"奥运限定"，只是每四年观看一次奥运会游泳比赛。

几个世纪以来，人们对游泳的热情始终与对辉煌过去的怀念有所关联。几乎所有游泳相关的书籍都会提及，恺撒是一名游泳好手，拜伦曾横渡达达尼尔海峡。一些英国游泳者仍然偏好模仿曾经的英雄人物进行裸泳。即使我们对历史的了解有所偏差，过去的影响也依然深远：法国体育专家无视事实，坚称蛙泳是西方的传统泳姿，其历史可以追溯到古代。在蛙泳时，他们声称自己能感受到与古希腊人和古罗马人产生的连接。[45] 如今，游泳已不再被先锋派艺术家或作家用作激进主义的象征，因为它与大英帝国的联系太过紧密。在文学作品和艺术创作中，游泳通常作为一种浪漫的回忆出现，伴随着对逝去的帝国、殖民地和"白人至上"理念的怀念。

尝试变白

为了追求上层社会的地位，许多原住民游泳者摒弃了自己的传统，模仿欧洲上层社会的游泳方式。对大多数人而言，原住民的游泳方式往往与剥削、奴役和苦难紧密相关。原住民游泳者也不喜欢别人把他们与狗、青蛙以及鸭子做对比，故而选择殖民者进行模仿。早在19世纪40年代，澳大利亚原住民游泳者就已经开始模仿英国的蛙泳："原住民无论老少，最初都用自己的方式游泳，我们称之为狗刨式，但有些人很快就习惯了我们的蛙泳。"[46] 在加纳，阿桑特人似乎也开始在他们传统的上手泳姿之余使用蛙泳泳姿。[47] 泰国原住民的游泳活动一直持续到20世纪初，泰国儿童会在自家附近的水中"像鱼一样"游泳。[48] 但随着泰国上层社会接受欧洲人的着装和生活习惯，他们也将优质海滩占为己有。如今，大多数泰国儿童都不会游泳，溺水已成为泰国三到十岁儿童死亡的主要原因。[49]

殖民政府还鼓励原住民采用更欧化的游泳习惯，如穿泳衣、使用游泳池以及采用蛙泳技术。在印度的英国人试图教当地男孩游泳，作为培养他们成为殖民政府官员的一种策略。法国维希政府时期，有人甚至建议在塞内加尔的一所高中建造一个游泳池，作为法国"文明使命"的一部分。20世纪70年代，苏丹的基督教教会学校成立了女子游泳队。[50]20世纪30年代末，女童子军在美国大平原和西南地区为美洲原住民女孩开办夏令营，美国基督教青年会为非裔和亚裔美国男孩开办夏令营。[51]如今，联合国在孟加拉国采用欧式课程教授儿童学习游泳。[52]

在更富有或更具影响力的原住民重新获得接近水的机会后，他们经常像欧亚大陆北部居民一样忐忑不安，战战兢兢，大量使用漂浮装置和人工游泳池。他们会保持头部在水面之上，待在自己感到舒适的浅水区，而且主要是为了监督孩子。他们购置海滨别墅，坐在泳池旁的躺椅上喝鸡尾酒。为维持游泳运动，他们做了大量的工作，大部分集中在推广欧式的游泳，以重拾逝去的权力。他们还为非裔美国儿童建造了游泳池：几代当地黑人儿童都是在霍华德大学的游泳池里学会游泳的。到20世纪50年代中期，南非和津巴布韦的黑人开始组织地区性的游泳比赛。[53]1966年，这些代表黑人游泳的区域性组织联合起来，成立了南非业余游泳联合会。活动家们也一直在为原住民使用公共游泳池的权利而斗争。1931年，新加坡当地居民终于拥有了第一个属于自己的公共游泳池。在20世纪三四十年代，美国有色人种协进会和其他组织为获得在公共游泳池游泳的权利，向地方政府提起了诉讼。1969年，纳瓦霍的活动家要求拥有自己的游泳池。[54] 巴西抗议者拯救了胡里奥·德拉马雷水上公园。在秘鲁首都利马，最近的公共工程项目是为较贫穷的社区建造公共游泳池。[55] 一些原住民游泳者也在模仿中国，将游泳作为革命的隐喻。在越南，"如鳄鱼般可怕"的革命者将"在无边无际的汪洋中自由畅游"。[56] 在阿尔及利亚，民族主义者被比喻为在普通民众的"水"里游动的"鱼"。在塞拉利昂，一位活动家的传记被命名为《逆流而上》。[57]

但在巴西、秘鲁、美国和其他地方，这些公共游泳池大多条件恶劣，而且数量不足。即使人们能平等地使用游泳池和海滩（这是一个尚未实现的梦想），也不意味着原住民能像18世纪那样游泳。相反，他们已经学会了像不会游泳的人那样游泳——当然，这是比喻意义上的。

游泳传统

在全球化的背景下，世界上仍有一些地区相对独立，且与世隔绝，因而保留着传统的游泳方式，比如非洲中部的纳瓦霍人聚集地，印度南部的农村，印度尼西亚和夏威夷，其居民的游泳姿势一直未曾改变。[58] 游泳已经融入了他们的日常生活。在印度南部，"妇女会在河中浆洗衣物，带着儿童洗澡，而男孩则在河里游泳"。20世纪40年代的贝宁，游泳是孩子们从河中打水的必需流程。印度尼西亚巴瑶族的孩子在学会走路之前就已学会游泳——两三岁的孩童能够"轻松潜水"。[59] 对尼日利亚伊博人而言，游泳（上手爬泳）是一项"常规技能"，游泳者"在水中和在岸上一样轻松"，即使面对洪流也"全无畏惧"。对他们而言，游泳常与划独木舟或冲浪相结合，具有明显的社交属性。[60]

游泳可能会被纳入传统节日，如在尼日利亚和肯尼亚；或具有精神意义，如在夏威夷。[61] 在中非的部分地区，男孩女孩一起游泳，他们在水中捉迷藏，还会进行竞速、跳水、潜泳等游戏，"在水中游刃有余，游上几个小时都毫不倦怠"。（图82）孩子们还比赛收集过往船只掉落的空瓶子和罐头，而成年人游泳常是为了捉鱼售卖。[62] 原住民游泳者经常潜入水底，就像摩洛哥乡村儿童为帮助来访的研究小组收集贻贝所做的那样。[63]

在这些地区，游泳是一种常见的社交活动。英国游泳者将游泳视为"一种将人带离日常世界的方式"，但对于传统的原住民游泳者来说，水上活动是他们日常生活的一部分，是社交也是娱乐，是文化庆典也是工作。可以说，游泳填满了他们的人生。[64]

但即使是这些保留下来的代表原住民游泳的边区村落，也可能在下个世纪因城市开发和殖民化而消失。旅游业正在向之前从未被开发的非洲海滩蔓延。度假酒店和海滨别墅正在占据埃塞俄比亚的兰加诺湖。随着索马里内战的结束，当地的企业家开始为迎合欧美游客建造豪华海滨酒店。在厄立特里亚，大多数未被污染的海滩如今主要面向欧洲游客，当地人就像在北非和巴西一样，只能在海滩上售卖贝壳项链。[65] 在国际货币基金组织的压力下，几内亚等西非国家也在努力开发海滩，以吸引欧洲游客。[66]

第22章 在水一方

2000年，意味着欧亚大陆的北方居民从末次冰期走出并忘记如何游泳的第十一个千年结束。这么多年里，他们学会游泳，然后遗忘；再次学会，如今他们又将遗忘。在这段时间里，他们并没有完全适应水。不仅如此，欧亚大陆北方的非游泳者还把他们对水的恐惧传播到了世界各地，导致今天的非洲人、东南亚人和美洲原住民比欧洲人还不谙水性。世界各地的游泳池都在关闭。海滩上满是晒日光浴者和戏水者，海洋里空空如也。严厉的父母会尽职尽责地带孩子上几堂象征性的游泳课，游泳仍然为社会精英所青睐，海边别墅依旧是一种重要的财富象征，但19世纪的游泳热潮已经基本消退。欧亚大陆北方非游泳者的后裔正在重新回到其不游泳的生活状态，并且似乎已经成功地将这一理念传遍全世界。

后　记

我们对过去知之甚少，而很多我们自以为了解的事情也是错误的。我们通常认为，从古至今，人类的各个方面都在向着好的方向发展，特别是游泳方面，一直在进步，虽然在中世纪经历了短暂的危机，但在文艺复兴时期很快就得到了弥补。然而，这种推定毫无根据。变化并不总是朝着好的方向发展，罗马的衰落并不意味着人们忘记了如何游泳。相反，从尼安德特人开始，各大洲的人都是游泳好手，他们使用上手交替划水的泳姿，会潜水，并且享受水中的乐趣。他们在水中快乐嬉戏，却被末次冰期打断，也是那时，北方人忘记了如何游泳。冰期结束后，这些北方人意识到其他人仍会游泳，为了使这种文化差异合理化并得到认可，他们将游泳与危险和邪恶联系起来。然而，从青铜时代晚期开始，一直到罗马帝国衰落，这些北方非游泳者又慢慢开始学习游泳。在中世纪晚期，阻止他们游泳的不是罗马帝国的衰落，而是突厥人和蒙古人的崛起。欧洲人在文艺复兴时期并未重拾游泳——那是将女性投入水中进行漂浮测试的时代。直到18世纪末，他们才重新学习游泳，但很快又失去了兴趣。

我们也没有理由认为中亚一直是文化落后的地区，只接受新思想，不产生新思想。也许正是10世纪初中亚势力的大规模扩张——突厥人和蒙古人的征服行动——对周边产生了深远影响，使得附近的人不再游泳。像萨拉丁、阿尔普·阿尔斯兰和成吉思汗这样的中亚人是赢家。中亚人主导了当时的新技术：地毯、弦乐器、酸奶、钢铁、棉花、糖；他们使用复合弓，喜欢摔跤、举重，但不游泳。到了1400年，就连被他们征服的中国中原人和西亚人也不再游泳。即使在欧洲，游泳也显得怪异、可疑，甚至可能带有超自然色彩。欧洲人采用了中亚人用来测试巫术的方法。欧洲仅存的游泳者只会使用狗刨式或蛙泳。受中亚的影响，爬泳和潜水等游泳方式逐渐消失。

许多关于游泳的文献资料表明，历史上女性参与游泳活动的人数比男性少，但实际上，女性一直都会游泳。除了各个国家、各个时代有关女性游泳的绘画形象，文学作品中也经常描述女性游泳。尽管在特定历史时期和地域，女性游泳活动受到限制。例如，在英属印度时期，女性是禁止进入英国游泳俱乐部的。在现代东非、西亚和欧洲地区，伊斯兰教关于女性的要求在某些情况下也限制了女性参与游泳。在美国，由于对非裔美国女性头发的固有偏见，许多有色人种女性被阻挡在游泳池之外。但总体而言，世界各地的女性都是游泳运动的积极参与者。在青铜时代和古典时代，女性便已参与游泳，一直游到欧洲维多利亚游泳复兴时期，游到今天——时至今日，在大多数国家，女性游泳人数仍然多于男性。

而且，游泳和权力之间的密切关系往往被忽视。游泳有助于建立和维持等级制度，因为有些海滩和河岸天然更优质，拥有更多权力的人能够把这些优质海滩占为己有，强迫其他人去劣质海滩，那些海滩甚至无法安全游泳。较晚接触游泳的欧亚人将游泳作为上层社会地位的标志，而如今，游泳在很大程度上依然是上层社会的专属，它是奴隶主、殖民者和"白人至上"主义者的身份象征。尽管游泳就像阅读晦涩的文学作品、骑马、航海或滑雪一样，能够表明一个人成长的环境，但游得好从来都不如能够使用优质的海滩重要。

颇具争议的是，人们普遍认为，游泳技能是欧洲人带往全球各个殖民地的，他们从世界各地的原住民那里一无所获。欧洲人的确将新的航海技术和枪炮带去了殖民地，但他们所到之处的所有原住民都比他们更擅长游泳。15世纪末，欧洲人对他们在西非遇到的塞内加尔人的游泳技术惊叹不已；16世纪初，他们又对切罗基人和巴拿马人的游泳能力感到着迷。19世纪，欧洲人从曼丹人、澳大利亚原住民和阿根廷人那里学会了爬泳。现代竞技游泳使用的泳姿实际上正是源自原住民游泳者。

当欧洲人发现有色人种在游泳方面胜过大多数白人时，他们最初将原住民比作动物——因为原住民能够像动物一样游泳。这种观点还被用作奴役非洲人和美洲原住民的借口。后来，欧洲人开始学习游泳时，又把黑人和原住民从水中驱逐，因为他们不愿和"劣等种族"一起游泳。白人很快就自诩为文明人——因为会游泳，并得出荒谬的结论，说黑人不会游泳是因为他们身体的浮力不够——时至今日，仍有许多人相信这一观点。我们的观念往往是对我们希望证实的事物，抑或我们认为正常的事物的一种合理化解释。

基于此，我必须承认，本书中的许多观点亦可能遭遇相同的命运，百年之后会被新的理论所取代。但我已竭尽所能，展示了欧亚大陆北部居民并非"历史默认进程"中的正常人，而是将自己的特殊性强加给世界各地游泳者的异类。就游泳而言，去殖民化意味着放弃游泳与权力之间的文化联系。这使得剩下的原住民游泳者可以继续游泳，或者重新开始游泳。他们可以在优质的海滨自由畅游。即使保守的欧亚北方非游泳者，也可能会选择效仿他们。游泳有望回归其历史上对大多数人而言的本真状态，成为一项具有普及性、社交性的娱乐活动。

游泳历史年表

约 14 万年前	居住在南非布隆伯斯洞穴的早期人类下水捕鱼
约 10 万年前	欧洲的尼安德特人潜水捕捞贝类
约公元前 2900 年	埃及象形文字中出现游泳动作
约公元前 2000 年	颜那亚人将对水的恐惧传播到印度南部
公元前 1274 年	赫梯人开始学习游泳
约公元前 860 年	亚述人利用充气山羊皮渡水
公元前 8 世纪	《荷马史诗》中奥德修斯游泳自救
公元前 6 世纪	中国南方出土文物上的人类潜水图像
约公元前 5 世纪	中美洲玛雅浮雕上有关潜水的描绘
约公元前 4 世纪	南非爬泳动作石雕
约 500 年	墨西哥特奥蒂瓦坎的一幅壁画中出现爬泳
11 世纪	中国宋代的水秋千
1153 年	基辅针对女性的巫术审判
13 世纪 50 年代	中国南方的弄潮活动
13 世纪 60 年代	欧洲文艺作品中出现蛙泳的最早证据
14 世纪	伊朗出现最早的仰泳证据
1375 年	欧洲人"对爬泳最后的记忆"
15 世纪	厄瓜多尔金耳环上出现潜水者

1415 年	欧洲艺术中首次出现蛙泳和仰泳的图像
约 1500 年	达·芬奇设计出游泳辅助装置
1538 年	第一部拉丁文游泳手册出版
1571 年	剑桥大学禁止游泳
1584 年	针对巫术的水审传入德国
1590 年	印度画作中出现蛙泳
1603 年	日本开始举办游泳比赛
1695 年	中国西藏地区开始举办游泳比赛
18 世纪	欧洲人在西非和夏威夷看到冲浪
1733 年	美洲原住民教殖民者上手爬泳
约 1736 年	英国开始使用沐浴车
19 世纪	第一部日文游泳手册出版
1810 年	拜伦勋爵横渡赫勒斯滂海峡
1849 年	伦敦第一个公共游泳池开放
1864 年	英国最后一次正式针对巫术的水审
约 1888 年	南非出现首个按种族进行隔离的海滩
1896 年	首届现代夏季奥林匹克运动会在雅典举行，游泳被列为正式比赛项目
1933 年	游泳比赛中首次有运动员使用蝶泳泳姿
1948 年	首届国际残疾人运动会（即斯托克·曼德维尔运动会，残疾人奥林匹克运动会的前身）举办
1960 年	首届残疾人奥林匹克运动会在罗马举行，游泳被列为正式比赛项目

延伸阅读

Alpers, Edward, *The Indian Ocean in World History* (Oxford, 2014)

Auberger, Janick, 'Quand la nage devint natation...', *Latomus*, 55 (1996), pp. 48–62

Barrett, Caitlín Eilís, *Domesticating Empire: Egyptian Landscapes in Pompeian Gardens* (Oxford, 2019)

Blom, Philipp, *Nature's Mutiny: How the Little Ice Age of the Long Seventeenth Century Transformed the West and Shaped the Present* (New York, 2017)

Chou, Cynthia, *The Orang Suku Laut of Riau, Indonesia: The Inalienable Gift of Territory* (Abingdon, 2010)

Dawson, Kevin, *Undercurrents of Power: Aquatic Culture in the African Diaspora* (Philadelphia, pa, 2018)

Deng, Gang, *Maritime Sector, Institutions, and Sea Power of Premodern China* (Westport, ct, 1999)

Fagan, Garrett, *Bathing in Public in the Roman World* (Ann Arbor, mi, 1999)

Foley, Gary, et al., eds, *The Aboriginal Tent Embassy:*

Sovereignty, Black Power, Land Rights and the State (Abingdon, 2014)

Hoss, Stefanie, *Baths and Bathing: The Culture of Bathing and the Baths and Thermae in Palestine from the Hasmoneans to the Moslem Conquest*, British Archaeological Reports International Series 1346 (Oxford, 2005)

Hữ' u Ngọc, *Viet Nam: Tradition and Change* (Athens, oh, 2016)

Kahrl, Andrew, *The Land Was Ours: How Black Beaches Became White Wealth in the Coastal South* (Chapel Hill, nc, 2012)

Keegan, William, and Lisabeth Carlson, *Talking Taino: Caribbean Natural History from a Native Perspective* (Tuscaloosa, al, 2008)

Kneebone, Emily, *Oppian's Halieutica: Charting a Didactic Epic* (Cambridge, 2020)

Konstantopoulos, Gina, 'The Bitter Sea and the Waters of Death: The Sea as a Conceptual Border in Mesopotamia', *Journal of Ancient Civilizations*, xxxv (2020), pp. 171–198

McManamon, John, *'Neither Letters nor Swimming': The Rebirth of Swimming and Free-Diving* (Leiden, 2021)

Mason, Gilbert, *Beaches, Blood, and Ballots: A Black Doctor's Civil Rights Struggle* (Jackson, ms, 2000)

Mentz, Steve, *Ocean* (New York, 2020)

Moore, Zelbert, 'Out of the Shadows: Black and Brown Struggles for Recognition and Dignity in Brazil, 1964–1985', *Journal of Black Studies*, xix (1989), pp. 394–410

Painter, Nell, *The History of White People* (New York, 2010)

Parr, Susie, *The Story of Swimming: A Social History of Bathing in Britain*(Stockport, 2011)

Pitts, Lee, *Black Splash: The History of African American Swimmers* (Fort Lauderdale, fl, 2007)

Ragheb, Ashraf Abdel-Raouf, 'Notes on Diving in Ancient Egypt', *International Journal of Nautical Archaeology*, xl (2011), pp. 424–427

Ray, Sugata, *Climate Change and the Art of Devotion: Geoaesthetics in the Land of Krishna, 1550–1850* (Seattle, wa, 2019)

Sagita, Shigeo, and Ken Uyeno, eds, *Swimming in Japan* (Tokyo, 1935)

Schafer, Edward, 'The Development of Bathing Customs in Ancient and Medieval China and the History of the Floriate Clear Palace', *Journal of the American Oriental Society*, lxxvi (1956), pp. 57–82

Scribner, Vaughn, *Merpeople: A Human History* (London, 2020)

Tsui, Bonnie, *Why We Swim* (Chapel Hill, nc, 2020)

Van Duzer, Chet, *Sea Monsters on Medieval and Renaissance Maps* (London, 2013)

Villa, Paola, et al., 'Neandertals on the Beach: Use of Marine Resources at Grotta dei Moscerini (Latium, Italy)', plos one, xv (2020), pp. 1–35

Wiltse, Jeff, *Contested Waters: A Social History of Swimming Pools in America* (Chapel Hill, nc, 2007)

Yegül, Fikret, *Bathing in the Roman World* (Cambridge, 2010)

图片版权

作者和出版社对以下提供插图素材及相关材料复制许可的版权方致以最诚挚的谢意。我们已尽一切努力联系相关素材的版权持有人，若有任何未能取得联系或联系的版权归属有误者，请与出版社联系，出版社将在后续印刷中进行调整。为简洁起见，部分艺术品的所在地也在下方列出。

akg-images/Nimatallah: 28 (Museo Archeologico Nazionale, Florence); from William Andrews, *Old-Time Punishments* (Hull and London, 1890): 70; Archives Center, National Museum of American History, Washington, dc: 98; photo Crispin Barnham, used with permission: 53; Biblioteca Apostolica Vaticana, Vatican City (Pal. lat.1071, fol. 69r): 71; Bibliothèque de l'Institut de France, Paris (ms 2173 [Manuscript b], fol. 81v): 84; Bodleian Library, University of Oxford (ms Ouseley 381, fol. 166b): 72; Boston Public Library: 88, 89; British Library, London: 59 (Royal ms 2 b vii, fol. 170r), 69 (Add ms 62925, fol. 86r); The British Museum, London: 66; Brooklyn Museum, ny: 47; after Giorgio Buchner, 'Pithekoussai: Oldest Greek Colony in the West', *Expedition Magazine*, viii/4 (1966): 27 (Museo

Archeologico di Pithecusae, Lacco Ameno, Ischia); from E. A. Wallis Budge, ed., *Assyrian Sculptures in the British Museum* (London, 1914): 24, 25; Burgerbibliothek, Bern(Cod. 120.ii, fol. 107r): 56; The Cleveland Museum of Art, oh: 36; photo Daderot: 26 (Museum für Asiatische Kunst, Staatliche Museen zu Berlin); photo De Agostini/ G. Dagli Orti via Getty Images: 15; after Wolfgang Decker, *Sport und Spiel im Alten Ägypten* (Munich, 1987): 3, 4 (illustration Marcelle Baud/Museo Egizio, Turin); after Eleanor von Erdberg Consten, 'A Hu with Pictorial Decoration: Werner Jannings Collection, Palace Museum, Peking', *Archives of the Chinese Art Society of America*, vi (1952): 10; Forschungsbibliothek Gotha der Universität Erfurt (ms Memb. i 90, fol. 139v): 57; GuoZhongHua/Shutterstock.com: 81; photos ©Jim Haberman, all rights reserved/reproduced with permission of Jodi Magness: 41, 42; from Hainei qiguan 海内奇觀 (1609), photo Harvard-Yenching Library, Harvard University, Cambridge, ma: 11; photo Richard Hansen, ©fares 2019, used with permission: 12; photo Peter Hess, usedwith permission: 51; Historiographical Institute, University of Tokyo: 50; The J. Paul Getty Museum, Los Angeles: 60 (ms 63, fol. 198v), 74; John Carter Brown Library, Brown University, ri: 64; Kunsthistorisches Museum, Vienna: 78; from Jacques Labillardière, *Atlas pour servir à la relation du voyage à la recherche de La Pérouse* (Paris, 1800): 65; from Charles Lallemand, *Tunis et ses environs* (Paris, 1892), photo Getty Research Institute, Los Angeles: 92; courtesy Lewis Walpole Library, Yale University, New Haven, ct:

87; photo © Andrew McConnell/Panos Pictures: 82; The Metropolitan Museum of Art, New York: 32, 40, 61, 85, 90; ©Michael C. Carlos Museum, Emory University, Atlanta, ga (photo Michael McKelvey): 14; The Morgan Library & Museum, New York: 63 (ma 3900, fol. 57r), 75 (ma 3900, fol. 110r); Musée Condé, Chantilly (ms 65, fol. 8v): 73; Musée du Louvre, Paris (ao32234), photo ©Musée du Louvre, Dist. rmn-Grand Palais/Christian Larrieu: 37; Museo Archeologico Nazionale, Naples: 6; courtesy Museum of Art and Archaeology-University of Missouri, Columbia (gift of William A. Scott, 2009.193): 13; © Museum of Fine Arts, Boston: 80; National Anthropological Archives, Smithsonian Institution, Suitland, md: 97; National Diet Library, Tokyo: 99; Necropoli dei Monterozzi, near Tarquinia: 45; from Hermann Neuwaldt, *Bericht von Erforschung, prob vnd erkentnis der Zauberinnen durchs kalte Wasser* (Helmstadt, 1584), photo University of Glasgow Library: 67; The New York Public Library: 17, 19, 22, 23; photo Marie-Lan Nguyen/Jastrow: 30 (Musée du Louvre, Paris); Österreichische Nationalbibliothek, Vienna (Cod. Theol. gr. 31, fol. 2r): 43; from William Percey, *The Compleat Swimmer; or, The Art of Swimming* (London, 1658): 83; from W. M. Flinders Petrie, *The Royal Tombs of the Earliest Dynasties*, part ii (London, 1901): 2; photos J. Poncar/Peter van Ham: 44, 48; Staatsbibliothek zu Berlin (ms germ. fol. 129, fol. 113v): 58; Stefano Ravera/Alamy Stock Photo: 31 (Museo Nazionale Romano, Rome); photo Steve Richards: 5 (Musée Cirta, Constantine); The Shelby White and Leon Levy Lod Mosaic Archaeological Center:

21; after Ronald Singer and John Wymer, *The Middle Stone Age at Klasies River Mouth in South Africa* (Chicago, il, and London, 1982): 7; Staatliche Antikensammlungen und Glyptothek, Munich (Inv. 8696): 20; stockcam/iStock.com: 39; Tianjin Art Museum: 34; Tokyo National Museum: 49; © The Trustees of the British Museum: 18, 35; University of Michigan Library, Ann Arbor: 95; The Victoria and Albert Museum, London: 46, 76; The Walters Art Museum, Baltimore, md: 38 (w.606.354b), 77 (w.666.118b), 94; Wellcome Collection, London: 68, 86; Widener Library, Harvard University, Cambridge, ma: 62; photo Dan Yerushalmi, used with permission: 54; John Zada/Alamy Stock Photo: 1; Zhenhai Coast Defence History Museum, Ningbo: 55.

图 8 的版权持有者 Amaury Laporte、图 29（帕埃斯图姆国家考古博物馆）的版权持有者 Carole Raddato 已根据知识共享许可协议 2.0 在互联网上发布了图像；图 9 的版权持有者 Anandajoti Bhikkhu/www.photodharma.net 已根据知识共享许可协议 3.0 在互联网上发布了图像；图 52 的版权持有者 Shivaji Desai/Shivajidesai29、图 33 的版权持有者 Xopolino（突尼斯巴多国家博物馆）已根据知识共享许可协议 4.0 发布了图像。读者可以自由使用、分享这些图像，但必须给予作者适当的署名，提供许可协议链接，并注明是否对图片进行过修改。

参考文献

第 1 章　往时世人皆泳流

1 Astrida Neimanis 指出，虽然大部分哺乳动物本身不擅长游泳，但从某种意义上说，其身体就像海洋，数万亿个细胞和微生物在其体内游动度过一生。
Steve Mentz, *Ocean* (New York, 2020), p. 108; Bonnie Tsui, *Why We Swim* (Chapel Hill, nc, 2020), pp. 82ff.

2 Pliny, *Natural Histories* 8.10.2 (8.11); Strabo, *Geography* 15.1.43.

3 Max Westenhöfer, *Der Eigenweg des Menschen* (Berlin, 1942), then Elaine Morgan, *The Scars of Evolution: What Our Body Tells about Human Origins* (London, 1990). 驳斥此类观点的内容，见 Holger Preuschoft and Signe Preuschoft, 'The Aquatic Ape Theory, Seen from Epistemological and Palaeoanthropological Viewpoints', *The Aquatic Ape: Fact or Fiction? The First Scientific Evaluation of a Controversial Theory of Human Evolution*, ed. Machteld Roede et al.(London, 1991), pp. 142–173。最近的观点，见 David Cameron and Colin Groves, *Bones, Stones and Molecules*(London,2004)。这里更倾向于较为温和的游泳假说，见 Carsten Niemitz, 'The Evolution of the Upright Posture and Gait: A Review and a New Synthesis', *Naturwissenschaften*, 97 (2010), pp. 241–263; Howard Means, *Splash! 10,000 Years of Swimming* (London, 2020), pp. 17–18。有关鲸类的进化，见 Felix Marx et al.,*Cetacean Paleobiology* (Chichester, 2016)。

4 很多新生儿都会屏住呼吸，并做出游泳动作。Myrtle McGraw, 'Swimming Behavior of the Human Infant', *Journal of Pediatrics*, xv (1939), pp. 485–490. 但婴儿无法学会在水中保护自己：Committee on Sports Medicine and Fitness, 'Swimming Programs for Infants and Toddlers', *Pediatrics*, cv (2000), pp. 868–870。

5 Christopher Henshilwood and Judith Sealy, 'Bone Artefacts from the Middle Stone

Age at Blombos Cave, Southern Cape, South Africa', *Current Anthropology*, xxxviii (1997), pp. 890‑895 (p. 895). 附近的考古遗址中也发现了大量的贻贝：Antonieta Jerardino, 'Excavations at Pancho's Kitchen Midden, Western Cape Coast, South Africa: Further Observations into the Megamidden Period', *South African Archaeological Bulletin*, liii (1998), pp. 16–25 (p. 20)。有关早期捕鱼的更多描述（尽管没有证据表明当时人类已经有游泳行为），见Sue O'Connor et al., 'Pelagic Fishing at 42,000 Years Before the Present and the Maritime Skills of Modern Humans', *Science*, cccxxxiv (2011), pp. 1117–1121; Yaowu Hu et al., 'Stable Isotope Dietary Analysis of the Tianyuan 1 Early Modern Human', *Proceedings of the National Academy of Sciences*, cvi/27 (2009), pp. 10971–10974; Michael Richards and Erik Trinkaus, 'Isotopic Evidence for the Diets of European Neanderthals and Early Modern Humans', *Proceedings of the National Academy of Sciences*, cvi (2009), pp. 16034–16039; Abdeljalil Bouzouggar et al., 'Reevaluating the Age of the Iberomaurusian in Morocco', *African Archaeological Review*, xxv (2008), pp. 3–19。

6 Paola Villa et al., 'Neandertals on the Beach: Use of Marine Resources at Grotta dei Moscerini (Latium, Italy)', plos one, xv (2020), pp. 1–35; João Zilhão et al., 'Last Interglacial Iberian Neandertals as Fisher-Hunter-Gatherers', *Science*, ccclxvii (2020), pp. 1–13.

7 Ulrich Hallier and Brigitte Hallier, 'Nageurs dans les montagnes de la Tassili n'Ajjer??', *Stonewatch*, xxxviii (2010), pp. 1–29.

8 Jean-Loïc Le Quellec, Pauline de Flers and Philippe de Flers, 'Prehistoric Swimmers in the Sahara', *Arts et Cultures, Revue des Musées BarbierMüller* (2007), pp. 46–61.

9 Toby Wilkinson, *Early Dynastic Egypt* (London, 1999), p. 104, citing a 1st Dynasty inscription (c. 2900 BCE) in William Flinders Petrie, *Royal Tombs of the Earliest Dynasties*, vol. ii (London, 1901), pl. xix, pp. 146–150.

10 'The Inscription of Kheti ii', in James Breasted, *Ancient Records of Egypt*, i (Chicago, il, 1906), p. 190, § 413. 更多有关游泳的古代资料，见Erwin Mehl, *Antike Schwimmkunst* (Munich, 1927)。

11 Tomb of D2rj: Herbert Winlock, 'The Museum's Excavations at Thebes', *Metropolitan Museum of Art Bulletin*, xxvii (1932), pp. 1, 4–37 (p. 29, fig. 30); Wolfgang Decker, *Bildatlas zum Sport im alten Ägypten* (Leiden, 1994), fig. 2.4; 更多例证和讨

论，见 Ashraf Abdel-Raouf Ragheb, 'Notes on Diving in Ancient Egypt', *International Journal of Nautical Archaeology*, xl (2011), pp. 424–427, figs 1–3。

12 'The Instructions of Tuauf to his son Pepi'; Papyrus Sallier ii, British Museum ea10182,11, trans. Ernest Wallis Budge, *The Literature of the Ancient Egyptians* (London, 1914), pp. 251–252.

13 Papyrus Chester Beatty i: Abdel-Raouf Ragheb, 'Notes on Diving in Ancient Egypt', p. 424, citing Alan Gardiner, *Late Egyptian Stories*(Brussels, 1932), p. 48; *Ancient Egyptian Literature: A Book of Readings*, vol. ii: *The New Kingdom*, trans. Miriam Lichtheim (Berkeley, ca, 1976), p. 218.

14 The Cairo Vase 1266 + 25218, in *Ancient Egyptian Literature*, vol. ii, trans. Lichtheim, p. 193.

15 Plutarch, *Antony* 29.3.

16 Adolf Erman, *The Literature of the Ancient Egyptians*, trans. Aylward Blackman (London, 1927), p. 243.

17 Dorothy Phillips, 'Cosmetic Spoons in the Form of Swimming Girls', *Metropolitan Museum of Art Bulletin*, xxxvi (1941), pp. 173–175; Jean Capart, *Documents pour servir à l'étude de l'art égyptien*, vol. i (Paris, 1927), pl. 73a; Decker, *Bildatlas*, pl. 2.5.

18 Near Oxyrhynchus: Adam Lusher, 'Ancient Egypt: Citizen Scientists Reveal Tales of Tragedy Unearthed from Centuries-Old Rubbish Dump', *The Independent*, 1 March 2016. 然而，与声名狼藉的德克·奥宾克的关联可能会让人对这份莎草纸文稿的真实性产生怀疑。关于罗马时期埃及的游泳，见 Strabo, *Geography* 17.1.44。关于特提拉的人民，他们不仅与鳄鱼一同游泳，还在罗马负责照看展示的鳄鱼。

19 Pliny the Elder, *Natural Histories* 9.9 (9.8.26); Pliny the Younger, *Letters* 9.33.

20 Sarah Bond, 'Why We Need to Start Seeing the Classical World in Color', *Hyperallergic*, 7 June 2017; Jeremy Tanner, 'Introduction to the New Edition: Race and Representation in Ancient Art: Black Athena and After', in *The Image of the Black in Western Art: From the Pharaohs to the Fall of the Roman Empire*, vol. i, ed. David Bindman, Henry Louis Gates Jr and Karen Dalton (Cambridge, ma, 2010), pp. 1–39.

21 Roger Ling, *The Insula of the Menander at Pompeii*, vol. i: *The Structures*(New York, 1997), pp. 140–142.

22 Roger Hornback, *Racism and Early Blackface Comic Traditions: From the*

Old World to the New (Cham, Switzerland, 2018), p. 43; John Clarke, *Looking at Lovemaking: Constructions of Sexuality in Roman Art, 100 BC–AD250* (Berkeley, ca, 1998), pp. 122–123.

23 From the House of the Doctor (vii 5.24), Pompeii: Caitlín Eilís Barrett, *Domesticating Empire: Egyptian Landscapes in Pompeian Gardens* (Oxford, 2019), fig. 2.4.

24 Pliny, *Natural Histories* 8.38, 9.12.

25 Philostratus, *Imagines* 1.5, 引自 Molly Swetnam-Burland, *Egypt in Italy* (Cambridge, 2015), pp. 157–158.

26 来自埃及阿布斯尔的软膏勺。Dynasty xviii, between 1410 and 1372 BC, now in the Brooklyn Museum: Jean Vercoutter and William Ryan, 'The Iconography of the Black in Ancient Egypt: From the Beginnings to the Twenty-Fifth Dynasty', in *The Image of the Black in Western Art*, ed. Bindman, Gates and Dalton, pp. 33–89 (fig. 52).

27 这些故事由伊丽莎白·莱尔德于1997年至2001年收集，得到了英国教育部和英国文化协会的支持，可以在 https://ethiopianfolktales.com 查看，最后访问时间：2021年8月9日。

28 Djanka Tassey Condé, *Sunjata: A West African Epic of the Mande Peoples*, ed. and trans. David Conrad (Indianapolis, in, 2004), pp. 191–195; Charles Verlinden, *L'Esclavage dans l'Europe médiévale* (Ghent, 1955–1977), pp. 494–495.

29 Wande Abimbola, 'The Locust-Bean Seller', 'The Headstrong Bride', and 'The Hunter's Best Friend' (all Yoruba stories); Lantei Lawson, 'The Yam Farm and the Problem Tongue' (a Ga story from Ghana); T. Y. Enin, 'The River's Judgment' and 'Asiedo and the Fish Child' (both Sefwi stories; see other river judge stories in pp. 19, 47, 9); and the anonymous Ashanti story 'The Tail of the Elephant Queen', all in *West African Folk Tales*, trans. Jack Berry, ed. Richard Spears (Evanston, il, 1991), pp. 35, 49, 59, 60–62, 115, 161, 174; Condé, *Sunjata*, p. 89.

30 T. Y. Enin, 'What Spider Knows' (a Sefwi story), *West African Folk Tales*, p. 84; Condé, *Sunjata*, p. 135.

31 Ibn Battuta, *Travels in Asia and Africa, 1325–1354*, trans. and ed. Hamilton Gibb, Hakluyt Society, 2nd ser., vols CX, CXVII, CXLI, CLXXVIII, CXC (1929) (London, 1994), p. 967.

32 Dietrich Sahrhage and Johannes Lundbeck, *A History of Fishing* (1992) (Berlin,

2012), pp. 16–17 and fig. 7c, 见 Harald Pager, *Stone Age Myth and Magic as Documented in the Rock Paintings of South Africa* (Graz, 1975), p. 20。With a photo in Ronald Singer and John Wymer, *The Middle Stone Age at Klasies River Mouth in South Africa* (Chicago, il, 1982), pl. 48, 也有不认同这是游泳形象的观点：David Pearce, 'Later Stone Age Burial Practice in the Eastern Cape Province, South Africa', PhD thesis, University of the Witwatersrand, Johannesburg (2008), pp. 167–184。

第 2 章　离开非洲

1 Harriet Crawford, *Dilmun and Its Gulf Neighbors* (Cambridge, 1998), p. 29; Allison Karmel Thomason, *Luxury and Legitimation: Royal Collecting in Ancient Mesopotamia* (London, 2005), p. 80; Robert Hoyland, *Arabia and the Arabs: From the Bronze Age to the Coming of Islam* (London, 2001), p. 34; A. Leo Oppenheim, 'The Seafaring Merchants of Ur', *Journal of the American Oriental Society*, lxxiv (1954), pp. 6–17 (pp. 7, 15).

2 Pliny, *Natural Histories* 6.32 (28); Athenaeus, *Deipnosophistae* 3.46.

3 Al-Idrisi, *Edrisi-Géographie*, trans. Pierre Amédée Jaubert (Paris, 1836), pp. 373–377.

4 Edward Alpers, *The Indian Ocean in World History* (Oxford, 2014), p. 9.

5 改编自 *Jaina Sutras*, trans. Hermann Jacobi (Delhi, 1895), vol. ii, pp. 141–142。

6 Patrick Olivelle and Suman Olivelle, *Manu's Code of Law: A Critical Edition and Translation of the Mānava-Dharmásāstra* (Oxford, 2005), p. 128 (ch. 4.77).

7 *Tamil Love Poetry: The Five Hundred Short Poems of the Ainkurunuru, an Early Third-Century Anthology*, ed. Martha Ann Shelby (New York, 2011), pp. 44–45.

8 Indira Viswanathan Peterson, *Poems to Śiva: The Hymns of the Tamil Saints* (Princeton, nj, 1989), p. 256.

9 Ibn Battuta, *Travels in Asia and Africa, 1325-1354*, trans. and ed. Hamilton Gibb, Hakluyt Society, 2nd ser., vols CX, CXVII, CXLI, CLXXVIII, CXC (1929) (London, 1994), p. 857. 另请参阅 Zacharias Thundy, *South Indian Folktales of Kadar* (Meerut, 1983)。

10 *Mahavamsa: Great Chronicle of Ceylon*, trans. and ed. Wilhelm Geiger (Oxford, 1912), pp. 61 and 78.

11 麦加斯梯尼的《印地卡》已佚；他对斯里兰卡潜水采集珍珠的记录是由阿里安

说明的（Indica 8.1）。请注意斯里兰卡人"用网捕食贝类"的说法。

12 Pliny, *Natural Histories* 6.22 (24); 他书中的塔普罗巴奈即如今的斯里兰卡。

13 *The Mahavansi, the Raja-Ratnacari, and the Raja-vali*, ed. and trans. Edward Upham (London, 1833), vol. ii, p. 191.

14 Al-Idrisi, *Edrisi-Géographie*, p. 75.

15 William Wood, *A History of Siam* (London, 1924), p. 101.

16 摘自 *Khun Chang Khun Paen*, in David Streckfuss, *Truth on Trial in Thailand: Defamation, Treason, and Lèse-Majesté* (Abingdon, 2010), p. 66。

17 Zhou Daguan（周达观），*The Customs of Cambodia*, 23a–b, 转引自 Edward Schafer, 'The Development of Bathing Customs in Ancient and Medieval China and the History of the Floriate Clear Palace', *Journal of the American Oriental Society*, lxxvi (1956), pp. 57–82 (p. 62)。

18 Hữu Ngọc, *Viet Nam: Tradition and Change* (Athens, oh, 2016), p. 218; Tri C. Tran and Tram Le, *Vietnamese Stories for Language Learners: Traditional Folktales in Vietnamese and English* (North Clarendon, vt, 2017), pp. 48, 58, 150.

19 Ooi Keat Gin, *Southeast Asia: A Historical Encyclopedia, from Angkor Wat to East Timor* (Santa Barbara, ca, 2004), vol. i, p. 1000; Cynthia Chou, *The Orang Suku Laut of Riau, Indonesia: The Inalienable Gift of Territory* (Abingdon, 2010), pp. 8, 42.

20 W. Ramsay Smith, *Myths and Legends of the Australian Aboriginals* (1932) (Mineola, ny, 2003), p. 304.

21 Te Rangi Hīroa, *The Coming of the Maori* (Nelson, New Zealand, 1929), p. 240. 最早最优秀的书面版本：George Grey, *Polynesian Mythology* (London, 1855)。

22 Eric Knudsen, *Teller of Tales: Stories from Kauai* (Honolulu, hi, 1945).

23 David Branner, 'Phonology in the Chinese Script and Its Relationship to Early Chinese Literacy', in *Writing and Literacy in Early China*, ed. Li Feng and David Branner (Seattle, wa, 2011), pp. 85–137 (p. 111); Andrew Morris, '"To Make the Four Hundred Million Move": The Late Qing Dynasty Origins of Modern Chinese Sport and Physical Culture', *Comparative Studies in Society and History*, xlii (2000), pp. 876–906 (p. 876).

24 Eleanor von Erdberg-Consten, 'A Hu with Pictorial Decoration: Werner Jannings Collection, Palace Museum, Peking', *Archives of the Chinese Art Society of America*,

vi (1952), pp. 18–32 (p. 24, fig. 6). 另一个例子见 Alfred Schinz, *The Magic Square: Cities in Ancient China*(Stuttgart, 1996), p. 96, fig. 2.3.6.16, 图片取自 Erdberg 的作品。

25　Liu An（刘安）, *The Huainanzi*(《淮南子》) 1.8, ed. and trans. John Major et al. (New York, 2010), p. 57.

26　Fan Chengda（范成大）, 'Well-Balance Records of Guihai: Records of Savage: Tanka', and Zhou Qufei, 'The Tanka Savage', *Representative Answers from the Region Beyond Mountains*, 3, 均引自 Zhu Ruixin et al., *A Social History of Middle-Period China: The Song, Liao, Western Xia and Jin Dynasties* (Cambridge, 2016), pp. 282, 480。

27　Gang Deng, *Maritime Sector, Institutions, and Sea Power of Premodern China* (Westport, ct, 1999), p. 109; Klaas Ruitenbeek, 'Mazu, the Patroness of Sailors, in Chinese Pictorial Art', *Artibus Asiae*, lviii (1999), pp. 281–329; Mike Speak, 'Recreation and Sport in Ancient China: Primitive Society to ad 960', in *Sport and Physical Education in China*, ed. James Riordan and Robin Jones [1999] (New York, 2002), pp. 20–44 (p. 42).

28　Joseph Needham and Colin Ronan, *The Shorter Science and Civilisation in China* (Cambridge, 1978), vol. iii, p. 253. 鲨鱼的故事出自陆佃的《埤雅》（1096）。

29　Needham and Ronan, *Science and Civilisation in China*, vol. iii, pp. 246–253.《搜神记》中有关人鱼的内容，见 Vaughn Scribner, *Merpeople: A Human History* (London, 2020), p. 222。

30　Naian Shi(施耐庵), *The Water Margin: Outlaws of the Marsh*(《水浒传》), trans. J. H. Jackson (Clarendon, vt, 2010), pp. 450–451, 496, 730, 741; 以及第十五章。

31　Zhou Mi（周密）, 'Observing the Tidal Bore'(《观潮》), *Recollections of Wulin* (《武林旧事》), in *Inscribed Landscapes: Travel Writing from Imperial China*, ed. and trans. Richard Strassberg (Berkeley, ca, 1994), pp. 253–256 (pp. 254–255); Geremie Barmé, 'The Tide of Revolution', *China Heritage Quarterly*, xxviii (2011), n.p.

32　María Theresa Uriarte, 'The Teotihuacan Ballgame and the Beginning of Time', *Ancient Mesoamerica*, xvii (2006), pp. 17–38.

33　Miwok: as recorded by Stephen Powell, *The Tribes of California, Contributions to North American Ethnology*, iii (Washington, dc, 1877), p. 366; Wasco: Ella Clark, *Indian Legends of the Pacific Northwest* (Berkeley, ca, 1953), p. 102; Haida: John Bierhorst,

The Mythology of North America(Oxford, 2002), p. 48; Squamish: Ella Clark, *Indian Legends of Canada* [1960] (Toronto, 2011), p. 30; 更多有关游泳的故事见 *Tales of the North American Indians* [1929], ed. Stith Thompson (Cambridge, ma, 1966)。

34 Knud Rasmussen and W. Alexander Worster,'Âtârssuaq', in *Eskimo Folk Tales* (London, 1921), pp. 142–146.

35 George Grinnell, *Blackfoot Lodge Tales: The Story of a Prairie People* (New York, 1907), p. 121.

36 Charles Leland, *The Algonquin Legends of New England* (Boston, ma, 1884), p. 230; Philip Barbour, ed., *The Jamestown Voyages under the First Charter, 1606–1609* (Cambridge, 1969), vol. i, p. 92, 引自 Gregory Waselkov,'Shellfish Gathering and Shell Midden Archaeology', *Advances in Archaeological Method and Theory*, x (1987), pp. 93–210 (p. 97)。

37 Tom Mould, *Choctaw Tales* (Jackson, ms, 2004), p. 80. 不过，我们必须考虑到 John Rogers 的说法，即"乔克托族人因缺乏游泳技能而处于劣势，这使他们损失了许多人"（1792），引自 Harold Gill Jr,'Colonial Americans in the Swim', *Journal of the Colonial Williamsburg Foundation*, xxii–xxiv (2001-2), p. 27。

38 William Keegan and Lisabeth Carlson, *Talking Taíno: Essays on Caribbean Natural History from a Native Perspective* (Tuscaloosa, al, 2008), pp. 57–58.

39 关于这个出自玛雅文本的故事，见 *Popol Vuh: The Definitive Edition of the Maya Book of the Dawn of Life and the Glories of Gods and Kings*, trans. Dennis Tedlock (New York, 1985); 有关这个故事的重述，见 Karl Taube, *Aztec and Maya Myths* (Austin, tx, 1997)。但 James Doyle 和 Stephen Houston 于 2012 年 4 月 12 日发表在 https://mayadecipherment.com（最后访问：2021-12-13）上的文章"A Watery Tableau at El Mirador, Guatemala"中，对游泳的人物做出了另一种身份认定。另请注意，写成于 1200—1250 年的 *Dresden Codex* 一书中，出现了一幅上半身为人、下半身为鱼的生物图像，疑似人鱼。

40 Heather McKillop,'Prehistoric Maya Reliance on Marine Resources: Analysis of a Midden from Moho Cay, Belize', *Journal of Field Archaeology*, xi (1984), pp. 25–35 (p. 30); Karl Ruppert et al., *Bonampak, Chiapas, Mexico*(Washington, dc, 1955), p. 50, 引自 Frederick Lange,'Marine Resources: A Viable Subsistence Alternative for the Prehistoric Lowland Maya', *American Anthropologist*, lxxiii (1971), pp. 619–639 (p. 632).

41 Mary Helms, *Ancient Panama* (Austin, tx, 1979), p. 182.

42 Anna Roosevelt et al., 'Eighth Millennium Pottery from a Prehistoric Shell Midden in the Brazilian Amazon', *Science*, ccliv (1991), pp. 1621–1624.

43 Robert A. Benfer Jr, 'The Preceramic Period Site of Paloma, Peru: Bioindications of Improving Adaptation to Sedentism', *Latin American Antiquity*, i (1990), pp. 284–318.

44 Joanne Pillsbury, 'The Thorny Oyster and the Origins of Empire: Implications of Recently Uncovered Spondylus Imagery from Chan Chan, Peru', *Latin American Antiquity*, vii (1996), pp. 313–340.

第3章 北方的游泳场所

1 Tom Higham et al., 'The Earliest Evidence for Anatomically Modern Humans in Northwestern Europe', *Nature*, cdlxxix (2011), pp. 521–524; Saioa López et al., 'Human Dispersal Out of Africa: A Lasting Debate', *Evolutionary Bioinformatics Online*, xi, suppl. 2 (2015), pp. 57–68.

2 John Inge Svendsen et al., 'Geo-Archaeological Investigations of Palaeolithic Sites along the Ural Mountains: On the Northern Presence of Humans during the Last Ice Age', *Quaternary Science Reviews*, xxix(2010), pp. 3138–3156; Alexander Gavashelishvili and David Tarkhnishvili, 'Biomes and Human Distribution during the Last Ice Age', *Global Ecology and Biogeography*, xxv (2016), pp. 563–574.

3 Stefano Benazzi et al., 'Early Dispersal of Modern Humans in Europe and Implications for Neanderthal Behaviour', *Nature*, cdlxxix (2011), pp. 525–528; Odile Peyron et al., 'Climatic Reconstruction in Europe for 18,000 yr b.p.from Pollen Data', *Quaternary Research*, xlix (1998), pp. 183–196; Patrick Bartlein et al., 'Pollen-Based Continental Climate Reconstructions at 6 and 21 ka: A Global Synthesis', *Climate Dynamics*, xxxvii (2011), pp. 775–802, fig. 7; Jeremiah Marsicek et al., 'Reconciling Divergent Trends and Millennial Variations in Holocene Temperatures', *Nature*, dliv (2018), pp. 92–96, and Patrick Bartlein, personal communication.

4 Norbert Aujoulat, *Lascaux: Movement, Space and Time* (New York, 2005), pp. 177–178, 182.

5 Iain Mathieson et al., 'Genome-Wide Patterns of Selection in 230 Ancient Eurasians', *Nature*, dxxviii (2015), pp. 499–503.

6 Sébastien Villotte, Sofija Stefanovic and Christopher Knüsel, 'External Auditory Exostoses and Aquatic Activities during the Mesolithic and the Neolithic in Europe: Results from a Large Prehistoric Sample', *Anthropologie* (Czech Republic), lii (2014), pp. 73–89.

7 *Lament for Sumer and Urim* c.2.2.3, *The Epic of Gilgamesh: The Babylonian Epic Poem and Other Texts in Akkadian and Sumerian*, trans. Andrew George (Harmondsworth, 1999), pp. 92, 162; Epic of Gilgamesh Tablets ix and xi, *The Epic of Gilgamesh*, trans. Maureen Kovacs (Stanford, ca, 1985), pp. 100–101.

8 Gina Konstantopoulos, 'The Bitter Sea and the Waters of Death: The Sea as a Conceptual Border in Mesopotamia', *Journal of Ancient Civilizations*, xxxv (2020), pp. 171–197 (pp. 171, 175, 177); Lorenzo Verderame, 'The Sea in Sumerian Literature', *Water History*, xii (2020), pp. 75–91 (p. 77). 通过通信可知，Margaret Cool Root 不知道任何带有游泳图像的美索不达米亚印章。

9 Sargon and Ur-Zababa c.2.1.4, *Lament for Sumer and Urim* c.2.2.3, c.2.5.3.4, Proverbs 5.42, 3.88, *Electronic Text Corpus of Sumerian Literature*, https://etcsl.orinst.ox.ac.uk, accessed 3 May 2021; Jerrold Cooper, review of Hermann Behrens, *Enlil und Ninlil: Ein sumerischer Mythos aus Nippur, Journal of Cuneiform Studies*, xxxii (1980), pp. 175–188 (p. 180). 一块约公元前 1800 年的 Iahdun-Līm 铭文提到，他的征服军队"曾在海中洗澡"：Konstantopoulos, 'The Bitter Sea', p. 183。

10 Sharukkin i: Benjamin Foster, 'Another Sargonic Water Ordeal?', *Nouvelles assyriologiques brèves et utilitaires*, iii (1989), pp. 56–91 (pp. 56, 90–91, no. 115); David Owen, 'A Unique Late Sargonic River Ordeal in the John Frederick Lewis Collection', in *A Scientific Humanist: Studies in Memory of Abraham Sachs*, ed. E. Leichty et al. (Philadelphia, pa, 1988), pp. 305–311; Egbert Von Weiher, 'Bemerkungen zu § 2 kh und zur Andwendung des Flussordals', *Zeitschrift für Assyriologie*, lxxi (1981), pp. 95–102. Third Dynasty of Ur: J. Nicholas Postgate, *Early Mesopotamia: Society and Economy at the Dawn of History* (London, 1992), p. 26; Guillaume Cardascia, 'L'ordalie fluviale dans la Mésopotamie ancienne', *Revue historique de droit français et étranger*, lxxi (1993), pp. 169–184; Sophie Lafont and Bertrand Lafont, 'Un récit d'ordalie', *Nouvelles assyriologiques brèves et utilitaires*, iii (1989), p. 28, no. 43, and especially Jean Bottéro, 'L'ordalie en Mésopotamie ancienne', *Annali*

della Scuola Normale Superiore di Pisa, xi (1981), pp. 1005–1067.

11 *Code of Hammurabi* 2, 133a; Niek Veldhuis, *Elementary Education at Nippur: The Lists of Trees and Wooden Objects* (Groningen, 1997), pp. 127–128 (ll. 19-24); 同见 Bendt Alster, *Proverbs of Ancient Sumer: The World's Earliest Proverb Collections* (Bethesda, md, 1997), p. 12, sec. d4:"即使是磨刀石也会在河中为正义的人漂浮。"阿卡德帝国的建立可能使美索不达米亚人更加远离波斯湾和那里的游泳者,'The Sea in Sumerian Literature', pp. 86–87。

12 Péter Tóth, 'River Ordeal-Trial by Water-Swimming of Witches: Procedures of Ordeal in Witch Trials', in *Demons, Spirits, Witches*, ed. Gábor Klaniczay and Éva Pócs (Budapest, 2008), vol. iii, pp. 129–163 (p. 131); Charles Horne, 'Introduction', *The Code of Hammurabi*, trans. L.W. King (1915), https://sourcebooks.fordham.edu/ancient/hamcode.asp, accessed 5 August 2021.

13 见 Isaiah 25:11; Ezekiel 47:5; Exodus 2 and 14:13–30。这段故事可能借鉴了一个著名的埃及故事,早在摩西时代就已经有一千年的历史。在这个故事中,一名魔术师通过劈开池水找回了一个表演者遗失的珠宝。就像威斯卡莎草纸上的故事,《出埃及记》运用了"话中话"的结构。

14 Carlo Peretto et al., 'Living-Floors and Structures from the Lower Paleolithic to the Bronze Age in Italy', *Collegium antropologicum*, xxviii (2004), pp. 63–88 (p. 76); Antonio Tagliacozzo, 'Animal Exploitation in the Early Neolithic in Central-Southern Italy', *Munibe (AntropologiaArkeologia) 57: Homenaje a Jesús Altuna (2005)*, pp. 429–439.

15 Sarah Parcak, *Archaeology from Space: How the Future Shapes Our Past* (New York, 2019), pp. 137–142.

16 'Swim', 'Mere' and 'Natant', *Oxford English Dictionary Online*; Anatoly Liberman, 'Watered Down Etymologies (*Ocean and Sea*)', *Oxford Etymologist*, 7 October 2009, https://blog.oup.com, accessed 3 May 2021; Robert Beekes, *Pre-Greek: Phonology, Morphology, Lexicon* (Leiden, 2014), p. 14; 同见 Adam Hyllested, *Word Exchange at the Gates of Europe: Five Millennia of Language Contact* (Copenhagen, 2014), p. 59。

17 Peter Warren, 'The Miniature Fresco from the West House at Akrotiri, Thera, and Its Aegean Setting', *Journal of Hellenic Studies*, xcix (1979), pp. 115–129. 火山喷发的

具体时间尚有争议。

18 Ibid., p. 126; Sinclair Hood, *The Arts in Prehistoric Greece* [1978] (New Haven, ct, 1994), p. 161; Agnès Sakellariou, 'La Scène du "Siège" sur le rhyton d'argent de Mycènes d'après une nouvelle reconstitution', *Revue archéologique*, n.s., ii (1975), pp. 195–208.

19 Arthur Evans, *The Palace of Minos at Knossos* (London, 1921), vol. i, figs 228–230; Hood, *Arts in Prehistoric Greece*, p. 132; Warren, 'The Miniature Fresco', p. 126; Spyridon Marinatos, 'The "Swimmers' Dagger" from the Tholos Tomb at Vaphio', in *Essays in Aegean Archaeology Presented to Sir Arthur Evans*, ed. Stanley Casson (Oxford, 1927), pp. 63–71; Arthur Evans, *The Palace of Minos* (London, 1930), vol. iii, p. 127.

20 Abdul Jamil Khan, *Urdu/Hindi: An Artificial Divide: African Heritage, Mesopotamian Roots, Indian Culture and British Colonialism* (New York, 2006), p. 93.

21 *Hymns of the Rig Veda*, Hymns 98, 71, 10.71, 15, trans. Ralph Griffith [1889] (Kotagiri, 1896).

22 在《史记》中可能记载了中国女性在某种情况下被束缚的情况。参见 Wei Wang and Lachun Wang, 'The Influence of Witchcraft Culture on Ancient Chinese Water Relations: A Case Study of the Yellow River Basin', *European Journal of Remote Sensing*, liii (2020), pp. 93–103。

23 Poem 35, 'Valley Wind'; translation adapted for the rhyme; 同见 Poem 9, 'The Han is Broad'; *Shijing, The Book of Songs*《诗经》, ed. Joseph Allen, trans. Arthur Waley [1937] (London, 2005), pp. 82, 101。

24 *Zhuangzi*（《庄子》）19; adapted from Burton Watson, *The Complete Works of Zhuangzi* (New York, 2013), p. 298, and other similar translations.

25 *Yellow Emperor's Classic of Internal Medicine*（《黄帝内经》）, quoted in Don Wyatt, 'A Certain Whiteness of Being: Chinese Perceptions of Self by the Beginning of European Contact', in *Race and Racism in Modern East Asia: Western and Eastern Constructions*, ed. Rotem Kowner and Walter Demel (Leiden, 2013), pp. 307–326 (pp. 320–321).

26 Menglong Feng（冯梦龙）, *Stories to Caution the World: A Ming Dynasty Collection*（《警世通言》）, trans. Shuhui Yang and Yunquin Yang (Seattle, wa, 2005), pp.

366–367.

27 最近出土了一具男性骨骼，疑似死于鲨鱼袭击，但这并不一定表明他当时在游泳——他也可能是从船上掉入水中。(J. Alyssa White et al., '3000-Year-Old Shark Attack Victim from Tsukumo Shell-Mound, Okayama, Japan', *Journal of Archaeological Science: Reports*, xxxviii (2021), 103065.)

28 *From the Morning of the World: Poems from the Manyoshu: The First Anthology of Japanese Poetry*, trans. Graeme Wilson (London, 1991), p. 46.

29 Sei Shōnagon, *The Pillow Book*, trans. Meredith McKinney (London, 2006), p. 243.

30 Susan Hanley, *Everyday Things in Premodern Japan: The Hidden Legacy of Material Culture* (Berkeley, ca, 1999), p. 99; Scott Clark, *Japan: A View from the Bath* (Honolulu, hi, 1994), pp. 22–27.

第4章 危险，性，神圣，异类

1 Hesiod, *Works and Days*, ll. 737–741, 758–759.

2 Herodotus, *Histories* 1.138.2, 4.75.

3 *The Sacred Books of the East: Pahlavi Texts*, i, ed. F. Max Müller (Oxford, 1880), pp. 84–87; Ezekiel 32:2–14.

4 *Book of Arda Viraf* 20.4–5, 41.5–8, 58, 72 (*The Sacred Books and Early Literature of the East*, vol. vii: *Ancient Persia*, ed. Charles Horne, trans. Martin Haug (New York, 1917)); Jason BeDuhn, *The Manichaean Body: In Discipline and Ritual* (Baltimore, md, 2000), p. 48. *Book of Arda Viraf* 成书年代尚无法确定，可能晚至公元10世纪。赫西奥德曾警告人们不要在女人洗过澡的水中洗澡。

5 Edward Schafer, 'The Development of Bathing Customs in Ancient and Medieval China and the History of the Floriate Clear Palace', *Journal of the American Oriental Society*, lxxvi (1956), pp. 57–82 (pp. 57–80). Schafer 认为美洲原住民的汗蒸房传统是从东亚传来的。同见 Lee Butler, '"Washing Off the Dust": Baths and Bathing in Late Medieval Japan', *Monumenta Nipponica*, lx (2005), pp. 1–41 (p. 6)。

6 *Epic of Gilgamesh*, Tablet 1, pp. 8–9; Homer, *Odyssey*, book 12. 见 H. N. Couch, 'Swimming among the Greeks and Barbarians', *Classical Journal*, xxix (1934), pp. 609–612 (p. 611), 尽管 Couch 误认为希腊人是擅长游泳的。

7 Bathsheba: 2 Samuel 11:2; Susanna: Daniel 13; *The Jataka Tales*, trans. Henry Francis

and Edward Thomas (Cambridge, 1916), pp. 259–260. 更多有关洗澡的资料，见 *The Jātaka; or, Stories of the Buddha's Former Births*, vi, trans. Edward Cowell and William Rouse (Cambridge, 1907), pp. 21, 43, 92 and *passim*。更多的浴缸相关见 pp. 159, 161–163 and 205。

8 Howard Giskin, *Chinese Folktales* (Lincolnwood, il, 1997), p. 58; Schafer, 'Bathing Customs', pp. 59–62.

9 The William Davidson Talmud (https://sefaria.org, accessed 9 August 2021): *Pesachim* 51a. Talmud（《塔木德》）是对《圣经》的犹太注释，成书于公元6世纪的巴比伦。

10 Cicero, *Pro Caelio* 36; *De moralia* 1.35; Plutarch, *Cato the Elder* 20.5; Fikret Yegül, *Bathing in the Roman World* (Cambridge, 2010), pp. 29–30, 以及其他例证。

11 Ovid, *Ars amatoria* 3.9; *Metamorphoses* 5.572 ff, 3.138; 另见 Scylla 涉水时变成怪物 (*Metamorphoses* 14.1–74), Lycians 变成青蛙 (*Metamorphoses* 6.313–381) 等故事。更完整的内容见 Robert Schmiel, 'The Story of Aura (Nonnos, 'Dionysiaca' 48.238–978)', *Hermes*, cxxi (1993), pp. 470–483。

12 出自 Bhagavad Purana (800–1000 ce) 第十卷。这个故事展现了印度南部对克里希纳形象的新解释——一个风流倜傥的情人，这种形象大约在这个时期开始出现：Sugata Ray, *Climate Change and the Art of Devotion: Geoaesthetics in the Land of Krishna*, 1550–1850 (Seattle, wa, 2019), p. 10。

13 Schafer, 'Bathing Customs', pp. 64–65; Talmud: *Gittin* 67.

14 Piers Mitchell, 'Human Parasites in the Roman World: Health Consequences of Conquering an Empire', *Parasitology*, cxliv (2016), pp. 48–58.

15 Homer, *The Odyssey*, trans. Emily Wilson (New York, 2017), ll. 89–108; Vaughn Scribner, *Merpeople: A Human History* (London, 2020), pp. 9–10; Manal Shalaby, 'The Middle Eastern Mermaid: Between Myth and Religion', in *Scaled for Success: The Internationalisation of the Mermaid*, ed. Philip Hayward (Bloomington, in, 2018), pp. 7–20 (pp. 9–11); Genesis 7:19–22.

16 Job 41:1–34; John Day, *God's Conflict with the Dragon and the Sea: Echoes of a Canaanite Myth in the Old Testament* (Cambridge, 1985), pp. 2, 11, 43 and *passim*.

17 Leonidas, *Anthologia Palatina* 7.604, 7.506; Pliny, *Natural Histories* 9.4.4–5; S. Rhie Quintanilla, *History of Early Stone Sculpture at Mathura*, ca. 150 bce–100 ce

(Leiden, 2007), pp. 21 and 74; Ray, *Climate Change*, p. 41, fig. 1.12; Pausanias 1.44.8; Oppian, *Halieutica* 5.21–22, c. 170 ce; Emily Kneebone, *Oppian's Halieutica: Charting a Didactic Epic* (Cambridge, 2020), pp. 339, 353. 欧庇安在其作品中提到，海洋中所有的怪物，都比陆地上的对应生物更为可怕。

18 Zhong Guan（管仲）, *Guanzi*（《管子》）: *Political, Economic, and Philosophical Essays from Early China: A Study and Translation*, trans. W. Allyn Rickett (Princeton, nj, 1998), vol. i, p. 64 (i, 2), and vol. ii, pp. 105–106 (xiv, 39); Gan Bao（干宝）, *Sou Shen Ji*（《搜神记》）: *Collection of Folk Legends on Ghosts, Immortals and Spirits in Ancient China* (London, 2018), p. 158 (12.7); Jan Groot, *The Religious System of China*, vol. ii: *On the Soul and Ancestral Worship* (Leiden, 1892), p. 522; Michael Foster, *The Book of Yokai: Mysterious Creatures of Japanese Folklore* (Berkeley, ca, 2015), p. 159. 公元6世纪，唐僧渡河时曾用经文驱赶妖邪：*Journey to the West*（《西游记》）, trans. and ed. Anthony Yu, revd edn (Chicago, il, 2012), vol. i, p. 65。[1]

19 Pliny, *Natural Histories* 8.81; Augustine, *City of God* 18.17; Isidore, *Etymologies* 11.4.1.

20 Fredegar, *Chronicles* 3.9, from Burgundy in France; 他称这个怪物为 *quinotaur*。Duane Roller 收集了希腊人和罗马人惧怕海洋的其他例子：Through the Pillars of Herakles: *Greco-Roman Exploration of the Atlantic* (Abingdon, 2006), pp. 2, 11 and *passim*。

21 Rodney Needham, 'Jātaka, Pañcatantra, and Kodi Fables', *Journal of the Humanities and Social Sciences of Southeast Asia*, cxvi (1960), pp. 232–262 (pp. 250–251). 有类似的故事见 Praphulladatta Goswami, *Essays on the Folklore and Culture of North-Eastern India* (Guwahati, 1982), p. 32.

22 该故事没有早期版本存世，最古老最完整的文本见奥维德的《女杰书简》18–19，不久后在庞贝的几幅壁画上有所呈现。

23 Abolqasem Firdawsi, *Shahnameh: The Persian Book of Kings*, trans. Dick Davis

---

[1] 实际为此版《西游记》引言引用《大唐大慈恩寺三藏法师传》中的内容，三藏法师所念经文为《心经》。"初，法师在蜀，见一病人，身疮臭秽，衣服破污，愍将向寺施与衣服饮食之直。病者惭愧，乃授法师此《经》，因常诵习。至沙河间，逢诸恶鬼，奇状异类，绕人前后，虽念观音不能令去，及诵此经，发声皆散，在危获济，实所凭焉。"——编辑注

[1997] (New York, 2006), pp. 70–101; Dick Davis, 'Women in the Shahnameh: Exotics and Natives, Rebellious Legends, and Dutiful Histories', in *Women and the Medieval Epic: Gender, Genre, and the Limits of Epic Masculinity*, ed. Sara Poor and Jana Schulman (New York, 2007), pp. 67–90 (p. 70).

24 关于罗马和希腊溺水者的名单，见 John McManamon, *Caligula's Barges and the Renaissance Origins of Nautical Archaeology under Water* (College Station, tx, 2016), p. 153, 以及他的'Neither Letters nor Swimming', pp. 257–258。

25 Pliny (*Natural Histories* 9.8.3–6), Aelian (*On Animals* 6.15), Aulus Gellius (*Attic Nights* 6.8) and Apion (*Aegyptiaca* 5) 记录了这个故事，他们都声称是自己亲眼看到的。

26 Isidore, *Etymologies* 5.27.35; Quran 11.50 (trans. Arthur Arberry, *The Koran Interpreted* (New York, 1955))。

27 Liu An（刘安）, *The Huainanzi*（《淮南子》）, trans. John Major et al. (New York, 2010), p. 57, Proverb 1.8; Schafer, 'Bathing Customs', pp. 61–62.

28 Pliny, *Natural Histories* 7.2, 根据公元前 200 年 Phylarchus 的记述，这可能与 Arrian 在 *Euxine Sea* 中曾反复描述的黑海水流较轻（较暖）因而漂浮在较重（较冷）的水面之上的现象有关。Plutarch (*Symposium* 5.7) 也引用了 Phylarchus 的话，说他们是可以用眼神（如普林尼所言）或呼吸让人生病的魔法师，但没有提到漂浮。

29 Zhuangzi（《庄子》）18, from *The Complete Works of Zhuangzi*, trans. Watson, p. 143 and *passim*; Aristotle, *History of Animals* 8.2; 见 Jessica Gelber, 'Aristotle on Essence and Habitat', *Oxford Studies in Ancient Philosophy*, xlviii (2015), pp. 267–293; Philo, *On the Creation*, xx–xxi, Loeb Classical Library 226, pp. 49–51; 另见 *Wisdom of Solomon* 19, 这本书大概也是与 Philo 同时代的 Alexandria 所著; Edward West, *The Sacred Books of the East: Pahlavi Texts* (Oxford, 1880), vol. i, p. 179。约一个世纪后，欧庇安在他的《渔人清话》中对这个想法进行了扩展；在中世纪晚期 *Sindbad the Sailor* 的故事中，这个想法再次出现 (*Sindbad the Sailor and Other Stories from the Arabian Nights*, trans. Laurence Housman (London, 1911), p. 38)。

第5章 学习游泳

1 Iamblichus, *Life of Pythagoras*; Herodotus, *Histories* 1.30.1. Martin Bernal's *Black Athena: The Afroasiatic Roots of Classical Civilization* (Ithaca, NY, 1987), vol. I, 这是第一次认真审视非洲人对希腊人的影响, 而如今有 Caitlín Eilís Barrett, 'Egypt in Roman Visual and Material Culture', Oxford Handbooks Online, May 2017, www.oxfordhandbooks.com, 和 Roger Matthews and Cornelia Roemer, ed., *Ancient Perspectives on Egypt* [2003] (London, 2016)。

2 Leviticus 19:19; Deuteronomy 22:11; Aeschylus, *Suppliants*, ll. 234–245; Molly Swetnam-Burland, *Egypt in Italy* (Cambridge, 2015), p. 20; Margarita Gleba, 'Linen Production in Pre-Roman and Roman Italy', in *Purpureae Vestes: Actas del i Symposium Internacional sobre Textiles y Tintes del Mediterráneo en época romana 2002*, ed. Carmen Alfaro Giner, John Wild and Benjamí Costa Ribas (Ibiza, 2004), pp. 29–38.

3 Herodotus, *Histories* 1.1.1: 他们陈设出货物来进行交易; 2.36–37: 埃及风俗; 2.43: 海拉克列斯与埃及。

4 Amelia Blanford Edwards, *Pharaohs, Fellahs and Explorers* (New York, 1891), p. 209; James Breasted, *The Battle of Kadesh: A Study in the Earliest Known Military Strategy* (Chicago, il, 1903), pl. iii.

5 馆藏的例子: oi a22289a; Harold Liebowitz, 'Late Bronze iiIvory Work in Palestine: Evidence of a Cultural Highpoint', *Bulletin of the American Schools of Oriental Research*, cclxv (1987), pp. 3–24 (pp. 12–14)。东方学研究所认为这些汤匙来自巴勒斯坦, 但这种说法显然有问题。另一个塞浦路斯勺子的例子见大英博物馆 1897, 0401.1125。

6 Ralph Thomas, *Swimming* (London, 1904), pp. 78–79.

7 不同的观点参见: Eric Chaline, *Strokes of Genius: A History of Swimming* (London, 2017), p. 91。

8 ii Kings 5:8–13; see also Leviticus 15:1–13; see Esti Dvorjetski, *Leisure, Pleasure and Healing: Spa Culture and Medicine in Ancient Eastern Mediterranean* (Leiden, 2007), p. 72.

9 Leviticus 11:9–12.

10 Zhong Guan (管仲), *Guanzi* (《管子》): *Political, Economic, and Philosophical*

Essays from Early China: A Study and Translation, trans. W. Allyn Rickett, vol. ii (Princeton, nj, 1998), pp. 454–455. "游泳者"一词是战斗的背景下对文本有误之处的修正。

11 Proverbs 17.5, 11.5; 11.21; 14.10; 14.14, in Liu An（刘安）, *The Huainanzi*（《淮南子》）, ed. and trans. John Major et al. (New York, 2010), pp. 404, 428, 541, 542, 666.

12 Shiju 49, 0166d; Edward Schafer, 'The Development of Bathing Customs in Ancient and Medieval China and the History of the Floriate Clear Palace', *Journal of the American Oriental Society*, lxxvi (1956), pp. 57–82 (p. 60).

13 David Knechtges, 'Southern Metal and Feather Fan: The "Southern Consciousness" of Lu Ji', and Xiaofei Tian, 'Fan Writing: Lu Ji, Lu Yun and the Cultural Transactions between North and South', both in *Southern Identity and Southern Estrangement in Medieval Chinese Poetry*, ed. Ping Wang and Nicholas Williams (Hong Kong, 2015), pp. 19–42 (p. 39) and pp. 43–78 (p. 43); Karen Carr, 'A Short History of Feather Fans' Spread and Cultural Connotations, from Bronze Age Africa East to China and West to Europe', *Journal of World History*, xxxiii (2022), pp. 1–36.

14 Schafer, 'Bathing Customs', p. 71. 青铜时代的埃及故事 *Story of the Green Jewel* 中提供了一个古老的故事版本，国王乘坐由穿着珠网裙的漂亮女孩划桨的小船 (Aylward Blackman, 'Philological Notes', *Journal of Egyptian Archaeology*, 11 (1925), pp. 210–215), 但此版本中省略了船只失事的情节。

15 Li Daoyuan（郦道元）, *Annotated Classic of Water*（《水经注》）, cited in Fan Ka-wai, 'The Period of Division and the Tang Period', in *Chinese Medicine and Healing: An Illustrated History*, ed. T. J. Hinrichs and Linda Barnes (Cambridge, ma, 2013), pp. 65–96 (p. 80).

16 士兵：莫高窟第 012 窟南壁 (www.e-dunhuang.com)，主画面右下方的左下角，有使用蛙泳泳姿的游泳者；swimmers, Cave 212 (Cave of the Seafarers), Kizil, Kucha, about 500 ce. Now in Museum für Indische Kunst, Berlin, iii 8398。Marylin Rhie, *Early Buddhist Art of China and Central Asia* (Leiden, 2010), fig. 5.50, after *Along the Ancient Silk Routes: Central Asian Art from the West Berlin State Museums*, ed. Herbert Härtel and Marianne Yaldiz, exh. cat., Metropolitan Museum of Art, New York, 1982, no. 15.

17 Lotus ponds and apsaras: Ceiling of Cave 257, Dunhuang (439–534 ce): Ning Qiang, *Art, Religion, and Politics in Medieval China: The Dunhuang Cave of the*

Zhai Family (Honolulu, hi, 2004), p. 33, fig. 1.20; Naomi McPherson, ed., *Frescoes and Fables: Mural Stories from the Mogao Grottoes in Dunhuang* (Beijing, 1998), p. 145; 更多有关游泳的飞天图像：The Maitrakanyaka Legend: Cave 212 (Cave of the Seafarers), *Along the Ancient Silk Routes*, pp.218–219. 另见敦煌217窟和420窟，以及四川出土的石碑：Dorothy Wong, 'Four Sichuan Buddhist Steles and the Beginnings of Pure Land Imagery in China', *Archives of Asian Art*, li (1998/9), pp. 56–79 (fig. 1a).

18 Xu Jing (Hsü Ching, 徐兢, 1093–1155), 中国出使高丽（今朝鲜）的使节, paraphrased by Schafer, 'Bathing Customs', p. 62。

19 In the *Nihon Shoki* and the *Kojiki*; Scott Clark, *Japan: A View from the Bath* (Honolulu, hi, 1994), pp. 21–22; Lesley Wynn, 'Self-Reflection in the Tub: Japanese Bathing Culture, Identity, and Cultural Nationalism', *Asia Pacific Perspectives*, xii (2014), pp. 61–78 (pp. 61, 67–68).

20 Stephen Turnbull, *The Samurai: A Military History* [1977] (New York, 1996), p. 53. 这个故事的一个变体是并木千柳（Namiki Senryu）和三好松洛（Miyoshi Shorak）的剧作 *Genpei Nunobiki no Taki* (Osaka, 1749) 的一部分。需要注意的是，它与苏维托尼乌斯和塔西佗讲述的关于罗马女皇阿格里皮娜及其奴隶侍女的早期故事之间的相似性以及不同之处（见第六章）。

21 *Odyssey* 5.334–457, trans. Emily Wilson (New York, 2017). 为了缩短这段重要的故事，我对这段诗进行了改写。

22 Jeffrey Hurwit, 'The Shipwreck of Odysseus: Strong and Weak Imagery in Late Geometric Art', *American Journal of Archaeology*, cxv (2011), pp. 1–18 (p. 7).

23 Boris Mijat, 'Schwimmer und Ertrinkende, Gefallene und Wasserleichen: Betrachtungen zu Seekrieg und Seenot in der geometrischen Vasenmalerei des 8. Jh.s. v. Chr.', *Skyllis: Zeitschrift für Unterwasserarchäologie*, i (2012), pp. 22–30.

24 Ibid., p. 27.

25 *Odyssey* 4.84, 4.226–232, 4.351; 中王国的故事改编自 Ernest Wallis Budge, *The Literature of the Ancient Egyptians* (London, 1914), p. 210; Tim Whitmarsh, *Narrative and Identity in the Ancient Greek Novel: Returning Romance* (Cambridge, 2011), p. 14; James Morrison, *Shipwrecked: Disaster and Transformation in Homer, Shakespeare, Defoe, and the Modern World* (Ann Arbor, mi, 2014), pp. 30–33。

26 Silius Italicus 1.261–264: ignotique amnis tranare sonantia saxa atque e diversa socios accersere ripa; Appian, Punica, 20, 讲述罗马将军西庇阿在第二次布匿战争期间对迦太基的围攻；Livy, *History of Rome* 28.36.12-13, 讲述迦太基将军马戈在同一战争中在西班牙对罗马人的袭击；见 John McManamon, '*Neither Letters nor Swimming*': *The Rebirth of Swimming and Free-Diving* (Leiden, 2021), p. 140. 尽管麦克马纳蒙提出汉尼拔重视游泳是因为他的父亲溺水而亡 (p137), 但据说哈米尔卡是在骑马渡河时淹死的, 而非游泳 (Diodorus Siculus 25.10.4)。

27 Jean Turfa, 'International Contacts: Commerce, Trade, and Foreign Affairs', in *Etruscan Life and Afterlife: A Handbook of Etruscan Studies*, ed. Larissa Bonfante (Detroit, mi, 1986), pp. 66–91 (p. 67); Jean Gran Aymerich and Jean Turfa, 'Economy and Commerce through Material Evidence: Etruscan Goods in the Mediterranean World and Beyond', in *The Etruscan World*, ed. Jean Turfa (New York, 2013), pp. 373–425.

28 Emmanuel Voutyras, 'The Introduction of the Alphabet', in *A History of Ancient Greek: From the Beginnings to Late Antiquity*, ed. Anastasios Phoivos Christidis (Cambridge, 2007), pp. 266–276 (p. 273).

29 Robert Palmer, *Rome and Carthage at Peace* (Stuttgart, 1997), pp. 55, 61 and *passim*.

30 Annette Rathje, 'Silver Relief Bowls from Italy', *Analecta Romana Instituti Danici*, ix (1980), pp. 7–47 (esp. pp. 11, 14); Bruno d'Agostino and Giovanni Garbini, 'La patera orientalizzante da Pontecagnano riesaminata', Studi Etruschi, xlv (1977), pp. 51–62 (p. 53).

31 Livy, *History of Rome* 2.10; 2.12.5; 2.13.6–9.

32 Diodorus Siculus, *Library of History* 14.114.6–7 (Battle of the Allia).

33 来自武尔奇, 由米卡利画家创作, 现藏于梵蒂冈博物馆, 目录编号 34604 (公元前 520- 前 510 年), 是其中一例。

34 R. Ross Holloway, 'The Tomb of the Diver', *American Journal of Archaeology*, cx (2006), pp. 365–388.

35 例如, British Museum 1909.0617.2, Hermitage Museum ko.-11; 希腊版本见 Metropolitan Museum of Art 31.11.13; Herodotus, *Histories* 4.23.2。

36 Thucydides, *History of the Peloponnesian War* 7.30.

37 Plutarch, *Life of Alexander* 58; Arrian, *The Campaigns of Alexander* 2.4.7–8; McManamon, '*Neither Letters nor Swimming*', pp. 132–133.

38 有关色雷斯人的内容：Herodotus, *Histories* 7.75; 与色诺芬和斯特拉博的记述相符；有关逃入湖中的内容：Appian, *Mithridates* 7.50。

39 Ammianus Marcellinus, *Res Gestae* 30.1.8. 他们最终骑马过了河。

40 例如，大英博物馆 gr 1837.6–9.59 (Cat. Vases E 135); 伊斯坦布尔考古博物馆，来自 Dascylenium 的骑马女性浮雕，公元前 5 世纪，https://flickr.com/photos/carolemage/5690685241。

41 Herodotus, *Histories* 1.8–10.

42 Johannes Haubold, 'The Achaemenid Empire and the Sea', *Mediterranean Historical Review*, xxvii (2012), pp. 5–24.

43 Vālmīki, *The Ramayana*, trans. Manmatha Dutt (Calcutta, 1893), pp. 1519, 1542, 1677, 1931 and *passim*.

44 *The Jataka Tales*, trans. Henry Francis and Edward Thomas, pp. 111, 405, 126; Uma Chakravarti, *The Social Dimensions of Early Buddhism* [1987] (Delhi, 1996), p. 137; *The India Travel Planner* (New Delhi, 1995), p. 359.

45 佛陀渡河：桑吉佛教古迹，公元前 3 世纪；河怪：马图拉博物馆，17.1344。图均见于：Sugata Ray, *Climate Change and the Art of Devotion: Geoaesthetics in the Land of Krishna, 1550–1850* (Seattle, wa, 2019), p. 41, figs 1.11, 1.12。

46 *The Jātaka*, vol. vi, p. 23.

第 6 章 古希腊和罗马

1 Herodotus, *Histories* 1.10.3, 1.131–140.

2 关于种族、身份等差异的区别，见 Edith Hall, *Inventing the Barbarian* (Oxford, 1989); Denise McCoskey, *Race: Antiquity and Its Legacy* (Oxford, 2012); and Rebecca Futo Kennedy, 'Why I Teach About Race and Ethnicity in the Classical World', *Eidolon*, 11 September 2017, https://eidolon.pub, accessed 4 May 2021。关于伯罗奔尼撒战争后希腊身份的研究，见 *Ethnicity and Identity in Herodotus*, ed. Thomas Figueira and Carmen Soares (Abingdon, 2020)。

3 Herodotus, *Histories* 6.44.3; Pausanias, *Description of Greece* 1.32.7.

4 Apollonides, in *Anthologia Palatina* 9.29; Herodotus, *Histories* 8.8; Frank Frost, 'Scyllias: Diving in Antiquity', *Greece and Rome*, xv (1968), pp. 180–185.

5 Herodotus, *Histories* 1.138, 8.89.

6 Pace Barry Strauss 认为波斯人"显然已经掌握了游泳技能"。*The Battle of Salamis: The Naval Encounter that Saved Greece and Western Civilization* (New York, 2004), p. 204.

7 Eleni Manolaraki, '*Aqua Trajana*: Pliny and the Column of Trajan', paper presented at the 103rd Meeting of the Classical Association of the Middle West and South, Cincinnati, oh, 2007; John McManamon, *Caligula's Barges and the Renaissance Origins of Nautical Archaeology Under Water* (College Station, tx, 2016), p. 168.

8 *Iliad* 21.136–199, 16.745–750. See John McManamon, *'Neither Letters nor Swimming': The Rebirth of Swimming and Free-Diving* (Leiden, 2021), pp. 63, 149.

9 Herodotus, *Histories* 1.136.2.

10 μήτε γράμματα μήτε νεῖν ἐπίστωνται: Plato, *Laws*, Book iii, 689d:"正如俗语所说,他们既不识字,也不会游泳。"荷马的作品中可能早已显露出这种态度,塞壬承诺,如果奥德修斯投海,她将授予"更先进的知识……足以了解地球上发生的事情"。*Odyssey* 12.188–191, trans. Emily Wilson (New York, 2018). 有关这则谚语的其他情况,见 McManamon, *'Neither Letters nor Swimming'*, pp. 5–6。

11 Cicero, *Letters to His Friends* 7.10; Ovid, *Ex Ponto* 1.8.38; Seneca, *Epistles* 83; Horace, *Odes* 3.7.

12 有关游泳竞赛: Pausanias 2.35, about 150 ce; 同见 Lucian, *Toxaris* 20, cited in Lionel Casson, *Ships and Seamanship in the Ancient World* (Baltimore, md, 1995), p. 181 n. 66; 稍晚时的诗人诺努斯也虚构过此类游泳比赛: *Dionysiaca* 11.7–55, 11.404–431; see McManamon, *'Neither Letters nor Swimming'*, pp. 164–165。

13 Strabo, *Geography* 6.2.9.

14 William Harris, *Ancient Literacy* (Cambridge, ma, 1989): 20%–30% 的希腊城市居民能够阅读。早在很久之前,Ralph Thomas 就曾质疑,大部分希腊人既不会阅读,也不会游泳 (*History and Bibliography of Swimming* (London, 1904), p. 88)。这使得 Fabio Maniscalco 有关"希腊人不会游泳和不会阅读一样都是异常现象"这一观点的可信度大大降低 ('Il Nuoto nel Mondo Antico', *Mélanges de l'école française de Rome*, 111 (1999), pp. 145–156)。

15 Suetonius, *Julius Caesar* 57.1 (the scouts) and 64 (the papers); Plutarch, *Caesar* 49; Appian, *Civil Wars* 2.13 (90). 恺撒并不是如阿庇安描述的那样在水中游泳,而是如 McManamon 所说,处于仅仅超出他身高的深度: φεύγων ἐς τὴν θάλατταν ἐξήλατο

καὶ ἐς πολὺ ἐν τῷ βυθῷ διενήξατο (McManamon, 'Neither Letters nor Swimming', p. 337). 要了解更明确的有关罗马人游泳的观点，见 Janick Auberger, 'Quand la nage devint natation...', *Latomus*, 55 (1996), pp. 48–62。

16 Andocides, Louvre f197 (Cp 3481) and Priam Painter, (Athens, 520–510 bce, now Museo Nazionale Etrusco 106463, Villa Giulia, Rome); Janet Grossman, 'Six's Technique at the Getty', *Greek Vases in the J. Paul Getty Museum*, v (1991), pp. 12–16 (p. 12, no. xxxii bis).

17 Robert Sutton 认为游泳者只是普通女性：'Female Bathers and the Emergence of the Female Nude in Greek Art', in *The Nature and Function of Water, Baths, Bathing and Hygiene from Antiquity through the Renaissance*, ed. Anne Scott and Cynthia Kosso (Leiden, 2009), pp. 61–86 (p. 69)。

18 Christopher Love 对此表示反对：'An Overview of the Development of Swimming in England, c. 1750–1918', *International Journal of the History of Sport*, xxiv (2007), pp. 568–585 (p. 569)。

19 Bruce Winter, *Roman Wives, Roman Widows: The Appearance of New Women and the Pauline Communities* (Grand Rapids, mi, 2003), p. 3; Elaine Fantham, 'The "New Woman": Representation and Reality', in *Women in the Classical World: Image and Text*, ed. Fantham et al. (Oxford, 1995), pp. 280–293.

20 Agrippina: Tacitus, *Annals* 14.5; Suetonius, *Nero* 34.3. 尼禄的使者当晚刺杀了阿格里皮娜。

21 Ovid, *Ars amatoria* 3.385–386: 体育场是不合你们的口味的，处女泉的冰冷的水也是和你们不合宜的。都斯古思的平静的河水中，你们也不会去的；Cynthia: Propertius, *Elegies* 1.11; Pausanias, *Description of Greece* 10.19.1。关于海德娜的完整参考资料，见 Dunstan Lowe, 'Scylla, the Diver's Daughter: Aeschrion, Hedyle, and Ovid', *Classical Philology*, cvi (2011), pp. 260–264。

22 Suetonius, *Tiberius* 44, *Domitian* 22; Alan Cameron, 'Sex in the Swimming Pool', *Bulletin of the Institute of Classical Studies*, xx (1973), pp. 149–150; Michael Charles and Eva Anagnostou-Laoutides, 'The Sexual Hypocrisy of Domitian: Suet, Dom. 8, 3', *L'Antiquité classique*, lxxix (2010), pp. 173–187 (p. 175 n.11).

23 Susan Walker, 'Carry-On at Canopus: The Nilotic Mosaic from Palestrina and Roman Attitudes to Egypt', in *Ancient Perspectives on Egypt*, ed. Roger Matthews and

Cornelia Roemer [2003] (London, 2016), pp. 263–278 (esp. p. 266).

24 Auberger, 'Quand la nage', pp. 49–50. Eric Chaline, *Strokes of Genius: A History of Swimming* (London, 2017), p. 91; McManamon, *Caligula's Barges*, p. 168; and now McManamon, 'Neither Letters nor Swimming', p. 151.

25 Euripides, *Hippolytus*, ll. 469–470.

26 关于公元前291年梅南德溺水事件的复杂来源，见 Menander, *Samia (The Woman from Samos)*, ed. Alan Sommerstein (Cambridge, 2013), p. 4。救援方式：Ovid, *Ex Ponto* 2.2.126, *To Messalinus*; 隐喻：*Ex Ponto* 2.3.1–48: *To Cotta Maximus*; 沉船：*Elegy* 10: *To Graecinus*, ll. 33–34。

27 John 6:19, Matthew 14:25, Mark 6:48–49. Tacitus, *Annals* 2.24: *monstros maris*.

28 Oppian, *Halieutica* 3.36–37; Emily Kneebone, *Oppian's Halieutica: Charting a Didactic Epic* (Cambridge, 2020).

29 Soranus of Ephesus, quoted in Caelius Aurelianus, *De acutis morbis* 2.44–48, and cited by Esti Dvorjetski in *Leisure, Pleasure and Healing: Spa Culture and Medicine in Ancient Eastern Mediterranean* (Leiden, 2007), p. 86; trans. Ralph Jackson, 'Waters and Spas in the Classical World', *Medical History*, suppl. 10 (1990), pp. 1–13 (p. 11).

30 Celsus, *De medicina* 4.12, 5.27.2; Dvorjetski, *Leisure, Pleasure and Healing*, p. 86; Brian Campbell, *Rivers and the Power of Ancient Rome* (Chapel Hill, nc, 2012), p. 338.

31 Aelius Aristides, *Orations* 48.20 K; *Hieroi Logoi* 2.78–80. For other examples, 见 Ido Israelowich, *Society, Medicine, and Religion in the Sacred Tales of Aelius Aristides* (Leiden, 2012), p. 90 and *passim*。

32 *Historia Augusta*, Hadrian 22.7–8. 更多资料见：Erwin Mehl, *Antike Schwimmkunst* (Munich, 1927), pp. 114–115。

33 Hippocrates, *Ancient Medicine* 21; *On Regimen in Acute Diseases* 18; Celsus, *De medicina* 3.21; Horace, *Satires* 2.1（这可能确实是讽刺，因为渡河三次后，人会出现在河对岸，如此一来就无法取回衣服了）;"涂油脂"：Oribasius 6.27. 就是这个原因，我以前经常在睡觉前带孩子们去游泳，效果非常好。贺拉斯可能在调侃自己的名字，就像那个游过台伯河的贺拉提乌斯一样。见 Alex Nice, 'C. Trebatius Testa and the British Charioteers: The Relationship of Cic. Ad. Fam. 7.10.2 to Caes. BG 4.25 and 33', *Acta Classica*, xlvi (2003), pp. 71–96。

34 Herodotus, *Histories* 7.176.3; Strabo, *Geography* 9.4.13; Galen, *On Medical*

Material 10.10:"因为我们也会变得冷却和坚硬,就像铁烧热后被浸入冷水一样"; The William Davidson Talmud: *Berakhot* 22a:"如果难以浸入仪式浴的冷水,也可以选择浸泡在加热的浴池中来净化自己……有浸泡在热水中的仪式吗? Rav Huna 说,实际上,有关浴室适用性的疑问已经出现。"

35 Plato, *Republic* 5.453d.

36 Kurt Schütze, 'Warum kannten die Griechen keine Schwimmwettkämpfe?', *Hermes*, 73 (1938), pp. 355–357, rejecting the older view represented by Mehl, *Antike Schwimmkunst*, pp. 61–62; Judith Swaddling, *The Ancient Olympic Games* [1980] (Austin, tx, 1999), p. 34; Donald Kyle, 'Greek Athletic Competitions: The Ancient Olympics and More', in *A Companion to Sport and Spectacle in Greek and Roman Antiquity*, ed. Paul Christesen and Donald Kyle (Hoboken, nj, 2014), pp. 21–35 (p. 31).

37 Campbell, *Rivers*, p. 335.

38 Josephus, *Antiquities of the Jews*, 15.3.3; Suetonius, *Tiberius* 44; Pliny the Younger, *Letters* 5.6.25–26.

39 分辨 *frigidarium*(冷水池)和 *natatio*(游泳池)并没有那么简单:*frigidaria* 通常被认为是室内,*natationes* 常在室外,但建筑史学家对卡拉卡拉浴场是否有顶棚并没有达成一致意见。

40 Fikret Yegül, *Bathing in the Roman World* (Cambridge, 2010), p. 16.

41 如 Chaline, *Strokes of Genius*, p. 13; Aelius Aristides, *Orations* 48.20; Israelowich, *Society, Medicine, and Religion*, p. 90 and *passim*。

42 Vegetius, *De re militari* 1.10. Vegetius 说服 Mehl (*Antike Schwimmkunst*, 69) 认为罗马人是出于军事原因而游泳的,但实际上并非如此。

43 Caterina Cicirelli, 'Comune di Ottaviano Località Bosco di Siervo', *Rivisti di Studi Pompeiani*, vii (1985–6), pp. 185–188 (p. 188); Ovid, *Metamorphoses* 4.353:"轮流划动双臂游泳着" and Manilius, *Astronomica* 5.422ff.:"轮流抬起双臂,作出缓慢掠过的姿势"; also Statius, *Thebaid* 6.544; 仰泳:Plato, *Phaedrus* 264a; Caitlín Eilís Barrett, *Domesticating Empire: Egyptian Landscapes in Pompeian Gardens* (Oxford, 2019), fig. 2.4; Manilius 5.428:"躺卧或侧卧着,让肢体保持不动"。在西班牙托莱多三四世纪维加巴哈别墅的马赛克画中,游泳者刚刚入水,他们伸展的手臂更像是在潜水而非蛙泳。正如 Guadalupe López Monteagudo 认为的,这种情景暗示这些游泳者可能是海绵或牡蛎潜水员。(López Monteagudo, 'Nets and Fishing

Gear in Roman Mosaics from Spain', in *Ancient Nets and Fishing-Gear: Proceedings of the International Workshop on 'Nets and Fishing Gear in Classical Antiquity: A New Approach'*, ed. Tønnes Bekker-Nielsen and Dario Bernal Casasola (Cádiz, 2007), pp. 161–185 (pp. 167, 174–175)). 关于其他支持爬泳占主导地位的观点，见 H. A. Sanders, 'Swimming among the Greeks and Romans', CJ, xx (1924–5), pp. 566–568。对于"（爬泳）在古代文献中很少见"和"他们多使用蛙泳"这样略显矛盾的观点，见 McManamon, *'Neither Letters nor Swimming'*, pp. 288–289, 337。

44 Pompeii house i.12.11; house vi.15.1; House of the Vettii, see Richard Engelmann, *Pompeii*, trans. Talfourd Ely (London, 1904), p. 87, fig. 122.

45 Ovid, *Heroides* 18.35–36, 以利安德给希罗写信的口吻："我忽生铁臂击浊流，……我直撞横冲到岸头。"

46 Statius, *Thebaid* 6.544.

47 Nonnus, *Dionysiaca* 7.184–189 (c. 425 ce): καὶ Σεμέλην ὀρόωσα παρ' Ἀσωποῖο ῥεέθροις/ λουομένην ἐγέλασσεν ἐν ἠέρι φοιτὰς Ἐρινὺς/ μνησαμένη Κρονίωνος, ὅτι ξυνήονι πότμῳ/ἀμφοτέρους ἤμελλε βαλεῖν φλογόεντι κεραυνῷ./ κεῖθι δέμας φαίδρυνε, σὺν ἀμφιπόλοισι δὲ γυμνή/ χεῖρας ἐρετμώσασα δι' ὕδατος ἔτρεχε κούρη:/ καὶ κεφαλὴν ἀδίαντον ἐκούφισεν ἴδμονι τέχνῃ/ὕψι τιταινομένη ὑπὲρ οἴδματος, ἄχρι κομάων/ ὑγροβαφής, καὶ στέρνον ἐπιστορέσασα ῥεέθρῳ/ ποσσὶν ἀμοιβαίοισιν ὀπίστερον ὤθεεν ὕδωρ. 在同一首诗中，海浪灌入男子的口中，终致他溺亡。更多讨论见 McManamon, *'Neither Letters nor Swimming'*, pp. 163–164。

48 Ovid, *Tristia* 2.485: 有人教游泳的秘诀; Plutarch, *Cato the Elder* 20.4; Suetonius, *Augustus* 62. Suetonius 声称 Caligula 不会游泳，旨在展示这个皇帝品行不佳 (*Caligula*, 54); Janick Auberger, 'Quand la nage devint natation...,' *Latomus*, 55 (1996), pp. 48–62。

49 Horace, *Satire* 1.4 120; Talmud: *Beitzah* 36b; Plautus, *Aulularia*, 595 ff.: 就像人们给初学游泳的小孩子送个筏子，便他少花点力气; Columella, *De re rustica*, 10.383.

第 7 章 士兵和潜水员

1 Xenophon, *Anabasis* 4.3.12; see also 1.5.10, 他们使用稻草和皮革制作漂浮装置 (thanks Stephen DeCasien)。Arrian, *Anabasis* 2.23; *Indica* 8.24, 在现今巴基斯坦的欣戈尔国家公园里；约翰·麦克马纳蒙对这些村民 "石器时代的幸存者" 的描述已经过时 (*'Neither Letters nor Swimming': The Rebirth of Swimming and Free-Diving* (Leiden, 2021), p. 125)。

2 For Diodorus Siculus' version, see Chapter Five. Livy, *History of Rome* 5.38.8, (*hausere gurgites*), 23.1.8–9, 27.47.8–9; McManamon, *'Neither Letters nor Swimming'*, pp. 136, 140. 据说罗马将军西庇阿是个游泳好手。

3 Livy, *History of Rome* 21.27–28; Caesar, *Civil Wars* 1.48.

4 Polybius, *Histories* 3.84: "被迫进入湖中，试图游泳，却被盔甲拽入水中"；Livy, *History of Rome* 22.6.5–7: "大部分无处可逃，只好先蹚进浅水里，尽量把头和肩膀露出水面。无端的恐惧驱使一些人试图通过游泳逃生，但在茫茫大海中，他们毫无希望。因此，他们要么精神崩溃，沉入无底深渊，要么白白累死，好不容易才折回浅水区，在那里他们被冲入水中的敌军骑兵屠戮殆尽。" 耐人寻味的是，据说塞托里厄斯在公元前 2 世纪曾带着胸甲和盾牌游过罗讷河，而公元前 2 世纪的一块墓碑 (Corpus Inscriptionum Latinarum (CIL) 3.3676) 记载了哈德良皇帝的一名护卫骑兵全副武装游过多瑙河的事迹：Plutarch, *Sertorius* 3.1, 见 McManamon, *'Neither Letters nor Swimming'*, pp. 139–141; Michael Speidel, 'Swimming the Danube under Hadrian's Eyes: A Feat of the Emperor's Batavi Horse Guard', *Ancient Society*, xx (1991), pp. 277–282; Mary Boatwright, 'Hadrian', *Lives of the Caesars*, ed. Anthony Barrett (Oxford, 2009), pp. 155–180 (p. 164)。即使在 4 世纪，罗马士兵仍为如何渡河而头痛：Ammianus Marcellinus 24.2, 24.6。

5 Livy 42.61.6–8, cited by McManamon, *'Neither Letters nor Swimming'*, pp. 140–141. Chaline, *Strokes of Genius*, p. 98; Appian, *Civil Wars* 5.11.104; Caesar (attrib.), *Spanish Wars*, 1.40; Plutarch, *Caesar* 16; Caesar, *Gallic Wars* 4.25: *maxime propter altitudinem maris*; Caesar, *Gallic Wars* 4.25, Cicero, *Letters to His Friends* 7.10.2, Vegetius, *De re militari* 1.10: *Natandi usum aestiuis mensibus omnis aequaliter debet tiro condiscere*; McManamon, *Neither Letters nor Swimming*, pp. 153–155; Alex Nice, 'C. Trebatius Testa and the British Charioteers: The Relationship of Cic. Ad. Fam. 7.10.2 to Caes. bg 4.25 and 33', *Acta Classica*, xlvi (2003), pp. 71–96, H. A. Sanders, 'Swimming among

the Greeks and Romans', *Classical Journal*, xx (1924–5), pp. 566–568 (p. 567). See for the chronology of the texts T. P. Wiseman, 'The Publication of De Bello Gallico', in *Julius Caesar as Artful Reporter*, ed. K. Welch and A. Powell (London, 1998), pp. 1–9.

6 Nicholas Wynman 在 16 世纪以民族主义的方式宣扬了德国人一直是游泳好手的观点，而第三帝国希望强调德国身份和体育运动，这种愿望在 1937 年出版的 *Colymbetes* 中体现出来，见 McManamon, 'Neither Letters nor Swimming', p. 263。

7 Chaline, *Strokes of Genius*, p. 98; Caesar, *Gallic Wars* 1.53, 4.15. 普林尼在《修辞学》中认为日耳曼人擅长游泳，但没有举例说明（*Panegyricus* 82.6）。公元 2 世纪，塔西佗确实提到了德国人（公元 69 年）曾成功游到波河的一个岛上 (*nando*; *Histories* 2.35)，到了 3 世纪，卡西乌斯描述不列颠人裸体游泳过河，而罗马人必须依赖船只 (Epitome 62.5.6, see Eric Adler, 'Boudica's Speeches in Tacitus and Dio', *Classical World*, ci (2008), pp. 173–195 (p. 189))，同时艾罗迪亚鲁斯也认为德国人会游泳 (7.2.6)。然而，到了 4 世纪，德意志人在被逼进入河中时仍然会溺水 (Ammianus Marcellinus 16.11.8–9, 16.12.55–57; Libanius 18.60)。

8 Tacitus, *Annals* 14.29.

9 Tacitus, *Agricola* 18: 他出其不意地发动了一次进攻，以至于那些对舰队、战舰和海上进攻抱有怀疑态度的敌人认为，对于以这种方式参战的人来说，没有什么是困难的，也没有什么是不可战胜的。

10 Tacitus, *Agricola* 18: 留下所有的装备，最优秀的辅助人员，他们熟悉渡口，拥有祖传的游泳经验，能够同时照顾自己、武器和马匹；同见 *Histories* 4.12; Cassius Dio, *Roman History* 60.20.2: 凯尔特人……的风俗（精神）是即便穿着盔甲，也能轻松地跳入最湍急的水中。

11 Tacitus, *Histories* 5.14: "这样的一种地形对我们是十分不利的，因为我们不知道浸水地面的情况，这一点对我们很危险。要知道，罗马士兵背负的武器很重，而且是害怕游泳的。但另一方面，日耳曼人却习惯于渡河，而且用的是轻武装，他们的高大的身材使他们能够把自己的头保持在水面之上。" 见 McManamon, 'Neither Letters nor Swimming', pp. 145–146; Cassius Dio, 60.20.5–6: "他们准确地知道哪个地方是容易通过的浅滩，当追赶他们的罗马人受阻时，凯尔特人又游了回来。"

12 Thucydides, *History of the Peloponnesian War* 4.26.8（文本中仅仅提到 *divers*，但值得注意的是，托马斯·霍布斯在 1843 年的翻译中将其翻译为 *such as could*

dive), 7.25.5–7; Arrian, *Anabasis* 2.21。

13 Oppian, *Halieutica* 4.593–615; CIL, xiv, suppl. 4620 and note to l. 9, cited in Lionel Casson, *Ships and Seamanship in the Ancient World* (Baltimore, md, 1995), p. 370 n. 45.

14 cil, vi, 1872; Aristotle (或某个自称亚里士多德者), *Problems* 32; both cited by Frank Frost, 'Scyllias: Diving in Antiquity', *Greece and Rome*, xv (1968), pp. 182, 184; McManamon, 'Neither Letters nor Swimming', pp. 2, 226.

15 Oppian, *Halieutica* 5.612–674, 见 Emily Kneebone, *Oppian's Halieutica: Charting a Didactic Epic* (Cambridge, 2020)。

16 Arrian, *Anabasis* 2.22.5: 水手被关的倒不多，因为他们一看到自己的船只被困，就跳进水里，没有多大困难就游进港内。

17 i Maccabees 9:48, *c*. 150 bce; *Acts* 27:42–44.

18 Josephus, *Antiquities of the Jews* 15.3.3; 年轻男性是阿利斯托布鲁斯三世。

19 Matthew 14:22–33.

20 Josephus, *Jewish Wars* 3.522 (3.10.9).

21 Manal Shalaby, 'The Middle Eastern Mermaid: Between Myth and Religion', in *Scaled for Success: The Internationalisation of the Mermaid*, ed. Philip Hayward (Bloomington, in, 2018), pp. 7–20 (fig. 1); Stefanie Hoss, *Baths and Bathing: The Culture of Bathing and the Baths and Thermae in Palestine from the Hasmoneans to the Moslem Conquest*, British Archaeological Reports International Series 1346 (Oxford, 2005), p. 90.

22 *The Selections of Zadspram*, trans. Edward West [1880], ed. Joseph Peterson (Kasson, mn, 1995), pp. 32–33.

23 Ausonius, *Mosella* 270–282; Strabo, *Geography* 17.1.44; Pliny, *Natural History* 8.38.

24 Philo, *Concerning Noah's Work as a Planter* xxxv (trans. adapted from Francis Colson and George Whitaker, Loeb Classical Library 247, p. 287); Philo, *On the Creation* li (trans. Colson and Whitaker, Loeb Classical Library 226, p. 117). 同见 Philo, *The Confusion of Tongues* xv。

25 Philo, *On the Creation* xx–xxi (Loeb Classical Library 226, pp. 49–51). 其他例子见 Chapter Four。

26 Philo, *On the Confusion of Tongues* 3.1.3, 15.66, 27.100.

第8章　中世纪的亚洲

1 Xue Juzheng（薛居正）, *Jiu Wudai Shi* (《旧五代史》, 约970), in *Twenty-Four Histories*, ed. Sun Xingwu (Beijing, 2012).

2 Sima Guang et al.（司马光等）, *Zizhi Tongjian* (《资治通鉴》, 1084) 16.352–353, 引自 Johannes Kurz, *China's Southern Tang Dynasty, 937-976* (Abingdon, 2011), p. 80。

3 Tang Dynasty lexicographer Hui-lin, quoted in Edward Schafer, *The Golden Peaches of Samarkand: A Study of T'ang Exotics* [1963] (Berkeley, ca, 2016), p. 125; Zhu Yuchen and Hu Renfen, 'A Brief Analysis of Semantic Interactions between Loanwords and Native Words in the Tang Dynasty', in *Chinese Lexical Semantics: 20th Workshop*, ed. Zhang Yangsen and Hong Jia-Fei (Berlin 2020), pp. 123–129 (p. 124).

4 Edward Schafer, 'The Development of Bathing Customs in Ancient and Medieval China and the History of the Floriate Clear Palace', *Journal of the American Oriental Society*, lxxvi (1956), pp. 57–82 (pp. 60–61, 65); Tansen Sen, *Buddhism, Diplomacy, and Trade: The Realignment of SinoIndian Relations, 600-1400* (Honolulu, hi, 2003), p. 46; Fan Ka-wai, 'The Period of Division and the Tang Period', in *Chinese Medicine and Healing: An Illustrated History*, ed. T. J. Hinrichs and Linda Barnes (Cambridge, ma, 2013), pp. 65–96 (p. 80).

5 Men Yuanlao（孟元老）, *Dongjing Meng Hua Lu* (《东京梦华录》, 1187); *Sports and Games in Ancient China* (Beijing, 1986), p. 66; Chongbang Cai et al.（蔡崇榜等）, *A Social History of Middle-Period China: The Song, Liao, Western Xia and Jin Dynasties*（《宋辽西夏金社会生活史》）(Cambridge, 2016), pp. 479–480.

6 Ching-hsiung Wu, untitled, in *T'ien Hsia Monthly*, 2 (1936), p. 106; Zhiling Huang, 'Dragon Boat Races Popular on Holiday', *China Daily*, 13 June 2013.

7 Men Yuanlao, *Dongjing Meng Hua Lu* (1187); Victor Mair et al., *Hawai'i Reader in Traditional Chinese Culture* (Honolulu, hi, 2005), p. 416; Cai, *Social History of Middle-Period China*, p. 480; L. Han, 'Racing for the Target: The Imperial Symbolism of Boat Racing in Song China, 960–1279 ce', *Chinese Semiotic Studies*, 11 (2015), pp. 135–157.

8 Paolo Squatriti, *Water and Society in Early Medieval Italy*, ad 400-1000 (Cambridge, 1998), p. 58; John Chrysostom, *Homily 7 on Matthew* 7; 见 Ze'ev Weiss, *Public Spectacles in Roman and Late Antique Palestine* (Cambridge, ma, 2014), p. 139。John McManamon 认为，女性极有可能是在裸泳 (McManamon, *'Neither Letters nor

Swimming': The Rebirth of Swimming and Free-Diving (Leiden, 2021), pp. 166–167。

9　Jalal al-Din al-Suyuti, *History of the Caliphs*, trans. Henry Jarrett (Calcutta, 1881), p. 417.

10　哈兹拉特·伊本·奥马尔（Hazrat ibn Umar）传达了这样一则圣训："教育你的孩子游泳、射箭和骑马。"另一则圣训说："任何没有念及主的行为，要么是分心，要么是疏忽，除了四件事：射箭时从一个靶子走到另一个靶子，练习骑术，陪伴妻子，以及学习游泳。"(*Targheeb Wa Tarheeb* 2, p. 389; Al-Tabarani, *Dar Ihya al-Turaath*). 9世纪，阿尔·穆巴拉德（Al-Mubarrad）巴格达也转达了奥马尔·伊本·哈塔卜的建议，即人们应该教会自己的孩子骑马、游泳、射箭。见 al-Mubarrad, *The Kamil of el-Mubarrad*, ed. William Wright (Leipzig 1874–1892), vol. i, p. 185, cited in Khahil Totah, *The Contribution of the Arabs to Education* [1926] (New York, 2002), p. 50。

11　The William Davidson Talmud: *Kiddushin* 29a.

12　Talmud: *Niddah* 51b; Quran 5:96. 16世纪，大马士革的伊本·图伦拒绝食用贝类 (*al-Dhakhā'ir al-Qaṣr*, biography of Muḥammad b. ʿAbd al-Qādir b. ʿAlī al-ʿŪshī al-Shāfiʿī)。See Torsten Wollina, 'Biography of a Crustacean', in *Damascus Anecdotes*, 4 April 2018, and 'The Crustacean Returns: A Possible Context for Ibn Tulun's Observations', in *Damascus Anecdotes*, 25 August 2019, https://thecamel.hypotheses.org.

13　Talmud: *Pesachim* 16a, *Leviticus* (*Kohanim*) 15:16–17 and so on.

14　Talmud: *Shabbat* 40b, 41a, *Beitzah*, *Baba Bathra* 74b. See Stefanie Hoss, *Baths and Bathing: The Culture of Bathing and the Baths and Thermae in Palestine from the Hasmoneans to the Moslem Conquest*, British Archaeological Reports International Series 1346 (Oxford, 2005), pp. 67–70.

15　Talmud: *Niddah* 51b, *Berakhot* 16, *Taanit* 13a, *Moed Katan* 3; Maimonides, *Mishneh Torah* 7.

16　*Justinian Code* 23.3.16; Fikret Yegül, *Bathing in the Roman World* (Cambridge, 2010), pp. 182–183; also Hoss, *Baths and Bathing*, p. 94; Talmud *Shabbat* 41a（尽管此例证的确设想了在河中沐浴的场景）.

17　John Moschus, *Pratum spirituale*, 重述于 Garrett Fagan, *Bathing in Public in the Roman World* (Ann Arbor, mi, 1999), p. 27。这个故事在 Elpidio Mioni, 'Il Pratum

Spirituale di Giovanni Mosco: Gli episodi inediti del Cod. Marciano greco ii, 21', *Orientalia Christiana Periodica*, xvii (1951), pp. 61–94 (pp. 92–93, no. 11)。

18 Stephanus Byzantinus, *Εθνικων Quae Supersunt*, ed. Anton Westermann (Leipzig, 1839), p. 138.

19 Al-Yaʽqūbī, 'The History (Taʼrīkh): The Rise of Islam to the Reign of al-Muʼtamid', in *The Works of Ibn Wāḍiḥ al-Yaʽqūbī*, ed. and trans. Matthew Gordon et al. (Leiden, 2018), vol. iii, pp. 595–1294 (pp. 977, 1059, 1069, 1154).

20 Ahmad Ibn Yahya al-Baladhuri, *Kitab Futuh al-Buldan*, trans. Philip Khurri Hitti (New York, 1916), pp. 356, 385.

21 *The Confessions of al-Ghazali*, trans. Claud Field (London, 1909), pp. 39–40.

22 Talmud: *Gittin* 67b, *Avodah Zarah* 28b.

23 Ibn Sina, *Canon of Medicine*, in *Avicenna's Medicine: A New Translation*, trans. Mones Abu-Asab, Hakima Amri and Mark Micozzi (Toronto, 2013), 3.16.3; 2.9.19; 3.13.2; 3.13.5.

24 Nicholas McLeod, 'Race, Rebellion, and Arab Muslim Slavery: The Zanj Rebellion in Iraq, 869–883 c', ma thesis, University of Louisville, 2016, pp. 89ff.; al-Tabari, *The History of al-Tabarī*, vol. xxxvi: *The Revolt of the Zanj*, trans. David Waines (Albany, ny, 1991), pp. 44, 138.

25 Jeffrey Fynn-Paul, 'Empire, Monotheism and Slavery in the Greater Mediterranean Region from Antiquity to the Early Modern Era', *Past and Present*, ccv (2009), pp. 3–40 (p. 22).

26 *Akhbār majmūʼa fī fath al-Andalus* (Collected Reports on the Conquest of al-Andalus), cited in Janina Safran, *The Second Umayyad Caliphate: The Articulation of Caliphal Legitimacy in Al-Andalus* (Cambridge, ma, 2000), pp. 127–128.

27 Qasim al-Samarrai, 'Abbasid Gardens in Baghdad and Samarra', *The Authentic Garden: A Symposium on Gardens*, ed. Leslie Tjon Sie Fat and Erik de Jong (Leiden, 1991), pp. 115–122.

28 Adapted from Mansur al-Hallaj, *'I am the Truth' (Anal Haq): Diwan of al-Hallaj*, trans. Paul Smith, revd edn (Campbells Creek, Vic., 2016), pp. 123, 365; and Mansur al-Hallaj, *Hallaj: Poems of a Sufi Martyr*, trans. Carl Ernst (Evanston, il, 2018), p. 76; 另有更多例证。

29 'The Story of the Fisherman and the Demon', in *The Arabian Nights*, trans. Husain Hadawy, ed. Muhsin Mahdi (New York, 1990), p. 32; see Manal Shalaby, 'The Middle Eastern Mermaid: Between Myth and Religion', in *Scaled for Success: The Internationalisation of the Mermaid*, ed. Philip Hayward (Bloomington, in, 2018), pp. 7–20 (pp. 13–15).

30 Abul-Qâsem Firdawsi, *Shahnameh: The Persian Book of Kings*, trans. Dick Davis [1997] (New York, 2006), pp. 302, 383.

31 Ananias of Sirak, *Geography*, ed. and trans. Robert Hewsen (Wiesbaden, 1992). 6世纪罗马历史学家普罗珀乌斯曾提到斯拉夫人对河流的敬畏，另：Procopius, *De bellis* 7.14.24: 他们崇拜河流、山泽女神和其他的一些神灵。

32 *The Song of Igor's Campaign: An Epic of the 12th Century*, trans. Vladimir Nabokov (New York, 1960), p. 18; 其他译本及相关讨论见 Henry Cooper, *The Igor Tale: An Annotated Bibliography of 20th Century Non-Soviet Scholarship on the Slovo O Polku Igoreve* (White Plains, ny, 1978)。

33 John Windhausen 声称"像篝火跳跃、摔跤、拳击、投矛和游泳这样的'普遍运动'在描述早期贵族、德鲁日尼和博亚尔生活方式的文献中经常出现"，但他引用的 1962 年出版的《体育通史》并未令人信服：Windhausen and Irina Tsypkina, 'National Identity and the Emergence of the Sports Movement in Imperial Russia', in *International Journal of the History of Sport*, vol. xii: *Tribal Identities: Nationalism, Europe, Sport*, ed. James Mangan (London, 1996), pp. 164–182 (p. 165), citing Vitally Stolbov and Ivan Chudinov, *Istoriia fizicheskoi kultury* (Moscow, 1962), pp. 79–84。Edward Keenan 认为《伊戈尔远征记》可能创作于 18 世纪而非 12 世纪 (*Josef Dobrovský and the Origins of the Igor' Tale*, Cambridge, 2003), but see Robert Mann's review and rebuttal in *Slavic and East European Journal*, xlviii (2004), pp. 299–302。

34 *The Russian Primary Chronicle* (also called the *Chronicle of 1113*), ed. and trans. Samuel Cross and Olgerd Sherbowitz-Wetzor (Cambridge, ma, 1953), p. 85, for the year 968 ce.

35 Basil Dmytryshyn, *Medieval Russia: A Source Book, 850-1700*, 3rd edn (Boston, ma, 1991), pp. 59, 60–61, 89 (*Tale of Igor*), 130 and 236 (both *Chronicle of Novgorod*).

36 *Russian Primary Chronicle*, pp. 54, 74, 79, 170.

37 Ibn Battuta, *Travels in Asia and Africa, 1325-1354*, trans. and ed. Hamilton Gibb, Hakluyt Society, 2nd ser., vols 110, 117, 141, 178, 190 [1929] (London, 1994), p. 481.

38 *Ibi magnam Sclavorum multitudinem reperit, eiusdem fluminis alveo... lavandis corporibus se immersisse. Quorum nuda corpora animal, cui praesidebat, pertimescens, tremere coepit, et ipse vir Dei eorum fetorem exhorruit* (Eigil Fuldensis, *Vita S. Sturmii*, Patrologia Latina cv, 7. 这段误译将南斯拉夫人描述为正在游泳，见 Eigil, Bishop of Fulda, 'The Life of St Sturm', in *The Anglo-Saxon Missionaries in Germany, Being the Lives of SS. Willibrord, Boniface, Leoba and Lebuin together with the Hodoepericon of St Willibald and a selection from the correspondence of St Boniface*, ed. and trans. Charles Talbot (London, 1954), p. 186。

39 Most recently Michael McCormick, 'Slavery from Rome to Medieval Europe and Beyond: Words, Things, and Genomes', in *On Human Bondage: After Slavery and Social Death*, ed. John Bodel and Walter Scheidel (Chichester, 2016), pp. 249–264 (pp. 250–251; Fynn-Paul, 'Empire, Monotheism and Slavery', pp. 4–5: 'the rise of Christian and Islamic monotheism created a hyper-exploitation of African and Russian populations for slaving purposes'; Nell Painter, *The History of White People* (New York, 2010), pp. 32–35; also by McCormick, 'New Light on the "Dark Ages": How the Slave Trade Fuelled the Carolingian Economy', *Past and Present*, clxxvii (2002), pp. 17–54, and *Origins of the European Economy: Communications and Commerce*, ad 300-900 (Cambridge, 2001); Charles Verlinden, *L'Esclavage dans l'Europe médiévale* (Ghent, 1955–1977).

40 Martin Ježek, 'A Mass for the Slaves: from Early Medieval Prague', *Frühgeschichtliche Zentralorte in Mitteleuropa*, ed. Jiří Macháček and Šimon Ungerman (Bonn, 2011), pp. 623–642; Joachim Henning, 'Slavery or Freedom? The Causes of Early Medieval Europe's Economic Advancement', *Early Medieval Europe*, xii (2003), pp. 269–277.

第 9 章　中世纪的欧洲

1 Tertullian, *De spectaculis* 8.9–10; Clement of Alexandria, *Paidagogus* 3.31–32, 46–48; Palladius 1.39: 此事能带来愉悦，又有益健康； Augustine, *Confessions* 9.12.32, Isidore, *Etymologies* 15.2.40; John McManamon, *'Neither Letters nor Swimming'*: The

Rebirth of Swimming and Free-Diving (Leiden 2021), p. 183; Elizabeth Archibald, 'Bathing, Beauty and Christianity in the Middle Ages', *Durham University Insights*, v (2012), pp. 2–13; Garrett Fagan, *Bathing in Public in the Roman World* (Ann Arbor, mi, 1999), p. 88; Fikret Yegül, *Baths and Bathing in Classical Antiquity*, revd edn (Cambridge, ma, 1995), pp. 315–317。

2 *Beowulf*, ll. 508–516; 有关早期中世纪英国人游泳的其他例子，见 Nicholas Orme, *Early British Swimming, 55 bc–ad 1719* (Exeter, 1983), pp. 12–13。

3 *The Life and Death of Cormac the Skald*, trans. William Collingwood and Jón Stefansson (Ulverston, 1901), p. 36.

4 Ammianus Marcellinus, *Histories* 31.4.5.

5 Gregory of Tours, *History of the Franks*, 3.15, 5.49, 6.26; McManamon, 'Neither Letters nor Swimming', pp. 177–178.

6 Gregory of Tours, *Glory of the Martyrs* 68, in Raymond Van Dam, *Gregory of Tours: Glory of the Martyrs* (Liverpool, 1988), pp. 92–93, or ibid. 69 (*statum super aquas ferri coepit*). 在接下来的故事（69/70）中，上帝在水下放置了一根柱子，让无辜的女人站在上面。

7 此类提及首次出现在 8 世纪。这两位圣人可能是虚构的，他们为人所知是由于莎士比亚在他《亨利六世》中有关圣·克里斯平日的演说，见 A.H.M. Jones, John Martindale and John Morris, *The Prosopography of the Later Roman Empire*, vol. i: ad 260-395 (Cambridge, 1971), p. 766。溺水的故事见 Paul the Deacon, *History of the Lombards* 6.35; McManamon, 'Neither Letters nor Swimming', pp. 180–181。

8 Paul the Deacon, *History of the Lombards* 1.15; Einhard, *Life of Charlemagne* 22. 我为一个研讨会写了一篇关于 Suetonius 对 Einhard 影响的论文，但尚未发表，我将引用 Matthew Innes, 'The Classical Tradition in the Carolingian Renaissance: Ninth-Century Encounters with Suetonius', *International Journal of the Classical Tradition*, iii (1997),pp. 265–282。McManamon 对查理曼大帝游泳持怀疑态度，但 Einhard 明确表示是游泳 (McManamon, 'Neither Letters Nor Swimming', pp. 179–180)。无论如何，我们都一致认为游泳在中世纪被认为只适合"少数特定群体"(p. 184)。

9 Ambrose of Milan, *Exposition of the Christian Faith* 5.16.194; Jerome, *Apology against Rufinus* (Book ii); Paulinus' letter to Augustine (Letter 25) in 394 ce; John Cassian, 'The Discourse of the Old Man on the State of the Soul and its Excellence',

Conferences, chap. 4.

10 Cyprian, *On the Dress of Virgins* (*De habitu virginum*) 19, 见 David Brakke, *Athanasius and the Politics of Asceticism* (Oxford, 1995), pp. 42–43, Athanasius, *Second Letter to Virgins*, in Brakke, *Athanasius*, p. 297, chap. 15–17。Jerome, Letter 22: *Ad Eustochium*, Patrologia Latina xx, 12; Archibald, 'Bathing, Beauty and Christianity', pp. 4–5; Elizabeth Archibald, 'Did Knights Have Baths? The Absence of Bathing in Middle English Romance', in *Cultural Encounters in the Romance of Medieval England*, ed. Corinne Saunders (Cambridge, 2005), pp. 101–115.

11 Vaughn Scribner, *Merpeople: A Human History* (London, 2020), pp. 39–40; 在帕维亚的市立博物馆中，有一个12世纪的早期例子，描绘了一个美人鱼展开自己的尾巴。

12 Jamil Abun-Nasr, *A History of the Maghrib in the Islamic Period* (Cambridge, 1987), p. 95.

13 Peter Alphonsi, *The Disciplina Clericalis of Petrus Alfonsi*, ed. and trans. Eberhard Hermes (London, 1977), pp. 113–115, cited in Orme, *Early British Swimming*, p. 28.

14 Jeffrey Fynn-Paul, 'Empire, Monotheism and Slavery in the Greater Mediterranean Region from Antiquity to the Early Modern Era', *Past and Present*, ccv (2009), pp. 3–40 (p. 31).

15 Suger, *The Deeds of Louis the Fat* 11, trans. Richard Cusimano and John Moorhead (Washington, dc, 1992), p. 56. 关于中世纪人不锻炼或不重视游泳的相反观点，见 John McClelland, *Body and Mind: Sport in Europe from the Roman Empire to the Renaissance* (London, 2007), pp. 4, 36–50, 以及 McManamon, 'Neither Letters nor Swimming', pp. 175–181。

16 Modernized slightly from 'The Song of Roland' 201, in *Epic and Saga: Beowulf; The Song of Roland; The Destruction of Dá Derga's Hostel; The Story of the Volsungs and Niblungs*, trans. John O'Hagan, ed. Charles Eliot (New York, 1909), p. 176. 在与之相关的12世纪西班牙的 *Chronicle of the Cid* 中有一个类似的情节，伊斯兰摩拉维德军队因洪水和高水位而被吓退，未能解救瓦伦西亚的围困：*Chronicle of the Cid* 6.14, trans. Robert Southey (London, 1808)。

17 Marina Montesano, *Classical Culture and Witchcraft in Medieval and Renaissance Italy* (London, 2018), p. 40.

18 Ibn Sina, *Canon of Medicine*, in *Avicenna's Medicine: A New Translation*, trans. Mones Abu-Asab, Hakima Amri and Mark Micozzi (Toronto, 2013), 2.9.19.

19 译自本人，参阅 Lambert of Ardres, *The History of the Counts of Guines and Lords of Ardres*, trans. Leah Shopkow (Philadelphia, pa, 2011), p. 169。她是 Ardres 的妻子。Orme, *Early British Swimming*, p. 37, 表达了对女性游泳的负面评价，但结合上下文可知，这种评价比他的描述还要积极。

第10章 中亚大国

1 *Formulae Liturgicae Slavicae*, in *Select Historical Documents of the Middle Ages*, trans. Ernest Henderson (London, 1910), pp. 314–317.

2 Russell Zguta, 'The Ordeal by Water (Swimming of Witches) in the East Slavic World', *Slavic Review*, xxxvi (1977), pp. 220–230 (p. 225). 更多有关女巫和游泳的内容，见第16章和第19章。

3 *Gesta Principum Polonorum: The Deeds of the Princes of the Poles,* ed. and trans. Schaer Frank Gallus and Paul Knoll (Budapest, 2003), p. 189. Vistula 的水位变化很大，从夏末到初春，水位通常很低，而春季则会发生洪水。

4 Ibid., pp. 53 (也许是 Bug River, 夏天经常可以涉水而过), 155, 285.

5 Henry Cooper, *The Igor Tale: An Annotated Bibliography of 20th Century NonSoviet Scholarship on the Slovo O Polku Igoreve* (White Plains, ny, 1978), p. 16.

6 Stanford Shaw, *History of the Ottoman Empire and Modern Turkey* (Cambridge, 1976), vol. i, p. 19.

7 Stephen Chrisomalis, *Numerical Notation: A Comparative History* (Cambridge, 2010), p. 275.

8 Hélèna Bellosta, 'Burning Instruments: From Diocles to Ibn Sahl', *Arabic Sciences and Philosophy*, xii/2 (2002), pp. 285–303; Jim Al-Khalili, *The House of Wisdom: How Arabic Science Saved Ancient Knowledge and Gave Us the Renaissance* (London, 2011), pp. 152–171; David Lindberg, *Roger Bacon: Perspectiva* (Oxford, 1996), introduction and p. 345; Vincent Ilardi, *Renaissance Vision from Spectacles to Telescopes* (Philadelphia, pa, 2007), p. 4; Shen Kuo (or Gua), *Brush Talks from Dream Brook*, trans. Wang Hong and Zhao Zheng (Reading, 2011), pp. 31–32; Ya Zuo, *Shen Gua's Empiricism* (Cambridge, ma, 2018), p. 185; Oliver Moore, 'Zou Boqi on Vision

and Photography in Nineteenth-Century China', in *The Human Tradition in Modern China*, ed. Kenneth Hammond and Kristin Stapleton (Plymouth, 2008), pp. 33–54 (p. 42).

9 Pliny, *Natural Histories* 34.41; Alan Williams, *The Sword and the Crucible: A History of the Metallurgy of European Swords up to the 16th Century* (Leiden, 2012), p. 26.

10 Ibid., pp. 35 and 39.

11 Ibid., pp. 35ff; Ann Feuerbach, 'The Glitter of the Sword: The Fabrication of the Legendary Damascus Steel Blades', *Minerva*, xiii (2002), pp. 45–48 (p. 45).

12 Alan Williams, 'Crucible Steel in Medieval Swords', in *Metals and Mines: Studies in Archaeometallurgy*, ed. Susan La Niece, Duncan Hook and Paul Craddock (London, 2007), pp. 233–241; Anna Fedrigo et al., 'Extraction of Archaeological Information from Metallic Artefacts: A Neutron Diffraction Study on Viking Swords', *Journal of Archaeological Science: Reports*, xii (2017), pp. 425–436 (p. 426); Jeffrey Fynn-Paul, 'Empire, Monotheism and Slavery in the Greater Mediterranean Region from Antiquity to the Early Modern Era', *Past and Present*, ccv (2009), pp. 3–40 (p. 23): "我们的模型表明，哈里发政权对奴隶的需求是黑暗时代维京人和其他异教徒对欧洲进行袭击的主要原因之一。"

13 Anne Wardwell, 'Flight of the Phoenix: Crosscurrents in Late Thirteenth-to Fourteenth-Century Silk Patterns and Motifs', *Bulletin of the Cleveland Museum of Art*, lxxiv (1987), pp. 2–35; Sophie Desrosiers, 'Sur l'origine d'un tissu qui a participé à la fortune de Venise: le velours de soie', in *La seta in Italia dal Medioevo al Seicento*, ed. Luca Molà et al. (Venice, 2000), pp. 35–61 (p. 44); Lisa Monnas, 'The Impact of Oriental Silks on Italian Silk Weaving in the Fourteenth Century', in *The Power of Things and the Flow of Cultural Transformations*, ed. Lieselotte E. Saurma-Jeltsch and Anja Eisenbeiß (Berlin, 2010), pp. 65–89 (p. 71); BuYun Chen, *Silk and Fashion in Tang China* (Seattle, wa, 2019), p. 133.

14 Maureen Mazzaoui, *The Italian Cotton Industry in the Later Middle Ages, 1100-1600* (Cambridge, 1981), p. 12.

15 Lynn White, *Medieval Religion and Technology: Collected Essays* (Berkeley, ca, 1978), p. 275.

16 Katherine Burke, 'A Note on Archaeological Evidence for Sugar Production in the Middle Islamic Periods in Bilād al-Shām', *Mamlūk Studies Review*, viii (2004),

pp. 109–118 (p. 109); Sucheta Mazumdar, *Sugar and Society in China: Peasants, Technology, and the World Market* (Cambridge, ma, 1998), p. 1.

17 可见于周昉所绘的《挥扇仕女图》，现藏故宫博物院。

18 最早的例子出现在西蒙·马尔蒂尼的 *St Louis of Toulouse* 祭坛画中，圣路易在画中为他的弟弟、那不勒斯国王安茹的罗伯特加冕。

19 Lisa Jardine and Jerry Brotton, *Global Interests: Renaissance Art between East and West* (Ithaca, ny, 2000), pp. 72–73.

20 一如今藏于意大利佛罗伦萨巴杰罗美术馆的一件拜占庭象牙匣所呈现的。(Coll. Carrand, No. 26)

21 Fred Rosner, *The Medical Legacy of Moses Maimonides* (Brooklyn, ny, 1998), p. 253.

22 *Mystical Poems of Rūmī*, vol. i: *First Selection, Poems 1-200,* trans. Arthur Arberry (New York, 1968), pp. 39, 86; revd as *Mystical Poems of Rūmī* (Chicago, il, 2009).

23 *Secret History of the Mongols*, trans. Paul Kahn [1984] (Boston, ma, 1998), p. 173.

24 Ibn Battuta, *Travels in Asia and Africa, 1325-1354*, trans. and ed. Hamilton Gibb, Hakluyt Society, 2nd ser., vols 110, 117, 141, 178, 190 [1929] (London, 1994), p. 454; see Ross Dunn, *The Adventures of Ibn Battuta, a Muslim Traveler of the Fourteenth Century* (Berkeley, ca, 1986), p. 154.

25 Ibn Battuta, *Travels in Asia and Africa*, pp. 728, 727, 261–262. 人们游泳自救的其他例子：pp. 393 (Yemen), 552 (the Indus River)。也门男子游泳渡河：p. 395。其他溺水事件：pp. 393, 413, 717, 725。

26 Ibid., p. 466.

27 Ibid., p. 147.

28 Salma Jayyusi, *Classical Arabic Stories: An Anthology* (New York, 2012), p. 197; Ibn Battuta, *Travels in Asia and Africa*, p. 395, 旅行者差点儿被奸诈的向导淹死。

29 'The Tale of the First Lady, the Mistress of the House', in *The Arabian Nights*, trans. Husain Hadawy, ed. Muhsin Mahdi (New York, 1990), p. 140.

30 'The Third Dervish's Tale', ibid., p. 123.

31 'The Second Old Man's Tale', ibid., p. 28.

32 Ibn-Khaldun, *Histoire des Berbères et des dynasties musulmanes*, trans. Baron de Slane, 3 vols (Algiers, 1852–1856), vol. i, pp. 407 and 413.

33 Alvar Nuñez Cabeza de Vaca, *The Narrative of Cabeza de Vaca*, trans. Rolena Adorno and Patrick Charles Pautz (Lincoln, nb, 2003), p. 101.

34 ʿAbd al-Ḥaiy ibn Aḥmad ibn al-ʿImād, *Shadharāt al-dhahab fī akhbār man dhahab*, 8 vols (Cairo, 1931–2, repr. Beirut, 1982), vol. viii, pp. 259–260; Sharaf al-Dīn Mūsā ibn Ayyūb, *Kitāb al-rawḍ al-ʿāṭir f īmā tayassiru min akhbār ahl al-qarn al-sābiʿ ilā khitām al-qarn al-ʿāshir*, Staatsbibliothek Berlin, ms Wetzstein ii 289. 感谢 Torsten Wollina 提供的参考文献和译文。

35 Ottaviano Bon, *The Sultan's Seraglio*, trans. Samuel Purchas and slightly updated (Glasgow, 1905), p. 328 (2.9.1583); Eremya Çelebi Köm ü rc ü yan, *Istanbu Tarihi*, trans. and ed. Hrand Andreasyan (Istanbul, 1952), pp. 34–35, quoted in Ebru Boyar and Kate Fleet, *A Social History of Ottoman Istanbul* (Cambridge, 2010), p. 210.

36 Jennifer Howes, *Courts of Pre-Colonial South India* [2002] (London, 2012), p. 130.

37 *The Lalitavistara; or, Memoirs of the Early Life of Śákya Siñha*, trans. Rajendralala Mitra (Calcutta, 1881), p. 204 (chap. 12); Benjamín PreciadoSolís, *The Kṛṣṇa Cycle in the Purāṇas: Themes and Motifs in a Heroic Saga* (Delhi, 1984), p. 55; *contra* Kishin Wadhwaney, *The Story of Swimming* [1924] (New Delhi, 2002), p. 4.

38 Ibn Battuta, *Travels in Asia and Africa*, p. 616.

39 在 Abu'1-Fazl 的 *Akbarnama* 中，第 73 页展示了 Nizam 使用木桶帮助 Humayun 渡过恒河，其他图像显示了人们使用充气筏渡河。另见 1562 年至 1577 年间的 *Hamzanāma* 中的插图，描绘了先知 Elias 试图（但失败了）在满是怪物的水中救助 Hamza 的侄子、王子 Nur ad-Dahr。Illustrated in Sugata Ray, *Climate Change and the Art of Devotion: Geoaesthetics in the Land of Krishna, 1550-1850* (Seattle, wa, 2019), p. 44, fig. 1.14.

40 British Museum 1974.0617.0.10.45; Brooklyn Museum 77.208.2, 'Sohni Swims to Meet Her Lover Mahinwal', and so on.

41 Lang Ye et al., *China: Five Thousand Years of History and Civilization* (Hong Kong, 2007), p. 91; Alan Sanders, *Historical Dictionary of Mongolia* [1996] (Lanham, md, 2010), p. 520.

42 Timothy Brook, *The Troubled Empire: China in the Yuan and Ming Dynasties* (Cambridge, ma, 2010), p. 155.

43 'The Daoist Immortal Lü Dongbin Crossing Lake Dongting', Boston Museum of Fine

Arts 17.185.

44 Naian Shi, *The Water Margin: Outlaws of the Marsh*, trans. J. H. Jackson [1963] (Clarendon, vt, 2010), pp. 225, 702.

45 Ibid., p. 504. 参见越南英雄阮有求的故事。

46 Zhe School（浙派）, 'Daoist Immortals Walking on Water', 15 世纪末 (Washington, dc, Freer Gallery F1916.588); 'Eight Immortals Crossing the Sea'（八仙过海）, 1465–1505（四川博物院）.

47 Jonathan Chaves, ed., *The Columbia Book of Later Chinese Poetry: Yüan, Ming, and Ch'ing Dynasties (1279-1911)* (New York, 1986), p. 79.

48 *The Journey to the West*（《西游记》）, trans. and ed. Anthony Yu, revd edn (Chicago, IL, 2012), vol. iv, pp. 364, 441; vol. ii, p. 358; Menglong Feng（冯梦龙）, *Stories to Caution the World: A Ming Dynasty Collection* [1624]（《警世通言》）, trans. Shuhui Yang and Yunquin Yang (Seattle, wa, 2005), p. 74.

49 'Yang Sichang ji'（《杨嗣昌集》, 17 世纪）, in Patricia Ebrey, *Chinese Civilization: A Sourcebook*, 2nd edn (New York, 2009), p. 209; Feng, *Stories to Caution the World*, p. 195.

50 Jacques Gernet, *A History of Chinese Civilization*, trans. J. R. Foster (Cambridge, 1982), pp. 502–505, quoted by Mike Speak, 'The Emergence of Modern Sport: 960–1840', in *Sport and Physical Education in China*, ed. Robin Jones and James Riordan (London, 2002), p. 58.

51 Speak, 'The Emergence of Modern Sport', pp. 59–60.

52 Chiu Tsz-yung, 'A Lament for Fortune's Frailty', in *The Shorter Columbia Anthology of Traditional Chinese Literature*, ed. Victor Mair (New York, 2000), p. 288 n. 4.

53 感谢 Dan Martin 的誊写。

54 Könchog Jigmé Wangpo, *Dkon-mchog-'jigs-med-dbang-po, Chos kyi rnam grangs (=Mdo rgyud bstan bcos du ma nas 'byung ba'i chos kyi rnam grangs shes ldan yid kyi dga' ston)* (Xining, 1992), p. 121, trans. Dan Martin, 'The Tibetan Olympics of 1695. The Nine Men's Sporting Events', *Tibeto-logic*, 3 May 2008.

55 Stephen Turnbull, *The Samurai: A Military History* (New York, 1977), p. 86.

56 Lesley Wynn, 'Self-Reflection in the Tub: Japanese Bathing Culture, Identity, and Cultural Nationalism', *Asia Pacific Perspectives*, xii (2014), pp. 61–78 (p. 67); Scott

Clark, *Japan: A View from the Bath* (Honolulu, hi, 1994), p. 25; Lee Butler, '"Washing Off the Dust": Baths and Bathing in Late Medieval Japan', *Monumenta Nipponica*, lx (2005), pp. 1–41 (pp. 2–4 and figs 1, 8, 20, 32); Michael Seth, *A Concise History of Korea: From Antiquity to the Present* [2006] (London, 2020), p. 208.

57 Turnbull, *Samurai*, p. 208.

58 Karl Friday and Fumitake Seki, *Legacies of the Sword: The Kashima Shinryū and Samurai Martial Culture* (Honolulu, hi, 1997), p. 199 n.5, citing Sasama Yoshihiko, *Zusetsu Nihon budō jiten* (Tokyo, 1982), pp. 605–606.

59 William Deal, *Handbook to Life in Medieval and Early Modern Japan* (New York, 2005), p. 156.

60 Turnbull, *Samurai*, p. 147.

61 Koichi Kiku, 'The Development of Sport in Japan: Martial Arts and Baseball', in Eric Dunning et al., *Sport Histories: Figurational Studies in the Development of Modern Sports* (London, 2004), pp. 153–171 (p. 159); François Oppenheim, *The History of Swimming* (North Hollywood, ca, 1970), p. 241.

第11章 知名溺水事件

1 Ansbert, *Historia de expeditione Frederici imperatoris*, trans. Graham Loud, *The Crusade of Frederick Barbarossa: The History of the Expeditionof the Emperor Frederick and Related Texts* (Farnham, 2010), p. 88. Loud 在序言中阐明了这一编年史的来源。

2 巴巴罗萨之死在第三次十字军东征失败中的实际作用更为复杂且不那么直接，但一些当代编年史对此有相关记载。

3 *Epistola de morte Friderici imperatoris*, trans. Loud, ibid., p. 172.

4 *Chronicle of Ibn al-Athir for the Crusading Period*, from al-Kamil fi'l-ta'rikh, Part 2, *The Years 541-589/1146-1193: The Age of Nur al-Din and Saladin*, trans. Donald Richards (Aldershot, 2007), pp. 374–375.

5 *Saxon Chronicle*, trans. Hans Helmolt, in *The World's History: Central andNorthern Europe* [1901] (London, 1907), p. 396.

6 Jacques de Vitry, 'Sermo [primus] ad coniugatos', Paris, Bibliothèque Nationale de France, ms. Lat. 3284, fol. 177v. 已公开的翻译内容，见 Thomas Crane, *The Exempla*

or *Illustrative Stories from the Sermonesvulgares of Jacques de Vitry* (London, 1890), pp. 94–95。

7 *Niebelungenlied*, trans. Cyril Edwards (Oxford, 2010), ll. 1575–1579, p. 144.

8 De Joinville, in *Parthians, Sassanids, and Arabs: The Crusades and thePapacy*, ed. Henry Williams [1904] (London, 1907), p. 437.

9 Gui, Melun 子爵家的骑士, in *The SeventhCrusade, 1244-1254: Sources and Documents*, ed. Peter Jackson [2007] (Aldershot, 2020), p. 88。

10 *Bedfordshire Historical Records Society*, xli (1961), Entry 23, ed. and trans. Roy Hunnisett.

11 Nicholas Orme, *Early British Swimming: 55 bc–ad 1719* (Exeter, 1983), p. 34.

12 Jacobus de Voragine, *Legenda Sanctorum*, trans. as *The Golden Legend:Readings on the Saints* by William Ryan, ed. Eamon Duffy (Princeton, nj,2012), p. 410.

13 George Ferzoco, 'Preaching by Thirteenth-Century Italian Hermits', in *Medieval Monastic Preaching*, ed. Carolyn Muessig (Leiden, 1998),pp. 145–159 (pp. 147–148), 注释中有拉丁文本。

14 Jan Lustig, *Knight Prisoner: Thomas Malory Then and Now* (Brighton,2013), p. 66.

15 Jacobus, *Legenda Sanctorum*, pp. 50–51, 238–239, 335, 382, 410, 474, 701. 有些故事达菲（Duffy）没有收录，见 *The GoldenLegend or Lives of the Saints*, trans. William Caxton, ed. Frederick Ellis(London, 1931), vol. iii, p. 246, and vol. vii, pp. 25–26。还有其他例证。

16 John Lydgate's *Lives of Saints Edmund and Fremund* (1461–c. 1475), Yates Thompson 47 (British Library), f. 94v. 1485 年到 1688 年的验尸官报告显示，超过一半的 14 岁以下儿童意外死亡的原因是溺水：John McManamon, 'Neither Letters nor Swimming':The Rebirth of Swimming and Free-Diving* (Leiden, 2021), p. 273。

17 Giovanni Boccaccio, *The Decameron,* trans. Walter Kelly (London, 1855),p. 66 (Second Day: The Fourth Story).

18 Ibid., p. 277 (Fifth Day: The Sixth Story).

19 Jeffrey Fynn-Paul, 'Empire, Monotheism and Slavery in the Greater Mediterranean Region from Antiquity to the Early Modern Era', *Past and Present*, ccv (2009), pp. 3–40 (pp. 33–34).

20 *Orkneyinga Saga*, trans. Jon Hjaltalin and Gilbert Goudie, ed. Joseph Anderson

(Edinburgh, 1873), pp. 77, 123; *Njal's Saga (The Story of Burnt Njal)*, trans. George Dasent, ed. Rasmus Anderson and J. W. Buel (London, 1911), p. 30; *Egil's Saga*, trans. Bernard Scudder, ed. Svanhildur Óskarsdóttir (London, 2002), pp. 69, 76, 88.

21 *Saga of Grettir the Strong*, trans. Bernard Scudder, ed. Örnólfur Thorsson (London, 2005), pp. 129, 133, 137, 153, 169, 200; 约翰·麦克马纳蒙认同这些传说中"平民同样因为他们的游泳能力而脱颖而出": McManamon, 'Neither Letters nor Swimming', p. 185。

22 Seneca, *Epistle* 56.2; Ibn Sina, *Canon of Medicine*, in *Avicenna's Medicine: A New Translation*, trans. Mones Abu-Asab, Hakima Amri and Mark Micozzi (Toronto, 2013), 2.9.19; Michael Bohn, *Heroes and Ballyhoo: How the Golden Age of the 1920s Transformed American Sports* (Lincoln, ne, 2009), p. 113; Eric Chaline, *Strokes of Genius: A History of Swimming* (London, 2017), p. 106; Fikret Yegül, *Bathing in the Roman World* (Cambridge, 2010), p. 21; Glenn Stout, *Young Woman and the Sea: How Trudy Ederle Conquered the English Channel and Inspired the World* (Boston, ma, and New York, 2009), p. 13.

23 有一个14世纪中国西部的例子，见莫高窟12洞，南墙主画面的右下方 (www.e-dunhuang.com)。麦克马纳蒙认为，比起划船，斯堪的纳维亚传说中描述的更像是蛙泳：'Neither Letters nor Swimming', p. 187。

24 Takuya Soma, 'Ethnoarchaeology of Horse-Riding Falconry', in *The Asian Conference on the Social Sciences* (Osaka, 2013), pp. 82–95; Tomoko Masuya, 'Ilkhanid Courtly Life', in *The Legacy of Genghis Khan: Courtly Art and Culture in Western Asia, 1256-1353*, ed. Linda Komaroff and Stefano Carboni (New York, 2002), p. 83. 有关腓特烈的猎鹰人，有一种更悲观的看法，见 McManamon, 'Neither Letters nor Swimming', pp. 181–182。

25 Sadaqa b. Abu'l-Qasim Shirazi, *Kitab-i Samak 'Ayyar*, Oxford, Bodleian Library, ms. Ouseley 381, 166b. 存放这份手稿的博德利图书馆（The Bodleian Library）似乎认为画中有两个男人；这幅插画来自波斯的一则传奇，但显然没有被充分理解。

26 Suetonius, *Julius Caesar* 64. 布西考也为薄伽丘的作品《名媛》*Concerning the Fates of Illustrious Men and Women* 创作过插画。

27 Brian Campbell, *Rivers and the Power of Ancient Rome* (Chapel Hill, nc, 2012), p. 335. 现存于巴黎的维吉提乌斯手稿中的14世纪的泳者 (https://gallica.bnf.fr/

ark:/12148/btv1b100855893/f11. item; note not folio 5 as in McManamon 'Neither Letters nor Swimming', p. 183 n. 19) 可能代表的是侧呼吸，可能旨在代表侧呼吸，正如麦克马纳蒙认为的那样，但在没有其他证据支撑的情况下，这里笨拙的划水动作根本无法得出任何明确的结论。

28 'Siege of Baghdad', from Sharaf al-din 'Ali Yazdi's *Zafarnama (Book of Victories)*, Shiraz, 1435–1436, now New York, Metropolitan Museum of Art 67.266.1. 有关 1560–1570 年间 *gopis* 蛙泳的例子，见 San Diego Museum of Art 1990.586, illustrated in Sugata Ray, *Climate Change and the Art of Devotion: Geoaesthetics in the Land of Krishna, 1550-1850* (Seattle, wa, 2019), p. 26, fig. 1.1。

29 Shigeo Sagita, 'History of Swimming', in *Swimming in Japan*, ed. Shigeo Sagita and Ken Uyeno (Tokyo, 1935), pp. 1–40 (p. 5); Masaji Kiyokawa, 'Back Stroke', ibid., pp. 162–173 (p. 165).

第 12 章　小冰期

1 改写自 Edward Schafer in 'Fusang and Beyond: The Haunted Seas to Japan', *Journal of the American Oriental Society*, cix (1989), pp. 379–399。

2 见 Chet van Duzer, *Sea Monsters on Medieval and Renaissance Maps* (London, 2013); Vaughn Scribner, *Merpeople: A Human History* (London, 2020), p. 59。

3 Hugh of Fouilloy, *Aviarium*, from northern France, now British Library, Sloane 278, fol. 47; Psalter, Assisi, Biblioteca, Fondo Antico Cod. viii (1300s), fol. 144v; Philip J. Pirages Catalog 70.365 (France, *c.* 1270). 更多例子，见 Scribner, *Merpeople*。

4 'The Story of the Fisherman and the Demon', in *The Arabian Nights*, trans. Husain Hadawy, ed. Muhsin Mahdi (New York, 1990), p. 33.

5 'The Third Dervish's Tale', ibid., p. 117.

6 Catherine of Siena, 'Of the perversities, miseries, and labors of the disobedient man; and of the miserable fruits which proceed from disobedience', in *Dialogue of St Catherine of Siena*, trans. Algar Thorold [1907] (New York, 2007), p. 316. 较为轻松的例证，见 *Latin Sermon Collections from Later Medieval England: Orthodox Preaching in the Age of Wyclif*, ed. and trans. Siegfried Wensel (Cambridge, 2005), p. 302, 和尚尝试学习游泳（但失败了）。

7 'The Story of Jullanar of the Sea', *Arabian Nights*, p. 413.

8 'The Third Dervish's Tale', ibid., p. 115.

9 *Little Flowers of Saint Francis of Assisi*, trans. Thomas Arnold (London, 1907), p. 304; both Noah's Flood images: Chartres window 47 (1205–1235); Holkham Bible, early 1300s, London, British Library, Add ms 47682 fols 7v–8.

10 'The Washerman and His Son Who Were Drowned in the Nile', in the *Book of Sindbad* [*c.* 1200], ed. William Clouston, trans. Forbes Falconer (London, 1841), p. 15. 大部分埃及故事可能是在13世纪收入的。但在另一个版本的故事中，男孩是会游泳的，只不过手臂突然抽筋了（Richard Burton, *Arabian Nights*, 1885），不过对于伯顿（Burton）讲述的故事，都应该抱持怀疑的态度。

11 如 Museo Nazionale di Spina 5029; British Museum e135; 见 Barry Cunliffe, *The Scythians: Nomad Warriors of the Steppe* (Oxford, 2019), p. 207。

12 Quran 24.30–31; 33.59.

13 'The Story of the Porter and the Three Ladies', *Arabian Nights*, pp. 73–74; 又见 Joseph Sadan, 'Maidens' Hair and Starry Skies', *Israel Oriental Studies*, vol. xi: *Studies in Medieval Arabic and Hebrew Poetics*, ed. Sasson Somekh (Leiden, 1991), pp. 57–90 (p. 81).

14 *The Journey to the West*, trans. and ed. Anthony Yu, revd edn, vol. iii (Chicago, il, 2012), pp. 328–329, 336.

15 Scribner, *Merpeople*, p. 220 and illus. 105; Douglas Fraser, 'The Fish-Legged Figure in Benin and Yoruba Art', in *African Art and Leadership*, ed. Fraser and Herbert Cole (Madison, wi, 1972), pp. 261–294 (p. 287); Ibn Battuta, *Travels in Asia and Africa, 1325-1354*, trans. and ed. Hamilton Gibb, Hakluyt Society, 2nd ser., vols cx, cxvii, cxli, clxxviii, cxc [1929] (London, 1994), p. 965.

16 Giovanni Boccaccio, *The Decameron,* trans. Walter Kelly (London, 1855), p. 212 (Fourth Day: The Second Story); Paolo Squatriti, *Water and Society in Early Medieval Italy,* ad *400-1000* (Cambridge, 1998), p. 58 n. 64.

17 John Lydgate, *The Pilgrimage of the Lyfe of Man*, cited in Elizabeth Archibald, 'Bathing, Beauty and Christianity in the Middle Ages', *Durham University Insights*, v (2012), pp. 2–13 (p. 9); Jill Caskey, 'Steam and "Sanitas" in the Domestic Realm: Baths and Bathing in Southern Italy in the Middle Ages', *Journal of the Society of Architectural Historians*, lviii (1999), pp. 170–195 (p. 170); Scribner, *Merpeople*, p. 61;

Squatriti, *Water and Society*, p. 59.

18 Stefanie Hoss, *Baths and Bathing: The Culture of Bathing and the Baths and Thermae in Palestine from the Hasmoneans to the Moslem Conquest*, British Archaeological Reports International Series 1346 (Oxford, 2005), p. 90.

19 Ibn Sina, *Canon of Medicine*, in *Avicenna's Medicine: A New Translation*, trans. Mones Abu-Asab, Hakima Amri and Mark Micozzi (Toronto, 2013), 2.9.19, 3.13.5: "如果他们使用浴缸，则应在皮肤红肿，身体开始排出杂质时冲洗离开"; Maimonides, *Human Temperaments* 16, in Fred Rosner, *The Medical Legacy of Moses Maimonides* (Brooklyn, ny, 1998), pp. 223–224.

20 Edward Schafer, 'The Development of Bathing Customs in Ancient and Medieval China and the History of the Floriate Clear Palace', *Journal of the American Oriental Society*, lxxvi (1956), pp. 57–82 (p. 61).

21 Ibn Sina, *Canon of Medicine*, 2.9.19; Ibn Battuta, *Travels in Asia and Africa*, p. 329.

22 Guy Geltner, 'The Path to Pistoia: Urban Hygiene before the Black Death', *Past and Present*, ccxlvi (2020), pp. 3–33 (p. 15); Caskey, 'Steam and "Sanitas"', pp. 170–195.

23 Elizabeth Archibald, 'Did Knights Have Baths? The Absence of Bathing in Middle English Romance', in *Cultural Encounters in the Romance of Medieval England*, ed. Corinne Saunders (Cambridge, 2005), pp. 101–115; 又见 Richard Raiswell and Peter Dendle, 'Demon Possession in Anglo Saxon and Early Modern England: Continuity and Evolution in Social Context', *Journal of British Studies*, xlvii (2008), pp. 738–767 (pp. 738, 749, 751)。

24 Caskey, 'Steam and "Sanitas"', p. 188.

25 Schafer, 'Bathing Customs', p. 71.

26 Ibid., p. 59.

27 Ibn Battuta, *Travels in Asia and Africa*, p. 329.

28 Poggio Bracciolini, letter to Niccolo Niccoli, in *The Life of Poggio Bracciolini*, trans. William Shepherd (Liverpool, 1802), pp. 70–71. See Stephen Greenblatt, *The Swerve: How the World Became Modern* (New York, 2011); Georges Vigarello, *Concepts of Cleanliness: Changing Attitudes in France since the Middle Ages* (Cambridge, 1988); McManamon, *'Neither Letters nor Swimming': The Rebirth of Swimming and Free-Diving* (Leiden, 2021), p. 187.

29 Nicholas Orme, *Early British Swimming, 55 bc–ad 1719* (Exeter, 1983), pp. 37-38.

30 Archibald, 'Bathing, Beauty and Christianity', pp. 9-10; Philippe Braunstein, 'Toward Intimacy: The Fourteenth and Fifteenth Centuries', in *A History of Private Life*, vol. ii: *Revelations of the Medieval World*, trans. A. Goldhammer, ed. Philippe Ariès and Georges Duby (Cambridge, ma, 1988), pp. 535-630; Squatriti, *Water and Society*, p. 57.

31 Caskey, 'Steam and "Sanitas"', pp. 172, 184.

32 Karen Liebreich, *Fallen Order: Intrigue, Heresy, and Scandal in the Rome of Galileo and Caravaggio* (London, 2004), p. 65.

33 Caskey, 'Steam and "Sanitas"', p. 170; 麦克马纳蒙还认为游泳运动的衰落与基督教化程度加深有关（*'Neither Letters nor Swimming'*, p. 181）。

34 Jean Charles Poncelin, 'Dissertation sur les Bains', introducing the 4th edn of Melchisédech Thévenot, *L'Art de Nager* (Paris, 1781), pp. 14-16. See Rebekka v. Mallinckrodt, 'French Enlightenment Swimming', in *Sports and Physical Exercise in Early Modern Culture*, ed. Mallinckrodt and Angela Schattner (London, 2016), pp. 231-251.

35 Michael Bohn, *Heroes and Ballyhoo: How the Golden Age of the 1920s Transformed American Sports* (Lincoln, ne, 2009), p. 113; Cecil Colwin, *Breakthrough Swimming* (Champaign, il, 2002), p. 5; Kevin Dawson, 'Swimming, Surfing and Underwater Diving in Early Modern Atlantic Africa and the African Diaspora', in *Navigating African Maritime History*, ed. Carina Ray and Jeremy Rich (Oxford, 2009), pp. 81-116 (p. 88); Liz Sharp, *Reconnecting People and Water: Public Engagement and Sustainable Urban Water Management* (London, 2017), p. 71.

36 Geltner, 'The Path to Pistoia', pp. 3-4.

37 John McManamon, *Caligula's Barges and the Renaissance Origins of Nautical Archaeology Under Water* (College Station, tx, 2016), p. 168.

38 Michael McCormick, *Origins of the European Economy: Communications and Commerce, ad 300-900* (Cambridge, 2001); McManamon, *'Neither Letters nor Swimming'*, p. 181.

39 Franck Lavigne and Sébastien Guillet, 'The Unknown ad 1275 Stratospheric Eruption: Climatic Impacts in Europe and Tentative Volcanic Source', in *Past Vulnerability: Vulcanic Eruptions and Human Vulnerability in Traditional Societies*

Past and Present, ed. Felix Riede (Aarhus, 2015), pp. 63–74 (p. 64).

40 Philipp Blom, *Nature's Mutiny: How the Little Ice Age of the Long Seventeenth Century Transformed the West and Shaped the Present* (New York, 2017), pp. 10, 17.

41 Brian Fagan, *The Little Ice Age: How Climate Made History, 1300-1850* (New York, 2000), p. 159. In Johanna Spyri's *Heidi* [1881], 如阿尔卑斯山最偏远的村庄里, 贫穷的人只能依靠黑面包度日。

42 Lavigne and Guillet, 'The Unknown ad 1275 Stratospheric Eruption', p. 69; Timothy Shanahan et al., 'Atlantic Forcing of Persistent Drought in West Africa', *Science*, cccxxiv (2009), pp. 377–380 (p. 378); David Anderson et al., 'Increase in the Asian Southwest Monsoon during the Past Four Centuries', *Science*, ccxcvii (2002), pp. 596–599: "小冰期期间的降温可能在几百年前减弱了给印度带来雨水的西南季风"; Anil Gupta et al., 'Abrupt Changes in the Asian Southwest Monsoon during the Holocene and their Links to the North Atlantic Ocean', *Nature*, cdxxi (2003), pp. 354–357。

43 Anil Gupta et al., 'Abrupt Changes in Indian Summer Monsoon Strength during the Last~900 years and Their Linkages to Socio-Economic Conditions in the Indian Subcontinent', *Palaeogeography, Palaeoclimatology, Palaeoecology*, dxxxvi (2019), pp. 354–357.

44 Sugata Ray, *Climate Change and the Art of Devotion: Geoaesthetics in the Land of Krishna, 1550-1850* (Seattle, wa, 2019), pp. 22, 27, 38, 45.

45 Ibid., pp. 37, 58.

第13章 非洲

1 John McManamon, *Caligula's Barges and the Renaissance Origins of Nautical Archaeology Under Water* (College Station, tx, 2016), p. 151; Thomas Earle, *Black Africans in Renaissance Europe* (Cambridge, 2005), p. 34; Kevin Dawson, *Undercurrents of Power: Aquatic Culture in the African Diaspora* (Philadelphia, pa, 2018), p. 1.

2 Philipp Blom, *Nature's Mutiny: How the Little Ice Age of the Long Seventeenth Century Transformed the West and Shaped the Present* (New York, 2017), p. 24; Anthony Pagden, *European Encounters with the New World: From Renaissance to Romanticism* (New Haven, ct, 1993), p. 6.

3 希罗多德描述过尼日尔河(*Histories* 2.32)和印度(*Histories* 3.94-106); 伊

德里西绘制的《罗杰图板》(*Tabula Rogeriana*) 是于 1154 年在西西里岛的帕勒莫完成的，他在《渴望周游世界的娱乐》(*Geography, Nuzhat al-Mushtaq*) 中曾提到大西洋马尾藻带，正如 Avienus 更早期的作品 *Ora Maritima* (fourth century ce)。又见 Maximus Planudes's map, drawn at Constantinople *c.* 1300, or Genoese mapmaker Pietro Vesconte's map from 1321, British Library Add. ms 27376。

4 Cathie Carmichael, *A Concise History of Bosnia* (Cambridge, 2015), pp. 22–23; Molly Greene, 'The Ottomans in the Mediterranean', in *The Early Modern Ottomans: Remapping the Empire*, ed. Daniel Goffman and Virginia Aksan (Cambridge, 2007), pp. 104–111 (pp. 105–106, 111); Michael McCormick, *Origins of the European Economy: Communications and Commerce, ad 300-900* (Cambridge, 2001), pp. 761–774; Jeffrey Fynn-Paul, 'Empire, Monotheism and Slavery in the Greater Mediterranean Region from Antiquity to the Early Modern Era', *Past and Present*, ccv (2009), pp. 3–40 (pp. 36–37).

5 Olivia Remie Constable, 'Muslim Spain and Mediterranean Slavery: The Medieval Slave Trade as an Aspect of Muslim-Christian Relations', in *Christendom and Its Discontents: Exclusion, Persecution, and Rebellion, 1000-1500*, ed. Scott Waugh and Peter Diehl (Cambridge, 1996), pp. 264–284 (p. 265).

6 John Wright, *The Trans-Saharan Slave Trade* (Abingdon, 2007), pp. 18–28.

7 Gomes Eanes de Zurara, *Crónica de Guiné* [*c.* 1453], in *The Portuguese in West Africa, 1415-1670: A Documentary History*, ed. Malyn Newitt (Cambridge, 2010), pp. 44–46 (p. 46). 雅克·勒梅尔（Jacques Le Maire）记录说，在 17 世纪 80 年代，他们的船只即将被烧毁时，"一些摩尔人和荷兰人……会游泳逃离"：Le Maire, *The Voyages of the Sieur Le Maire to the Canary Islands, Cape-Verde, Senegal, and Gambia*, in *A Collection of Voyages and Travels*, trans. E. G., ed. Thomas Osborne (London, 1745), vol. ii, pp. 596–620 (pp. 603, 607)。

8 Zamba, *The Life and Adventures of Zamba, an African Negro King; and His Experience of Slavery in South Carolina* (London, 1847), pp. 1, 168–170. 这则来自奴隶的叙述真实性无法确定，但杜阿特·洛佩兹（Duarte Lopez）坚称，刚果人经常游过一条河前往附近的岛屿。*Relatione del reame del Congo*, trans. Filippo Pigafetta (Rome, 1591); as *History of the Kingdom of Congo*, trans. Margarite Hutchinson (London, 1881), p. 20.

9 Benjamin Prentiss, *The Blind African Slave, or Memoirs of Boyrereay Brinch, Nick-*

Named Jeffrey Brace (St Albans, 1810), pp. 68–69, 70, 96, 124; Dawson, *Undercurrents of Power*, p. 23; Jean Baptiste Labat, *Nouvelle relation de l'Afrique occidentale* (Paris, 1728), vol. i, p. 158: 塞内加尔的大西洋海岸，两个"摩尔人"在手扶独木舟在水中交换消息，都没有上船。

10 Dawson, *Undercurrents of Power*, p. 25, quoting Robert Rattray, *Ashanti* (Oxford, 1923), pp. 61–65. 又见 Le Maire, *Voyages*, p. 617: 西非人"擅长游泳"，即使他们的独木舟翻了也不介意；更详细的描述，见 Labat, *Nouvelle relation*, vol. ii, pp. 128–129; 本书中还有他们是经常游泳的游泳高手的介绍。

11 Richard Burton, *Wanderings in West Africa from Liverpool to Fernando Po* (London, 1863), vol. i, p. 195; Lopez, *History*, pp. 18–19; Jean Barbot, *Barbot on Guinea: The Writings of Jean Barbot on West Africa, 1678-1712*, ed. Paul Hair et al. (London, 1992), vol. ii, p. 489; Dawson, *Undercurrents of Power*, p. 58.

12 Jan Hogendorn, 'A "Supply-Side" Aspect of the African Slave Trade: The Cowrie Production and Exports of the Maldives', *Slavery and Abolition*, ii (1981), pp. 31–52.

13 Pieter de Marees, *Description and Historical Account of the Gold Kingdom of Guinea* [1602], ed. and trans. Albert van Dantzig and Adam Jones (Oxford, 1987), p. 186.

14 Barbot, *Barbot on Guinea*, p. 532; see Isak Lidström and Ingvar Svanberg, 'Ancient Buoyancy Devices in Sweden: Floats Made of Reed, Club-Rush, Inflated Skins and Animal Bladders', *Folk Life: Journal of Ethnological Studies*, lvii (2019), pp. 85–94; Dawson, *Undercurrents of Power*, pp. 29–31.

15 Alfred Drayson, *Sporting Scenes amongst the Kaffirs of South Africa* (London, 1858), chap. 11.

16 Alvaro Velho and João de Sá, *A Journal of the First Voyage of Vasco Da Gama, 1497-1499*, ed. and trans. Ernst Ravenstein (London, 1898), pp. 37, 39; 又见 Afonso de Albuquerque, *Commentaries*, trans. Walter de Gray Birch (London, 1884), vol. Ⅳ, p. 28。

17 Hiob Ludolf, *A New History of Ethiopia*, trans. J. P. Gent (London, 1682), pp. 290–291. 路多尔夫（Ludolf）和阿巴·戈尔戈里奥斯（Aba Gorgorios）合作撰写了这段历史；他们明确表示，这则游泳逸事是他们在17世纪50年代"听格雷戈里（Gregorie）亲口"说的。

18 Labat, *Nouvelle relation*, vol. ii, p. 350, translation mine. (Not Jacques Le Maire, though the attribution is unclear in *A New General Collection of Voyages and Travels*,

ed. John Green and Thomas Astley (London, 1745), vol. ii, p. 362. But see Le Maire, *Voyages*, p. 611: swimmers attacked by sharks and crocodiles.)

19 Samuel Baker, *The Nile Tributaries of Abyssinia and the Sword Hunters of the Hamran Arabs*, 3rd edn (London, 1868), p. 376.

20 C. Herbert Gilliland, *Voyage to a Thousand Cares: Master's Mate Lawrence with the African Squadron, 1844-1846* (Annapolis, md, 2004), p. 64: "其中三个（西非的）克鲁门人迅速脱掉衣服，跳入海中朝他追去。"

21 Labat, *Nouvelle relation*, vol. ii, p. 347; Dawson, *Undercurrents of Power*, p. 41.

22 John Weeks, *Among Congo Cannibals* (Philadelphia, pa, 1913), pp. 332–333; Dawson, *Undercurrents of Power*, pp. 41–45, 49, 59.

23 Olaudah Equiano, *The Interesting Narrative of the Life of Olaudah Equiano or Gustavus Vassa the African* (London, 1789), esp. pp. 54, 79; de Marees, *Description and Historical Account*, p. 186.

24 Vaughn Scribner, *Merpeople: A Human History* (London, 2020), p. 220 and illus. 105, 尽管道格拉斯·弗雷泽（Douglas Fraser）认为，人鱼的形象是通过拜占庭帝国传入非洲的。[Fraser, 'The Fish-Legged Figure in Benin and Yoruba Art', in *African Art and Leadership*, ed. Fraser and Herbert Cole (Madison, wi, 1972), pp. 261–294.]

25 Alvise Cà da Mosto, *Relation des voyages à la côte occidentale d'Afrique, 1455-1457* (Paris, 1895), p. 85; see Newitt, *The Portuguese in West Africa*, p. 76.

26 Jean Barbot, in *Barbot on Guinea*, vol. ii, p. 545 n. 50; cited in Kevin Dawson, 'Swimming, Surfing, and Underwater Diving in Early Modern Atlantic Africa and the African Diaspora', in *Navigating African Maritime History*, ed. Carina Ray and Jeremy Rich (Oxford, 2009), pp. 81–116.

27 De Marees, *Description and Historical Account*, p. 187; Dawson, *Undercurrents of Power*, p. 15.

28 Newitt, *The Portuguese in West Africa*, p. 69.

29 Johann von Lü belfing, in *German Sources for West African History, 1599-1669*, ed. Adam Jones (Wiesbaden, 1983), p. 12.

30 Jan van Riebeeck, *Journal*, trans. J. Smuts (Cape Town, 1897), entry for 4 February 1656.

31 Mungo Park, *Travels in the Interior Districts of Africa: Performed under the Direct*

Patronage of the African Association, in the Years 1795, 1796, and 1797 (London, 1799), pp. 71–72, esp. 72, 210–211, esp. 210; Mungo Park, *Travels of Mungo Park containing Book One, The First Journey: Travels in the Interior Districts of Africa and Book Two, The Second Journey: The Journal of a Mission to the Interior of Africa in the Year 1805* (London, 1815), pp. 53–54, 161.

32 因为他受到了当地人的攻击，他们不想让他通过。Mark Duffill, *Mungo Park* (Edinburgh, 1999), p. 133.

33 Kevin Dawson, 'Enslaved Swimmers and Divers in the Atlantic World', *Journal of American History*, 92 (2006), pp. 1327–1355 (p. 1332).

34 *Sindbad the Sailor and Other Stories from the Arabian Nights*, trans. Laurence Housman (London, 1914), pp. 9, 22, 25, 29, 42, 48–49, 57, 188.

35 Pagden, *European Encounters with the New World*, p. 6; Josiah Blackmore, *Moorings: Portuguese Expansion and the Writing of Africa* (Minneapolis, mn, 2008), pp. 22–24.

36 Anthony Pagden, *Peoples and Empires: A Short History of European Migration, Exploration, and Conquest, from Greece to the Present* (New York, 2001), p. 108; see David Davis, *In the Image of God: Religion, Moral Values, and Our Heritage of Slavery* (New Haven, ct, 2001), p. 126.

37 De Marees, *Description and Historical Account*, p. 26; see Dawson, *Undercurrents of Power*, p. 23.

38 Willem Bosman, *New and Accurate Description of the Coast of Guinea* (London, 1704), pp. 121–122.

39 Barbot, *Barbot on Guinea*, pp. 501 n. 16, 532, 639–640.

40 Cecil Colwin, *Breakthrough Swimming* (Champaign, il, 2002), p. 4. 同样，也没有谁的生活自远古以来就一成不变。

41 William Percey, *The Compleat Swimmer* (1658); quoted in Dawson, 'Enslaved Swimmers and Divers', p. 1332.

42 Preface by the editor, in Benjamin Franklin's *Art of Swimming Rendered Easy*, p. 3, quoted in Dawson, 'Enslaved Swimmers', p. 1332.

43 对于这种信仰的现实例证，见 Adam Waytz, Kelly Hoffman and Sophie Trawalter, 'A Superhumanization Bias in Whites' Perceptions of Blacks', *Social Psychological*

and Personality Science, vi (2014), pp. 352-359.

44 Wilma King, '"Prematurely Knowing of Evil Things": The Sexual Abuse of African American Girls and Young Women in Slavery and Freedom', *Journal of African American History*, xcix (2014), pp. 173-196.

45 Bosman, *New and Accurate Description*, pp. 121-122; Dawson, *Undercurrents of Power*, p. 58.

46 Charles Stewart, *Diary of Chas. J. Stewart: New York to Monrovia, West Coast Africa* (St Thomas Public Library, Manuscript Microfilm No. 382, 1861), p. 52, cited in Dawson, *Undercurrents of Power*, p. 58.

47 Equiano, *The Interesting Narrative*, p. 47; see Roxanne Wheeler, *The Complexion of Race: Categories of Difference in Eighteenth-Century British Culture* (Philadelphia, pa, 2000), p. 272.

48 *The World Displayed; or, A Curious Collection of Voyages and Travels*, ed. Samuel Johnson et al. (London, 1767), vol. xvii, p. 103.

49 Mia Bay, *The White Image in the Black Mind: African-American Ideas about White People, 1830-1925* (Oxford, 2000), pp. 3-4; Wheeler, *The Complexion of Race*, p. 272.

50 Dawson, *Undercurrents of Power*, p. 16.

51 Walter Scheidel, *Escape from Rome: The Failure of Empire and the Road to Prosperity* (Princeton, nj, 2019), p. 457; Matthew Cobb, *Rome and the Indian Ocean Trade from Augustus to the Early Third Century* ce (Leiden, 2018); Edward Alpers, *The Indian Ocean in World History* (Oxford, 2013).

52 Pacifico Sella, *Il Vangelo in Oriente: Giovanni da Montecorvino, frate minore e primo Vescovo in terra di Cina, 1307-1328* (Assisi, 2008), p. 132 and *passim*.

53 Timothy Insoll, *The Land of Enki in the Islamic Era: Pearls, Palms, and Religious Identity in Bahrain* (London, 2005), p. 319.

54 Sanjay Subrahmanyam, *The Portuguese Empire in Asia, 1500-1700: A Political and Economic History* (New York, 2012), p. 99.

55 Mahmood Kooria, '"Killed the Pilgrims and Persecuted Them": Portuguese Estado da India's Encounters with the Hajj in the Sixteenth Century', in *The Hajj and Europe in the Age of Empire*, ed. Umar Ryad (Leiden, 2017), pp. 14-46 (p. 24).

56 Gaspar Correa, *The Three Voyages of Vasco da Gama, and His Viceroyalty*, trans.

Henry Stanley (London, 1869), p. 252.

57 Ibid., p. 333.

第14章 美洲

1 George Tinker and Mark Freeland, 'Thief, Slave Trader, Murderer: Christopher Columbus and Caribbean Population Decline', *Wičazo Ša Review*, xxiii (2008), pp. 25–50 (p. 26).

2 1492年10月11日星期四的条目，翻译略有改动。Edward Bourne, 'Original Narratives of the Voyages of Columbus', in *The Northmen, Columbus, and Cabot, 985-1503*, ed. Julius Olson and Edward Bourne (New York, 1906), pp. 77ff.

3 Amerigo Vespucci, letter to Pier Soderini in Florence [1497], in *American Historical Documents, 1000-1904*, ed. Charles Eliot, Harvard Classics xliii (Cambridge, ma, 1910), p. 33.

4 Bernal Diaz del Castillo, *The Memoirs of the Conquistador Bernal Diaz del Castillo*, ed. and trans. John Lockhart (London, 1844), vol. I, p. 11.

5 Alvar Nuñez Cabeza de Vaca, *The Narrative of Cabeza de Vaca*, trans. Rolena Adorno and Patrick Pautz (Lincoln, ne, 2003), pp. 97, 98, 101.

6 Tomas de la Torre, 'The Journey Across the Atlantic', in *Colonial Travelers in Latin America*, ed. William Bryant and Irving Leonard (New York, 1972), p. 38 (20 August).

7 Francisco Lopez de Mendoza Grajales, 'The Founding of St Augustine', in *The Library of Original Sources*, vol. v: *9th to 16th Centuries*, ed. Oliver Thatcher (New York, 1907), pp. 327–341. See also Bartolomé de las Casas, *Historia de las Indias*, ed. André Saint-Lu (Caracas, 1986), vol. iii, pp. 120, 180–181, 277, 296, 所有这些指的都是"那些不会游泳的人"。

8 Fernand Braudel, 'History and the Social Sciences: The Longue Durée', trans. Immanuel Wallerstein, *Review (Fernand Braudel Center)*, xxxii/2 (2009), pp. 171–203 (p. 195); Josiah Blackmore, *Manifest Perdition: Shipwreck Narrative and the Disruption of Empire* (Minneapolis, mn, 2002), pp. 28, 91; Jonathan Schorsch, *Swimming the Christian Atlantic: Judeoconversos, Afroiberians and Amerindians in the Seventeenth Century* (Leiden, 2009), p. 9.

9 Vaughn Scribner, *Merpeople: A Human History* (London, 2020), p. 63.

10 John Major, *In secundum librum Sententiarum*, 2nd edn (Paris, 1519), quoted by

Anthony Pagden, 'The Peopling of the New World: Ethnos, Race and Empire in the Early-Modern World', in *The Origins of Racism in the West*, ed. Miriam Eliav-Feldon and Benjamin Isaac (Cambridge, 2009), pp. 292–312 (p. 301), now also in Pagden, *The Burdens of Empire: 1539 to the Present* (Cambridge, 2015), pp. 97–119.

11 Jean de Léry, *History of a Voyage to the Land of Brazil, otherwise Called America*, trans. Janet Whatley (Berkeley, ca, 1992), pp. 96–97.

12 John McManamon, *Caligula's Barges and the Renaissance Origins of Nautical Archaeology Under Water* (College Station, tx, 2016), p. 151; Kevin Dawson, *Undercurrents of Power: Aquatic Culture in the African Diaspora* (Philadelphia, pa, 2018), p. 64.

13 Pietro Martire d'Anghiera, *De orbe novo: The Eight Decades of Peter Martyr d'Anghera [sic]*, trans. Francis MacNutt (New York, 1912), p. 191.

14 The French friar Anastasius Douay, in *The Journeys of Rene Robert Cavelier Sieur de La Salle*, ed. Isaac Cox (New York, 1922), vol. i, p. 266.

15 Junius Bird, 'The Alacaluf', in *Handbook of South American Indians*, ed. Julian Steward, Smithsonian Institution, Bureau of American Ethnology, 143 (1946), pp. 55–80 (p. 60); cited in Gregory Waselkov, 'Shellfish Gathering and Shell Midden Archaeology', *Advances in Archaeological Method and Theory*, x (1987), pp. 93–210 (p. 97).

16 Martire d'Anghiera, *De orbe novo*, p. 192.

17 Bartoleme de las Casas, *A Short Account of the Destruction of the Indies*, ed. and trans. Nigel Griffin (London, 1992), pp. 93–94.

18 De Marees, *Description and Historical Account*, p. 186.

19 *Contra* Dawson, *Undercurrents of Power*, p. 61, 另见 p. 80; Molly Warsh, 'Enslaved Pearl Divers in the Sixteenth Century Caribbean', *Slavery and Abolition*, xxxi (2010), pp. 345–362 (p. 348)。

20 Dawson, 'Enslaved Swimmers and Divers in the Atlantic World', *Journal of American History*, 92 (2006), pp. 1327–1355 (pp. 1346, 1350); Dawson, *Undercurrents of Power*, p. 65; McManamon, *Caligula's Barges*, pp. 150–151, 尽管 Peter Mancall (*Nature and Culture in the Early Modern Atlantic*, Philadelphia, pa, 2017, p. 160) 警告我们不要按照字面意思理解屏住呼吸这一说法。

21 Dawson, *Undercurrents of Power*, p. 18.

22 Jean Charles Poncelin, 'Dissertation sur les Bains', introducing the 4th edn of Melchisédech Thévenot, *L'Art de Nager* (Paris, 1781), pp. 16–18; McManamon, 'Neither Letters nor Swimming', pp. 326–327, 370–371.

23 Dawson, *Undercurrents of Power*, pp. 22, 84; Judith Carney, *Black Rice: The African Origins of Rice Cultivation in the Americas* (Cambridge, ma, 2001), pp. 65–68; Dawson, 'Enslaved Swimmers and Divers', pp. 1351–1352.

24 Harriet Beecher Stowe, *Uncle Tom's Cabin* [1852] (New York, 1981), p. 233; Dawson, *Undercurrents of Power*, pp. 57–63.

25 Lee Pitts, *Black Splash: The History of African American Swimmers* (Fort Lauderdale, fl, 2007), p. 2; Solomon Northrup, *Twelve Years a Slave: Narrative of Solomon Northup, a Citizen of New-York, Kidnapped in Washington City in 1841, and Rescued in 1853* (Auburn, ny, 1853), p. 137; 更多例子见 Dawson, *Undercurrents of Power*, p. 40。

26 George Pinckard, *Notes on the West Indies* (London, 1806), vol. ii, p. 321.

27 James Johnston, *From Slave Ship to Harvard: Yarrow Mamout and the History of an African American Family* (New York, 2012), p. 79; Slave Narrative of Bill Crump, Federal Writers' Project, *North Carolina Slave Narratives*, xiv (Washington, dc, 1938), p. 208; Dawson, *Undercurrents of Power*, pp. 81–83.

28 Dawson, *Undercurrents of Power*, pp. 27, 33–34.

29 Andrew Kahrl, 'On the Beach: Race and Leisure in the Jim Crow South', PhD thesis, Indiana University, 2008, p. 20. See Dawson, 'Enslaved Swimmers and Divers', pp. 1327–1355; Dawson, *Undercurrents of Power*, pp. 19–20.

30 John Lawson, *New Voyage to Carolina*, ed. Hugh Lefler (Chapel Hill, nc, 1967), p. 158; Dawson, *Undercurrents of Power*, pp. 41–53.

31 Dawson, 'Enslaved Swimmers', p. 1333; Dawson, *Undercurrents of Power*, pp. 45–50; Jane Carson, *Colonial Virginians at Play* (Charlottesville, va, 1958), p. 67.

32 Dawson, *Undercurrents of Power*, pp. 47–48, 53–54.

33 English Combatant, *Battlefields of the South from Bull Run to Fredericksburgh; with Sketches of Confederate Commanders, and Gossip of the Camps* (London, 1863), p. 273; 更多例子见 Dawson, *Undercurrents of Power*, pp. 17–18, 53。

34 Edward Long, *The History of Jamaica: or, General Survey of the Antient and Modern*

State of that Island: With Reflections on its Situation, Settlements, Inhabitants, Climate, Products, Commerce, Laws and Government (London, 1774), vol. ii, pp. 353–356.

35 Pinckard, *West Indies*, pp. 148–149, 150, cited by Dawson, 'Enslaved Swimmers', n. 33.

36 See Dawson, *Undercurrents of Power*, pp. 15–19.

37 *Journeys of Rene Robert Cavelier Sieur de La Salle*, pp. 229–230.

38 Richard Mandell, *Sport: A Cultural History* (New York, 1984), pp. 179–180; cited in Dawson, 'Enslaved Swimmers', p. 1329.

39 *Journeys of Rene Robert Cavelier Sieur de La Salle*, p. 296; William Kip, *The Early Jesuit Missions in North America* (Albany, ny, 1846), pp. 71, 216–218.

40 Meriwether Lewis and William Clark, *Original Journals of the Lewis and Clark Expedition, 1804-1806*, ed. Reuben Thwaites (New York, 1904), vol. ii, p. 37. Lewis 也讲了这件事,但并没有提到游泳:"我所归功的那位印度女性,她拥有可与当时船上的任何人媲美的坚韧和决心,她挽救了大部分被冲到船外的小物件。"(p. 39)

41 Lewis and Clark, *Original Journals* (New York, 1904), vol. i, p. 40.

42 Al-Idrisi, *Geography (Nuzhat al-Mushtaq)*, in *Medieval West Africa: Views from Arab Scholars and Merchants*, ed. Nehemia Levtzion and Jay Spaulding (Princeton, nj, 2003), p. 31; Ibn Battuta, *Travels in Asia and Africa, 1325-1354*, trans. and ed. Hamilton Gibb, Hakluyt Society, 2nd ser., vols 110, 117, 141, 178, 190 [1929] (London, 1994), p. 965; Ibn Khaldun, *Muqaddima* 1.169–170, cited in John Hunwick, 'A Region of the Mind: Medieval Arab Views of African Geography and Ethnography and Their Legacy', *Sudanic Africa*, xvi (2005), pp. 103–136 (p. 131).

43 Leo Africanus, *The History and Description of Africa and of the Notable Things Therein Contained*, trans. John Pory, ed. Robert Brown (New York, 1896), pp. 186–187.

44 Juan López Palacios Rubios, 'Insularum mari Oceani tractatus', in *De las islas del mar Océano*, ed. Augustin Millares Carlo (Mexico City, 1954), p. 24; quoted by Pagden, 'The Peopling of the New World', p. 303.

45 De Marees, *Description and Historical Account*, p. 186.

46 Richard Ligon, *A True and Exact History of the Island of Barbadoes* [1673] (Portland, or, 1998), p. 51; Keith Sandiford, *Theorizing a Colonial Caribbean-Atlantic Imaginary: Sugar and Obeah* (New York, 2010), p. 89.

47 John Stedman, *Narrative of Five Year's Expedition Against the Revolted Negroes of*

Surinam, in Guiana, on the Wild Coast of South America; from the Year 1772, to 1777 (London, 1813), vol. ii, pp. 375–376; Dawson, *Undercurrents of Power*, pp. 40, 49, 52.

48 Stedman, *Narrative*, pp. 7, 295.

49 John Warren, *Para: or, Scenes and Adventures on the Banks of the Amazon* (New York, 1851), p. 9; 有关美人鱼内容的引用可能来自赫尔曼·梅尔维尔（Herman Melville）1846 年的小说《泰比》(*Typee*)，下同。

50 Charles Charlton, 'Margarite Campos, 14 years old Cuna, Albino from Yantuppu Island, Swimming in Water' (Panama, 1924), now in the Smithsonian Institution, National Anthropological Archives Inv. 04276800, Washington, dc.

第 15 章　中国和太平洋

1 'Navigation and Voyage which Fernando Magalhaes made from Seville to Maluco in the year 1519 (by a Genoese Pilot)', *The Library of Original Sources*, vol. v: *9th to 16th Centuries*, ed. Oliver Thatcher (Milwaukee, wi, 1907), pp. 41–57; Diogo Lopez de Sequeira, in Afonso de Albuquerque, *Commentaries*, trans. Walter de Gray Birch (London, 1880), p. 151.

2 Pedro Chirino, *Relación de las Islas Filipinas I de lo que en ellas an trabaiado los padres dae la Compañia de Iesus* (Rome, 1604), pp. 21–22; cited by Stefan Smith, *Creolization and Diaspora in the Portuguese Indies: The Social World of Ayutthaya, 1640-1720* (Leiden, 2011), p. 106.

3 Captain King, 'Journal of the Transactions on Returning to the Sandwich Islands', in James Cook et al., *The Voyages of Captain James Cook* (London, 1846), vol. ii, p. 425 (March 1779).

4 Amasa Delano, *Narrative of Voyages and Travels in the Northern and Southern Hemispheres* (Boston, ma, 1817), p. 191.

5 Kevin Dawson, *Undercurrents of Power: Aquatic Culture in the African Diaspora* (Philadelphia, pa, 2018), p. 1.

6 Thomas Trecher, in John Rickman, *Journal of Captain Cook's Last Voyage to the Pacific Ocean* (London, 1781), p. 213; James Cook, *Voyages Round the World* (London, 1896), p. 234.

7 François Peron, *A Collection of Modern and Contemporary Voyages and Travels*

(London, 1809), Atlas Plate iv.

8 Joseph Banks, John Hawkesworth and James Cook, *The Three Voyages of Captain Cook Round the World* (London, 1821), vol. i, p. 98; Dawson, *Undercurrents of Power*, p. 31.

9 *Contra* Nicholas Orme, *Early British Swimming, 55 bc–ad 1719* (Exeter, 1983), p. 101.

10 Daniel Defoe, *The Adventures of Robinson Crusoe* [1719] (London, 1872), pp. 19–20, 46, 190–191; Jonathan Swift, *Gulliver's Travels* [1726], ed. Claude Rawson (Oxford, 2005), pp. 16, 67, 97, 248–249.

11 William Byrd, *The Writings of 'Colonel William Byrd, of Westover in Virginia, Esqr.'*, ed. John Bassett (New York, 1901), p. 305.

12 Pieter de Marees, *Description and Historical Account of the Gold Kingdom of Guinea* [1602], ed. and trans. Albert van Dantzig and Adam Jones (Oxford, 1987), pp. 186–187.

13 Richard Ligon, *A True and Exact History of the Island of Barbadoes* [1673] (Portland, or, 1998), p. 51; Dawson, *Undercurrents of Power*, p. 50.

14 Aboriginal Australians: William Wilson, *The Swimming Instructor: A Treatise on the Arts of Swimming and Diving* (London, 1883), p. 127; Hawaiians: Richard Nelligan, *The Art of Swimming: A Practical Working Manual* (Boston, ma, 1906), pp. 27–29; Cecil Colwin, *Breakthrough Swimming* (Champaign, il, 2002), p. 4.

15 Willem Bosman 提到仰泳，"像男孩儿们经常做的", in 1721: *A New and Accurate Description of the Coast of Guinea* (London, 1705), p. 266。

16 *The Life and Letters of St Francis Xavier*, ed. Henry Coleridge, vol. ii, 2nd edn (London, 1890), pp. 331–350; reprinted in *Modern Asia and Africa, Readings in World History*, ed. William McNeil and Mitsuko Iriye, vol. ix (Oxford, 1971), pp. 20–30.

17 Alessandro Valignano, *Historia del principio y progreso de la Compañía de Jesús en las Indias Orientales (1542-1564)*, ed. Josef Wicki (Rome, 1944), pp. 127–154, trans. Donald Lach, *Asia in the Making of Europe* (Chicago, il, 2010), vol. I, book 2, pp. 684–685.

18 Edward Schafer, 'The Development of Bathing Customs in Ancient and Medieval China and the History of the Floriate Clear Palace', *Journal of the American Oriental Society*, lxxvi (1956), pp. 57–82 (p. 71).

19 Timothy Brook, *The Troubled Empire: China in the Yuan and Ming Dynasties* (Cambridge, ma, 2010), p. 51.

20 Dawson, *Undercurrents of Power*, pp. 73–74; Song Yingxing（宋应星）, *Tiangong Kaiwu*（《天工开物》）[1637], cited in Joseph Needham and Colin Ronan, *The Shorter Science and Civilisation in China* (Cambridge, 1978), vol. iii, pp. 246–253; fig. 243.

21 Michael Cooper, *Rodrigues the Interpreter: An Early Jesuit in Japan and China* (New York, 1974), p. 64.

第16章 漂浮测试

1 Marina Montesano, *Classical Culture and Witchcraft in Medieval and Renaissance Italy* (London, 2018), pp. 48–54, 84–89, 174–186.

2 *Formulae Liturgicae Slavicae*, trans. Ernest Henderson, in *Select Historical Documents of the Middle Ages* (London, 1910), pp. 314–317.

3 Soissons: Guibert of Nogent, *De vita sua* 3.17, ed. René Labande (Paris, 1982), pp. 428–434: 他们"继续向水边走去……克莱门特当时被扔进酒桶里，像一根棍子一样漂浮在上面"；艾尔沃德（Ailward）被富尔克（Fulk）的管家错误指控的案件，引自 James Whitman, *The Origins of Reasonable Doubt: Theological Roots of the Criminal Trial* (New Haven, ct, 2008), p. 86; the Cathars at Vezelay, described by Hugh of Poitiers, *Historia Viziliacensis monasterii* 4, Patrologia Latina cxciv, cols 1681–1682; Péter Tóth, 'River Ordeal-Trial by Water-Swimming of Witches: Procedures of Ordeal in Witch Trials', in *Demons, Spirits, Witches*, vol. iii: *Witchcraft Mythologies and Persecutions*, ed. Gábor Klaniczay and Éva Pócs (Budapest, 2008), pp. 129–163 (pp. 135–136)。

4 Fourth Lateran Council, under Pope Innocent iii: Finbarr McAuley, 'Canon Law and the End of the Ordeal', *Oxford Journal of Legal Studies*, xxvi (2006), pp. 473–513; Thomas Aquinas, *Summa Theologica* 650.

5 Peter Maxwell-Stuart, *Witch Beliefs and Witch Trials in the Middle Ages: Documents and Readings* (London, 2011), pp. 42–43, 182–187.

6 Russell Zguta, 'The Ordeal by Water (Swimming of Witches) in the East Slavic World', *Slavic Review*, xxxvi (1977), pp. 220–230 (p. 225); also Tóth, 'River Ordeal', p. 132.

7 Abu Hāmid al-Gharnātī, in François-Bernard Charmoy, *Relation de Mas'oudy et d'autres musulmans sur les anciens Slaves* (St Petersburg, 1834), pp. 342–343; 这里所

说的河流可能是第伯聂河。

8 *The Russian Primary Chronicle*, ed. and trans. Samuel Cross and Olgerd Sherbowitz-Wetzor (Cambridge, ma, 1953), pp. 134, 150–151 (also known as the *Chronicle of 1113*, from Kyiv).

9 Evgeny Petukhov, 'Serapion Vladimirskii, russkii propovednik xiii veka', *Zapiski istoriko-filologicheskago fakul'teta Imperatorskago S.- Peterburgskago universiteta*, 17 (1888), pp. 11–12 (Appendix, text of sermon), pp. 63–68 (commentary), translated in Zguta, 'Ordeal by Water', p. 223.

10 Osama Ibn Munqidh, *Kitab al-I'tibar*, trans. Philip Hitti (New York, 1929), p. 168, cited in Avner Falk, *Franks and Saracens: Reality and Fantasy in the Crusades* (London, 2010), p. 141.

11 Willem Bosman, *A New and Accurate Description of the Coast of Guinea* (London, 1704), p. 359; 博斯曼（Bosman）这样表达西非人擅长游泳："我从未听说过这条河曾经给任何人定罪，因为他们都能游出来。" Keith Dawson, 'Swimming, Surfing, and Underwater Diving in Early Modern Atlantic Africa and the African Diaspora', in *Navigating African Maritime History*, ed. Carina Ray and Jeremy Rich (Oxford, 2009), pp. 81–116 (p. 98).

12 Pausanias, *Description of Greece* 3.23.8; 5.7.5.

13 Stephanus Byzantinus, Εθνικων *quae supersunt*, ed. Anton Westermann (Leipzig, 1839), p. 138 (see Chapter Four); Hincmar von Reims, *De divortio Lotharii regis et Theutbergae reginae*, Paris, Bibliothèque National de France, lat. 2866, ed. Letha Böhringer (Hanover, 1992), pp. 156–158: 水本纯净，罪者不沉……拒伪斥妄，是以不纳……冷水审罪，无辜者容，有罪难容；Zguta, 'Ordeal by Water', p. 221。

14 Zguta, 'Witchcraft Trials in Seventeenth-Century Russia', *American Historical Review*, lxxxii (1977), pp. 1187–1207 (p. 1192).

15 Martin Luther, *Colloquia Mensalia*, trans. Henry Bell (London, 1652), p. 315; see M. Miles, 'Martin Luther and Childhood Disability in 16th Century Germany: What Did He Write? What Did He Say?', *Journal of Religion, Disability and Health*, iv (2001), pp. 5–36.

16 Mandate of the Zurich council against the Anabaptists (7 March 1526), quoted in Hans-Jürgen Goertz, *The Anabaptists*, trans. Trevor Johnson [1980] (London, 1996), p.

158, but see also pp. 12, 19, 120–121.

17 Christopher Marlowe, *The Massacre at Paris* (London, 1593), p. 7.

18 Eamon Darcy, *The Irish Rebellion of 1641 and the Wars of the Three Kingdoms* (Woodbridge, 2013), p. 114.

19 *The Journey to the West*, trans. and ed. Anthony Yu, revd edn (Chicago, il, 2012), vol. ii, pp. 256–257.

20 Luo Guanzhong（罗贯中）, *The Three Sui Quash the Demons' Revolt*（《平妖传》）, trans. Patrick Hanan (New York, 2017, under the title *Quelling the Demons' Revolt: A Novel from Ming China*), p. 64.

21 Philip Kuhn, *Soulstealers: The Chinese Sorcery Scare of 1768* (Cambridge, ma, 1990), pp. 11, 19.

22 Glenn Stout, *Young Woman and the Sea: How Trudy Ederle Conquered the English Channel and Inspired the World* (Boston, ma, and New York, 2009), p. 12.

23 Keith Thomas, *Religion and the Decline of Magic: Studies in Popular Beliefs in Sixteenth and Seventeenth Century England* (Oxford, 1971), pp. 491–501；有关意大利的类似现象，见 Montesano, *Classical Culture and Witchcraft*, pp. 187–188。

24 Zguta, 'The Ordeal by Water', p. 225 and 'Witchcraft Trials', p. 1189.

25 Wolfgang Behringer, *Witches and Witch-Hunts: A Global History* (Cambridge, 2004), p. 153.

26 Ildikó Kristóf, 'Witch-Hunting in Early Modern Hungary', in *The Oxford Handbook of Witchcraft in Early Modern Europe and Colonial America*, ed. Brian Levack (Oxford, 2013), pp. 334–354 (p. 346).

27 Tóth, 'River Ordeal', pp. 130, 140.

28 Ibid., pp. 145–146.

29 Philipp Blom, *Nature's Mutiny: How the Little Ice Age of the Long Seventeenth Century Transformed the West and Shaped the Present* (New York, 2017), p. 58，有些证据将巫术审判与天气问题联系起来。

30 Behringer, *Witches and Witch-Hunts*, p. 112; Johan Wier, *De praestigiis daemonum* [1563] (Basel, 1568), pp. 588–589：此外，那些被捆绑住手脚者，或右手拇指绑在左脚拇趾，左手拇指绑在右脚拇趾的巫术罪犯（女巫），即便被投入水中，也不会沉没；Henry Lea, *Materials Toward a History of Witchcraft* (Philadelphia, pa, 1939),

pp. 892–893，还描述了维尔在 1581 年的雇主克莱沃·于利希的一项决定：将通过水审来判定一个人是否有巫术犯罪的罪行。

31 Scribonius, *De examine et purgatione sagarum per aquam frigidam epistola* [1583], in Gerhild Williams, 'Demonologies', in *The Oxford Handbook of Witchcraft*, pp. 69–83 (p. 77); Tóth, 'River Ordeal', p. 139.

32 Hermann Neuwalt, *Exegesis purgationis sive examinis sagarum super aquam frigidam* [1584], in Williams, 'Demonologies', p. 77.

33 Ibid.; Antonius Praetorius, *Gründlicher Bericht über die Zauberey* [1598], in Gerhild Williams, *Ways of Knowing in Early Modern Germany: Johannes Praetorius as a Witness to His Time* (Aldershot, 2006), p. 93.

34 Johann Goedelmann, *De Magis, Veneficis et Lamiis* (Frankfurt, 1592), vol. i chap. 5, pp. 21–30, cited in Brian Levack, *The Witch-Hunt in Early Modern Europe* [1987] (New York, 2006), p. 260.

35 Williams, *Ways of Knowing*, p. 93.

36 Orna Darr, *Marks of an Absolute Witch: Evidentiary Dilemmas in Early Modern England* (London, 2011), p. 162.

37 H. C. Erik Midelfort, *Witch Hunting in Southwestern Germany, 1562-1684: The Social and Intellectual Foundations* (Stanford, ca, 1972), pp. 76–77. 我们或许要问，勒布在此事中，是否真的有选择余地。

38 In Herford: Oskar Wächter, *Vehmgerichte u. Hexenprozesse in Deutchland* (Stuttgart, 1882), pp. 137–138，但并没有给出信息来源，可能是阅读了当地的审判记录。

39 In the Champagne-Ardennes region: Brian Levack, 'State-Building and Witch Hunting in Early Modern Europe', in *The Witchcraft Reader*, ed. Darren Oldridge (Abingdon, 2008), pp. 200–213 (p. 221), reprinted from *Witchcraft in Early Modern Europe: Studies in Culture and Belief*, ed. Jonathan Barry et al. (Cambridge, 1996), pp. 96–116; Alfred Soman, 'Decriminalizing Witchcraft: Does the French Experience Furnish a European Model?', *Criminal Justice History*, x (1989), pp. 1–22 (p. 6).

40 Kuhn, *Soulstealers*, pp. 7, 19, 30, 232 and *passim*.

41 1594 年法院禁止在女巫案件中使用漂浮测试，除了荷兰北部。Levack, *The Witch-Hunt in Early Modern Europe*, p. 215; Claudia Swan, *Art, Science, and Witchcraft in Early Modern Holland: Jacques de Gheyn* ii *(1565-1629)* (Cambridge,

2005), p. 165.

42 Tóth, 'River Ordeal', p. 139.

43 James vi and i, *Daemonologie: A Critical Edition*, ed. Brett Warren (London, 2016), p. 94.

44 Lynda Boose, 'Scolding Brides and Bridling Scolds: Taming the Woman's Unruly Member', in *Materialist Shakespeare: A History*, ed. Ivo Kamps (London, 1995), pp. 239–279 (p. 244), also in *Shakespeare Quarterly*, xlii (1991), pp. 179–213; Erika Gasser, *Vexed with Devils: Manhood and Witchcraft in Old and New England* (New York, 2017), pp. 26–27.

45 Owen Davies, *Witchcraft, Magic and Culture, 1736-1951* (Manchester, 1999), p. 87.

46 *Witches Apprehended, Examined and Executed, for notable villanies by them committed both by Land and Water. With a strange and most true trial how to know, whether a woman be a Witch or not* (London, 1613), n.p., reproduced in Katharine Briggs, *Pale Hecate's Team* (London, 1962), pp. 56ff.

47 Davies, *Witchcraft, Magic and Culture*, pp. 86–88. 戴维斯（Davies）补充说，他"没有发现任何证据可以证实基思·托马斯（Keith Thomas）的说法，即在1590年的英格兰，游泳被用于巫术案件"，我也没有发现 (Thomas, *Religion and the Decline of Magic*, p. 551), 同见于 Gregory Durston, *Crimen Exceptum: The English Witch Prosecution in Context* (Eastbourne, 2019), p. 147。

48 John Cotta, *The Trial of Witch-Craft* [1616], in Brian Levack, 'The Decline and End of Witchcraft Prosecutions', *Witchcraft and Magic in Europe*, vol. v: *The Eighteenth and Nineteenth Centuries*, ed. Bengt Ankarloo and Stuart Clark (Philadelphia, pa, 1999), pp. 1–94 (p. 24); Sir Robert Filmer, *An Advertisement to the Jurymen of England Touching Witches, together with a Difference between a Hebrew and an English Witch*, ed. Richard Royston (London, 1653), n.p. and p. 11. Digby, 在1587年早已意识到人们生来就能够漂浮。

49 *Great News from the West of England* (London, 1689), p. 1; Durston, *Crimen Exceptum*, p. 151.

50 Deposition before the Grand Jury at the Assizes at Leicester (London, British Library, Hardwicke Papers, Add. ms 35838, fol. 404), cited in Cecil Ewen, *Witch Hunting and Witch Trials (rle Witchcraft): The Indictments for Witchcraft from the Records of the 1373 Assizes Held from the Home Court 1559-1736 ad* [1929] (Abingdon, 2013), p. 314.

51 Francis Hutchinson, *An Historical Essay Concerning Witchcraft, with Observations of Matters of Fact*, 2nd edn (London, 1720), p. 175; Davies, *Witchcraft, Magic and Culture*, pp. 89, 93.

52 Alison Games, *Witchcraft in Early North America* (Plymouth, 2012), p. 16.

53 *Wyllys Papers*, w-2 in *Witch-Hunting in Seventeenth-Century New England: A Documentary History, 1638-1693*, ed. David Hall, 2nd edn (Durham, nc, 1999), p. 159; Walter Woodward, *Prospero's America: John Winthrop, Jr, Alchemy, and the Creation of New England Culture, 1606-1676* (Chapel Hill, nc, 2010), p. 235.

54 Increase Mather, *An Essay for the Recording of Illustrious Providences* (Boston, ma, 1684), p. 139. See *Witch-Hunting in Seventeenth-Century New England*, p. 151; 那两个人很有可能是威廉（William）和朱迪斯·艾尔斯（Judith Ayres）。

55 Richard Godbeer, *Escaping Salem: The Other Witch Hunt of 1692* (Oxford, 2004), pp. 120, 125.

56 Games, *Witchcraft in Early North America*, pp. 141–142, citing Edward James, 'Grace Sherwood, the Virginia Witch', *William and Mary Quarterly*, iii/3 (1894), pp. 99–100, iii/4 (1895), pp. 191–192, iv (1895), pp. 242–245, iv/1 (1895), pp. 18–19.

57 Jean Baptiste du Tertre, *Histoire générale des Antilles habitées par les Francois* (Paris, 1667), vol. ii, p. 448, in *Chronological History of the West Indies*, trans. Thomas Southey (London, 1827), vol. ii, p. 22.

第 17 章 浸水椅

1 更多刑具，见 John Spargo, *Juridical Folklore in England, Illustrated by the Cucking-Stool* (Durham, nc, 1944); Lynda Boose, 'Scolding Brides and Bridling Scolds: Taming the Woman's Unruly Member', in *Materialist Shakespeare: A History*, ed. Ivo Kamps (London, 1995), pp. 239–279 (p. 245); Carl Lounsbury, *The Courthouses of Early Virginia: An Architectural History* (Charlottesville, va, 2005), pp. 182, 224。

2 Spargo, *Juridical Folklore*, pp. 85, 95, 98.

3 From the marginalia of the Rutland Psalter, London, British Library, Add. ms. 62925, fol. 86r. 合理的怀疑见 Sandy Bardsley, *Venomous Tongues: Speech and Gender in Late Medieval England* (Philadelphia, pa, 2006), p. 188 n. 4。

4 Thomas Brushfield, 'On Obsolete Punishments, with Particular Reference to

those of Cheshire: Part ii: The Cucking-Stool and Allied Punishments', *Journal of the Architectural, Archaeological and Historic Society, for the County, City, and Neighbourhood of Chester*, ser. 1, ii (1861), pp. 200–234 (pp. 204, 215); Spargo, *Juridical Folklore*, p. 30; *Satire on the People of Kildare* [1308], in Judith Bennett, *Ale, Beer, and Brewsters in England: Women's Work in a Changing World, 1300-1600* (Oxford, 1996), p. 105; 我对贝内特（Bennett）的现代语言做了轻微修改。

5 Leet Book of Coventry, in Bennett, *Ale, Beer, and Brewsters*, pp. 104–105; Brushfield, 'On Obsolete Punishments', p. 215.

6 Thieves and whores: Spargo, *Juridical Folklore*, p. 3; Harlots: David Underdown, 'The Taming of the Scold: the Enforcement of Patriarchal Authority in Early Modern England', in *Order and Disorder in Early Modern England*, ed. Anthony Fletcher and John Stevenson (Cambridge, 1985), pp. 116–136 (p. 124).

7 Spargo, *Juridical Folklore*, pp. 86–87, 94–95.

8 Brushfield, 'On Obsolete Punishments', pp. 218–220. For Norwich, see also Helen Kavanaugh, 'The Topography of Illicit Sex in Later Medieval English Provincial Towns', MPhil thesis, Royal Holloway, University of London, 2020, p. 101.

9 At Wakefield Sessions and Whitby: Ernest Pettifer, *Punishments of Former Days* (Bradford, 1939), p. 106; 相关例证在17世纪的Brushfield比比皆是，'On Obsolete Punishments', pp. 223–224。所指控的罪行通常是争吵或唠叨，但这并不是重点：没有什么可以为酷刑辩护。

10 Underdown, 'The Taming of the Scold', pp. 125–126.

11 Randle Holme, *The Academy of Armory*, vol. iii, ch. 126 (Chester, 1688), p. 351, quoted in Brushfield, 'On Obsolete Punishments', p. 227 and available at https://quod.lib.umich.edu/e/eebogroup.

12 At Grimsby: George Oliver, 'Beating of Bounds: The Ducking Stool', *Gentleman's Magazine*, cci/2 (December 1831), pp. 504–505 (p. 505), 另一个相似的例子引自Brushfield, 'On Obsolete Punishments', pp. 225–226.

13 Julia Spruill, *Women's Life and Work in the Southern Colonies* [1938] (New York, 1972), p. 332.

14 Brushfield, 'On Obsolete Punishments', pp. 218–231; Dorothy Mays, *Women in Early America: Struggle, Survival, and Freedom in a New World* (Santa Barbara, ca,

2004), p. 366. 梅斯怀疑浸水椅是否真的被广泛使用过。

15 Lounsbury, *The Courthouses of Early Virginia*, p. 224.

16 Spruill, *Women's Life and Work*, p. 331.

17 Elizabeth City, Frederick and King George: Lounsbury, *The Courthouses of Early Virginia*, pp. 182, 224; Augusta: *The Virginia Historical Register, and Literary Note Book* 3, ed. William Maxwell (Richmond, va, 1850), p. 76.

18 Giuseppe Baretti, *A Journey from London to Genoa: Through England, Portugal, Spain, and France* (London, 1770), vol. I, p. 9 (16 August 1760), quoted in Brushfield, 'On Obsolete Punishments', p. 231.

19 A sex worker: James Orange, *History and Antiquities of Nottingham* (London, 1840), vol. ii, p. 864.

20 Gerhild Williams, *Ways of Knowing in Early Modern Germany: Johannes Praetorius as a Witness to His Time* (Aldershot, 2006), p. 93.

21 Richard Raiswell and Peter Dendle, 'Demon Possession in Anglo-Saxon and Early Modern England: Continuity and Evolution in Social Context', *Journal of British Studies*, xlvii (2008), pp. 738–767 (pp. 738, 749, 751).

22 Liz Sharp, *Reconnecting People and Water: Public Engagement and Sustainable Urban Water Management* (London, 2017), p. 71; Tracy Borman, *The Private Lives of the Tudors: Uncovering the Secrets of Britain's Greatest Dynasty* (New York, 2016), pp. 333–334.

23 Anthony Wood, in Keith Thomas, *Religion and the Decline of Magic: Studies in Popular Beliefs in Sixteenth and Seventeenth Century England* (Oxford, 1971), p. 491; see Matthew 8:28–34, 恶魔附身在猪身上，猪跑进水里淹死了。

24 Raiswell and Dendle, 'Demon Possession', p. 759.

25 Michael Foster, *The Book of Yokai: Mysterious Creatures of Japanese Folklore* (Berkeley, ca, 2015), p. 159; Imron Harits and Stefan Chudy, 'The Legend of *Vodnik* (Water Goblin): Slavic Tradition and Cultural Adaptation', *Proceedings of the 5th eltlt International Conference* (Semarang, Indonesia, 2016), pp. 307–311 (p. 308); see also Monika Kropej, *Supernatural Beings from Slovenian Myth and Folktales* (Ljubljana, 2012), pp. 99–100, 155–166; 'Kelpie', *Oxford English Dictionary*; see Aude Marie Le Borgne, 'Clootie Wells and Water-Kelpies: An Ethnological Approach to the Fresh Water

Traditions of Sacred Wells and Supernatural Horses in Scotland', PhD thesis, University of Edinburgh (2002), pp. 120ff.

26 Alexander Murray, *Suicide in the Middle Ages: The Violent against Themselves* (Oxford, 1998), vol. I, p. 151.

27 Michael Zell, 'Suicide in Pre-Industrial England', *Social History*, xi (1986), pp. 303–317 (p. 311); Jeffrey Watt, *From Sin to Insanity: Suicide in Early Modern and Modern Europe* (Ithaca, ny, 2004), p. 32.

28 Riikka Miettinen, 'Gendered Suicide in Early Modern Sweden and Finland', in *Gender in Late Medieval and Early Modern Europe*, ed. Marianna Muravyeva and Raisa Toivo (Abingdon, 2012), pp. 173–190 (p. 176).

29 Murray, *Suicide in the Middle Ages*, p. 404.

30 Judith Graham, *Puritan Family Life: The Diary of Samuel Sewall* (Boston, ma, 2000), pp. 95–97, 126.

31 Nicholas Wynman, *Colymbetes sive De arte natandi* (Augsburg, 1538), 对禁令持反对意见; Eric Chaline, *Strokes of Genius: A History of Swimming* (London, 2017), p. 104, 禁止在河中洗衣的禁令可能与不愿扰动水面有关, 又或者关乎体面。

32 The son of Walter Haddon: Frank Reeve, *The Cambridge Nobody Knows* (Cambridge, 1977), pp. 42–43; Nicholas Orme, *Early British Swimming, 55 bc-ad 1719* (Exeter, 1983), p. 64; Chris Ayriss, *Hung Out to Dry: Swimming and British Culture* (Morrisville, nc, 2009), p. 17; Chaline, *Strokes of Genius*, p. 103. 副校长是 John Whitgift。

33 William Shakespeare, *Julius Caesar*, Act i, 2; *Two Gentlemen of Verona*, Act i, 1; *As You Like It*, Act iv, 1. 莎士比亚作品中, 其他有关游泳的内容, 见 *Henry* vi, *Part* iii, Act v, 4; *Macbeth*, Act i, 2; *Rape of Lucrece*。Marlowe, *Hero and Leander* (1598), ll. 153–178; Rubens, *Hero and Leander*, c. 1605 (Dresden, Gemäldegalerie). See Barbara A. Mowat, '"Knowing I loved my books": Reading *The Tempest* Intertextually', in *The Tempest and Its Travels*, ed. Peter Hulme and William H. Sherman (London, 2000), pp. 27–36 (pp. 29–32).

第 18 章 前卫派

1 Niccolò Machiavelli, *The Art of War*, trans. Henry Neville [1674] (Mineola, ny, 2012), pp. 43–44. 虽没那么有名, 但早在 15 世纪就有意大利学者援引古罗马典籍的例

证——弗吉里奥、阿尔伯蒂、皮科洛米尼,强调游泳的军事用途和水上安全。荷兰学者伊拉斯谟的《箴言集》(1508)中,同样辑录了罗马人有关游泳的评论;见 John McManamon, 'Neither Letters nor Swimming': The Rebirth of Swimming and Free-Diving (Leiden, 2021), pp. 238–243。

2 Nicholas Wynman, Colymbetes sive De arte natandi (Augsburg 1538), f7–f8, Franz Friedlieb, Exegesis Germaniae 2.23 (Hagenau, 1518), fols 36v–37; Olaus Magnus, Historia de gentibus septentrionalibus (Rome, 1555), 10.23; Everard Digby, De arte natandi [1587], trans. Melchiséech Thévenot as L'Art de Nager (Paris, 1696). 关于这些手册的摘要和评论,见 Nicholas Orme, Early British Swimming, 55 bc-ad 1719 (Exeter, 1983); John McManamon, Caligula's Barges and the Renaissance Origins of Nautical Archaeology Under Water (College Station, tx, 2016), pp. 151–154; McManamon, 'Neither Letters nor Swimming', pp. 203–208, 270–271; and Alexandra Heminsley, Leap in: A Woman, Some Waves, and the Will to Swim (New York, 2017), p. 154。

3 Rymes of Robin Hood: An Introduction to the English Outlaw, ed. Richard Dobson and John Taylor (London, 1976), p. 163, cited in Orme, Early British Swimming, p. 44.

4 Thomas Elyot, The Book of the Governor, ed. Henry Croft (London, 1883), pp. 173–178; Roger Ascham, The Schoolmaster (London, 1570), p. 217. Rosso Fiorentino fresco, Galerie François i, Château de Fontainebleau (1535–1537); see McManamon, 'Neither Letters nor Swimming', pp. 288–289, 认为基戎(Chiron)可能在教阿喀琉斯一种上手泳姿,是在效法古人;Karen Syse, 'Ideas of Leisure, Pleasure and the River in Early Modern England', Perceptions of Water in Britain from Early Modern Times to the Present: An Introduction, ed. Karen Syse and Terje Oestigaard (Bergen, 2010), pp. 35–57.

5 John Windhausen and Irina Tsypkina, 'National Identity and the Emergence of the Sports Movement in Late Imperial Russia', in International Journal of the History of Sport, vol. xii: Tribal Identities: Nationalism, Europe, Sport, ed. James Mangan (London, 1996), pp. 164–182 (p. 166).

6 John Locke, Some Thoughts Concerning Education and Of the Conduct of the Understanding, ed. Ruth Grant and Nathan Tarcov (Indianapolis, in, 1996), p. 14.

7 Robert Massie, Peter the Great: His Life and World (New York, 1980), p. 824.

8 Ibid., p. 315.

9 Samuel Chandler, *Journal* [1773], quoted in *The Harvard Book: Selections from Three Centuries*, ed. William Bentinck-Smith [1953] (Cambridge, ma, 1982), pp. 116–117. 在马萨诸塞州，直到 1783 年奴隶制都是合法的。

10 Lord Waldegrave: Henry Lyte, *A History of Eton College, 1440-1875* (London, 1875), pp. 353–354.

11 Johann GutsMuths, *Kleines Lehrbuch der Schwimmskunst zum Selbtsunerricht* (Weimar, 1798), trans. in Eric Chaline, *Strokes of Genius: A History of Swimming* (London, 2017), p. 110.

12 Charles Sprawson, *Haunts of the Black Masseur: The Swimmer as Hero* (Minneapolis, mn, 1992), pp. 118–119 (该标题出自田纳西·威廉斯的种族主义故事).

13 Lyte, *A History of Eton College*, pp. 442–443.

14 'Harrow School', *Blackwood's Magazine*, xciv (1863), pp. 457–481 (p. 481); Christopher Love, 'An Overview of the Development of Swimming in England, c. 1750–1918', *International Journal of the History of Sport*, xxiv (2007), pp. 568–585 (p. 570).

15 拜伦也在1809年游过了里斯本的塔古斯河，这耗时近两个小时。Thomas Moore, *Life of Lord Byron* (London, 1835), vol. I, pp. 95, 133, 277 and n. 138.

16 With William Ekenhead: *Letters and Journals of Lord Byron*, Letter 413 (21 February 1821); Moore, *Life of Lord Byron*, p. 316; John Galt, *Life of Lord Byron* (London, 1830), pp. 141–142. 后者还提到，该地区的人们记得有"一个犹太人"和来自那不勒斯的人也成功横渡了赫勒斯滂海峡，拜伦的船员中还有人游过更长的距离，尽管游的不是这个地方。

17 Sprawson, *Haunts of the Black Masseur*, pp. 118–119.

18 Moore, *Life of Lord Byron*, p. 186 and n. 137.

19 Hugh Pearse, *The Hearseys: Five Generations of an Anglo-Indian Family* (Edinburgh, 1905), pp. 141–144, 166, 229–230.

20 Serhii Plokhy, *The Cossack Myth: History And Nationhood in the Age of Empires* (Cambridge, 2012), pp. 9–10, 33.

21 Anna Labzina, *Days of a Russian Noblewoman: The Memories of Anna Labzina, 1758-1821* (DeKalb, il, 2001), p. 21, quoted in Priscilla Roosevelt, *Life on the Russian Country Estate: A Social and Cultural History* (New Haven, ct, 1995), p. 181.

22 Robert Massie, *Catherine the Great: Portrait of a Woman* (New York, 2011), p. 564;

Peter Vyazemsky, in Roosevelt, *Life on the Russian Country Estate*, p. 301; Rosamund Bartlett, *Tolstoy: A Russian Life* (New York, 2011), p. 78.

23 Peter Sekirin, ed., *The Dostoevsky Archive: Firsthand Accounts of the Novelist from Contemporaries' Memoirs and Rare Periodicals* (Jefferson, nc, 1997), p. 293; Alexander Chudakov, 'Dr Chekhov: A Biographical Essay (29 January 1860–15 July 1904)', in *The Cambridge Companion to Chekhov*, ed. Vera Gottlieb and Paul Allain (Cambridge, 2000), pp. 3–16 (p. 4); Bartlett, *Tolstoy*, pp. 95, 203, 207.

24 Edwards Park, 'To Bathe or Not to Bathe: Coming Clean in Colonial America', *Colonial Williamsburg Journal*, xxii (2000), pp. 12–16.

25 John Wesley, *The Journal of John Wesley: Founder of the Methodist Movement* (North Charleston, sc, 2013), p. 198 (28 July 1756), see also pp. 35, 110, 240.

26 Benjamin Franklin, *The Autobiography of Benjamin Franklin* [1791] (Boston, ma, 1906), pp. 10, 50. See also Scott Cleary, 'The Ethos Aquatic: Benjamin Franklin and the Art of Swimming', *Early American Literature*, 46 (2011), pp. 51–67; Sarah Pomeroy, *Benjamin Franklin, Swimmer: An Illustrated History*, Transactions of the American Philosophical Society (Philadelphia, PA, 2021).

27 Philip Tucker, *Alexander Hamilton's Revolution: His Vital Role as Washington's Chief of Staff* (New York, 2017), p. 119; Anne Royall, *Royall's Sketches of History, Life, and Manners in the United States* [1826] (Carlisle, ma, 2007), p. 49; Howard Zinn, *A People's History of the United States* (New York, 1980), p. 78.

28 Ulysses S. Grant, *Personal Memoirs of U. S. Grant* (New York, 1885), p. 3.

29 Henry Thoreau, *Walden or Life in the Woods* [1854] (New York, 1910), p. 221.

30 Louisa May Alcott, *Hospital Sketches: And, Camp and Fireside Stories* [1863] (Boston, ma, 1922), p. 18.

第 19 章　中产阶级

1 Vaughn Scribner, *Merpeople: A Human History* (London, 2020), pp. 101, 116.

2 Nicolas Wynman, *Colymbetes sive De arte natandi* (Augsburg, 1538), pp. a5, c7–c8, e5–e6; John McManamon, *'Neither Letters nor Swimming': The Rebirth of Swimming and Free-diving* (Leiden, 2021), pp. 254–261, 269.

3 Johann Pezzl, 'Bäder', *Skizze von Wien* (Vienna, 1787), vol. iv, pp. 599–601, trans.

William Meredith (https://beethovens-vienna.sjsu.edu); Elaine Sciolino, *The Seine: The River that Made Paris* (New York, 2019), p. 100; John Stephens, *Incidents of Travels in Egypt, Arabia Petraea and the Holy Land* (London, 1836), p. 97.

4 Now Bibliothèque de Institut de France ms 2173 B folio 81v, Paris, 可能是基于弗朗切斯科·迪·乔治（Francesco di Giorgio）早些时候所画的类似装置的草图。

5 William Shakespeare, *Henry* viii, Act iii, 2; Isak Lidström and Ingvar Svanberg, 'Ancient Buoyancy Devices in Sweden: Floats Made of Reed, Club-Rush, Inflated Skins and Animal Bladders', *Folk Life: Journal of Ethnological Studies*, lvii (2019), pp. 85–94; Francis Bacon, *The Works of Francis Bacon*, ed. Basil Montagu (New York, 1884), vol. i, p. 269. 关于15世纪早期浮力装置的其他例子，见 McManamon, *'Neither Letters nor Swimming'*, pp. 295–300。

6 Daniel Schwenter, *Deliciae Physico-Mathematicae* (Nuremberg, 1636), title page (no. 13) and p. 467; Benjamin Franklin, *The Works of the Late Benjamin Franklin*, ed. Benjamin Vaughan (New York, 1794), vol. ii, p. 57 ('On the Art of Swimming').

7 'Birth of the Republic', *Free China Review*, xxiii/1 (1973), https:// taiwantoday.tw/tr.php?post=442, accessed 19 November 2021.

8 Montague Holbein, *Swimming* (London, 1904), p. 17; 'On Swimming', *Dublin Penny Journal*, 3 May 1834, pp. 346–347.

9 Franklin, *Works*, vol. i, p. 78; Alexandra Heminsley, *Leap In: A Woman, Some Waves, and the Will to Swim* (New York, 2017), p. 154.

10 Klemens Wildt, *Daten zur Sportgeschichte: Europa von 1750 bis 1894* (Stuttgart, 1972), vol. i, p. 154; Ralph Waldo Emerson, *Selected Essays, Lectures and Poems*, ed. Robert Richardson Jr [1965] (New York, 2007), pp. 99, 276; Louisa May Alcott, *Hospital Sketches: And, Camp and Fireside Stories* [1863] (Boston, ma, 1922), p. 18.

11 在伊斯坦布尔，绳子也被用来教孩子游泳，如 Claire Messud 的父亲就有相关记忆。Claire Messud, *Kant's Little Prussian Head and Other Reasons Why I Write: An Autobiography in Essays* (New York, 2020); Ekrem Buğra Ekinci, 'Sea Bathing, the Good Old Fashion Way', *Daily Sabah*, 10 September 2014.

12 Richard Mulcaster, *Positions* (London, 1888), and Johann GutsMuths, *Kleines Lehrbuch der Schwimmskunst zum Selbtsunerricht* (Weimar, 1798), both cited in Eric Chaline, *Strokes of Genius: A History of Swimming* (London, 2017), pp. 102–103, 110;

Everard Digby, *De arte natandi* (Cambridge, 1587), n.p.

13 John Locke, *Some Thoughts Concerning Education and Of the Conduct of the Understanding*, ed. Ruth Grant and Nathan Tarcov (Indianapolis, in, 1996), p. 14; Franklin, *Works*, vol. ii, p. 57 ('On the Art of Swimming').

14 Liz Sharp, *Reconnecting People and Water: Public Engagement and Sustainable Urban Water Management* (London, 2017), pp. 71–73.

15 *Journal of the Conversations of Lord Byron*, ed. Thomas Medwin (London, 1824), p. 117, cited in Lynn Sherr, *Swim: Why We Love the Water* (New York, 2012), p. 48.

16 Clement Shorter, *George Borrow and His Circle* (New York, 1913), p. 419, n. 1.

17 Rosamund Bartlett, *Tolstoy: A Russian Life* (Boston, ma, 2011), pp. 95, 203, 207; Henri Troyat, *Tolstoy*, trans. Nancy Amphoux [1965] (Paris, 2001), pp. 142, 433.

18 William Byrd, 1706 letter, quoted in Richmond Beatty, *William Byrd of Westover* (New York, 1932), p. 55; Henri Troyat, *Pushkin: A Biography*, trans. Randolph Weaver (New York, 1950), p. 216; Benjamin Butler, *Butler's Book: Autobiography and Personal Reminiscences of Major-General Benjamin Butler* (Boston, ma, 1892), p. 69.

19 Virginia Rounding, *Catherine the Great: Love, Sex, and Power* (New York, 2006), p. 399; 像罗马浴场一样，这实际上是导致痢疾的主要原因。Konstantin Kashin and Ethan Pollock, 'Public Health and Bathing in Late Imperial Russia: A Statistical Approach', *Russian Review*, lxxii (2013), pp. 66–93.

20 Harry Ward, *George Washington's Enforcers: Policing the Continental Army* (Carbondale, il, 2006), p. 95; John Quincy Adams, diary entry for 18 November 1826; see Paul Nagel, *John Quincy Adams: A Public Life, A Private Life* (New York, 1997), Book 4.

21 Linda Ivanits, *Russian Folk Belief* (London, 1989), pp. 70–74; Fred Whishaw, *The Romance of the Woods* (London, 1895), p. 277, 尽管卫肖（Whishaw）资本主义主题的小说不能当作事实来参考。

22 Mark Twain, The Adventures of Tom Sawyer (Toronto, 1876), p. 159.

23 Johan Bachstrøm, *Den Kunst at svømme* (Copenhagen, 1778); Johann GutsMuths, *Gymnastik für die Jugend* (Schnepfenthal, 1793)（由 Mary Wollstonecraft 首次翻译成英语，她 1797 年因难产去世）; Oronzio de Bernardi, *L'uomo galleggiante, ossia l'arte ragionata del nuoto* (Naples, 1794); GutsMuths, *Kleines Lehrbuch* (Weimar, 1798); in 1864 it was William Woodbridge's *The Swimmers Practical Manual of Plain Facts*

and Useful Hints.

24 Chaline, *Strokes of Genius*, p. 105; Arnd Krüger, 'Swimming and the Emergence of the Modern Spirit', in *Sport and Culture in Early Modern Europe*, ed. John McClelland and Brian Merrilees (Toronto, 2009), pp. 409–429 (p. 409).

25 Everard Digby, *A Short Introduction for to Learne to Swimme*, trans. Christofer Middleton (London, 1595), n.p.

26 Andrei Glagolev, *Notes of the Russian Traveller* (St Petersburg, 1837), Tula, March 10; James Riordan mistakenly cites this passage as I. S. Glagolev, *Razvlechiniya zhitelei Tuly* (Moscow, 1734), p. 78, in his *Sport in Soviet Society* (Cambridge, 1977), p. 29.

27 'On Swimming', *Dublin Penny Journal*, pp. 346–347; Franklin, *The Art of Swimming Rendered Easy,* ed. anon. (Glasgow, *c.* 1840), p. 3.

28 Don Wyatt, 'A Certain Whiteness of Being: Chinese Perceptions of Self by the Beginning of European Contact', in *Race and Racism in Modern East Asia: Western and Eastern Constructions*, ed. Rotem Kowner and Walter Demel (Leiden, 2013), pp. 307–326 (pp. 316, 319–322); also Sufen Sophia Lai, 'Racial Discourse and Utopian Visions in Nineteenth-century China', ibid., pp.327–349.

29 John Wood, quoted by Archibald Sinclair and William Henry, *Swimming* (London, 1893), p. 65. 或最早见于 1797 年版的《大英百科全书》(*Encyclopaedia Britannica*)。

30 'On Swimming', *Dublin Penny Journal*, pp. 346–347; 同样的"鸡蛋法"分别在 16 世纪末由迪格比、18 世纪由富兰克林和让 - 夏尔·蓬瑟兰·德·拉罗什 - 蒂拉克（在游泳手册的扩展版中）提出。请注意，这里再次假设，即使你学会了游泳，你仍然会希望将脸露出水面。

31 Harold Gill, 'Colonial Americans in the Swim', *Colonial Williamsburg Journal*, xxii–xxiv (2001–2), p. 26; Christopher Love, 'An Overview of the Development of Swimming in England, *c.* 1750–1918', *International Journal of the History of Sport*, xxiv (2007), pp. 568–585 (p. 569).

32 详情请见 Chris Ayriss, *Hung Out to Dry: Swimming and British Culture* (Morrisville, nc, 2009), p. 22。

33 Clayton Evans, *Rescue at Sea: An International History of Lifesaving, Coastal Rescue Craft and Organisations* (Annapolis, md, 2003), p. 15; George Worcester (with Doris Worcester), *The Junks and Sampans of the Yangtze: A Study in Chinese Nautical*

Research (Shanghai, 1947), p. 305.

34 John Stephens, *Incidents of Travels in Egypt, Arabia Petraea and the Holy Land* (London, 1837), p. 97; David Day and Margaret Roberts, *Swimming Communities in Victorian England* (Manchester, 2019), p. 8 and *passim*; Love, 'An Overview', pp. 571–573; Julius Kricheldorff, 'Schwimmlehrer Personal des 4. Garde-Regts' [1877], now in the Museum Europäischer Kulturen der Staatlichen Museen in Berlin D (33 y 55) 1175/1981.

35 Love, 'An Overview', pp. 568–585, 提供了 19 世纪俱乐部的相关信息。

36 Riordan, *Sport in Soviet Society*, p. 11; Love, 'An Overview', p. 577, 有更多例证。

37 Wynman, *Colymbetes*, b8v; McManamon, *Caligula's Barges*, p. 152.

38 George Borrow, quoted in Charles Sprawson, *Haunts of the Black Masseur: The Swimmer as Hero* (Minneapolis, mn, 1992), p. 2.

39 可能是由 John Setterington 发明的。最早的"遮羞板"出现在 Rupert Green's 'The Bathing Place, Ramsgate', hand-coloured etching and aquatint, 1782, now British Museum 2010, 7081.2574.

40 Alain Corbin, *The Lure of the Sea: The Discovery of the Seaside in the Western World, 1750-1840* (Berkeley, ca, 1994), p. 37; Henri Noppe, *Guide des baigneurs* (Ostend, 1853), p. 84.

41 Jean-Didier Urbain, *At the Beach*, trans. Catherine Porter (Minneapolis, mn, 2002), p. 32; Gerd-Helge Vogel, *Die Entstehung des ersten deutschen Seebades Doberan-Heiligendamm: unter dem Baumeister Carl Theodor Severin (1763-1836)* (Niederjahna, Germany, 2018), pp. 14–15.

42 Burkay Pasin, 'Bathing in the Bosporus', *Ottoman History Podcast*, cxlv (Izmir, 2014); Ebru Boyar and Kate Fleet, *A Social History of Ottoman Istanbul* (Cambridge, 2010), p. 283.

43 Julia Clancy-Smith, 'Where Elites Meet: Harem Visits, Sea Bathing, and Sociabilities in Precolonial Tunisia, *c*. 1800–1881', in *Harem Histories: Envisioning Places and Living Spaces*, ed. Marilyn Booth (Durham, nc, 2010), pp. 177–210 (pp. 183, 198); Richard Pennell, *Morocco since 1830: A History* (New York, 2000), p. 120.

44 Jeremy Black, *George iii: America's Last King* (New Haven, ct, 2006), pp. 120, 283 and *passim*.

45 Rachel Johnson, 'The Venus of Margate: Fashion and Disease at the Seaside', *Journal for Eighteenth-Century Studies*, xl (2017), pp. 587–602 (p. 587); Chaline, *Strokes of Genius*, p. 110.

46 'Les Nageurs', from the series *Le Supreme Bon Ton*, No. 15 (Paris, c. 1810–1815).

47 Adolfo Corti, *L'arte del Nuoto teorico-pratica dimostrata secondo i principii della fisica, con relative figure* (Venice, 1819).

48 这些并不一定安全；狄更斯讲述了一个洛桑女孩的故事，她在泳衣的后摆缠住脚后不幸溺水身亡。John Forster, *The Life of Charles Dickens*, vol. i (Boston, ma, 1875), p. 233. Wynman, *Colymbetes*, c1: *interulis utuntur in hoc commode factis*; see McManamon, 'Neither Letters nor Swimming', p. 245.

49 Brian Fagan, *The Little Ice Age: How Climate Made History, 1300-1850* (New York, 2000), p. 196.

50 Johnson, 'The Venus of Margate', pp. 587–602.

51 关于狄更斯的游泳能力，见 John Mullan, *The Artful Dickens: The Tricks and Ploys of the Great Novelist* (London, 2021), pp. 309–311; Mamie Dickens, *My Father as I Recall Him* (London, 1897), p. 75; *Oxford English Dictionary*, citing *Macmillan's Magazine*, lxx/2 (1869)。

52 After William Harvey, 'Penalty of Conceit, Boy and Corks', wood engraving, British Museum 1900,0613.315, from James Northcote, *Fables* (London, 1828); 'Le ravissement maternel', hand-coloured etching, published by Pierre La Mésangère (Paris, 1812), now British Museum 1866,0407.898.

53 Honoré Daumier, 'La Leçon à sec', *Le Charivari* (Paris, 30–31 May 1841).

54 Félicien Rops, 'Déballages i', lithograph, from *Uylenspiegel*, xxviii, 10 April 1856, now Los Angeles County Museum of Art m.84.243.19.

55 Winslow Homer, 'Bathing at Long Branch, – "Oh, Ain't It Cold!"', wood-engraving from *Every Saturday*, 26 August 1871, now Smithsonian American Art Museum 37123.

56 Sidney Bland, 'Shaping the Life of the New Woman: The Crusading Years of the Delineator', *American Periodicals*, xix (2009), pp. 165–188 (p. 170); Gerald Gems, Linda Borish and Gertrud Pfister, *Sports in American History: From Colonization to Globalization* (Champaign, il, 2008), p. 251; Heminsley, *Leap In*, p. 161.

57 'Swimming', from the Games and Sports series (c165) for Old Judge Cigarettes

(Goodwin & Company 1889), now Metropolitan Museum of Art 63.350.214.165.46.

58 Claire Tomalin, *Jane Austen: A Life* (New York, 1997), pp. 177, 187.

59 Steve Mentz, *Ocean* (New York, 2020), p. 85.

60 Charles Dickens, *The Mystery of Edwin Drood* (London, 1870), chapter 21. See Mullan, *The Artful Dickens*, pp. 309 ff.

61 例如, Henry James, *The Portrait of a Lady* [1881] (New York, 1917), pp. 90, 127, 182, 514, 581; *The Ambassadors* [1903] (London, 1923), p. 152; 又见 Emily Dickinson, 'I started Early – Took my Dog –' (*c*. 1862)。

62 Joseph Strutt, *Glig-Gamena Angel Ðeod; or, The Sports and Pastimes of the People of England* (London, 1801); Love, 'An Overview', p. 569; Theodorus Mason, *The Preservation of Life at Sea* (New York, 1879), pp. 2–3.

63 Dawson, *Undercurrents of Power*, pp. 17, 37; Robert Walsh, *Notice of Brazil in 1828 and 1829* (Boston, ma, 1831), vol. i, p. 281; Charles Yate, *Northern Afghanistan, or Letters from the Afghan Boundary Commission* [1888] (Edinburgh, 2003), pp. 245, 303–305; Lillian Griffin, 'How to Swim', *The Puritan*, viii (1900), pp. 389–95 (p. 389).

64 Robert Baden-Powell, *Scouting for Boys* (London, 1908), Yarns 6 and 9, cited by Ayriss, *Hung Out to Dry*, p. 28; Holbein, *Swimming*, pp. 12, 17–18.

65 Love, 'An Overview', p. 572.

66 Ibid., p. 571.

67 Boyar and Fleet, *A Social History*, p. 285.

68 Clancy-Smith, 'Where Elites Meet', p. 183; Johnson, 'The Venus of Margate', pp. 599–600.

69 Dawson, *Undercurrents of Power*, pp. 53–54; Strutt, *Glig-Gamena Angel Ðeod*; Love, 'An Overview', pp. 568–585; Scribner, *Merpeople*, p. 146.

70 David Day, 'Kinship and Community in Victorian London: the "Beckwith Frogs"', *History Workshop Journal*, lxxi (2011), pp. 184–218 (pp. 204–205); Day and Roberts, *Swimming Communities*, p. 8 and *passim*; Love, 'An Overview', p. 578, 尽管女子游泳确实并不新鲜。

71 Tolstoy, *Anna Karenina* (New York, 1899), p. 302; John Windhausen and Irina Tsypkina, 'National Identity and the Emergence of the Sports Movement in Imperial Russia', in *International Journal of the History of Sport*, vol. xii: *Tribal Identities:*

Nationalism, Europe, Sport, ed. James Mangan (London, 1996), pp. 164–182 (p. 173).

72 Love, 'An Overview', p. 580; 截至 1900 年，斯旺西的女子水球比赛已吸引大批的观众，新闻报道《女性水球运动员》对此有所记载，*The Sphere*, 13 October 1900, p. 53, www.waterpololegends.com (感谢 Bruce Wigo 和 Alex Nice)。

73 Andrew Morris, '"To Make the Four Hundred Million Move": The Late Qing Dynasty Origins of Modern Chinese Sport and Physical Culture', *Comparative Studies in Society and History*, xlii (2000), pp. 876–906; Windhausen and Tsypkina, 'National Identity', pp. 165, 170.

第 20 章　去旧迎新

1 Jane Carson, *Colonial Virginians at Play* (Charlottesville, va, 1958), pp. 86, 192.

2 William Byrd, 30 September 1733, cited in Carson and in Harold Gill, 'Colonial Americans in the Swim', *Colonial Williamsburg Journal*, xxii–xxiv (2001-2), p. 26.

3 George Catlin, *Letters and Notes on the Manners, Customs, and Conditions of North American Indians* (London, 1844), Letter 13, apparently plagiarized by Charles Steedman in his *Manual of Swimming* (London, 1867); see also Glenn Stout, *Young Women and the Sea: How Trudy Ederle Conquered the English Channel and Inspired the World* (Boston, ma, and New York, 2008), p. 28.

4 Alfred Miller, *Indian Women: Swimming*, watercolour on paper (sketched 1837, finished 1858), now Baltimore, md, Walters Art Museum 37.1940.194.

5 Charles Warner, *My Winter on the Nile* (Boston, ma, 1981), vol. I, p. 242.

6 'Lord Krishna and Radha Talk while her Friends Swim', opaque watercolour and gold on paper, folio from a Satsaiya series (Mewar, India, 1700s), Harvard Art Museums 1973.153.

7 Rachel Johnson, 'The Venus of Margate: Fashion and Disease at the Seaside', *Journal for Eighteenth-Century Studies*, xl (2017), pp. 587–602.

8 Peter Clias, *Gymnastique élémentaire* (Paris, 1819), trans. in *Swimming*, ed. Archibald Sinclair and William Henry (London, 1893), p. 78; Ralph Thomas, *Swimming* (London, 1904), p. 237; see Eric Chaline, *Strokes of Genius: A History of Swimming* (London, 2017), p. 109.

9 *Letters and Journals of Lord Byron with Notices of His Life*, ed. George Byron

(London, 1833), pp. 263–266, Letter 413 (21 February 1821); Alexandra Heminsley, *Leap In: A Woman, Some Waves, and the Will to Swim* (New York, 2017), p. 152.

10 Anonymous, 'Les Nageurs' (The Swimmers), from the series *Le Supreme Bon Ton*, 15 (Paris, *c.* 1810–1815).

11 Adolfo Corti, *L'arte del Nuoto teorico-pratica dimostrata secondo i principii della fisica, con relative* (Venice, 1819).

12 Harold Kenworthy: *The Times* [London], 22 April 1844; Cecil Colwin, *Breakthrough Swimming* (Champaign, il, 2002), p. 3.

13 Ibid., p. 3; Charles Sprawson, *Haunts of the Black Masseur: The Swimmer as Hero* (Minneapolis, mn, 1992), p. 22.

14 Charles Wallis: William Wilson, *The Swimming Instructor: A Treatise on the Arts of Swimming and Diving* (London, 1883), p. 127.

15 Day, 'Kinship and Community', p. 200; 'Deerfoot and Beckwith', *The Times* [London], 21 October 1861, p. 7; Rose Posse, 'An Indian Athlete', *Posse Gymnasium Journal*, viii (1900), pp. 6–7 (which leaves out the swimming).

16 Charles Steedman, *Manual of Swimming* (London, 1867).

17 1893: Stephen Dadd, 'Serpentine Club–Christmas Morning', in Sinclair and Henry, *Swimming*, frontispiece; 1896: Henri Fantin-Latour, 'Naiad', oil on canvas, St Petersburg, Hermitage Museum Г Э-8906; 1897: William Small, 'A Water Polo Match at a London Swimming Club', *The Graphic* (7 August 1897); 1919: Charles Shannon, 'The Pursuit', in *Modern Woodcuts and Lithographs by British and French Artists*, ed. Geoffrey Holme (London, 1919).

18 In Paris: 'Origines des techniques de nage', *Service interuniversitaire des activités physiques et sportives* (Université de Rennes, n.d.).

19 Robert Watson, *Swimming Record and Chronicle of Sporting Events*, i/15 (1873), p. 3.

20 Richard Nelligan, *The Art of Swimming: A Practical Working Manual* (Boston, ma, 1906), pp. 27–29.

21 Montague Holbein, *Swimming* (London, 1904), pp. 12, 17–18; see Harold Ulen and Guy Larcom, *The Complete Swimmer* (New York, 1945), p. 98, 赞扬蛙泳"优雅自在", Pat Besford's *Encyclopedia of Swimming* (New York, 1971), p. 37, 蛙泳被"传统主义者深深喜爱"。

22 Matt Mann, 'The Breaststroke', *Sports Illustrated* (July 1960), pp. 48–50.

23 路易斯·汉德利 Louis Handley 在 1929 年写作时，并不知道爬泳是希腊式泳姿。Handley and William Howcroft, *Crawl-Stroke Swimming* (London, 1929), pp. 9–11.

24 如 Sinclair and Henry, *Swimming*, p. 3.

25 Catalogue card, photograph rsn 18435 (Box 3.1.71), in the Smithsonian Institution, National Museum of American History, Washington, dc, 布鲁克林詹姆斯 – 门罗高中的游泳老师巴雷特没有成功，但同年的格特鲁德 – 埃德尔成功了。

26 Jane Stafford, 'Greeks Used Modern Swimming Stroke', *Science News Letter*, xiv (1928), pp. 285–286.

27 即使在 2007 年，克里斯托弗·洛夫（Christopher Love）还认为，"蛙泳作为现在竞技游泳中使用的最古老的'经典'泳姿，很可能是早期游泳者的首选"：Christopher Love, 'An Overview of the Development of Swimming in England, c. 1750–1918', *International Journal of the History of Sport*, xxiv (2007), pp. 568–585 (p. 568)。

28 完整内容如下：'A Witch Trial at Mount Holly, 22 October 1730', *Founders Online*, National Archives, https://founders.archives.gov, accessed 5 June 2021。

29 Dorothy Mays, *Women in Early America: Struggle, Survival, and Freedom in a New World* (Santa Barbara, ca, 2004), p. 366; Alice Earle, *Colonial Dames and Good Wives* (Boston, ma, 1895), p. 95.

30 Owen Davies, 'Urbanization and the Decline of Witchcraft: An Examination of London', in *The Witchcraft Reader*, ed. Darren Oldridge (Abingdon, 2008), p. 354.

31 Orna Darr, *Marks of an Absolute Witch: Evidentiary Dilemmas in Early Modern England* (Burlington, vt, 2011), p. 44; William Burns, *Witch Hunts in Europe and America: An Encyclopedia* (Westport, ct, 2003), p. 95.

32 *Ipswich Journal*, 20 July 1776.

33 *The Times* [London], 19 July 1825; *Bury and Norwich Post*, 21 April 1857; *Bury and Norwich Post*, 15 March 1864 (repr. in *The Times*, 24 September 1865), available at 'The Hedingham Witchcraft Case' and 'The Swimming of Witches: Indicium aquae', Foxearth and District Local History Society, www.foxearth.org.uk, accessed 5 June 2021; John Kendrick Bangs, *The Water Ghost, and Others* (New York, 1894), pp. 1–19.

34 Ernest Pettifer, *Punishments of Former Days* (Bradford, 1939), p. 106; Thomas Brushfield, 'On Obsolete Punishments, with Particular Reference to those of Cheshire:

Part ii: The Cucking-Stool and Allied Punishments', *Journal of the Architectural, Archaeological and Historic Society, for the County, City, and Neighbourhood of Chester*, ser. 1, ii (1861), pp. 200–234 (pp. 232–233).

35 *Repertorium der verhandelingen en bijdragen betreffende de geschiedenis des vaderlands, in mengelwerken en tijdschriften tot op 1860 verschenen*, ed. Robert Fruin (Charleston, sc, 2012). 关于反对水审的法文论点，见 Hubert-Pascal Ameilhon, 'Sur l'épreuve judiciaire appelé vulgairement l'épreuve de l'eau froide', in *Collection des Meilleurs Dissertations, Notices, et Traités Particuliers*, ed. Constant Leber (Paris, 1838), vol. vi, pp. 420–442。

36 Felix Brähm, *De fallacibus indiciis magiae* (Magdeburg, 1709), p. 47.

37 Erik Midelfort, *Exorcism and Enlightenment: Johann Joseph Gassner and the Demons of Eighteenth-Century Germany* (New Haven, ct, 2005), p. 11.

38 Marijke Gijswijt-Hofstra, 'Witchcraft after the Witch Trials', *Witchcraft and Magic in Europe*, vol. v: *The Eighteenth and Nineteenth Centuries*, ed. Bengt Ankarloo and Stuart Clark (Philadelphia, pa, 1999), p. 159.

39 Ibid., p. 159; Russell Zguta, 'The Ordeal by Water (Swimming of Witches) in the East Slavic World', *Slavic Review*, xxxvi (1977), pp. 220–230 (pp. 224–225); Christine Worobec, 'Witchcraft Beliefs and Practices in Prerevolutionary Russian and Ukrainian Villages', in *Witchcraft in the Modern World*, ed. Brian Levack (New York, 2002), pp. 47–69 (p. 59 n. 44).

40 Zguta, 'The Ordeal by Water', pp. 225, 228–229.

41 Worobec, 'Witchcraft Beliefs', p. 59 n. 44.

42 Roland Boer, *Lenin, Religion and Theology* (New York, 2013), p. 264 n. 18; Andrew Mango, *Ataturk: The Biography of the Founder of Modern Turkey* (New York, 1963), p. 36; 'Adana International Swimming Complex', ntvmsnbc.com, 2 December 2009. Since 1988, an annual 'Victory Day swim' across the Hellespont honours Ataturk (Douglas Booth, 'Swimming, Open Water', Berkshire Publishing Group, 2013).

43 At Wuhan in central China.

44 Geremie Barmé, 'The Tide of Revolution', *China Heritage Quarterly*, xxviii (2011), n.p.; Barmé, 'Tides Chao', *China Heritage Quarterly*, xxix (2012), n.p.

45 Bertram Wolfe, *Three Who Made a Revolution: A Biographical History of Lenin,*

Trotsky, and Stalin [1948] (New York, 2001), p. 188; Leon Trotsky, 'Fighting Against the Stream', *Fourth International*, ii/4 (May 1941), pp. 125–137.

46 Mao Zedong, *The Writings of Mao Zedong, 1949-1976: January 1956- December 1957*, trans. Mao's Writings Project (Armonk, ny, 1992), pp. 629–630.

47 Jonathan Kolatch, *Sports, Politics and Ideology in China* (Middle Village, ny, 1972), pp. 160, 162; Wu Cheng, in Andrew Morris, *Marrow of the Nation: A History of Sport and Physical Culture in Modern China* (Berkeley, ca, 2004), p. 119; Ling-ling Lien, 'Leisure, Patriotism, and Identity: Chinese Career Women's Club in Wartime Shanghai', in *Creating Chinese Modernity: Knowledge and Everyday Life, 1900-1940*, ed. Peter Zarrow (New York, 2006), pp. 213–240 (p. 224).

48 'Birth of the Republic', *Free China Review*; Barmé, 'Tides Chao'.

49 James Riordan, *Sport in Soviet Society: Development of Sport and Physical Education in Russia and the* ussr (Cambridge, 1977), pp. 44, 179, 377; Simon Montefiore, *Stalin: The Court of the Red Tsar* (New York, 2003), p. 80.

第 21 章　游泳已不再流行

1 Kevin Dawson, *Undercurrents of Power* (Philadelphia, pa, 2018), p. 61.

2 Bernarda Bryson, 'Escape, possibly Harriet Tubman', ink and watercolour on paper, 1934/5, Washington, dc, Library of Congress 2004678973; Solomon Northrup, *Twelve Years a Slave: Narrative of Solomon Northup, a Citizen of New-York, Kidnapped in Washington City in 1841, and Rescued in 1853* (Auburn, ny, 1853), p. 137; Jacob Green, *Narrative of the Life of J. D. Green, a Runaway Slave, from Kentucky* (Huddersfield, 1864), pp. 24, 31; Sylviane Diouf, *Slavery's Exiles: The Story of the American Maroons* (New York, 2014), pp. 70, 95, 168–169; Franklin Wright, *General History of the Caribbean* unesco, vol. iii: *The Slave Societies of the Caribbean* (London, 1997), p. 94; see Dawson, *Undercurrents of Power*, pp. 20–21.

3 Mark Twain, *The Adventures of Huckleberry Finn* [1884] (New York, 1918), pp. 62, 128, 155; Andrew Kahrl, 'On the Beach: Race and Leisure in the Jim Crow South', PhD thesis, Indiana University, 2008, p. 20. See Kevin Dawson, 'Enslaved Swimmers and Divers in the Atlantic World', *Journal of American History*, xcii (2006), pp. 1327–1355; Robert Duncanson, *Valley Pasture*, 1857, oil on canvas, Smithsonian American Art

Museum 1983.104.1; Dawson, *Undercurrents of Power*, p. 36.

4 *The American Slave: A Composite Autobiography, Supplement 1:1 - Alabama Narratives*, ed. George Rawick (Westport, ct, 1972), p. 112, cited in Dawson, *Undercurrents of Power*, pp. 35–37; Frederick Douglass, *My Bondage and My Freedom* (New York, 1855), pp. 33–37, 40, 42, 60, 70, esp. 65; 不会游泳的观点: Frederick Douglass, *Narrative of the Life of Frederick Douglass, an American Slave* (Boston, ma, 1845), p. 64; Francis Fedric, *Slave Life in Virginia and Kentucky* (London, 1863), pp. 1–2.

5 James Mangan, *Europe, Sport, World: Shaping Global Societies* (London, 2001), pp. 87–88 (Zimbabwe was then known by its colonial name); Nicholas Aplin and Quek Jin Jong, 'Celestials in Touch: Sport and the Chinese in Colonial Singapore', in *Sport in Asian Society, Past and Present*, ed. Fan Hong and James Mangan (London, 2002), pp. 72–73; Archive photographs, '100 anos', Clube Naval de Maputo, www.clubenaval.co.mz, accessed 18 May 2021。

6 Jeff Wiltse, *Contested Waters: A Social History of Swimming Pools in America* (Chapel Hill, nc, 2007), p. 78; Stephanie Orfali, *A Jewish Girl in the Weimar Republic* (Berkeley, ca, 1987), pp. 187, 196; Ian Hancock, *Danger! Educated Gypsy: Selected Essays* (Hatfield, 2010), p. 249.

7 Lester Wong, 'Singaporeans Now More Active', *Straits Times*, 30 August 2016; Ngiam Tong Dow, *A Mandarin and the Making of Public Policy* (Singapore, 2006), p. 167, though see p. 69; Ang Mo Kio, 'Swimming in the Summer Sun of Singapore', *Remember Singapore*, 10 January 2013, https:// remembersingapore.org, accessed 18 May 2021.

8 Nguyen Dong-Chi, *Kho Tang Truyen Co Tich Viet Nam* (*The Vietnamese Legendary Stories*) (Hanoi, 1982). "He"是阮有求的外号，这位越南贵族曾领导了一场重大的农民起义。"He"原本是一种行动迅捷的鱼的名字，反映了阮有求高超的游泳技巧。在越南流行的民间故事中，他通过游泳与富有的地主进行斗争。这一故事与中国的《水浒传》有相似之处可能并非偶然。Swimming contests: Minh Mang Emperor, 'Ten Moral Precepts', *Sources of Vietnamese Tradition*, ed. George Dutton et al. (New York, 2012), pp. 306–307.

9 Truong Buu Lâm, *Colonialism Experienced: Vietnamese Writings on Colonialism, 1900-1931* (Ann Arbor, mi, 2000), pp. 49, 88; 'Vietnam: Children Learn to Swim and

to Survive', irin: *Humanitarian News and Analysis* (United Nations, 5 May 2010); 'unicef Supports Swimming Instruction to Prevent Child Deaths in Bangladesh', unicef Bangladesh, 3 September 2009.

10 Rohinton Mistry, 'The Art of Swimming', in *Colonial and Post-Colonial Fiction: An Anthology*, ed. Robert Ross (New York, 1999), pp. 263–282 (pp. 268–269). See Tarashankar Banerjee, 'Boatman Tarini', trans. Hiren Mukerjee, in *Indian Short Stories, 1900-2000*, ed. E. Rāmakrsnan (New Delhi, 2005), pp. 9–23, where swimming once again ends in disaster.

11 Xan Fielding, *Corsair Country: The Diary of a Journey along the Barbary Coast* (London, 1958), p. 98; Paula Holmes-Eber, *Daughters of Tunis: Women, Family, and Networks in a Muslim City* (New York, 2002), p. 12.

12 John Lohn, *Historical Dictionary of Competitive Swimming* (Toronto, 2010), p. 139; Julie Masis, 'David Hunt Saves Lives by Teaching Swimming in Cambodia', *Christian Science Monitor* (21 June 2013).

13 Ngo Vinh Long, *Before the Revolution: The Vietnamese Peasants under the French* [1973] (New York, 1991), p. 247; William Johnston, *The Life of General Albert Sidney Johnston* (New York, 1878), pp. 37, 41.

14 *National Museum of Australia: Tangled Destinies*, ed. Dimity Reed (Melbourne, 2002), p. 116; *Australian Territories*, i (Department of Territories 1960), p. 24; *Mission Field: A Monthly Record of the Proceedings of the Society for the Propagation of the Gospel in Foreign Parts*, lviii (1913), p. 72.

15 Joel Franks, *Crossing Sidelines, Crossing Cultures: Sport and Asian Pacific American Cultural Citizenship*, 2nd edn (Lanham, md, 2010), p. 194.

16 Carol Irwin et al., *Constraints Impacting Minority Swimming Participation* (Memphis, tn, 2008, 2010). 数据有所不同：美国游泳报告指出，62%的非裔美国人和44%的西班牙裔美国人不能熟练游泳，而68%的白人可以熟练游泳。然而，孟菲斯报告发现，58%的非裔美国儿童和56%的西班牙裔儿童不能熟练游泳，而69%的白人儿童能够熟练游泳。见Donald Hastings et al., 'Drowning in Inequalities: Swimming and Social Justice', *Journal of Black Studies*, xxxvi (2006), pp. 894–917。又见Howard Means, *Splash! 10,000 Years of Swimming* (London, 2020), p. 215。

17 Red Cross data, in Brad Mielke and Robert Balint, 'Why Can So Few American

Minorities Swim?', *The TakeAway*, 30 July 2012, n.p.; Gitanjali Saluja et al.,'Swimming Pool Drownings among u.s. Residents Aged 5–24 Years: Understanding Racial/Ethnic Disparities', *American Journal of Public Health*, xcvi (2006), pp. 728–733; World Health Organization, 'Facts about Injuries: Drowning' (Geneva, n.d.), Table 2; *World Report on Child Injury Prevention*, ed. Margie Peden (Geneva, 2008), p. 60.

18 Baba Ahmed and Krista Larson, 'Boat Sinks on Mali River; 43 Dead, Dozens Missing', usa *Today*, 13 October 2013; Elizabeth Rubin, 'How a Texas Philanthropist Helped Fund the Hunt for Joseph Kony', *New Yorker*, 21 October 2013.

19 相关情况在美国文学作品和影视作品中颇为常见，如美国作家玛雅·安吉罗（Maya Angelou）的《我知道笼中鸟为何歌唱》（*I Know Why the Caged Bird Sings*）等。

20 'The people now living around the site of what we call Assyria, adjacent to the river Tigris, do not swim for exercise or amusement as do Europeans, but only when it is necessary': Ralph Thomas, *Swimming* (London, 1904), p. 78.

21 James Riordan, *Sport in Soviet Society: Development of Sport and Physical Education in Russia and the* ussr (Cambridge, 1977), pp. 335, 341–342; Lyudmila Aristova, 'Russian Facilities for Sports and Leisure: Realities and Perspectives', *Moscow Times*, 4620, 19 April 2011, Christopher Ward, *Brezhnev's Folly* (Pittsburgh, pa, 2009), p. 42; Mary Dejevsky, 'Why Russia's Diplomats Should Learn Swimming-Pool Etiquette', *The Spectator*, 4 May 2013.

22 Rebecca Mead, 'Going for the Cold', *New Yorker*, 27 January 2020, pp. 42–49 (p. 45).

23 Sabine Czerny, 'Warum viele Kinder nicht schwimmen lernen', *Das Deutsche Schulportal*, 2 July 2019, Sally Peck, 'Nearly Half of British Children Can't Swim- and It's Their Parents' Fault', *Daily Telegraph*, 12 September 2013. 约翰·麦克马纳蒙将20世纪英国溺水率降低归因于民众更好的游泳能力，不过池塘和河流周围随处可见的围栏和标志设置起到了更大的作用。McManamon, *'Neither Letters nor Swimming': The Rebirth of Swimming and Free-Diving* (Leiden, 2021), p. 273.

24 Brian Palmer, 'How Many Americans Can't Swim: The Demographics of Land-Lubbing', *Slate*, 4 August 2010; Irwin et al., *Constraints Impacting Minority Swimming Participation*; Hastings et al., 'Drowning in Inequalities', pp. 894–917; Melissa Korn, 'For Certain College Students, This Test Calls for a Plunge', *Wall Street Journal*, 28

November 2012.

25 Thomas Leeuwen, *The Springboard in the Pond: An Intimate History of the Swimming Pool*, ed. Helen Searing (Boston, ma, 1998), p. 297; Larry Rohter, *Brazil on the Rise: The Story of a Country Transformed* (New York, 2010), p. 86.

26 Mead, 'Going for the Cold', p. 45; Scott Reyburn, 'Banksy Is a Control Freak. But He Can't Control His Legacy', *New York Times*, 5 February 2020.

27 Margie Peden, *World Report on Child Injury Prevention* (Geneva, 2008), p. 60; Riordan, *Sport in Soviet Society*, p. 335; Michael Wines, 'Russians Drown Sorrows, and Selves', *New York Times*, 28 June 1999.

28 'Drowning', World Health Organization Fact Sheet, 3 February 2020. 日本高溺水率的原因是老年女性在浴缸中溺水，这通常是自杀的一种方式，并不反映人们的游泳能力; Ian Rockett and Gordon Smith, 'Covert Suicide Among Elderly Japanese Females: Questioning Unintentional Drownings', *Social Science and Medicine*, xxxvi (1993), pp. 1467–1472。

29 Czerny, 'Warum viele Kinder'; Katrin Woitsch, 'Mehr Badetote in Bayern: Das raten die Rettungsschwimmer', Merkur.de, 7 June 2017; Woitsch, 'Kommentar zur dlrg-Studie: Mehr Nichtschwimmer wegen Sparkurs', Merkur.de, 7 June 2017.

30 Roger Duchêne and Jean Contrucci, *Marseille, 2600 ans d'histoire* (Paris, 1998).

31 J. Moth, *The City of Birmingham Baths Department, 1851-1951* (Birmingham, 1951). See also, for Britain, Ian Gordon and Simon Inglis, *Great Lengths: The Historic Indoor Swimming Pools of Britain* (Liverpool, 2009), pp. 109, 123 and *passim*; for the United States, Wiltse, *Contested Waters*, p. 93; idem, 'Swimming Pools, Civic Life, and Social Capital', in *A Companion to Sport*, ed. David Andrews and Ben Carrington (Chichester, 2013), pp. 287–304.

32 Mary Helen Sprecher, 'New Report Provides Insights on What Sports are Growing, Gaining in Popularity', *Sports Destination Management*, 3 October 2018.

33 Christopher Love, 'An Overview of the Development of Swimming in England, *c.* 1750–1918', *International Journal of the History of Sport*, xxiv (2007), pp. 568–585 (p. 585); John Schofield et al., *Archaeological Practice in Great Britain: A Heritage Handbook* [1979] (London, 2011), p. 71; Wiltse, *Contested Waters*, p. 93; idem, 'Swimming Pools', pp. 287–304; 'Nine Birmingham Leisure Centres Face Closure

through Council Cuts', BBC *News*, 26 November 2013, 尽管现在有开设一些新游泳池的前景。

34 在英国，有些人开始"野泳"，但这只是一种怪癖，有自己的一套规则，而不是一种普遍的趋势：Mead,'Going for the Cold', p. 42。

35 Alexandra Heminsley, *Leap in: A Woman, Some Waves, and the Will to Swim* (New York, 2017), p. 3.

36 Bruce Lee, 'Please Stop Peeing in the Pool, cdc Says', *Forbes*, 31 May 2019; Rosie Gizauskas, 'Urine Trouble: Why You Should Never Wee in the Sea when Swimming in these Places', *The Sun*, 18 October 2018; Katie Jennings, 'Is it ok to Pee in the Ocean?', *Business Insider*, 22 August 2014.

37 Bruce Wigo, 'The Importance of Swimming in China', ishof News, https://ishof.org, accessed 18 May 2021; Michel Pedroletti, *Les Fondamentaux de la natation* (Paris, 2000), p. 57; Yannick Cochennec, 'Pourquoi vous ne savez pas nager la brasse comme aux Mondiaux', *Slate*, 24 July 2011, www.slate.fr, accessed 18 May 2021; Uwe Rheker, *First Steps: Learning by Playing*, trans. Isabel Schmallofsky (Oxford, 2004), pp. 81–87; Mead, 'Going for the Cold', pp. 45, 46.

38 William Tullett, 'Grease and Sweat: Race and Smell in Eighteenth Century English Culture', *Cultural and Social History*, xiii (2016), pp. 307–322 (pp. 309, 318).

39 Lyall Watson, *Jacobson's Organ: And the Remarkable Nature of Smell* (London, 2001), pp. 87, 135; Michael H., review of Spreewaldbad pool (16 February 2012), Yelp: "更衣室经常很脏，气味也不太好闻……显然是地理位置（移民客户）的原因。"另一位评论者抱怨说，"土耳其年轻人"在同一个游泳池游泳；Andrew Kettler, '"Ravishing Odors of Paradise": Jesuits, Olfaction, and Seventeenth-Century North America', *Journal of American Studies*, l (2016), pp. 827–852 (pp. 832–833); Kido Takayoshi, quoted in William Beasley, *Japan Encounters the Barbarian: Japanese Travellers in America and Europe* (New Haven, ct, 1995), p. 216; G. Satpathy, ed., *Encyclopedia of* aids (Delhi, 2002), vol. i, p. 81; Ann Curthoys, 'The Freedom Ride and the Tent Embassy', in *The Aboriginal Tent Embassy: Sovereignty, Black Power, Land Rights and the State*, ed. Gary Foley et al. (Abingdon, 2013), pp. 98–114 (p. 108); Nicola Caracciolo, *Uncertain Refuge: Italy and the Jews during the Holocaust* (Champaign, il, 1995), pp. 86–87。

40 Om Prakash Goyal, *Nomads at the Crossroads* (Delhi, 2005), p. 126; Tassilo Herrsche, *Global Geographies of Post-Socialist Transition: Geographies, Societies, Policies* (London, 2006), p. 218; Council of Europe, *Human Rights of Roma and Travellers in Europe* (Brussels, 2012), p. 181; *Lonely Planet Russia* (Melbourne, 2010), p. 182.

41 Khara Lewis, 'Pa. Swim Club-Accused of Racial Discrimination-Agrees to Settlement', cnn *Justice*, 17 August 2012.

42 Joseph Shapiro, *No Pity: People with Disabilities Forging a New Civil Rights Movement* [1993] (New York, 2011), p. 176; Jenna Rennert, 'The Memorial Day Beauty Countdown: How to Prep in 5 Days or Less', *Vogue*, 20 May 2019; Elizabeth Narins, 'The Only Workout You Need to Look Sexy af by Summer', *Cosmopolitan*, 8 May 2016; Catherine Saint Louis, 'Bikini-Ready? Who's Judging?', *New York Times*, 25 May 2011.

43 Lawrence James, *Raj: The Making and Unmaking of British India* (New York, 1997), p. 502; Kahrl, 'On the Beach', p. 7; 'Hawaiian to Swim at Olympic Games', *New York Times*, 14 January 1912; Jim Nasium [ha!], 'Kanaka Swimmer Has No Equal in the Water', *Philadelphia Inquirer* (1913), reprinted in the *Salt Lake Tribune*, 2 February 1913. See Franks, *Crossing Sidelines*, pp. 192ff.

44 For example, Portland Parks and Recreation, *Activities for Aquatics Programs* (Winter 2020); New York City Parks, *Asser Levy Recreation Center Pool Schedule* (Winter 2020); Amy Farrell, *Fat Shame: Stigma and the Fat Body in American Culture* (New York, 2011), pp. 5, 8. 游泳池在开放游泳时段会亏损，必须通过开设课程来弥补。

45 Bonnie Tsui, *Why We Swim* (Chapel Hill, nc, 2020), p. 6; Mead, 'Going for the Cold', p. 46; Elisha Cooper, 'The Winter Surfers of Rockaway Beach', *New York Times*, 23 February 2020.

46 John Stedman, *Narrative of Five Year's Expedition Against the Revolted Negroes of Surinam, in Guiana, on the Wild Coast of South America; from the Year 1772, to 1777* (London, 1813), vol. ii, pp. 7, 295; John Warren, *Para: or, Scenes and Adventures on the Banks of the Amazon* (New York, 1851), p. 9; Jonathan Swift, *Gulliver's Travels* [1726], ed. Claude Rawson (Oxford, 2005), pp. 248–249.

47 Franks, *Crossing Sidelines*, p. 191; Dawson, *Undercurrents of Power*, pp. 19–20.

48 Warren, *Para*, p. 9.

49 Rutherford Alcock, *The Capital of the Tycoon: A Narrative of a Three Years' Residence in Japan* (New York, 1877), vol. ii, p. 276; Alice Bacon, *Japanese Girls and Women* (Boston, ma, 1891), pp. 256–257; Eliza Scidmore, *Jinrikisha Days in Japan* (New York, 1891), pp. 367–368, 253.

50 Warren, *Para*, p. 102; Gilberto Freyre, 'Social Life in Brazil in the Middle of the Nineteenth Century', *Hispanic American Historical Review*, v (1922), pp. 597–630 (p. 627).

51 Holmes-Eber, *Daughters of Tunis*, pp. 5, 12; Wangari Muoria-Sal et al., *Writing for Kenya: The Life and Works of Henry Muoria* (Leiden, 2009), p. 287.

52 John Pierre Entelis, *Culture and Counterculture in Moroccan Politics* [1989] (Lanham, md, 1996), pp. 118–119; Martha Hutchinson, 'The Image of Terrorism and the Government's Response to Terrorism', in *Terrorism: The Second or Anti-Colonial Wave*, ed. David Rapoport (London, 2006), pp. 237–277 (p. 240); Alistair Horne, *A Savage War of Peace: Algeria, 1954-1962* [1977] (London, 2006), pp. 52, 185–186; Jamie Grierson, 'Tunisia Attack: How a Man with a Parasol Could Murder 38 People on the Beach', *The Guardian*, 28 February 2017.

53 Jeffrey Bayliss, *On the Margins of Empire: Buraku and Korean Identity in Prewar and Wartime Japan* (Cambridge, ma, 2013), pp. 82, 351, 371–372; Noah McCormack, *Japan's Outcaste Abolition: The Struggle for National Inclusion and the Making of the Modern State* (Abingdon, 2012), p. 72; John Swain, 'Female Bodies Translated Across the Strait of Korea: Corporeal Transformation in Chong Wishin's Plays', *Japanese Language and Literature*, xliii (2009), pp. 363–382.

54 Shikitei Sanba, *Ukiyoburo* (1809–13), complete with threats to children that *kappa*s will get them; Scott Clark, *Japan: A View from the Bath* (Honolulu, hi, 1994), pp. 1, 4, 66; Lesley Wynn, 'Self-Reflection in the Tub: Japanese Bathing Culture, Identity, and Cultural Nationalism', *Asia Pacific Perspectives*, xii (2014), pp. 61–78.

55 Bartolomé de las Casas, *Brevísima relación de la destrucción de las Indias* (Madrid, 1552); Dawson, *Undercurrents of Power*, pp. 17–18; 19世纪女性不游泳的观念到了20世纪40年代似乎已经变得普遍：Harold Ulen and Guy Larcom, *The Complete Swimmer* (New York, 1945), p. 161。

56 Fatima Faizi and Thomas Gibbons-Neff, 'For Women in Kabul, "It Is Just Me and the Water"', *New York Times*, 22 December 2019; 'Hitting the Beach in Hijab in Iran',

The Guardian, 11 August 2014.

57 Mead, 'Going for the Cold', p. 42.

58 Vaughn Scribner, *Merpeople: A Human History* (London, 2020), pp. 196, 230.

59 Fiona MacCarthy, *Byron: Life and Legend* (New York, 2002), p. 59 and *passim*; Charles Sprawson, *Haunts of the Black Masseur: The Swimmer as Hero* (Minneapolis, mn, 1992), pp. 118–119.

60 Thomas Eakins, *Swimming*, 1885, oil on canvas, Fort Worth, tx, Amon Carter Museum of American Art 1990.19.1; Michael Hatt, 'The Male Body in Another Frame: Thomas Eakins' *The Swimming Hole* as a Homoerotic Image', *Journal of Philosophy and the Visual Arts: The Body*, ed. Andrew Benjamin (London, 1993), p. 19; Martin Berger, 'Modernity and Gender in Thomas Eakins's "Swimming"', *American Art*, xi (1997), pp. 32–47.

61 Matt Cook, *London and the Culture of Homosexuality, 1885-1914* (Cambridge, 2003), pp. 3, 35–37, 147–149.

62 Gordon Waitt, '(Hetero)sexy Waves: Surfing, Space, Gender and Sexuality', in *Rethinking Gender and Youth Sport*, ed. Ian Wellard (New York, 2007), pp. 99–126 (p. 121); Eddie Kim, 'Straight American Men Hate Speedos for No Good Reason', mel *Magazine*, 24 May 2018, https://medium.com, accessed 18 May 2021.

63 Keith Tankard, 'The Establishment of a "Native Vigilance Association" at East London (South Africa) to Protect the Interests of the Black Community against Social Manipulation by the Local Municipality, 1890–1923', *H-Urban Seminar on the History of Community Organizing and Community-based Development*, 1996, available at https://comm org.wisc. edu, accessed 18 May 2021; see Keith Tankard, 'The Development of East London through Four Decades of Municipal Control, 1873–1914', PhD thesis, Rhodes University, Grahamstown, South Africa, 1991, pp. 396–402; Keith Tankard, 'Urban Segregation: William Mvalo's "Celebrated Stick Case"', *South African Historical Journal*, xxxiv–xxxv (1996), pp. 29–38 (p. 37); Kamilla Swart, 'Swimming, Southern Africa', in *Sports Around the World*, ed. John Nauright and Charles Parrish (Santa Barbara, ca, 2012), vol. i, pp. 162–163 (p. 162).

64 Eric Jennings, *Curing the Colonizers: Hydrotherapy, Climatology, and French Colonial Spas* (Durham, nc, 2006), p. 163.

65 The Fairground Pool in St Louis: Wiltse, *Contested Waters*, pp. 78–81.

66 South African mp Edward Brabant [1893], quoted in Tankard, 'The Establishment of a "Native Vigilance Association"'.

67 *New York Voice* [1890], quoted by Monée Fields-White, 'How Racism Tainted Women's Right to Vote', *The Root*, 25 March 2011; Scott Poynting, 'What Caused the Cronulla Riot?', *Race and Class*, xlviii (2006), pp. 85–92.

68 Mead, 'Going for the Cold', p. 42; Jason Wilson, *Buenos Aires: A Cultural and Literary History* (Oxford, 1999), p. 54; Joe Blakely, *Saving the Willamette: A History of Oregon's Heartland River* (2020), p. 76; Jeffrey Mindich, 'Intractable River Pollution', *Taiwan Today*, 1 October 1991.

69 Richard Steele, 'Violence in Los Angeles: Sleepy Lagoon, the Zoot-Suit Riots, and the Liberal Response', in *World War ii and Mexican American Civil Rights*, ed. Richard Griswold del Castillo (Austin, tx, 2008), pp. 34–48 (p. 35); David Day and Margaret Roberts, *Swimming Communities in Victorian England* (Manchester, 2019), p. 4.

70 Susie Parr, *The Story of Swimming: A Social History of Bathing in Britain* (Stockport, 2011); Phyllis Arnold, 'Always Look for the Light', *Stories from Teachers and Pupils, St Joseph's School*, https://web.archive.org, accessed 23 July 2021; Don Hinrichsen, *Coastal Waters of the World: Trends, Threats, and Strategies* (Washington, dc, 1998), pp. 79–80; Kosonike Koso-Thomas, *Swimming against the Tide: Without Fear or Favor* (Freetown, 2004), p. 18; Olga Kalashnikova, 'Swimming Unsafe in City: More than 25 Percent of all Wastewater in St. Petersburg is Released into the Environment Untreated', *St Petersburg Times* (3 July 2013); Larry Rohter, 'Drawing Lines Across the Sand, Between Classes', *New York Times*, 6 February 2007; Rohter, *Brazil on the Rise*, p. 87.

71 Mistry, 'The Art of Swimming', pp. 268–269.

72 Norman Rockwell, 'No Swimming', *Saturday Evening Post*, 4 June 1921.

73 Mamie Fields, *Lemon Swamp and Other Places: A Carolina Memoir* (New York, 1982), pp. 191–192, cited in Andrew Kahrl, *The Land Was Ours: How Black Beaches Became White Wealth in the Coastal South* (Chapel Hill, nc, 2012), pp. 11–12.

74 Isak Lidström and Ingvar Svanberg, 'Ancient Buoyancy Devices in Sweden: Floats made of Reed, Club-Rush, Inflated Skins and Animal Bladders', *Folk Life: Journal of*

Ethnological Studies, lvii (2019), pp. 85–94 (p. 85); Tsui, *Why We Swim*, p. 9; Woitsch, 'Mehr Badetote in Bayern'; Mead, 'Going for the Cold', p. 46; Shozo Makino, 'Long Distance Racing', in *Swimming in Japan*, ed. Shigeo Sagita and Ken Uyeno (Tokyo, 1935), pp. 143–147 (p. 147), available at www.svoemmenoerden.dk.

75 Thomas Cureton, *How to Teach Swimming and Diving* [1929] (New York, 1934), p. ix.

76 Mohammed Salim, *My Mother's Aspirations: My Commitment, Determination and with Allah's Help and Mercy I Became a Doctor* (Bloomington, in, 2011), p. 82; Kevin Rushe, *Stories from Teachers and Pupils, St Joseph's School*, https://web.archive.org, accessed 23 July 2021.

77 James, *Raj*, p. 502.

78 Chris Ayriss, *Hung Out to Dry: Swimming in Britain* (Morrisville, nc, 2009), p. 8; Tsui, *Why We Swim*, p. 6.

79 John Gribble, *Dark Deeds in a Sunny Land: Blacks and Whites in North West Australia* [1905] (Perth, 1987), p. 50; Ernest Hunter, *Aboriginal Health and History: Power and Prejudice in Remote Australia* (Cambridge, 1993), p. 41; Penelope Hetherington, *Settler, Servants, and Slaves: Aboriginal and European Children in Nineteenth-Century Western Australia* (Perth, 2002), pp. 157, 160.

80 John Stephens, *Incidents of Travels in Egypt, Arabia Petraea and the Holy Land* (London, 1837), p. 29; Charles Warner, *My Winter on the Nile* (Boston, ma, 1891), vol. I, p. 246; Des Alwi, *Friends and Exiles: A Memoir of the Nutmeg Isles and the Indonesian Nationalist Movement* (Ithaca, ny, 2008), pp. 55, 63.

81 Charles Steedman, *A Manual of Swimming* (London, 1867), pp. 81–86, 在最后一章中，他"诋毁了野蛮人作为游泳健将的卓越才能", quoted in Thomas, *Swimming*, p. 312; Matthew Webb, quoted in Thomas, *Swimming*, p. 134; Sprawson, *Haunts of the Black Masseur*, p. 20; 又见 Ulen and Larcom, *The Complete Swimmer*, pp. 1–7。正如 Steve Mentz 所说，如今游泳这一活动"与欧洲浪漫主义和帝国扩张有着复杂的纠葛"。('Swimming in the Anthropocene', *Public Books*, 17 December 2020.)

82 Cecil Colwin, *Breakthrough Swimming* (Champaign, il, 2002), p. 198; Mead, 'Going for the Cold', p. 45.

83 Fortunino Matania, poster for Southport, Great Britain, *c.* 1930 (London, Victoria and Albert Museum e.189–1968), and a South African airline poster (*c.* 1960s?), Washington,

dc, National Air and Space Museum, Smithsonian Institution A19960165000; Daniel Burdsey, 'Strangers on the Shore? Racialized Representation, Identity and In/visibilities of Whiteness at the English Seaside', *Cultural Sociology*, v (2011), pp. 538–539; Noorjehan Barmania, 'This Muslim Life', *The Guardian*, 3 July 2008; see Gurinder Chadha's movie *Bhaji on the Beach* (1993).

84 Duncan McDowall, 'The Colour of Tourism Part 2', *The Bermudian*, 12 June 2012, www.thebermudian.com.

85 Giorgio Miescher et al., *Posters in Action: Visuality in the Making of an African Nation* (Basel, 2009), p. 40; Petri Hottola, 'Coastal Bird Tourism: Postcolonial Resources and Restraints', in *Tourism Strategies and Local Responses in Southern Africa*, ed. Petri Hottola (Wallingford, 2009), p. 113.

86 Gwyn Topham, 'The Politics of Tunisian Tourism', *The Guardian*, 17 January 2011; Mead, 'Going for the Cold', p. 46.

87 Martin Evans and John Philips, *Algeria: Anger of the Dispossessed* (New Haven, ct, 2007), p. 39; Alison Baker, *Voices of Resistance: Oral Histories of Moroccan Women* (Albany, ny, 1998), pp. 50–51.

88 Mohamed Helal, 'Tourism and Development in Tunisia', *Annals of Tourism Research*, 22 (1995), pp. 157–171 (pp. 166–167); Rohter, *Brazil on the Rise*, p. 86; Rohter, 'Drawing Lines'; Benjamin Stora, *Algeria, 1830–2000: A Short History* (Ithaca, ny, 2004), p. 50.

第22章 在水一方

1 See for example Kawanabe Kyosai's 1863 print 'Repelling of the Mongol Pirate Ships', now at the Houston Museum of Fine Arts.

2 Shigeo Sagita, 'History of Swimming', in *Swimming in Japan*, ed. Shigeo Sagita and Ken Uyeno (Tokyo, 1935), pp. 1–40 (pp. 1–3); François Oppenheim, *The History of Swimming* (North Hollywood, ca, 1970), p. 3; Fujiyama Dojo, 'Nihon Eiho: Samurai Swimming', *Daito Ryu Aiki Bujutsu Rengokai*, 28 January 2008, Hisashi Sanada et al., 'Reorganization of Suijutsu Led by Kano Jigoro', *Japan Journal of Physical Education, Health and Sport Sciences*, lvii (2007), p. 315.

3 Masao Matsunaga, 'Samurai Styles of Swimming', in *Swimming in Japan*, pp. 41–58

(pp. 49, 51).

4 Eliza Scidmore, *Jinrikisha Days in Japan* (New York, 1891), pp. 367–368, 218, 253; Midge Ayukawa, 'Japanese Pioneer Women', in *Sisters or Strangers: Immigrant, Ethnic and Racialized Women in Canadian History*, ed. Franca Iacovetta et al. (Toronto, 2004), p. 238; Joel Franks, *Crossing Sidelines, Crossing Cultures: Sport and Asian Pacific American Cultural Citizenship*, 2nd edn (Lanham, md, 2010), pp. 12–13, 201–203; Michael Bourdaghs, *Sayonara Amerika, Sayonara Nippon: A Geopolitical Prehistory of J-Pop* (New York, 2012), p. 111.

5 Hideko Maehata, 'Early Days of Women's Swimming in Japan', in *Swimming in Japan*, pp. 174–185; Ikkaku Matsuzawa, 'The Rise of Japanese Swimmers', ibid., pp. 86–90 (p. 90).

6 Shigeo Sagita, 'History of Swimming', p. 1.

7 Sanada et al., 'Reorganization of Suijutsu', p. 315; Andreas Niehaus and Christian Tagsold, *Sport, Memory and Nationhood in Japan* (London, 2013), pp. 32–33; Niehaus, 'Swimming into Memory: The Los Angeles Olympics (1932) as Japanese Lieu de Memoire', *Sport in Society*, xiv (2011), pp. 430–443; Matsuzawa, 'The Rise of Japanese Swimmers', in *Swimming in Japan*, pp. 86–87.

8 Katsuo Takaishi, 'Crawl Stroke', in *Swimming in Japan*, pp. 91–135 (p. 91); Yasuji Miyazaki, 'Short Distance Racing', in *Swimming in Japan*, pp. 136–142 (p. 138); Shozo Makino, 'Long Distance Racing', in *Swimming in Japan*, pp. 143–147 (p. 143, 145); Yoshiyuki Tsuruta, 'Breast Stroke', in *Swimming in Japan*, pp. 150–161 (pp. 150–151), 他认为日本在蛙泳方面的进步要归功于菲律宾游泳运动员特奥菲洛·伊尔德丰索（Teófilo Yldefonso，1928年阿姆斯特丹奥运会，他在男子200米蛙泳比赛中夺得铜牌，这是菲律宾历史上首枚奥运奖牌）; David Welky, 'Viking Girls, Mermaids, and Little Brown Men: u.s. Journalism and the 1932 Olympics', *Journal of Sport History*, xxiv (1997), pp. 24–50; Niehaus and Tagsold, *Sport, Memory*, p. 33; Cecil Colwin, *Breakthrough Swimming* (Champaign, il, 2002), p. 204。

9 如今，仍有练习旧式日本武士式游法的人：Bonnie Tsui, *Why We Swim* (Chapel Hill, nc, 2020), pp. 192–212。

10 Atsunori Matsui et al., 'The History and Problem of Swimming Education in Japan', in *International Aquatic History Symposium and Film Festival* (Fort Lauderdale, fl,

2012), pp. 129-137; 'Swimming Lessons Popular for Japanese Children', www.nippon. com, 8 April 2020; Nikki Khanna, *Whiter: Asian American Women on Skin Color and Colorism* (New York, 2020).

11 George De Vos and Hiroshi Wagatsuma, *Japan's Invisible Race* (Berkeley, ca, 1966), pp. 107-108; Jackie Kim-Wachutka, *Zainichi Korean Women in Japan: Voices* (London, 2018), pp. 243-244; John Lie, *Zainichi (Koreans in Japan): Diasporic Nationalism and Postcolonial Identity* (Berkeley, ca, 2008), p. 8; Sunny Che, *Forever Alien: A Korean Memoir, 1930-1951* [2000] (London, 2011), pp. 57, 60.

12 韩国没有选手参加游泳比赛，如：Seok Lee, 'Colonial Korea and the Olympic Games, 1910-1945', PhD thesis, University of Pennsylvania, 2016, p. 170。

13 Kyo Nobuko (with Akemi Wegmüller), 'A Perfectly Ordinary Ethnic Korean in Japan: Reprise', in *Transcultural Japan: At the Borderlands of Race, Gender and Identity*, ed. David Willis et al. (Abingdon, 2007), pp. 47-64 (p. 51).

14 Salman Rushdie, *Midnight's Children* [1980] (London, 1991), pp. 104, 210-211; Lawrence James, *Raj: The Making and Unmaking of British India* (New York, 1997), p. 546; 'Club History', *The Calcutta Swimming Club 1887*, Kolkata 2019, www. calcuttaswimmingclub.com, accessed 18 May 2021; Partha Pratim Majumder and Sayantani Roy Choudhury, 'Reasons for Success in Competitive Swimming among Various Human Races', iosr *Journal of Sports and Physical Education*, i (2014), pp. 24-30.

15 Alison Jefferson, 'African American Leisure Space in Santa Monica: The Beach Sometimes Known as the "Inkwell," 1900s-1960s', *Southern California Quarterly*, xci (2009), p. 178; *California Eagle*, September 1925 to January 1926, *Santa Ana Daily Register*, September 1925 to January 1925; 'What's the Matter with Bruce's Beach', *California Eagle*, 8 July 1927; Jeff Wiltse, *Contested Waters: A Social History of Swimming Pools in America* (Chapel Hill, nc, 2007), pp. 178-179. 如今，布鲁斯海滩度假村所有者的后代仍在为夺回海滩而奋斗：Jaclyn Cosgrove, 'Black Descendants of Bruce's Beach Owner Could Get Manhattan Beach Land Back under Plan', *Los Angeles Times*, 9 April 2021。

16 Andrew Kahrl, 'On the Beach: Race and Leisure in the Jim Crow South', PhD thesis, Indiana University, 2008, p. 7.

17 John Stephens, *Incidents of Travels in Egypt, Arabia Petraea and the Holy Land*

(London, 1837), p. 29; Charles Warner, *My Winter on the Nile* (Boston, ma, 1891), vol. I, p. 246; 'Hawaiian to Swim at Olympic Games'; Nasium, 'Kanaka Swimmer Has No Equal'; Warren Henry, *The Confessions of a Tenderfoot 'Coaster': A Trader's Chronicle of Life on the West African Coast* (London, 1927), p. 109.

18 R. Allen and David Nickel, 'The Negro and Learning to Swim: The Buoyancy Problem Related to Reported Biological Differences', *Journal of Negro Education*, xxxviii (1969), pp. 404–411 (their bibliography cites many other articles along the same lines); Michael Shermer, *The Borderlands of Science: Where Sense Meets Nonsense* (Oxford, 2001), p. 81; P.F.M. Ama and S. Ambassa, 'Buoyancy of African Black and European White Males', *American Journal of Human Biology*, ix (1997), pp. 87–92; see also Bruce Ettinger et al., 'Racial Differences in Bone Density between Young Adult Black and White Subjects Persist after Adjustment for Anthropometric, Lifestyle, and Biochemical Differences', *Journal of Clinical Endocrinology and Metabolism*, lxxxii (1997), pp. 429–434; Dean Sewell et al., *Sport and Exercise Science: An Introduction* (New York, 2013), p. 267. Thanks to the blogger Lòt Poto-a for the references.

19 Douglas Booth, *The Race Game: Sport and Politics in South Africa* (London, 1998), p. 6; Sewell et al., *Sport and Exercise Science*, p. 267; Gordon Russell, *Sport Science Secrets: From Myth to Facts* (Victoria, bc, 2001), pp. 21–22.

20 Sundiata Djata, 'African Americans in Sports', in *The Columbia Guide to African American History since 1939*, ed. Robert Harris and Rosalyn Werberg-Penn (New York, 2013), p. 145; Barry Kelly, 'Olympic Gold Medalist Anthony Ervin Gives Up Swimming, Fame and Money', *Daily Californian*, 6 July 2004; Karen Crouse, 'Cullen Jones Sets u.s. Record in 50 Freestyle', *New York Times*, 5 July 2008; Katherine Fominykh, 'Gold Medalist Olympic Swimmer Cullen Jones Teaches Baltimore Kids the Importance of Swimming', *Baltimore Sun*, 2 June 2018.

21 Kahrl, 'On the Beach', p. 1; Jeff Wiltse, 'Swimming Pools, Civic Life, and Social Capital', in *A Companion to Sport*, ed. David Andrews and Ben Carrington (Chichester, 2013), p. 300; Wiltse, *Contested Waters*, p. 162.

22 Ibid., pp. 172–175; Gilbert Mason, *Beaches, Blood, and Ballots: A Black Doctor's Civil Rights Struggle* (Jackson, mi, 2000), p. 51.

23 Pete Daniel, 'Accidental Historian', in *Shapers of Southern History:*

Autobiographical Reflections, ed. John Boles (Athens, ga, 2004), p. 177; Wiltse, 'Swimming Pools', p. 291; Dan Warren, *If It Takes All Summer: Martin Luther King, the kkk, and States' Rights in St Augustine, 1964* (Tuscaloosa, al, 2008), p. 118; Steven Taylor, *Desegregation in Boston and Buffalo: The Influence of Local Leaders* (Albany, ny, 1998), p. 140.

24 Ann Curthoys, 'The Freedom Ride and the Tent Embassy', in *The Aboriginal Tent Embassy: Sovereignty, Black Power, Land Rights and the State*, ed. Gary Foley et al. (Abingdon, 2014), pp. 98–114 (p. 109); Haleh Afshar, 'Muslim Women in West Yorkshire', in *The Dynamics of Race and Gender: Some Feminist Interventions*, ed. Afshar and Mary Maynard (London, 1994), p. 141; A. Patel, 'Racism in Weymouth', *Dorset Echo*, 29 June 2010; Sussex Police, 'Woman Sought after Racist Abuse on Brighton Beach', 25 July 2013; Karen Fields and Barbara Fields, *Racecraft: The Soul of Inequality in American Life* (London, 2012), p. 31; Khara Lewis, 'Pa. Swim Club – Accused of Racial Discrimination – Agrees to Settlement', cnn *Justice*, 17 August 2012; Azi Paybarah, 'Michigan Man Charged with Hate Crime after Attack on Black Teen', *New York Times*, 13 October 2020.

25 Victoria Wollcott, *Race, Riots, and Roller Coasters: The Struggle over Segregated Recreation in America* (Philadelphia, pa, 2012), p. 28; Wiltse, *Contested Waters*, pp. 182, 192; 'Australia's Swimming Success and Swimming Pools', www.australia.gov.au, 12 January 2009.

26 Rebecca McNeer, 'Virginia Woolf: Natural Olympian: Swimming and Diving as Metaphors for Writing', in *Virginia Woolf and the Natural World*, ed. Kristin Czarnecki and Carrie Rohman (Clemson, sc, 2011), pp. 95–100 (see also the two following essays); James Riordan, *Sport in Soviet Society: Development of Sport and Physical Education in Russia and the* ussr (Cambridge, 1977), p. 346; Jenny Landreth, *Swell: A Waterbiography* (London 2017), pp. 5–6.

27 James Mangan, *Europe, Sport, World: Shaping Global Societies* (London, 2001), pp. 87–88; Nicholas Aplin and Quek Jin Jong, 'Celestials in Touch: Sport and the Chinese in Colonial Singapore', in *Sport in Asian Society, Past and Present*, ed. Fan Hong and James Mangan (London, 2002), pp. 56–81 (pp. 72–73); Guenter Lewy, *The Nazi Persecution of the Gypsies* (Oxford, 1999), p. 129 (though I do not support all of Lewy's

conclusions).

28 Christopher Love, *A Social History of Swimming in England, 1800-1918: Splashing in the Serpentine* (Abingdon, 2008), pp. 48, 136; Ian Gordon and Simon Inglis, *Great Lengths: The Historic Indoor Swimming Pools of Britain* (Liverpool, 2009), pp. 37, 87 and *passim*; Day and Roberts, *Swimming Communities*, p. 171.

29 Trevor Bowen and Ira Reid, *Divine White Right* [1934] (Ann Arbor, mi, 2006), p. 169. See also Nina Mjagkij, *Light in the Darkness: African Americans and the* ymca, *1852–1946* (Lexington, ky, 1994).

30 James Kirkup, quoted in John Walton, *The British Seaside: Holidays and Resorts in the Twentieth Century* (Manchester, 2000), p. 98; Michel Rainis, *Histoire des Clubs de Plage (xxe siècle): Exercices, jeux, concours et sports sur le sable* (Paris, 2001), pp. 24, 5, 10.

31 Mennen, Gerhard, Co., Mennen's Borated Talcum Powder, *Town and Country* (1907), Washington, dc, Smithsonian Institution, National Museum of American History; Chrysler Corporation, 'Plymouth Has It!' (1947–1948), Washington, dc, Smithsonian Institution, National Museum of American History; Pepsi-Cola Company, 'Be Sociable, Have a Pepsi' (c. 1959), Washington, dc, Smithsonian Institution, National Museum of American History.

32 Annette Kellerman, *How to Swim* (New York, 1918), p. 53; Dawson, *Undercurrents of Power*, p. 38.

33 Melissa Korn, 'For Certain College Students, This Test Calls for a Plunge', *Wall Street Journal*, 28 November 2012; Dorothy Riker, ed., *The Hoosier Training Ground: A History of Army and Navy Training Centers, Camps, Forts, Depots, and Other Military Installations within the State Boundaries during World War* ii (Bloomington, in, 1952), p. 128. 自1879年以来，英国海军会进行游泳测试，英国军队也会在基础训练中教导新兵游泳。

34 Andrew Kahrl, *The Land Was Ours: How Black Beaches Became White Wealth in the Coastal South* (Chapel Hill, nc, 2012), pp. 90–99.

35 Katerina Capkova, *Czechs, Germans, Jews? National Identity and the Jews of Bohemia* (New York, 2012), p. 111; David Sorkin, *Jewish Emancipation: A History across Five Centuries* (Princeton, nj, 2019), p. 348; Linda Borish, 'Jewish American Women, Jewish Organizations, and Sports, 1880–1940', in *Sports and the American Jew*, ed. Steven Reiss (Syracuse, ny, 1998), p. 116; Hallie Bond, Joan Brumberg and

Leslie Paris, 'A Paradise for Boys and Girls': Children's Camps in the Adirondacks (Syracuse, NY, 2006), p. 5.

36 Aplin and Jong, 'Celestials in Touch', pp. 72–73; Franks, Crossing Sidelines, p. 11 (in 1926).

37 Lie, Zainichi, p. 8; Che, Forever Alien, pp. 57, 60; Pascale Herzig, South Asians in Kenya: Gender, Generation and Changing Identities in Diaspora (Münster, 2006), p. 98; Mahmoud Mamdani, From Citizen to Refugee: Uganda Asians Come to Britain (London, 1973), p. 68.

38 Richard Moss, Golf and the American Country Club (Urbana, IL, 2001), pp. 120–121.

39 Aplin and Jong, 'Celestials in Touch', pp. 72–73; Shehong Chen, Being Chinese, Becoming Chinese American (Urbana, IL, 2002), p. 168.

40 Moss, Golf and the American Country Club, p. 120; Kahrl, The Land Was Ours, p. 99.

41 Zelbert Moore, 'Out of the Shadows: Black and Brown Struggles for Recognition and Dignity in Brazil, 1964–1985', Journal of Black Studies, XIX (1989), pp. 394–410 (p. 402); Arilson dos Santos Gomes, 'O Primeiro Congresso Nacional do Negro e a sua importância para a integração social dos negros brasileiros e a ascensão material da Sociedade Floresta Aurora', Revista Brasileira de História e Ciências Sociais, I (2009), pp. 1–18; João Batista de Jesus Felix, 'As Primeras Formas de Lutas Contra o Racismo no Brasil Republicano', Tempo da Ciência, XVI/32 (2009), pp. 67–80 (p. 75); 对于早期存在的类似俱乐部，见 Kim Butler, 'Up from Slavery: Afro-Brazilian Activism in São Paulo, 1888–1938', The Americas, XLIX (1992), pp. 179–206。

42 Mario García, Mexican Americans: Leadership, Ideology, and Identity, 1930-1960 (New Haven, CT, 1989), p. 88; Richard Griswold del Castillo, 'The War and Changing Identities: Personal Transformations', in World War II and Mexican American Civil Rights, ed. Griswold del Castillo (Austin, TX, 2008), pp. 49–73 (pp. 58–61); Julie Gilchrist et al., 'Self Reported Swimming Ability in U.S. Adults, 1994', Public Health Reports, CXV/2-3 (2000), pp. 110–111; Jennifer Pharr et al., 'Predictors of Swimming Ability among Children and Adolescents in the United States', Sports, VI, 24 February 2018, www.mdpi.com, with further references.

43 Riordan, Sport in Soviet Society, p. 340.

44 Tsui, Why We Swim, p. 6; Rebecca Mead, 'Going for the Cold', New Yorker, 27

January 2020, pp. 42-49 (pp. 45-46).

45 Mead, 'Going for the Cold', p. 45; Raphaël Le Cam and Adrien Guilloret, 'Histoire des techniques de nage', *Service interuniversitaire des activités physiques et sportives* (Rennes, 2016), n.p., available at www.apprendre-a nager.univ-rennes1.fr, accessed 19 May 2021.

46 Geoffrey Manning, *A Colonial Experience, 1838-1910: A Woman's Story of Life in Adelaide, the District of Kensington and Norwood, Together with Reminiscences of Colonial Life* (Adelaide, 2001).

47 Photograph by Wilhelm von Blandowski, comment by Gustav Mützel; Thomas Britten, *American Indians in World War* i: *At Home and at War* (Albuquerque, nm, 1997), pp. 80, 100; Dawson, *Undercurrents of Power*, p. 15.

48 *The Family Herald: A Domestic Magazine of Useful Information and Amusement*, 60 (April 1888); Constance Romanné-James, 'In the Land of the White Elephant', *Chatterbox* (Boston, ma, 1913), pp. 211-212.

49 Sumālī Bamrungsuk, *Love and Marriage: Mate Selection in Twentieth Century Central Thailand* (Bangkok, 1995), p. 54; Jack Leemon, 'Extracts from *The Body Snatchers*', in *The Thailand-Burma Railway, 1942-1946*, ed. Paul Kratoska (London, 2004), pp. 61-86 (pp. 68, 78); Orapin Larosee et al., 'Child Drowning in Thailand', *World Conference on Drowning Prevention* (2011).

50 James, *Raj*, p. 502; Ruth Ginio, *French Colonialism Unmasked: The Vichy Years in French West Africa* (Lincoln, ne, 2006), p. 49; Steven Wöndu, *From Bush to Bush: Journey to Liberty in South Sudan* (Nairobi, 2011), p. 90.

51 Leslie Paris, *Children's Nature: The Rise of the American Summer Camp* (New York, 2008), p. 220; 'ymca Camp Opens for Boys', *Afro American*, 15 June 1957.

52 'unicef Supports Swimming Instruction to Prevent Child Deaths in Bangladesh', unicef Bangladesh, 3 September 2009, Boys learn to swim in Golla Para, Bangladesh (©unicef Bangladesh/2009/Crowe)

53 Wiltse, *Contested Waters*, pp. 147, 240, 242, 244, and *passim*; Aplin and Jong, 'Celestials in Touch', pp. 73-74; Kamilla Swart, 'Swimming, Southern Africa', in *Sports Around the World*, ed. John Nauright and Charles Parrish (Santa Barbara, ca, 2012), vol. i, pp. 162-163 (p. 163).

54 *United States Congressional Record* 115.15 (1969), 20299.

55 'Brazilian Swimming Community Bands Together to Save Julio de Lamare', *Swimming World*, 29 August 2013; Annie Murphy, 'What's a Walk in the Park Worth in Peru?', *Christian Science Monitor*, 24 December 2013.

56 Phan Boi Chau, *Tan Viet Nam* (1907), quoted in Truong Buu Lâm, *Colonialism Experienced: Vietnamese Writings on Colonialism, 1900–1931* (Ann Arbor, mi, 2000), p. 107.

57 Martin Alexander and John Keiger, *France and the Algerian War, 1954–1962: Strategy, Operations and Diplomacy* (London, 2013), p. 5; Kosonike Koso-Thomas, *Swimming Against the Tide* (New York, 2004).

58 Sierra Leone: Koso-Thomas, *Swimming Against the Tide*, p. 18; Nigeria: George Basden, *Among the Ibos of Nigeria* (London, 1921), p. 160, cited in Steve Craig, *Sports and Games of the Ancients* (Westport, ct, 2002), pp. 26–27 and Benjamin Chijioke Asogwa et al., 'The Sociological and Cultural Significance of the Argungu International Fishing and Cultural Festival in Nigeria', *International Journal of Humanities and Social Science*, ii/11 (2012), pp. 243–249 (p. 247); Benin: 'Benin: Firmin Fifonsi, "我告诉我的朋友不要去河里游泳，因为那里很危险"', irin *Humanitarian News and Analysis*, 15 April 2009; Chad: Caterina Batello et al., *The Future Is an Ancient Lake: Traditional Knowledge, Biodiversity and Genetic Resources for Food and Agriculture in Lake Chad Basin Ecosystems* (Rome, 2004), pp. 100–103; Sudan: Human Rights Watch, *Children in 439 Sudan: Slaves, Street Children and Child Soldiers* (New York, 1995), pp. 56, 61; Kenya: William Routledge and Katherine Routledge, *With a Prehistoric People: The Akikuyu of British East Africa* (London, 1968), pp. 13–14; Angola: Adebayo Oyebade, *Culture and Customs of Angola* (Westport, ct, 2007), p. 98; Cameroon: John Mukum Mbaku and Nicodemus Fru Awasom, 'Cameroon', in *Teen Life in Africa*, ed. Toyin Falola (Westport, ct, 2004), p. 46; Navajo: James Olson and Raymond Wilson, *Native Americans in the Twentieth Century* (Salt Lake City, ut, 1984), p. 1, and Donna Dehle, *Reflections in Place: Connected Lives of Navajo Women* (Tucson, az, 2009), p. 182; Indonesia: Tsui, *Why We Swim*, p. 30; Hawaii: Dawson, *Undercurrents of Power*, pp. 24, 32。

59 'Hanging in Hampi', https://myindiaencounters.wordpress.com, accessed 25 July 2021; 'Grace Itoje's Story' in *Mapping Memories: Reminiscence with Ethnic Minority*

Elders, ed. Pamela Schweitzer (London, 2004); Tsui, *Why We Swim*, p. 30.

60 Basden, *Among the Ibos*, p. 184, cited in Craig, *Sports and Games*, pp. 26–27.

61 Asogwa et al., 'The Sociological and Cultural Significance', p. 247; Mwangi Wanderi, *The Indigenous Games of the People of the Coastal Region of Kenya: A Cultural and Educational Appraisal* (Addis Adaba, 2011), p. 89; Dawson, *Undercurrents of Power*, p. 1.

62 Wanderi, *Indigenous Games*, p. 89; Dawson, *Undercurrents of Power*, pp. 24, 32; Basden, *Among the Ibos*, p. 184; Don Hinrichsen, *Coastal Waters of the World: Trends, Threats, and Strategies* (Washington, dc, 1998), pp. 209–210.

63 Mary Seddon et al., 'Freshwater Molluscs of Africa: Diversity, Distribution, and Conservation', in *The Diversity of Life in African Freshwaters: Under Water, Under Threat. An Analysis of the Status and Distribution of Freshwater Species throughout Mainland Africa*, ed. William Darwall et al. (Cambridge, 2011), pp. 92–125 (pp. 123–124).

64 Mead, 'Going for the Cold', p. 45.

65 'Lake Lagano', in *Encyclopaedia Aethiopica*, ed. Siebert Uhlig (Wiesbaden, 2007), p. 502; Nima Elbagir and Lillian Leposo, 'Holidays in Somalia? Mogadishu Hopes to be Tourist Hotspot', cnn *International Business*, 12 June 2013; Edward Denison and Edward Plaice, *Eritrea: The Bradt Travel Guide* (Guildford, ct, 2007), pp. 155–160.

66 International Monetary Fund, Africa Dept, *Guinea: Poverty Reduction Strategy Paper*, 3 July 2013, p. 78.